HU DROIT

Contentieux administratif

Jean-Claude Ricci

Professeur des universités à l'université Paul-Cézanne (Aix-Marseille-III)
Directeur de l'IEP d'Aix-en-Provence de 1996 à 2006

2e édition entièrement refondue

hachette
SUPÉRIEUR

HU DROIT

- Contentieux administratif (Jean-Claude Ricci)
- Droit administratif général, 3e édition (Jean-Claude Ricci)
- Droit civil Les obligations, 2e édition (Luc Grynbaum)
- Droit civil Les personnes – La famille (David Bakouche)
- Droit constitutionnel, 2e édition (Philippe Blachèr)
- Droit des libertés fondamentales (Pierre-Henri Prélot)
- Droit du travail, 6e édition (Antoine Cristau)
- Droit international privé (Patrick Courbe)
- Droit pénal général (Catherine Marie)
- Histoire des institutions publiques de 1789 à nos jours (Stéphane Caporal)
- Institutions administratives (Jean-Marc-Maillot)
- Institutions européennes (Rostane Mehdi)
- Institutions juridictionnelles (Didier del Prete, Éva Fischer)
- Introduction au droit (Gilles Taormina)
- Relations internationales (Albane Geslin)

www.hachette-education.com

I.S.B.N. : 978-2-01-146078-3

Préface

L'enseignement supérieur, ses méthodes, ses étudiants et ses finalités ont connu de très profondes mutations. Partant de ce constat, les éditions Hachette Supérieur ont voulu répondre à ces évolutions et les accompagner.

Soucieuses de mettre les connaissances juridiques à la disposition d'un public nombreux, en particulier étudiant, elles ont créé une collection d'ouvrages, « HU DROIT », de conception moderne et aérée, qui soient aisés et simples à utiliser.

Les auteurs des manuels de cette collection ont ainsi fait le pari de réaliser des livres où dominent le souci de la forme, l'esprit de synthèse et une certaine sobriété, alliés à ce qui constitue, depuis toujours, la rigueur et la noblesse des études de droit : précision des mots et des idées, pensée claire, aptitude à l'argumentation, connaissance intime du monde, des hommes et des choses.

À l'heure où le droit voit ses sources et son statut social renouvelés, où surgissent des problèmes juridiques nouveaux et considérables, ces manuels s'efforcent, à la fois, d'assurer le lien entre hier et demain, traduisant ainsi la profonde continuité du droit, et de prendre acte des mutations en cours. Ainsi le lecteur peut disposer d'outils sûrs.

Au terme de quelques années d'expérience, le développement de l'entreprise et son futur paraissent désormais assurés comme en témoigne la liste, sans cesse enrichie, des ouvrages et des rééditions des premiers titres de la collection.

Le présent ouvrage a pour objectif de décrire le déroulement du procès devant la juridiction administrative de droit commun. On y trouvera les conditions d'engagement d'une instance, les différentes voies ouvertes aux justiciables pour développer leurs prétentions juridiques, les moyens dont dispose le juge pour examiner celles-ci, y compris, le cas échéant, en urgence. L'étude de la décision du juge ainsi que des recours possibles contre celle-ci termine la présentation d'ensemble du contentieux administratif.

Jean-Claude Ricci

Liste des abréviations

Aix, Paris... : Cour (judiciaire ou administrative) d'appel d'Aix, Paris, etc.
AJDA : *Actualité juridique-droit administratif*
AJFP : *Actualité juridique-fonction publique*
Ass. : Assemblée (Conseil d'État)
BJDCP : *Bulletin juridique des contrats publics*
CADA : Commission d'accès aux documents administratifs
Cass. (civ., com., crim.) : Cour de cassation (chambres civile, commerciale, criminelle)
CC : Conseil constitutionnel
CJA : Code de justice administrative
CJCE : Cour de justice des communautés européennes
CNIL : Commission nationale de l'informatique et des libertés
Concl. : Conclusions (de commissaire du gouvernement puis, à partir du 1er février 2009, du rapporteur public devant les juridictions administratives)
D : *Recueil Dalloz*
EDCE : *Études et documents du Conseil d'État*
Gaz. pal. : *Gazette du Palais*
JCP : *Juris-classeur périodique*
JO : *Journal officiel*
Ord. réf. : Ordonnance de référé
P. : Page du recueil Lebon de l'année de la décision
RDP : *Revue du droit public*
Rec. : *Recueil Lebon des décisions du Conseil d'État*
Rev. adm. : *Revue administrative*
RFDA : *Revue française de droit administratif*
RGCT : *Revue générale des collectivités territoriales*
RPDA : *Revue pratique de droit administratif*
RRJ : *Revue de la recherche juridique*
RTDE : *Revue trimestrielle de droit européen*
RUDH : *Revue universelle des droits de l'homme*
Sect. : Section du contentieux (Conseil d'État)
TA : Tribunal administratif
TC : Tribunal des conflits

Sommaire

Introduction

1 L'expression « contentieux administratif » a un sens plus large que celle de « procédure administrative contentieuse », cette dernière étant la seule comparable à ce que l'on rencontre en procédure civile, celle-ci désignant surtout la marche du procès civil, son déroulement. Ce n'est pas sans raison que, pour l'ordre juridictionnel judiciaire, il existe désormais deux codes distincts, un Code de l'organisation judiciaire et un Code de procédure civile, pour rendre compte de l'ensemble. Le droit administratif, lui, utilise l'expression « contentieux administratif » pour désigner à la fois le juge administratif et le procès administratif. Par cette formule « procès administratif », il faut entendre non pas le procès qui ne concerne que l'administration, ni même le procès où il n'est fait application que des règles du droit administratif, mais simplement le procès qui se déroule devant le juge administratif.
Ainsi, l'expression « contentieux administratif » ne se confond pas avec celle de « procès faits à l'administration », car certains de ces procès ont lieu devant le juge judiciaire (ceux relatifs aux services publics à caractère industriel ou commercial, à la responsabilité pour dommages causés par un véhicule même administratif, aux infractions pénales reprochées à l'administration en tant que personne morale). Semblablement, cette expression de « contentieux administratif » ne se confond pas davantage avec celle de procès où il est fait application des règles du droit administratif. En effet, d'une part, le juge judiciaire statuant en matière administrative recourt fréquemment aux règles et aux principes du droit administratif (Cass. civ., 23 nov. 1956, *Trésor public c./Giry*), d'autre part, le juge administratif utilise de nombreuses règles tirées du droit civil notamment (taux de l'intérêt légal; responsabilité décennale des constructeurs; théorie des vices du consentement, etc.).

2 Le régime juridique du contentieux administratif concerne donc le droit applicable au procès se déroulant devant le juge administratif que celui-ci, pour remplir son office, ait à connaître d'une personne publique ou, dans un certain nombre de cas, d'une personne privée; qu'il applique, pour rendre sa décision, les règles du droit public ou celles du droit privé. C'est ainsi l'unicité du juge concerné, plus que la qualité des parties en cause ou la nature ou le contenu des règles de droit appliquées, qui fait la très profonde unité du contentieux administratif. En liant ainsi étroitement ce contentieux à ce juge, on entend également mettre en lumière combien l'accident historique qu'a été la création d'une juridiction spécifique pour connaître des litiges administratifs a été particulièrement heureux grâce au savoir-faire exceptionnel d'un juge qui, en définitive, en même temps qu'il a construit un entier système procédural, a puissamment œuvré à l'acceptation progressive de l'État de droit par l'administration. Les pages qui suivent s'efforceront de le montrer en même temps qu'elles se veulent un hommage au juge administratif.

BIBLIOGRAPHIE GÉNÉRALE

J.-M. AUBY et R. DRAGO, *Traité des recours administratifs*, Litec, 1992.
R. CHAPUS, *Droit du contentieux administratif* (12e éd)., Montchrestien, coll. « Domat précis », 2006.
S. DAËL, *Contentieux administratif*, PUF, coll. « Thémis droit », 2e édit, 2009.
G. DARCY et M. PAILLET, *Contentieux administratif*, A. Colin, coll. « Compact droit », 2000.
C. DEBBASCH et J.-C. RICCI, *Contentieux administratif*, (8e édit), Dalloz, 2001.
O. GOHIN, *Contentieux administratif* (5e édit.), Litec, coll. « Manuels », 2008.
B. PACTEAU, *Traité de contentieux administratif*, PUF, coll. « Droit fondamental », 2008.
D. TURPIN, *Contentieux administratif* (4e édit.), Hachette, coll. « Les Fondamentaux », 2007.

Avertissement au lecteur

On ne trouvera pas dans cet ouvrage les éléments relatifs à l'organisation et à la compétence des juridictions administratives. Il est renvoyé sur ce point, par exemple, à **J.-C. RICCI**, ***Droit administratif général***, Hachette, coll. « HU Droit », 3e édition, 2009.

Les décisions sans mention de la juridiction qui les a rendues émanent du Conseil d'État et celles comportant seulement le nom d'une ville émanent d'une cour administrative d'appel.

Les décisions non suivies de référence sont données à titre d'illustration.

Les articles numérotés et sans référence sont ceux du Code de justice administrative.

Les renvois au Recueil Lebon se présentent sous la forme « p… » qui suit le nom ou l'initiale de la décision.

1

Les éléments fondamentaux du contentieux administratif

Les sources (1.) et les principes (2.) du contentieux administratif sont les éléments fondamentaux qui le structurent et qui, à ce titre, méritent une attention toute particulière. Il en va de même des principes de base qui gouvernent la fonction juridictionnelle du juge administratif (3.).

1 Les sources du contentieux administratif

3 Ces sources ont connu une évolution considérable au cours des trente dernières années. Jusqu'alors elles étaient marquées par deux traits : des règles le plus souvent non écrites, de nature jurisprudentielle, et, lorsqu'elles étaient écrites, des règles de nature réglementaire, très rarement de nature législative. Ce système a connu un double assaut : celui, en premier lieu, produit par l'irruption de la jurisprudence constitutionnelle (B.) qui a conduit surtout à l'énoncé de principes constitutionnels s'imposant en droit du contentieux administratif, ainsi qu'à l'émergence d'une large compétence législative en cette matière ; celui, en second lieu, résultant d'un très important développement de la jurisprudence issue de la Convention européenne de sauvegarde des droits de l'homme et des libertés fondamentales (Convention EDH) (A.).

On laissera de côté le droit international représenté notamment par le Pacte des Nations unies du 19 décembre 1966 relatif aux droits civils et politiques (spécialement son article 14) car, d'une part, celui-ci n'a pas encore donné lieu à une jurisprudence significative dans le domaine du régime juridique du contentieux administratif et, d'autre part, ses dispositions sont reprises, en substance, dans la Convention EDH que l'on étudie ci-après.

A. Les sources européennes du contentieux administratif

Ces sources européennes se ramènent pour l'essentiel aux articles pertinents de la Convention EDH (2. et 3.), et à la jurisprudence de la Cour EDH qui s'est développée jusqu'à devenir proliférante et tentaculaire. Cela est d'autant plus remarquable qu'il n'existe aucun mécanisme d'harmonisation entre jurisprudence européenne et jurisprudence nationale et que, à la différence de ce qui se passe pour le droit communautaire, il n'existe aucune prévalence sur le droit national. Le système de la convention de Rome, de 1950, qui institue la Cour EDH, ne vise nullement, en effet, à la construction d'un ordre juridique unique et intégré. Toutefois (*cf.* § suivant), les droits garantis par cette Convention valent en qualité de *principes généraux du droit communautaire*. En revanche, et assez paradoxalement, le droit communautaire n'a, en cette matière, qu'un rôle limité (1.).

1. Le droit communautaire et le droit français du contentieux administratif

Le droit communautaire a finalement eu assez peu d'incidence sur le contentieux administratif alors qu'il en a beaucoup sur le contenu du droit administratif. L'incidence de ce droit en contentieux administratif se ramène à deux effets majeurs : le mécanisme du renvoi préjudiciel et le régime contentieux de l'urgence communautaire.
Il est cependant un biais juridique au travers duquel ce droit joue un rôle très important mais de façon indirecte. En effet, l'art. 6 § 2 du Traité sur l'Union européenne, comme aussi la jurisprudence de la Cour de justice des communautés européennes (CJCE), protège les droits fondamentaux garantis par la Convention européenne des droits de l'homme (CEDH) en tant que « principes généraux du droit communautaire ». Il appartient donc au juge français de vérifier qu'une loi nationale ou un acte communautaire est conforme aux droits de la Convention et, en cas de doute, de saisir la Cour de justice d'un renvoi préjudiciel (Section, 10 avr. 2008, *Conseil nat. des barreaux et autres*, 296845).

4 **Le mécanisme du renvoi préjudiciel**

Le premier de ces effets du droit communautaire sur le contentieux administratif découle du traité de Rome lui-même (du 25 mars 1957, plusieurs fois remanié). Celui-ci a prévu dans son article 234 (comme le prévoyaient également l'art. 150 du traité Euratom et l'art. 41 du traité CECA) un mécanisme de renvoi préjudiciel par le juge national à la CJCE pour toute question d'interprétation des actes communautaires soulevée devant lui. Les créateurs de la Communauté ont voulu, très logiquement, que l'unité du droit communautaire se double d'une unité de son interprétation. Cette technique a donné lieu à quelques passes d'armes mémorables, notamment en France, entre le Conseil d'État et la CJCE. En particulier, le juge national français a longtemps considéré qu'il n'y avait pas lieu à renvoi préjudiciel toutes les fois que l'acte communautaire en cause était « *clair* » (théorie de l'« acte clair » : Sect., 10 juil. 1970, *Synacomex*, p. 477).
Pareillement, des directives imposent des solutions certaines obligatoires pour le législateur national en matière de procédure contentieuse (civile comme administrative d'ailleurs) : c'est ainsi que transposant les célèbres directives « recours » (des 21 déc. 1989 et 25 févr. 1992), les lois du 29 janvier et du 29 décembre 1993 ont introduit, tant devant le juge judiciaire que devant le juge administratif, la procédure du *référé pré-contractuel*.
Toutefois, lorsque la CJCE interprète le droit communautaire cela n'oblige pas l'autorité nationale compétente à revenir sur une décision contraire à cette interprétation lorsque cette décision est devenue définitive, sauf exception strictement délimitée (CJCE 12 févr. 2008, *Kempter*, précisant : 13 janv. 2004, *Kühne et Heitz*).

5 **Le traitement contentieux de l'urgence en droit communautaire**
Le second des effets du droit communautaire sur le contentieux administratif est, lui, d'origine jurisprudentielle et concerne les mesures provisoires ou d'urgence. Par trois décisions fondatrices (19 juin 1990, *Factortame*; 21 févr. 1991, *Zuckerfabrik*, et 9 nov. 1995, *Atlanta*), la CJCE a posé des exigences contentieuses communes à l'ensemble des États-membres, qu'il s'agisse de mesures par lesquelles le juge national a l'obligation d'écarter toute disposition nationale (donc même dans le cas d'une norme constitutionnelle) de nature à faire obstacle au prononcé de mesures provisoires qu'appelle le respect d'une règle de droit communautaire (*Factortame* préc.) ou qu'il s'agisse d'ordonner la suspension provisoire d'un acte communautaire pris sur la base d'un règlement communautaire dont la validité est contestée devant le juge communautaire (*Zuckerfabrik* préc.) ou même de prescrire, en ce dernier cas, des mesures provisoires positives (*Atlanta* précité; sur tous ces points, voir: R. Mehdi, « Le droit communautaire et les pouvoirs du juge national de l'urgence », *RTDE* 1996, p. 177).

2. L'article 6 § 1 de la Convention EDH et le droit à un procès équitable

6 Selon ce texte, en matière civile et pénale, tout homme a droit à ce que sa cause soit correctement entendue. La jurisprudence s'est développée principalement dans deux directions. Tout d'abord, bien que cette disposition ne parle que de *« contestations sur les droits et obligations de caractère civil »* et n'évoque que les accusations *« en matière pénale »*, elle concerne au plus haut point le contentieux administratif, la Cour EDH ne s'étant pas arrêtée à la distinction, propre au droit français, entre droit civil, droit pénal et droit administratif. C'est ainsi qu'elle inclut dans le champ d'application de cet article 6 § 1 : les poursuites disciplinaires envers les fonctionnaires, les sanctions administratives (retrait du permis de conduire ou fermeture d'un débit de boissons), les pénalités fiscales, les sanctions infligées par les juridictions des ordres professionnels, les actions en responsabilité pour faute ou sans faute de la puissance publique, les litiges relatifs aux pensions des fonctionnaires, les droits à prestations de l'aide sociale ou de la Sécurité sociale, les décisions d'expropriation, le classement des biens en site classé ou protégé, la détermination des « quotas laitiers », etc. Il y a là, de la part de la Cour, une vision assurément impérialiste de ses compétences, manifestement non envisagée par les auteurs de la Convention de 1950. Il en va d'autant plus ainsi que, comme on l'a fait observer : « (les décisions de la Cour EDH) *ne sont en rien revêtues de l'autorité de la chose interprétée* » (concl. J. Arrighi de Casanova sur Sect., Avis, 31 mars 1995, *SARL Auto-industrie Méric, Rev. jurispr. fisc.* 1995 p. 326), ni, non plus, de l'autorité absolue de chose jugée (25 mai 2007, *Roland X.*, n° 296327). Le Conseil d'État essaie d'appliquer avec un certain discernement la jurisprudence de la Cour de Strasbourg.

7 C'est ainsi qu'il estime cet article inapplicable :
– aux contestations portant sur des décisions de l'administration (autorités administratives et autres), car elles ne sont pas des procès devant un juge (Ass. 4 mars 1991, *Le Cun*, p. 70 ; Sect., Avis, *Méric*, préc. ; Sect. 5 mai 1995, *Burruchaga*, p. 197), ainsi en va-t-il des mesures de suspension du permis de conduire qui ne sont que des décisions de police administrative (19 mars 2003, *Leclère*) ou de la procédure suivie par l'inspecteur du travail en matière d'autorisation du licenciement d'un salarié protégé (Sect. 24 nov. 2006, *Mme Rodriguez*, req. 284208) ;

– aux cas dans lesquels les juges statuent sans trancher une contestation, par exemple, en référé (Sect. 5 avr. 1996, *Syndicat des avocats de France*, p. 118) ;
– ou lorsqu'il est statué en équité et non sur des droits ou obligations (21 août 1996, *SA Bolle et Cie*, p. 344) ;
– ou encore en contentieux électoral (31 mars 2009, *Éric B.*, req. 318124).

En revanche, le juge administratif estime que l'article 6 § 1 s'applique lorsque statue un juge sur une véritable contestation qui est tranchée par attribution de droits ou d'obligations ou relativement au prononcé d'une sanction consécutive à une accusation portée en matière pénale : litige relatif à la reconnaissance de la qualité de travailleur handicapé (25 juin 2007, *Gérard X.*, req. 280569), prononcé de sanctions purement administratives, majoration d'impôt en cas de fraude fiscale (*SARL Auto-industrie Méric*, préc.), ou amende fiscale (Ass. 26 mai 2008, *SA NORELEC*), poursuites dans le cadre de contraventions de grande voirie bien qu'il ne s'agisse, en ce cas, que de réparer le dommage causé à une dépendance du domaine public par une telle contravention (Sect., Avis, 23 avr. 1997, *Préfet de la Manche*, *RFDA* 1997, p. 658), instances se déroulant devant une juridiction ordinale (Ass. 14 févr. 1996, *Maubleu*, p. 34, concl. M. Sanson), la Cour des comptes, les chambres régionales des comptes ou le Conseil supérieur de la magistrature, etc. L'article 6 § 1 est applicable également devant certain organismes non juridictionnels eu égard à leur nature, leur composition et leurs attributions (ici le conseil disciplinaire de la gestion financière et la Commission des sanstions de l'Autorité des marchés financiers : Sect. 27 oct. 2006, *Parent et autre*, req. 276069).

Enfin, la notion de procès équitable trouve à s'appliquer très largement. Selon le juge administratif, elle comprend en particulier : l'impartialité de la juridiction, sans quoi il n'y a pas de réel procès (voir concl. Rémy Schwartz sur 7 janv. 1998, *Trany*, *AJDA* 1998 p. 445) ; le principe du caractère contradictoire de la procédure ; celui du respect des droits de la défense ; le respect d'un délai raisonnable pour rendre les jugements ; la publicité des audiences ; l'exécution effective des décisions de justice, la prohibition des lois rétroactives intervenues dans le but de modifier au profit de l'État les règles applicables à des procès en cours sans aucun motif d'intérêt général (Sect. 18 juill. 2006 *Ka*, RFDA 2006 p. 1083), l'exigence de prévisibilité de la procédure (30 janv. 2008, *Sté Novartis PHARMA SA*, req. 297791), etc.

3. L'article 13 de la Convention EDH et le droit à un recours effectif

8 La Cour EDH exige, au titre de cet article 13, que le requérant qui se plaint de la violation ou du non-respect d'un droit ou d'une liberté reconnu par la Convention EDH puisse trouver une instance nationale (qui peut parfaitement, selon la jurisprudence de la Cour EDH, ne pas être de nature juridictionnelle) devant laquelle il peut faire entendre sa demande. La Cour EDH a une conception particulièrement exigeante du droit à recours effectif dans la mesure où elle considère que l'absence de suspensivité des recours, surtout s'agissant de référés urgents, ne satisfait pas à cette exigence (CEDH 26 avr. 2007, *G. c/ France* : dans le cas d'un référé-liberté). En droit administratif français, il y a longtemps que cette possibilité est largement ouverte. Deux difficultés sont cependant à relever. En premier lieu, l'existence d'« actes de gouvernement », c'est-à-dire injusticiables puisque ne pouvant être examinés par aucune juridiction, peut être critiquée au regard du droit à un recours effectif puisque, précisément, ce droit est, ici, dénié. Il est cependant rarissime que de tels actes portent atteinte à des droits civils. En second lieu, l'existence de « mesures d'ordre intérieur » insusceptibles d'être discutées au contentieux contrevient également au droit à un recours effectif. C'est pourquoi, le juge

administratif a entrepris de réduire à très peu de choses le nombre et le domaine de ces mesures (depuis Ass. 17 févr. 1995, *Hardouin et Marie*, deux espèces, p. 82 et 83, concl. P. Frydman jusqu'à 14 nov. 2008, *El Shennawy*; 17 déc. 2008, 3 décis. dont *Sect. franç. de l'Observatoire international des prisons*) et, particulièrement en matière pénitentiaire, à tracer une ligne assez claire de partage entre celle des mesures qui sont des mesures d'ordre intérieur, non déférables donc, et les autres, toujours déférables (Ass. 14 déc. 2007, *Garde des sceaux c/ Boussouar et c/ Planchenault*, 2 espèces). En revanche, on relèvera que la brièveté d'un délai de recours contentieux, par exemple 48 heures pour un étranger contestant la mesure ordonnant sa reconduite à la frontière (du moins dans la législation antérieure), ne porte pas atteinte au droit à un recours effectif (CEDH, 27 août 1992, *Vijayanathan et Pusparajah*; 14 févr. 1996, *Ionus*).

B. Les sources constitutionnelles

9 Si la Constitution strictement entendue contient fort peu de choses sur la justice administrative et sur le contentieux administratif, en revanche, la jurisprudence constitutionnelle sur les mêmes sujets est étendue.

Le Conseil constitutionnel a, tout d'abord, conféré un statut constitutionnel à la juridiction administrative. Pour aboutir à ce résultat, il ne s'est pas appuyé sur la loi des 16-24 août 1790 et sur le décret du 16 fructidor an III, estimant que, *en eux-mêmes*, ces textes n'ont pas valeur constitutionnelle; pas davantage, il n'a accepté d'apercevoir l'existence d'une tradition constitutionnelle de la République dans le fait que plusieurs constitutions (an VIII, 1852, 1958) mentionnent le Conseil d'État, car ces textes n'envisagent le Conseil que comme participant à l'exercice de la fonction exécutive et non comme juridiction. C'est la jurisprudence du Conseil constitutionnel qui va combler ce silence des textes en posant le principe du caractère constitutionnel de l'existence et de l'indépendance de la juridiction administrative ainsi que du caractère infrangible de son domaine de compétence.

Le Conseil constitutionnel a, ensuite, déterminé l'étendue de la compétence du législateur en matière de justice administrative, opérant une distinction, classique, entre les règles constitutives de la juridiction, celles-ci étant de nature législative, et les règles de mise en œuvre qui relèvent de la compétence réglementaire. C'est surtout sur deux points essentiels que la jurisprudence constitutionnelle a eu à intervenir: l'étendue de la compétence juridictionnelle du juge administratif (1.) et la procédure à suivre devant les juridictions administratives (2.).

1. Le statut constitutionnel de la compétence du juge administratif

Deux questions se posent ici: Quand le juge administratif est-il compétent? Comment se répartissent les compétences à l'intérieur de l'ordre juridictionnel administratif?

• Le statut constitutionnel de la répartition des compétences entre les deux ordres de juridiction

La Constitution, telle du moins que l'interprète le Conseil constitutionnel, pose deux principes: existence d'un domaine de compétence constitutionnellement réservé au juge administratif; pour le surplus, caractère législatif des règles de détermination de la compétence du juge administratif.

10 *Concernant l'existence d'un domaine de compétence constitutionnellement réservé au juge administratif,* deux décisions importantes ont posé en principe, d'une part, le caractère constitutionnel de l'autonomie du juge administratif (CC, 80-117 DC, 22 juil. 1980, *Validation d'actes administratifs*), d'autre part, le caractère constitutionnellement infrangible, en certaines matières, de la compétence du juge administratif (CC, 86-224 DC, 23 janv. 1987, *Conseil de la concurrence*, p. 8). L'autonomie du juge administratif a été qualifiée de principe fondamental reconnu par les lois de la République, résultant notamment de la loi du 24 mai 1872 (décis. du 22 juil. 1980, préc.). Le domaine inexpugnable de la compétence du juge administratif est constitué par le pouvoir d'annulation ou de réformation des décisions prises par les autorités administratives dans l'exercice de leurs prérogatives de puissance publique (décis. du 23 janv. 1987, préc.). Cette compétence exclusive du juge administratif concernant les actes unilatéraux de la puissance publique résulte d'un principe fondamental reconnu par les lois de la République qui est lui-même issu de la conception française de la séparation des pouvoirs telle qu'elle est formulée depuis la Révolution de 1789 et dont la loi des 16-24 août 1790, sans être elle-même de valeur constitutionnelle (on l'a indiqué plus haut), traduit le caractère fondamental. Cela signifie que, dans tout autre domaine administratif (responsabilité, contrat, etc.), le législateur est libre d'attribuer compétence au juge judiciaire ou au juge administratif. Le juge administratif a donc le monopole constitutionnel de l'annulation des décisions sur recours pour excès de pouvoir ; il a aussi le monopole de la réformation de ces actes unilatéraux dans de multiples contentieux, autres que celui de l'excès de pouvoir.

C'est ainsi que le Tribunal des conflits a estimé (TC, 12 mai 1997, *Préfet de police c./TGI de Paris*, p. 528) que le pouvoir d'adresser des injonctions à la puissance publique est de même nature que celui qui consiste à annuler ou à réformer ses décisions, par suite, il est inclus dans le monopole constitutionnel de compétence réservé au juge administratif. En effet, le pouvoir d'injonction aboutit à priver les décisions administratives de leur caractère immédiatement exécutoire.

Il n'existe – ou n'est susceptible d'exister – à ce bloc constitutionnel de compétence réservé au juge administratif que deux exceptions qui, toutes deux, ne peuvent emprunter que la forme de la loi. D'une part, certaines matières relèvent, en vertu de la tradition constitutionnelle républicaine, du seul juge judiciaire (liberté individuelle, par ex.), dans ce cas le bloc de compétence du juge administratif cède à la compétence judiciaire : ce sont les fameuses et fumeuses « *matières réservées par nature à l'autorité judiciaire* » ; d'autre part, le législateur peut toujours, nonobstant ces deux blocs, dans « *l'intérêt d'une bonne administration de la justice* » et pour unifier certains contentieux, faire relever un domaine ou une matière, qui sans cela serait réparti entre les deux juges, d'un seul et même juge, en ce cas le législateur peut ne pas respecter le caractère constitutionnel de ces deux blocs (*Conseil de la concurrence*, préc.).

11 *En dehors du bloc constitutionnellement réservé, la compétence de principe pour décider à quel ordre doit être attribuée telle catégorie de litiges appartient à la loi.* Le Conseil d'État (Ass. 30 mars 1962, *Association nat. de la meunerie*, p. 233), le Tribunal des conflits (2 mars 1970, *Sté Duvoir c./SNCF*, p. 885, concl. G. Braibant) et le Conseil constitutionnel (87-149 L, 20 févr. 1987, *Code rural*) sont d'accord pour décider que l'article 34 de la Constitution fonde la compétence du législateur en ce domaine, car à lui appartiennent « *les règles concernant les garanties fondamentales accordées aux citoyens pour l'exercice des libertés publiques* ». Le droit d'accéder à un juge constitue, à l'évidence, l'exercice d'une liberté. De là résulte que seule la loi est compétente pour attribuer un domaine de compétence à un juge, que, dans le silence de la loi sur ce point, il incombe à la jurisprudence de décider et qu'enfin, l'intervention du règlement est exclue sauf de manière très indirecte (par ex. : en définissant l'objet d'un service public, ses modalités de fonctionnement et ses moyens d'existence, car ces éléments sont susceptibles d'avoir une incidence sur la détermination de la compétence contentieuse pour en connaître).

• Le statut constitutionnel de la répartition des compétences à l'intérieur de l'ordre administratif de juridiction

12 La compétence législative n'est exclusive que s'agissant de savoir quel ordre juridictionnel est compétent pour connaître d'une catégorie de litiges. Une fois cet ordre déterminé – c'est-à-dire une fois fixées les règles générales et fondamentales selon lesquelles le litige sera jugé –, il importe peu que le législateur intervienne. C'est pourquoi, dans la plupart des cas, le pouvoir réglementaire s'est vu reconnaître une quasi-exclusivité pour répartir les matières entre les différentes juridictions de l'ordre administratif. Il n'y a guère que deux exceptions en faveur du législateur : 1) lorsqu'il s'agit d'attribuer un contentieux nouveau à une juridiction, c'est-à-dire, en réalité, de créer un nouvel ordre de juridiction au sens de l'article 34 de la Constitution, car cela relève de la loi ; 2) lorsqu'il s'agit d'une compétence pénale, cette matière relevant tout entière de la loi, ainsi ce sont des articles législatifs et non réglementaires qui, dans le Code de justice administrative (CJA), régissent les contraventions de grande voirie.

2. Le statut constitutionnel de la procédure administrative contentieuse

Le statut constitutionnel de la procédure administrative contentieuse se caractérise d'abord, paradoxalement, par un certain nombre de « silences » de la Constitution sur ce point, silences qui induisent néanmoins certaines solutions ; il se manifeste ensuite par le caractère restreint qu'il confère au principe de la compétence réglementaire en matière de procédure administrative contentieuse ; enfin, force est de constater que malgré ce statut constitutionnel de la procédure contentieuse, la jurisprudence joue encore un rôle considérable.

• Aspect négatif : les silences de la Constitution

13 Ce « silence » se manifeste sur deux points : celui du statut temporel des règles de procédure et celui de la portée de l'autonomie du droit de la procédure administrative contentieuse.

Tout d'abord, les « lois » de procédure (ainsi appelées même lorsqu'il s'agit de décrets) sont dominées par deux règles qui gouvernent leur entrée en vigueur. Ces lois de procédure sont d'application immédiate aux instances en cours : par conséquent, si les règles de l'appel sont modifiées par un texte qui intervient après un jugement de première instance mais avant que l'appel ne soit formé (c'est-à-dire enregistré au greffe), elles s'appliqueront à l'appel introduit postérieurement, sauf si ces règles ne se bornent pas à la seule procédure et atteignent, en outre, le fond du droit (dans un cas limite, le Conseil d'État a cru pouvoir décider qu'une disposition nouvelle affectant la substance du droit de former un recours pour excès de pouvoir s'applique aux recours introduits après l'entrée en vigueur de cette nouvelle disposition même si ceux-ci dont dirigés contre une décision prise antérieurement à cette date : 11 juil. 2008, *Assoc. des paysages bourganiauds*). Ce principe d'application immédiate joue également pour les organisme administratifs non juridictionnels infligeant des sanctions (Sect. 27 oct. 2006, Parent et autre, préc.; Sect 17 nov. 2006, Sté CNP assurances, req. 276926). La seconde règle est celle dite de la non-rétroactivité des lois de procédure. Ces lois ne sont pas applicables aux instances qui ont entièrement épuisé leurs effets : ainsi de la loi qui porterait de deux à trois mois le délai de l'appel et qui interviendrait plus de deux mois après qu'a été rendu un jugement de première instance non frappé d'appel à cette date ; l'intervention de la loi nouvelle n'aurait pas pour effet de proroger ou de rouvrir le délai d'appel.

Ensuite, il faut déterminer – dans le silence de la Constitution sur ce point – ce qu'il convient d'entendre par « *autonomie de la procédure administrative contentieuse* ». Cela signifie que les règles de cette procédure s'élaborent en toute indépendance ; même lorsque ces règles sont les mêmes en procédure civile et en procédure administrative, cela ne signifie nullement que les règles de l'une se sont imposées à l'autre : les règles de procédure civile ne sont pas invocables, en tant que telles, devant le juge administratif et inversement à l'égard du juge judiciaire pour les règles de procédure administrative. Ceci n'exclut ni n'interdit des emprunts entre les deux procédures (règles de désignation d'experts, taux d'intérêt légal, effet de l'appel, caractères du pourvoi en cassation, etc.), mais ces emprunts se font en toute indépendance. Ils sont soit le fait de la jurisprudence (cas le plus fréquent), soit le fait du pouvoir réglementaire. En ces cas, tantôt le juge d'un ordre ou l'auteur d'un décret (ou, plus rarement, d'une loi) pourra dire qu'il convient d'appliquer purement et simplement la règle écrite existant devant l'autre ordre de juridiction, tantôt il se bornera à s'inspirer de cette règle sans nécessairement l'appliquer complètement.

• Aspect positif : la compétence de principe du pouvoir réglementaire, un principe affaibli

14 On l'a observé plus haut, constitutionnellement, la compétence législative ne s'impose pas pour les règles techniques de la procédure contentieuse devant le juge administratif. L'article 34 n'oblige à recourir à l'intervention de la loi que pour la seule procédure pénale : *a contrario* procédure civile et procédure administrative ne relèvent pas de la loi. La compétence de principe appartient donc au pouvoir réglementaire (Sect., 8 oct. 1971, *Sté Librairie Maspero,* confirmé par CC, 88-153 I, 23 févr. 1988, p. 34). Cependant, il découle de la Constitution elle-même (notamment de son préambule tel qu'il est interprété par le juge constitutionnel, de l'art. 34, etc.) des limites à cette compétence réglementaire.

C'est ainsi que le Conseil constitutionnel a tiré du préambule de la Constitution des principes s'imposant à tous les pouvoirs et donc au pouvoir réglementaire. Il en va particulièrement ainsi du respect des droits de la défense, lequel est un principe fondamental reconnu par les lois de la République (CC, 76-70 DC, 2 déc. 1976, *Prévention des accidents du travail,* p. 39 ; CC, 81-127 DC, 19-20 janv. 1981, *Sécurité et libertés, p. 15*), notamment en matière fiscale (CC, 72-75 I, 21 déc. 1972, *Procédure fiscale,* p. 36). C'est de ce principe que le Conseil constitutionnel tire la règle selon laquelle le caractère non suspensif des voies de recours n'est constitutionnellement admissible que si le juge administratif dispose, en même temps, du pouvoir de prononcer la suspension des décisions administratives contestées devant lui, à défaut, il serait porté atteinte à une « *garantie essentielle des droits de la défense* » (CC, 86-224 DC, 23 janv. 1987, *Conseil de la concurrence,* préc.).

Pareillement, la proclamation du principe constitutionnel d'égalité de tous devant la justice (CC, 75-57 DC, 23 juil. 1975, *Juge unique,* p. 22 ; CC, 19-20 janv. 1981, préc.) a de fortes incidences sur le contentieux administratif puisqu'elle implique l'égal accès au juge, le bénéfice égal des règles de procédure, un droit égal à se prévaloir des décisions de justice rendues. Un texte ne peut donc pas faire dépendre l'octroi d'une voie de recours d'une décision discrétionnaire du juge (CC, 84-182 DC, 18 janv. 1985, *Règlement et liquidation judiciaires*, p. 34).

Enfin, le juge constitutionnel a adopté des interprétations de l'article 34 de la Constitution qui réduisent d'autant la marge de liberté du pouvoir réglementaire. Ainsi, les libertés sont du domaine de la loi (al. 3 de l'art. 34) : la fixation des délais de prescription – qui portent sur l'extinction d'un droit (mais non sur les délais de forclusion, qui ne sont que des délais d'action : 22 mars 1967, *Sté coopérative agricole des Alpes*, AJDA 1967 p. 545, confirmé par CC, 24 oct. 1980, *Code électoral*, p. 72) –, les règles fondamentales régissant le recours en cassation, le statut du commissaire du gouvernement, devenu en 2009 le *rapporteur public*, les règles fondamentales de la récusation des juges, etc. relèvent de la loi et non du règlement. Pareillement, en donnant une interprétation large de la notion de « *nouvel ordre de juridiction* » (utilisée à l'al. 5 de l'art. 34), le juge constitutionnel favorise une compétence étendue du législateur et restreint d'autant celle du pouvoir réglementaire.

- **Statut constitutionnel de la procédure administrative contentieuse et maintien du pouvoir jurisprudentiel de réglementation**

15 Le développement des sources constitutionnelles du contentieux administratif, l'extension de la compétence législative en cette matière et la réduction corrélative de la compétence réglementaire n'ont pas affecté la place et le rôle de la jurisprudence administrative. D'abord, nombre de règles et principes, constitutionnels en particulier, sont en même temps soit des principes généraux du droit, soit des principes fondamentaux de procédure dégagés, les uns et les autres, par le juge administratif et toujours proclamés par lui supérieurs au pouvoir réglementaire. La situation actuelle n'est pas substantiellement différente de la précédente. Ensuite, il est exact que le législateur intervient aujourd'hui davantage dans ce domaine qu'il ne le faisait autrefois, réduisant ainsi la marge de manœuvre du juge administratif ; pareillement, la reconnaissance du caractère constitutionnel d'un principe ou d'une règle ne va pas sans l'interprétation donnée par le Conseil constitutionnel, laquelle diminue d'autant la liberté du juge administratif. Cependant, en contrepoint, le juge administratif s'étant reconnu le pouvoir d'écarter des lois contraires à des textes internationaux, il retrouve par là une marge d'action qui peut parfois se révéler considérable (Paris, 1er juin 2005, *Julien* : où est énoncé le caractère d'ordre public de la non-conformité d'une loi française à une directive communautaire ; 2 juin 2006, *Chauderlot* : annulation d'une circulaire conforme à une loi mais contraire au droit communautaire).

16 Il arrive donc encore souvent au juge administratif, à l'époque actuelle, de proclamer un principe de procédure, ce qui conduit à trois séries d'observations très importantes dans la mesure où les règles de procédure contentieuse s'imposent à tout organisme, juridictionnel ou non, rendant une décision de nature juridictionnelle (17 déc. 2003, *Arvis*).

La première série d'observations concerne les modalités de la proclamation d'un tel principe par le juge administratif : 1) il ne s'agit jamais d'une proclamation abstraite mais toujours d'une proclamation en vue de la résolution d'un litige déterminé ; 2) lorsque le principe proclamé figure dans un texte, le juge ne considère pratiquement jamais ce texte comme la source de ce principe, simplement comme une illustration du principe (voir, par ex.: 25 avr. 1979, *Paisnel*, RDP 1980 p. 897; 27 mars 1987, *Ville de Saint-Pierre*); 3) lorsqu'un principe proclamé est contredit par une loi, souvent intervenue pour faire échec à cette jurisprudence, la loi sera interprétée très restrictivement par le juge.

La deuxième série d'observations concerne l'attitude du juge face à cette proclamation:

– Tantôt le juge refuse expressément d'apercevoir le principe ou la règle qu'on lui demande de proclamer; en l'absence de texte exprès, le principe n'existe pas. En revanche, un texte exprès peut parfaitement instituer cette règle ou ce principe (Sect., 12 déc. 1958, *Levoir*, p. 637; 23 avr. 1975, *Vilain*, p. 248), qui ne survivrait donc pas à la disparition du texte.

– Tantôt le juge proclame explicitement le principe ou la règle: en ce cas, il doit préciser s'il y voit une *règle impérative* ou une *règle supplétive*. Dans le premier cas, cette règle sera toujours d'ordre public et il sera impossible au pouvoir réglementaire d'y porter atteinte ou d'y déroger, seule la loi pourra le faire. Sont de telles règles impératives, l'obligation d'indiquer le nom des juges ayant rendu le jugement, l'obligation de motiver le jugement, le secret du délibéré (expressément qualifié de « principe général de procédure » par: 17 nov. 1922, *Légillon*), l'existence, sans texte, d'un recours pour excès de pouvoir, l'égalité devant la justice, le caractère contradictoire de la procédure contentieuse, etc. Dans le second cas, le pouvoir réglementaire pourra, sans illégalité, contredire le principe ou la règle (20 janv. 1984, *Min. Urban. c/Sté Stribick et fils*, p. 11), d'où la formule qui se rencontre ordinairement dans les arrêts et par laquelle il est indiqué que la règle ou le principe existe « sauf disposition réglementaire contraire » (Sect. 10 juil. 1964, *Centre médico-pédagogique de Beaulieu*, p. 399).

– Tantôt, enfin, le juge demeure muet, ce qui est la situation la plus délicate à interpréter. Soit le juge n'a pas eu besoin de recourir à cette proclamation pour résoudre le litige, soit il estime, effectivement, que le principe ou la règle n'existe pas, soit, également, il refuse de répondre parce que la question ne lui paraît pas mûre ou qu'il est lui-même dans l'expectative.

La troisième série d'observations concerne la portée de la proclamation d'une règle ou d'un principe par le juge. Celui-ci peut déclarer ce principe valable pour les deux ordres de juridiction (c'est ce qu'il a fait, par exemple, pour le droit de former un recours en cassation ou pour le droit de tout juge de prononcer des astreintes). Il peut également déclarer que ce principe ne vaut que pour un seul des deux ordres (Ass. 4 oct. 1974, *David*, p. 464, concl. M. Gentot, à propos de la publicité des audiences judiciaires). Il peut, enfin, ne proclamer le principe que pour un ordre de juridiction déterminé parce que c'est la seule question qui lui est posée en l'espèce: en ce cas, il n'est ni exclu ni certain que ce principe s'applique aux juridictions de l'autre ordre. Cette situation est, de loin, la plus fréquente.

2 Les principes fondamentaux gouvernant le statut du juge administratif

On exposera ci-après les principes qui seront rencontrés très souvent par la suite afin de n'avoir plus à y revenir. Ils concernent, pour l'essentiel, la qualité de magistrat qui est celle du juge administratif (A.), le principe de collégialité qui domine la procédure administrative contentieuse (B.) et l'appréciation à porter sur l'affirmation selon laquelle « le juge administratif est un juge qui administre » (C.).

A. La qualité de magistrat du juge administratif

Si la position statutaire du juge administratif est particulière (1.), celui-ci n'en est pas moins, dans son hétérogénéité statutaire, un magistrat (2.).

1. La position statutaire du juge administratif

17 Au regard du statut général de la fonction publique, le juge administratif est un fonctionnaire : il relève donc, à la fois, des dispositions générales de ce statut et des dispositions particulières contenues dans les statuts propres : il existe d'ailleurs deux statuts particuliers, celui des membres du Conseil d'État et celui des membres des tribunaux administratifs et des cours administratives d'appel. Au contraire, on sait que les juges judiciaires n'ont pas la qualité de fonctionnaires, qu'ils ne relèvent pas du statut général de la fonction publique mais d'un statut spécifique, entièrement dérogatoire, déterminé par une loi organique. Longtemps on a vu dans cette condition juridique particulière du juge administratif le signe d'une moindre indépendance et cette situation a inspiré certaines solutions au Conseil constitutionnel, en particulier celle confiant au juge judiciaire la fonction exclusive de gardien de la liberté individuelle. De cette qualité de haut fonctionnaire résultent toute une série d'éléments : comme les préfets ou les inspecteurs des finances, les juges administratifs sont recrutés par la voie de l'ÉNA (École Nationale d'Administration) et non, comme cela est périodiquement proposé, par celle de l'ÉNM (École nationale de la magistrature) ; ils sont nommés par décret du président de la République (décret simple pour les membres du corps des tribunaux administratifs et des cours administratives d'appel, les auditeurs et les maîtres des requêtes au Conseil d'État, décret en Conseil des ministres pour les conseillers d'État). Ceci explique également que l'on puisse être nommé juge administratif (y compris conseiller d'État) par le moyen dit du « tour extérieur », c'est-à-dire sans autre condition que celles d'âge minimum et d'ancienneté dans le service public : aucune épreuve ni vérification de connaissances n'étant requise. Au Conseil d'État, par exemple, le tour extérieur concerne le quart des emplois vacants de maîtres des requêtes et le tiers des emplois vacants de conseillers d'État ; il représente quinze à vingt pour cent des emplois dans les cours et tribunaux administratifs.

Ceci explique encore l'existence de nombreux cas de cumul ou de détachement. La majorité des juges administratifs exercent, outre leurs fonctions purement juridictionnelles au sein de la juridiction à laquelle ils appartiennent, diverses fonctions administratives (présidence d'organismes divers, de jurys, enseignement, etc.). Un nombre non négligeable de juges cessent, un temps, d'exercer leur fonction principale pour être détachés dans des cabinets ministériels, à la tête de certains services publics nationaux ou locaux. Cela est même une obligation à certains stades de la carrière dans la mesure où leur statut leur impose une obligation de mobilité pour passer d'un grade à l'autre et cela pendant des périodes de deux ans : on trouvera tel conseiller de tribunal administratif sous-préfet, chef de cabinet d'un préfet, directeur d'un aéroport, attaché diplomatique dans une ambassade ou un centre culturel français, etc.

2. Un juge-magistrat

18 Parce qu'il a incontestablement la qualité de fonctionnaire, on croit souvent que le juge administratif n'est pas ou ne peut pas être un magistrat. La réalité est plus complexe.

Depuis le statut de 1963 (décret du 30 déc. 1963, art. 1er) il est clairement précisé que les juges administratifs « *exercent les fonctions de magistrats* » (pour les membres des cours administratives d'appel, voir la loi du 31 déc. 1987). Le décret du 29 mai 1997 leur confère même directement l'appellation de « magistrats ». La loi reconnaît expressément l'existence d'une magistrature administrative.

Toutes les règles relatives à l'affirmation de l'indépendance du juge administratif, à sa protection ou à sa garantie sont de rang législatif alors que – à la différence des magistrats de l'ordre judiciaire – pour les autres éléments statutaires un décret suffit. Le juge administratif de droit commun bénéficie, depuis la loi du 6 janvier 1986, du privilège de l'inamovibilité, tout comme ses collègues de la Cour des comptes (depuis 1807) et des chambres régionales des comptes (depuis 1982). D'où cette double conséquence : ces juges ne peuvent pas être déplacés, même pour un avancement, sans leur consentement ; cette inamovibilité est placée sous l'autorité d'un organisme, un peu comparable au Conseil supérieur de la magistrature, le Conseil supérieur des tribunaux administratifs et des cours administratives d'appel (CSTACAA), compétent pour régler l'avancement et la discipline des personnes concernées. C'est en ce sens que le Conseil constitutionnel confère à toute personne exerçant la fonction de juger le droit de bénéficier d'une indépendance garantie (CC, 92-305 DC, 21 févr. 1992 ; CC, 2001-445 DC, 19 juin 2001 ; CC, 2003-466 DC, 20 févr. 2003).

Il convient de mettre à part les membres du Conseil d'État, qui ne bénéficient pas de l'inamovibilité, ne sont pas considérés comme exerçant les fonctions de magistrat, ne relèvent pas du CSTACAA. Ceci est, en réalité, sans grande importance. D'une part, les gouvernements successifs ont toujours manifesté une certaine réserve – voire ont eu une grande considération – à l'égard du Conseil d'État. D'autre part, l'acte administratif susceptible de porter atteinte à l'indépendance du Conseil d'État ou de l'un de ses membres relèverait à coup sûr de la compétence matérielle du Conseil d'État : la cause serait donc entendue aux plans pratique et sociopolitique. Toutefois, on ne voit pas de raison pour ne pas consacrer – explicitement et solennellement – la qualité de magistrat des membres de l'Assemblée du Palais-Royal.

Avec le juge administratif, on est donc en présence d'un fonctionnaire, au plein sens du terme (Ceci explique que relèvent du pouvoir réglementaire les aspects statutaires liés à la qualité de fonctionnaires de l'État : 5 nov. 2003, *Syndicat de la juridiction administrative et autre*, p. 622), que la nature particulière de ses attributions conduit à doter d'une très large liberté d'action et d'une très grande indépendance, d'où la nécessaire – et bienvenue – reconnaissance à ce fonctionnaire de la qualité de magistrat.

B. Le principe de collégialité

Si l'affirmation du principe ne fait pas de doute (1.), elle connaît aujourd'hui un nombre croissant d'exceptions (2.) qui font douter une partie des juges et de la doctrine de la réalité de sa persistance

1. L'affirmation du principe

19 Les juridictions administratives statuent en principe collégialement, chacune d'elles étant subdivisée en chambres ou « formations de jugement » composées de plusieurs personnes. On s'attache à considérer le principe de collégialité comme une garantie de bonne justice pour deux motifs au moins : il y a moins de risques de se tromper lorsque l'on juge à plusieurs que lorsque l'on juge seul en raison de la pluralité des expériences et des points de vue ; il y a aussi une plus grande indépendance du juge à la fois *a priori* et *a fortiori*. *A priori* car il sera plus difficile de circonvenir ou influencer plusieurs juges qu'un seul. *A fortiori* car il sera toujours difficile de savoir, dans un collège, en quel sens a penché un juge déterminé. Ceci est d'autant plus important ici que le procès administratif comporte la présence d'un justiciable souvent puissant : l'administration ; la collégialité est ainsi d'autant plus et d'autant mieux la bienvenue.

C'est pourquoi cette règle, sans être de nature constitutionnelle (CC, 75-57 DC, 23 juil. 1975, *Juge unique*, préc. ; CC, 95-360 DC, 2 févr. 1995, *Organisation des juridictions et des procédures*), est à tout le moins un principe général de procédure : il faut un texte législatif exprès pour l'écarter.

2. L'incessante extension des exceptions au principe

20 Toutefois, il existe à ce principe bien certain et d'application très générale, deux sortes d'exceptions qui n'ont pas du tout la même signification.

La première est traditionnelle et concerne les hypothèses où il faut agir vite (référé) ou bien celles dans lesquelles il n'y a aucune difficulté particulière (donné acte d'un désistement). C'est le cas ordinaire et classique où le juge administratif « statue seul ».

La seconde catégorie d'exceptions s'est développée depuis une vingtaine d'années et résulte de la multiplication des cas où le juge administratif peut statuer comme juge unique, multiplication due à la pression d'une opinion publique qui admet de plus en plus mal la « longueur » du procès administratif.

Ainsi, sont rendus à juge unique, le plus souvent sans conclusions d'un commissaire du gouvernement et sans audience publique, sous la forme d'ordonnances : le règlement des difficultés s'élevant au sein de la juridiction administrative, les référés, les non-lieux à statuer, les irrecevabilités manifestes insusceptibles de régularisation, l'imputation des frais irrépétibles, l'octroi d'une provision, la fixation de la partie tenue aux dépens, les litiges relevant d'une série et présentant en droit et en fait des questions identiques à celles que la juridiction saisie a déjà tranchées antérieurement, les litiges énumérés par catégorie (contravention de grande voirie, situation individuelle des agents publics, édifices menaçant ruine, déclaration de travaux dispensés de permis de construire, pensions, aide personnalisée au logement, action en responsabilité contre l'État ou tout autre collectivité publique lorsque la réclamation, tous chefs de préjudice confondus, n'excède pas 10 000 euros, etc.).

Dans tous ces cas, il est important d'observer deux choses. Tout d'abord, le juge statuant seul ne constitue pas une juridiction particulière, il fait partie intégrante de la formation à laquelle il appartient, à la différence de certains juges uniques connus en procédure civile ou pénale (juge de la mise en état, juge de l'application des peines, juge des affaires familiales, etc.). Ensuite, ces dérogations au principe de collégialité ne sont que des dérogations, jamais des obligations de statuer solitairement.

Dans tous ces cas, il ne s'agit que d'une faculté et il est toujours possible de renvoyer une affaire pouvant se juger à juge unique à la juridiction statuant collégialement.

Ceci atteste, malgré une éclipse due aux malheurs du temps, de la force du principe de collégialité en procédure administrative où elle est probablement plus grande qu'en procédure civile. Reste que se constate, ces dernières années notamment, une dérive inquiétante qui tend à faire du juge unique, dans les faits, la situation statistiquement, et de loin, la plus fréquente et de la collégialité l'exception (*cf*, en particulier, les débats suscités en doctrine par la loi n° 2006-911 du 24 juillet 2006 relative à l'immigration et à l'intégration, par la décision du CC, 2006-539 DC, du 20 juil. 2006 y relative ainsi que par le décret d'application de cette loi, n° 2006-1708 du 23 déc. 2006). Cette évolution est d'autant plus lourde de conséquences que les litiges jugés à juge unique (cf- R 222-13) le sont en premier et dernier ressort, la voie de l'appel leur est donc fermée (R 811-1, alinéa 2). Ceci soulève la question de savoir quel sort réserver aux demandes non chiffrées alors qu'en principe seules les requêtes dont le montant excède 10 000 euros sont susceptibles d'appel. Le Conseil d'État, par une de ces constructions prétoriennes dont il a le secret, distingue entre les requêtes non chiffrées en l'attente des résultats d'une expertise, qui sont traitées comme celles excédant 10 000 euros (jugement par une formation collégiale et possibilité d'appel) et les autres requêtes purement et simplement non chiffrées, jugées à juge unique et sans appel possible (Section 5 mai 2006, Mme Bisson, RFDA 2006, p. 1137, concl. D. Chauvaux).

C. « Un juge qui administre »

Maurice Hauriou répète à l'envi dans ses écrits que « *juger l'administration c'est encore administrer* » et cette formule est passée dans notre droit public comme une sorte de maxime incontestée (1.) même si elle présente de sérieuses limites (2.).

1. La réalité d'une affirmation

21 Dès l'apparition d'une justice administrative, s'est imposée, en France, cette idée que le juge administratif n'est pas seulement celui à qui il incombe de « *dire le droit administratif* », mais aussi celui qui, pour dire ce droit, doit participer étroitement à l'esprit qui anime l'administration active. Que l'on ne s'y trompe pas cependant : le juge n'est pas un administrateur. Il y a bien séparation entre *l'administration active* et *la fonction contentieuse* : l'administration ne juge pas au moins depuis l'arrêt *Cadot* (13 déc. 1889), et le juge n'a pas à dicter à l'administration comment elle doit gérer l'intérêt général. Cependant, il convient de se rappeler que les règles, principes et méthodes du droit administratif n'ont pas d'autre finalité que d'assurer le triomphe de l'intérêt général et cela s'impose aussi bien à l'administrateur comme fondement de sa légitimité à agir qu'au juge chargé de contrôler la régularité de l'action publique, c'est-à-dire de vérifier la satisfaction, par l'administration active, de l'intérêt général. Ainsi, on comprend que, décidant de la régularité ou de l'interprétation d'une clause contractuelle, de l'existence ou non d'une obligation de réparer un dommage, le juge ne se limite pas au seul intérêt subjectif et personnel du requérant singulier qui l'a saisi mais tranche la question posée en se demandant si, ce faisant, il satisfait l'intérêt général. La résolution des situations particulières ou individuelles n'est qu'un cas pratique d'application du principe de l'universel triomphe qui doit être assuré à l'intérêt général. Le juge administratif, lorsqu'il juge, participe de l'esprit d'un administrateur et l'on peut bien dire – en ce sens, et en ce sens seulement – que « *juger l'administration c'est encore administrer* ».

2. Les limites d'une affirmation

22 Cette logique a cependant sa limite, évidente : à trop entrer dans les vues de l'administration dont il apprécie la correction juridique des décisions, le juge risquerait de se montrer très, trop, compréhensif et de lui donner très souvent raison. De plus, il risquerait aussi, en même temps, d'abdiquer son esprit critique, sa liberté de manœuvre, bref de n'être pas impartial. Or l'impartialité, on le verra plus loin (§ 40), est la condition première du juge. C'est vrai que, fréquemment, tant dans les milieux judiciaires, en France, que vu de l'étranger, on a tendance à voir dans l'existence d'une juridiction propre à la résolution des litiges suscités par l'action de l'administration, *donc différente du juge ordinaire*, une sorte de faveur faite à l'administration. C'est là une vision erronée que démentent aussi bien la pratique de deux siècles que la simple logique.

De cette position singulière résulte cette situation particulière du juge administratif, à la fois juge et conseil de l'administration. Le Conseil d'État (titre dans lequel le mot « Conseil » est loin d'être neutre), les cours administratives d'appel et les tribunaux administratifs, en même temps qu'ils exercent une fonction authentiquement juridictionnelle, sont appelés à donner des avis, respectivement, au gouvernement et à ses membres, aux préfets de région et à ceux de département, sur les questions que ceux-ci sont amenés à leur poser. La préoccupation de l'administrateur n'est jamais complètement absente de l'activité du juge administratif.

Ce dualisme fonctionnel au sein d'un même organisme a ému la Cour EDH, à travers le cas du Conseil d'État luxembourgeois, dont l'organisation était alors très semblable à celle du Conseil d'État français : ses membres donnaient des avis au pouvoir exécutif et tranchaient les litiges relatifs, éventuellement, à ce même exécutif. La Cour a estimé que cette dualité introduisait une « *confusion* (de fonctions consultatives et de fonctions juridictionnelles) *de nature à mettre en cause l'impartialité structurelle* » du Conseil d'État luxembourgeois (CEDH, 28 sept. 1995, *Assoc. Procola c./Luxembourg*). Le Conseil d'État (français) a rejeté cette doctrine des juges de Strasbourg (Sect. 5 avr. 1996, *Synd. des avocats de France*, préc. ; voir en particulier les concl. de J.-C. Bonichot sur cette décision, *RFDA* 1996, p. 1195 ; 11 juil. 2007, *Union synd. magistrats administratifs*), pourtant entérinée, au final, par le décret n° 2009-14 du 7 janvier 2009.

Par ailleurs, obligation statutaire est faite – comme indiqué plus haut – aux juges administratifs d'effectuer une mobilité d'au moins deux ans, au cours de la carrière, dans un corps de l'administration active. Pour le coup, en ce cas, on est bien en présence d'un juge qui, pour un temps, n'est qu'administrateur, ce qui lui permet notamment de mieux percevoir les nécessités de la marche des administrations et la portée des décisions juridictionnelles sur cette marche.

3 Les principes fondamentaux gouvernant la fonction juridictionnelle du juge administratif

Trois catégories de principes seront exposées ici en raison de leur très grande importance : le statut des règles de compétence juridictionnelle (A.), le statut du recours contentieux (B.) ainsi que les principes relatifs à la qualité de la justice rendue (C.).

A. Les principes relatifs au statut des règles de compétence du juge administratif

La place considérable tenue par les règles de compétence est une des caractéristiques majeures du contentieux administratif; elle s'exprime par trois voies: le caractère d'ordre public des règles de compétence (1.); la plénitude de compétence juridictionnelle de chaque juge et l'exclusion de l'arbitrage (2.); le traitement procédural des questions de compétence (3.).

1. Le caractère d'ordre public de la compétence du juge administratif

23 Le principe est simple: en procédure administrative contentieuse, toutes les règles de compétence sont d'ordre public et elles le sont précisément parce que ce sont des règles de compétence. Ceci signifie que le juge, pour dire que ces règles sont d'ordre public, ne s'attache ni à leur auteur, ni au but poursuivi, ni à la nature de l'intérêt que ces règles entendent protéger. Ce caractère d'ordre public est tantôt affirmé par un texte, tantôt affirmé par le juge, ce qui emporte quatre série de conséquences.

• La prohibition de principe des dérogations conventionnelles aux règles de compétence

24 En procédure civile, la règle est qu'il ne peut être dérogé à la compétence territoriale telle qu'elle est fixée par les textes sauf, d'une part, entre commerçants (art. 48 CPC), et d'autre part, en certaines matières et sous certaines conditions, où le demandeur a la possiblité de « choisir » son juge (art. 46 CPC). La règle est un peu différente en procédure administrative contentieuse.

Tout d'abord, toutes les compétences juridictionnelles, même autres que territoriales, sont indérogeables. Ensuite, dans le contentieux contractuel, et seulement s'agissant de la compétence territoriale, les textes admettent, à certaines conditions, des dérogations conventionnelles. Cette solution était déjà admise en jurisprudence (Sect., 29 mars 1957, *Roger*, p. 223) avant que les textes ne la consacrent. Cependant, plusieurs conditions doivent être réunies: 1) il ne doit pas s'agir du contrat d'engagement d'un agent public, car en ce cas la compétence territoriale est indérogeable (9 févr. 1968, *Canaut*, p. 105); 2) la dérogation doit figurer dans une clause expresse du contrat soit dès l'origine du contrat, soit par suite d'un avenant; 3) la dérogation ne doit pas porter atteinte à un intérêt public comme, par exemple, le choix d'une juridiction territorialement peu opportune; 4) la dérogation n'est valable que si elle aboutit à désigner un tribunal identique en nature comme en niveau hiérarchique à celui que désignait l'application automatique des règles légales de compétence territoriale; 5) en cas de survenance d'un litige, la dérogation conventionnelle doit être antérieure à la date d'apparition de ce litige.

• L'obligation pour le juge saisi de soulever d'office – le cas échéant – son incompétence

25 Cette obligation est absolue. Encourt l'annulation tout jugement rendu par une juridiction incompétente pour connaître du litige ayant donné lieu à ce jugement. En ce cas, le juge avisera les parties qu'il entend soulever d'office le moyen d'incompétence bien que celui-ci n'ait été relevé par aucune d'elles; l'accord, implicite ou explicite, des parties pour taire la discussion sur la compétence du juge est totalement inopérant aux yeux du juge. Lorsque le litige est porté devant une juridiction supérieure (appel, cassation), celle-ci a non seulement le devoir de vérifier d'office sa compétence mais elle a encore l'obligation impérieuse de vérifier si le juge du premier degré ou d'appel était bien compétent pour statuer sur le litige. Lorsque le juge soulève d'office cette question, cela n'apparaît dans sa décision que s'il s'estime incompétent. En revanche, lorsqu'il se considère compétent, la rédaction du jugement ne traduira pas le fait que cette question a été examinée ni *a fortiori* qu'elle a été soulevée d'office puisque cela suppose que les parties n'ont pas fait état de ce moyen et qu'il n'y a donc par lieu pour le juge de répondre à une argumentation qui n'a pas été développée devant lui.

• La faculté pour les parties de soulever à tout moment un moyen d'incompétence

26 Les parties ont la faculté de soulever le moyen d'incompétence de la juridiction saisie à tous les stades de la procédure, première instance, appel, cassation ; elles le peuvent à tout moment du procès y compris pour la première fois le jour de l'audience, en appel ou en cassation, alors que cela n'avait pas été soutenu jusque-là.

• L'obligation pour le juge de statuer sur sa compétence

27 Il entre dans l'office du juge – et il est donc obligatoire pour lui – de statuer sur sa compétence, même dans l'hypothèse où il considère que la requête dont il est saisi est manifestement irrecevable et insusceptible de régularisation. Du fait même de la saisine dont il est l'objet, le juge est dans l'obligation absolue de juger « *par une décision qui (doit) nécessairement avoir le caractère d'une décision juridictionnelle* » (6 oct. 1999, *Pinault*, p. 299, à propos de la Commission centrale d'aide sociale).

2. La plénitude de compétence du juge administratif et l'exclusion – de plus en plus résiduelle – de l'arbitrage

Le principe est celui de l'obligation faite aux personnes publiques parties à un litige de recourir à un juge pour régler les différends administratifs

• La signification de la plénitude de compétence du juge administratif

28 La plénitude de compétence du juge administratif se traduit en premier lieu par le fait que ce juge est le juge « *naturel* » de la puissance publique et du service public ; il n'est donc pas possible, dans les litiges intéressant ces objets, d'échapper à l'intervention de ce juge. Cette plénitude de compétence, qui se retrouve devant les deux ordres de juridiction, est davantage un principe de bonne justice qu'un principe d'ordre.

Cette plénitude de compétence se manifeste en deuxième lieu par la règle que « *le juge de l'action est juge de l'exception* ». Autrement dit, le juge compétemment saisi pour connaître du litige l'est également à l'égard de tous les moyens invoqués à l'appui de la demande comme de la défense, même de ceux des moyens qui n'auraient pas relevé de la compétence de ce juge si le litige n'avait porté que sur ces moyens. Incompétent pour connaître de tels moyens s'ils sont l'objet principal du litige dont il est saisi, le juge est compétent pour les examiner lorsqu'ils ne sont présentés qu'à l'appui de l'action principale. On dit d'une autre manière qu'il n'y a pas de question préjudicielle à l'intérieur de l'ordre administratif de juridiction. Ainsi, le Conseil d'État est compétent en premier et dernier ressort pour connaître des recours formés directement contre un décret réglementaire. Supposons que devant un tribunal administratif, à l'occasion d'un litige ne portant pas à titre principal sur un tel décret, l'une des parties soulève comme moyen de défense l'illégalité de ce décret réglementaire qu'on prétend lui opposer; le tribunal administratif sera compétent pour examiner ce moyen, c'est-à-dire ce décret, alors qu'il ne l'eût point été si cela avait constitué l'objet même du procès. Pareillement, un tribunal administratif peut parfaitement, saisi d'un recours à fins indemnitaires contre les conséquences dommageables d'un décret prétendu illégal, se prononcer sur cette illégalité pour pouvoir, ensuite, se prononcer sur l'octroi ou non de la réparation, alors qu'il serait radicalement incompétent pour prononcer l'annulation dudit décret. En revanche, le principe que le juge de l'action est juge de l'exception ne s'applique pas lorsqu'il existe une véritable question préjudicielle car elle relève d'un autre ordre juridictionnel (par ex. juge judiciaire, CJCE, etc.).

Cette plénitude de compétence fonde, en troisième lieu, la règle selon laquelle « l'accessoire suit le principal » (*accessorium principale sequitur*). Celle-ci permet au juge territorialement compétent pour connaître de l'action engagée à titre principal, de statuer sur tous les incidents de procédure relatifs à cette action principale alors même que leur examen, s'ils avaient constitué l'aspect principal du litige, aurait relevé d'un juge, administratif certes, mais territorialement différent. Il suit de là que le juge compétent au principal peut connaître de toutes les demandes incidentes (ce sont les *demandes additionnelles* lorsqu'elles émanent du demandeur, les *demandes reconventionnelles* lorsqu'elles émanent du défendeur, les *interventions* lorsqu'elles sont le fait de tiers au litige) ou accessoires, sans considération du juge administratif qui serait normalement compétent territorialement par application des principes gouvernant le contentieux administratif.

• La prohibition – de moins en moins réelle – de l'arbitrage

29 La prohibition – qui est de moins en moins réelle – de l'arbitrage pour les litiges concernant les personnes publiques est un principe général « *du droit public français* » (Avis, 6 mars 1986, Grands avis, 1997 p. 219, obs. D. Labetoulle) qui est en réalité en voie de disparition. Il s'agit, pour ces personnes, de ne pas manifester, par l'utilisation de l'arbitrage, leur réticence à l'égard des juridictions instituées (telle est du moins l'explication fournie par Jean Romieu dans ses concl. sur 17 mars 1893, *Cie des chemins de fer du Nord*, Sir. 1894.III.119). Cette prohibition a d'ailleurs été inscrite explicitement dans le Code civil en 1972 (art. 2060, al. 1er). Elle concerne, normalement : toutes les personnes de droit public, même les établissements publics à caractère industriel ou commercial ; toutes les sortes de litiges, y compris de nature commerciale ou financière ; toutes les formes de recours à l'arbitrage (qu'il s'agisse d'une clause compromissoire, insérée dans un contrat dès l'origine, ou d'un compromis d'arbitrage, conclu après la naissance d'un litige).

Cette prohibition n'est écartée que dans deux cas. En premier lieu, la possibilité de recourir à l'arbitrage international peut être reconnue par un traité international explicite et régulièrement incorporé dans l'ordre interne français (par ex. traité de Cantorbéry pour le tunnel sous la Manche) lorsque sont en jeu « *les intérêts du commerce international* » (art. 1492 CPC et art. 2 de la Convention européenne du 21 avr. 1961 relative à l'arbitrage commercial international). En second lieu, une loi expresse peut prévoir la possibilité de recourir à l'arbitrage soit au bénéfice d'une catégorie déterminée de personnes publiques, soit pour une catégorie de contrats (par exemple, contrats de recherche conclu, par un établissement public administratif), soit, à la fois, pour certaines catégories de personnes publiques relativement à certains types de contrats. Toutefois ces exceptions se multiplient à l'époque contemporaine au point qu'a été proposée l'abrogation de l'interdiction de recours à l'arbitrage faite aux personnes publiques et figurant dans le Code civil. On s'achemine progressivement vers une admission de plein droit du recours à l'arbitrage pour toutes les personnes publiques sous réserve d'un certain nombre de garde-fous (*Cf.* En ce sens, le rapport de la Commission Labetoulle, mars 2007).

Lorsqu'il intervient régulièrement, l'arbitrage a « autorité de chose jugée » et la sentence arbitrale peut être contestée devant le Conseil d'État statuant comme juge d'appel de celle-ci. Lorsque l'arbitrage intervient irrégulièrement (notamment parce qu'il est interdit ou non autorisé), cela a pour effet de nullifier tous les actes qui y sont relatifs : accord décidant d'un arbitrage, désignation de (ou des) l'arbitre(s), sentence arbitrale, effets de celle-ci ; toutes ces nullités sont d'ordre public.

3. Le traitement procédural des questions de compétence

Les questions relatives à la compétence du juge administratif saisi connaissent deux particularités remarquables.

• La priorité absolue des questions de compétence

30 Les questions de compétence ont priorité absolue sur toutes les autres questions, de forme comme de fond ; cela est normal, car la condition première pour que le juge puisse juger est qu'il soit compétent. Trois règles essentielles s'appliquent ici.

La première règle est que le juge saisi est toujours juge de sa propre compétence lorsque l'on se situe à l'intérieur de l'ordre juridictionnel administratif. En revanche, lorsque la juridiction compétente paraît ne pas appartenir à l'ordre administratif, la juridiction administrative saisie ne peut que le constater ou, en cas de risque de conflit négatif, ne peut que renvoyer au Tribunal des conflits le soin de résoudre la difficulté.

La deuxième règle est celle selon laquelle la question de la compétence du juge saisi est examinée avant toute autre question, qu'il s'agisse de la recevabilité ou du fond, sauf deux réserves. L'irrecevabilité manifeste d'un recours insusceptible de régularisation postérieure peut être constatée par tout juge administratif même non compétent pour statuer sur le fond du litige qui fait l'objet de la requête. Le donné acte d'un désistement volontaire peut être délivré par tout juge même non compétent pour statuer sur le litige.

La troisième règle concerne la date à laquelle s'apprécie la compétence du juge administratif. Il s'agit toujours du jour où il statue sur le principal et non du jour où il a été saisi. C'est à cette même date que sont appréciés les textes applicables.

• La prohibition des jugements d'incompétence à l'intérieur de l'ordre juridictionnel administratif

31 La prohibition des jugements d'incompétence à l'intérieur de l'ordre juridictionnel administratif est une règle absolue. Lorsqu'une juridiction administrative de droit commun est saisie d'un litige qui entre en réalité dans la compétence d'une autre juridiction administrative de droit commun, la juridiction saisie se voit interdire de rendre un jugement d'incompétence en se fondant sur ce motif. Il lui appartient de déterminer la juridiction compétente et de renvoyer à celle-ci l'entier dossier de la procédure ; c'est cette dernière qui avisera les parties de ce changement d'aiguillage. Ces transmissions se font de juridiction à juridiction, par ordonnance non motivée et non susceptible de recours, de président à président. La procédure est très semblable lorsque c'est le Conseil d'État lui-même qui a été saisi directement (par ex. en

premier ressort). En d'autres termes, l'erreur du requérant dans l'introduction d'une requête devant une juridiction administrative n'a aucune conséquence lorsque cette erreur ne porte que sur la détermination de la juridiction compétente à l'intérieur de l'ordre administratif.

B. Les principes relatifs au statut du recours contentieux

Les deux principes qui s'appliquent en contentieux administratif sur ce point sont, d'une part, celui du caractère non suspensif des recours introduits (1.), d'autre part celui de la liberté de former un recours (2.).

1. Le caractère non suspensif du recours introduit

Si le caractère non suspensif des recours introduits est une règle certaine, elle n'en connaît pas moins des dérogation ou atténuations.

• L'affirmation de la règle

32 La règle qui domine la matière est celle du caractère immédiatement exécutoire de toute décision de l'administration. Le Conseil d'État a même cru y apercevoir « *la règle fondamentale du droit public* » (Ass. 2 juil. 1982, C. *Huglo et C. Lepage-Jessua*, *AJDA* 1982, p. 657, concl. J. Biancarelli). En revanche, l'expression « décision exécutoire » doit, en toute rigueur des termes, être bannie du vocabulaire juridique, car c'est un pléonasme, le propre d'une décision étant précisément d'être... décisoire (*Cf.* J.-C. Ricci, Droit administratif général, HU droit, 3e édit., 2009, § 276).

De là découle ce fait qu'une fois la décision prise rien ne peut plus arrêter le cours de son exécution, pas même la saisine du juge. Seul peut y changer quelque chose le jugement l'annulant ou la réformant, sauf, bien sûr, le pouvoir propre de l'auteur de la décision de la retirer ou de l'abroger.

La conséquence contentieuse de cette règle est que l'introduction d'un recours contentieux contre une décision de l'administration n'a aucun effet sur l'exécution de celle-ci. Le requérant est tenu de l'exécuter et l'on invoque deux motifs principaux à cette solution certaine et constante. Le premier motif est d'ordre pratique et psychologique : il s'agit de ne pas énerver l'action de l'administration en l'interrompant sans cesse ou en menaçant en permanence de l'interrompre. L'autre motif est d'ordre juridique : les actes décisoires de l'administration bénéficient d'une présomption de régularité juridique et cette présomption serait contredite si toute introduction d'un recours contentieux aboutissait à la suspension de leur exécution.

Toutefois, la jurisprudence de la Cour EDH (CEDH 26 avr. 2007, *G. c/ France* : dans le cas d'un référé-liberté) estimant que, au moins dans les situations urgentes, la non suspensivité du recours introduit ne satisfait pas au droit à recours effectif (*cf.* § 8), est de nature à affecter cette solution.

• Dérogation et atténuations

33 D'application aussi absolue que possible, cette règle de non-suspensivité des recours introduits connaît principalement une dérogation et des atténuations.

La *dérogation* se produit lorsque, parallèlement au recours en annulation, le demandeur introduit également un référé à fin de suspension de la décision en attendant que son recours principal en annulation soit jugé.

Les *atténuations* sont constituées d'hypothèses où, en vertu de textes exprès, la formation d'un recours contentieux est, de droit et automatiquement, suspensive de l'exécution de la décision attaquée. Ces cas sont nombreux et disparates, on en donne quelques exemples. Il en va (ou il en allait) ainsi du recours : dans les quarante-huit heures, et du jugement, dans les soixante-douze heures, contre l'arrêté préfectoral de reconduite à la frontière des étrangers en situation irrégulière ; contre l'arrêté préfectoral accordant une dérogation à l'obligation dominicale de repos hebdomadaire ; contre la mise en demeure, adressée par le ministre chargé de la Culture, aux propriétaires de monuments historiques d'avoir à y effectuer les travaux indispensables ; contre l'arrêté préfectoral prononçant la démission d'office d'élus locaux pour motif d'inéligibilité ou d'incompatibilité apparu postérieurement à leur élection ; contre le décret autorisant un changement de nom ; contre certains retraits d'actes administratifs (ainsi le retrait de l'approbation accordée par le ministre des Affaires sociales à des sociétés mutualistes, le retrait de fréquences audiovisuelles attribuées par le CSA, le retrait d'agréments de sociétés d'assurances accordés par le ministre des Finances...), etc.

Il convient de mettre à part deux sortes d'« oppositions ». Tout d'abord, les « oppositions aux titres de perception », c'est-à-dire aux ordres de recettes qui sont émis par les comptables publics et qui ont pour effet de constituer les particuliers débiteurs envers le Trésor public. C'est là une des illustrations les plus topiques du privilège de l'action d'office reconnu à l'administration. C'est pourquoi, traditionnellement, a toujours été admis le caractère suspensif des oppositions contentieuses. Ensuite, existent les « oppositions à poursuites » qui sont dirigées contre la validité en la forme (et seulement en la forme) des actes par lesquels les comptables publics engagent des poursuites pour non-exécution par le redevable d'un titre, légal cette fois, de perception.

Dans tous les cas, le juge saisi n'a pas le pouvoir de mettre un terme au caractère suspensif du recours, sauf si le texte instituant cette suspensivité prévoit en même temps que le juge peut y mettre fin (voir, par ex. l'art. L. 541-3 du Code de l'environnement, en matière d'élimination des déchets).

2. La portée de la liberté de former un recours

34 Cette question de la liberté de former un recours ne se pose pas sous sa forme positive : personne ne discute le droit pour toute personne de former un recours contentieux si elle estime avoir des motifs de le faire. En revanche, sous sa forme négative, la question est plus délicate, elle se formule ainsi : une personne qui serait fondée à former un recours contentieux a-t-elle le droit de ne pas le former ? Peut-elle, par son abstention d'agir, priver le juge – et donc, partant, l'universalité des sujets de droit – de la possibilité d'apurer l'édifice juridique de situations ou d'actes irréguliers et/ou dommageables ? La question peut être rendue encore plus difficile si l'on se demande si une telle obligation existe – à tout le moins – pour la puissance publique constatant la violation du droit. Ce cas, de loin le plus intéressant, concerne deux situations principales.

• Contravention de grande voirie

35 En matière de contravention de grande voirie, le Conseil d'État a posé l'obligation pour l'autorité domaniale concernée de saisir le juge administratif de poursuites contre tout auteur d'une telle contravention (Sect., 23 févr. 1979, *Min. Équipemt c./Assoc. « Les amis des chemins de ronde »*, p. 75, concl. A. Bacquet; Paris, 18 nov. 1993, *Sté Sanara-Citerna,*

p. 482). L'administration ne peut se soustraire à cette obligation que pour des motifs d'intérêt général et en particulier ceux tirés des nécessités de la sauvegarde de l'ordre public ; en revanche, elle ne saurait s'appuyer sur de simples considérations d'opportunité.

• Déféré préfectoral contre les actes des collectivités territoriales

36 En matière de déféré préfectoral, compte tenu des termes utilisés par la Constitution (art. 72, al. 3), par la loi de décentralisation de 1982 et par le Conseil constitutionnel (CC, 82-137 DC, 25 févr. 1982, *Loi de décentralisation*, p. 38), il était apparu à une partie de la doctrine et des tribunaux administratifs que le préfet avait la double obligation de déférer au juge les actes locaux qu'il estimait illégaux et, ayant introduit un tel déféré, de ne pas se désister (TA Lyon, 6 févr. 1984, *Commissaire de la République du Rhône*; TA Nantes, 25 avr. 1984, *Commissaire de la République de Vendée;* TA Lyon, 10 juil. 1984, *Cne de Fons).* Cette solution paraissait confortée par le fait que le Conseil d'État annulait les refus illégaux des préfets de déférer les actes locaux irréguliers et condamnait l'État à réparer les préjudices causés par les refus préfectoraux. Cependant, contre toute attente, le Conseil d'État a renversé sa jurisprudence antérieure (ou refusé de l'étendre à cette situation nouvelle) et jugé que le refus du préfet d'exercer son pouvoir de déféré n'était pas susceptible de recours car il ne prive pas les intéressés de former eux-mêmes directement un recours contre l'acte litigieux (Sect., 25 janv. 1991, *Brasseur,* p. 23, concl. B. Stirn ; 23 avr. 1997, *Ville de Caen, AJDA* 1997 p. 518, concl. V. Pécresse).

C. Les principes relatifs à la qualité de la justice rendue

37 Le souci d'une certaine qualité du service public de la justice n'est pas nouveau, du moins dans certains de ses éléments constitutifs. En revanche, il est nouveau sous la forme d'une obligation générale et systématique susceptible de produire d'importants effets de droit. Il est devenu usuel de parler à cet égard de « principes directeurs du procès ». Si le nouveau Code de procédure civile s'ouvre par un chapitre premier portant cet intitulé (en 24 articles relatifs à l'instance, à l'objet du litige, aux faits, à la preuve, au droit, à la contradiction, à la défense, à la conciliation, aux débats, et à l'obligation de réserve), rien de comparable n'existe pour le juge administratif, le titre préliminaire du Code de justice administrative, dont le contenu est à la fois trop large et trop incomplet sur ce point, ne saurait en tenir lieu (*cf.* sur cette question, O. Gohin, « Les principes directeurs du procès administratif en droit français », *RDP* 2005 p. 171 ; A. Ricci, *Le « Décalogue » du Code de justice administrative*, PUAM 2002, 141 p.). Cependant, se fait jour, progressivement, devant les juridictions administratives, un ensemble multiforme d'exigences caractéristiques de la fonction juridictionnelle. Ainsi en va-t-il de la collégialité (voir § 19 et suiv.), du caractère d'ordre public des règles de compétence (voir § 23 et suiv.), mais aussi de l'obligation de statuer dans un délai raisonnable et de la responsabilité de l'administration du fait de l'exercice de la fonction juridictionnelle (1.), de l'impartialité dans l'exercice de la fonction de justice (2.), du droit au juge et à un recours effectif (3.) ou encore du principe de loyauté (4.), etc., tous éléments qui sont les principales composantes d'une certaine « qualité » de la justice administrative.

1. La responsabilité du fait des dysfonctionnements de la justice administrative

La jurisprudence a connu une importante évolution à la fois spontanée (pour ce qui regarde le principe et le régime de la responsabilité de l'État à raison du mauvais fonctionnement du service public de la justice administrative) et sous l'aiguillon de la jurisprudence de la Cour EDH (pour ce qui regarde la sanction des durées trop longues des procédures juridictionnelles, dénommée « règle du délai raisonnable »). Il convient de souligner que la responsabilité du fait de l'exercice défectueux de la fonction juridictionnelle incombe exclusivement à l'État, quelle que soit la juridiction concernée, même non étatique, car la justice tout entière est rendue indivisiblement au nom de l'État (Sect., 27 févr. 2004, *Popin*, p. 86, concl. R. Schwartz).

• L'admission de la responsabilité de l'État à raison du mauvais fonctionnement du service public de la justice administrative

38 À l'origine, un peu comme à l'égard du législateur, existait un principe d'irresponsabilité à raison de l'exercice de la fonction juridictionnelle (Ass. 4 janv. 1952, *Pourcelet*, p. 4) fondé sur la force du principe d'autorité de chose jugée (*cf.* § 360-363). Si certaines dispositions législatives étaient venues atténuer cette situation, le principe d'irresponsabilité demeurait – la loi du 5 juillet 1972 n'instituant un régime de responsabilité que pour les seules juridictions judiciaires – jusqu'à un important revirement de jurisprudence du Conseil d'État survenu en 1978 (Ass. 29 déc. 1978, *Darmon*, p. 542). Cette décision, se fondant sur les « *principes généraux du droit régissant la responsabilité de la puissance publique...* », a admis la responsabilité de l'État en cas de dommages causés par le dysfonctionnement de la justice administrative présentant le caractère d'une faute lourde.

Ce régime, longtemps d'application rare et dont l'invocation n'aboutissait le plus souvent qu'à des décisions de rejet, a connu une importante évolution avec l'admission de la responsabilité de l'État à raison des dommages causés par le contenu d'une décision juridictionnelle (Paris, 8 nov. 2006, *Giovanni G.*; surtout, 18 juin 2008, *Gestas*, du moins quand il y a « violation manifeste du droit communautaire »).

• La règle du délai raisonnable et la durée excessive des procédures

39 Rompant avec une longue tradition de refus, le Conseil d'État décide, en 2002, que « *les justiciables ont droit à ce que leurs requêtes soient jugées dans un délai raisonnable* » (Ass. 28 juin 2002, *Min. de la Justice c./ Magiéra*, p. 247; 7 mars 2008, *Bruno X.*, req. 301622) et fonde ce droit, à la fois sur les article 6 § 1 et 13 de la Convention EDH et sur les « *principes généraux qui gouvernent le fonctionnement des juridictions administratives* ». Dans ce cas, du seul fait de l'écoulement d'un délai déraisonnable, la responsabilité de la puissance publique sera engagée, sur le fondement d'une faute simple (11 juin 2007, *Pierre X.*, req. 297470. Pour des exemples de calculs de la durée – éventuellement déraisonnable – des procédures, voir: 2 mai 2007, *Békir X.*, n° 293790; 2 mai 2007, *SCI Californie Résidence*, n° 294243). Cette jurisprudence a été étendue aux juridictions financières (22 janv. 2007, *Forzy*, à propos de la CDBF). La durée excessive de la procédure fait présumer l'existence d'un préjudice dont il appartient ensuite au juge de rechercher et au demandeur d'établir le quantum (19 oct. 2007, *Blin*). Quand cette durée excessive résulte de la saisine successive des deux ordres de juridiction, l'action en réparation doit être portée devant l'ordre de juridiction compétent pour connaître du fond du litige (TC 30 juin 2008, *Bernardet*).

Les recours en responsabilité fondés sur la durée excessive des procédures devant le juge administratif relèvent de la compétence du Conseil d'État en premier et dernier ressort (25 janv. 2006, *Potchou*, RFDA 2006 p. 299). Ils doivent obligatoirement être précédés d'une décision administrative préalable du garde des Sceaux : c'est son refus d'indemniser ou l'insuffisance de la somme allouée qui doit être attaqué devant le Conseil d'État (7 juil. 2006, *Mangot*).
Il importe de relever que le dépassement du délai raisonnable de jugement n'affecte pas la validité du jugement (ici de la CDBF : 22 janv. 2007, *Guy X.*, req. 286292) qui n'est pas irrégulier du seul fait du temps excessif mis à juger (v. par ex. : 25 mai 2007, *Ali X.*, n° 294276), seul est ouvert un droit à réparation.

2. L'impartialité dans l'exercice de la fonction de justice

40 L'impartialité est une qualité consubstantielle à la notion de juge et exigée à peu près de tout temps (ainsi, on lit dans le Deutéronome, l'un des grands livres bibliques : « *Vous ne ferez pas acception de personne en jugeant, mais vous écouterez le petit comme le grand* », I, 17 ; *cf.* aussi *eod. loc.* : X, 17 ; XVI, 19, ou encore le Lévitique : XIX, 15 ou le livre des Proverbes : XXIV, 23, etc.). C'est pourquoi il est de l'office du juge d'assurer le respect du principe d'impartialité (Sect., Avis, 12 mai 2004, *Cne de Rogerville et Hakkar*, 2 espèces ; dans le même sens, CDBF, 15 juin 2004, *Gestion du Centre hospitalier spécialisé de Villejuif*). Pareillement, c'est cette importance du principe qui explique son application même au tribunal administratif agissant comme autorité administrative et non comme juge, dans le cadre de la procédure en autorisation de plaider (6 janv. 2004, *Mery*; voir ci-après § 79).
Ce principe est également reconnu aussi bien par la jurisprudence constitutionnelle (CC, 98-408 DC, 22 janv. 1999, *Cour pénale internationale*, cons. n° 27 ; CC, 2003-466 DC, 20 févr. 2003, *Juges de proximité*, cons. n° 23) que par la jurisprudence internationale (CEDH, 1er oct. 1982, *Piersack c./Belgique* ; CEDH, 28 sept. 1995, *Procola c./Luxembourg*).
L'impartialité ne s'applique pas seulement aux juridictions administratives mais également aux organismes administratifs non juridictionnels disposant de pouvoirs de sanction. Cette exigence constitue d'ailleurs un principe général du droit en même temps qu'elle résulte de l'article 6 § 1 de la convention EDH (Sect. 27 oct. 2006, *Parent et autre*, préc. ; Sect. 17 nov. 2006, *Sté CNP assurances*, préc.). Il en irait de même en cas de contestation de l'impartialité d'un expert judiciaire (Douai 20 mai 2008, *Sté Eparco assainissement*).
Le terme « impartialité » recouvre cependant deux sortes de situations assez différentes l'une de l'autre : *l'impartialité subjective, « qui tient au juge en tant qu'homme »* (*cf.* plus loin, § 302-305), et *l'impartialité objective, « qui est liée à l'organe ou à la fonction »* (formules extraites des concl. d'E. Glaser sur Sect., 12 mai 2004, *Cne de Rogerville, RFDA* 2004, p. 723). Longtemps, par l'exigence d'impartialité, n'était visée que la seule impartialité subjective : le juge ne devait se déterminer que d'après les seuls éléments du dossier. Ce que le Conseil d'État exprime solennellement : « *Cons. qu'en vertu d'une règle générale de procédure applicable sans texte, un membre d'une juridiction administrative qui a publiquement exprimé son opinion sur un litige ne peut participer à la formation de jugement statuant sur le recours formé contre une décision juridictionnelle statuant sur le même litige* » (14 janv. 2008, *M. et Mme Jacques X.*, req. 294312). Ce n'est qu'à une époque relativement récente que l'impartialité objective a commencé à occuper une place devenue aujourd'hui prépondérante dans la notion processuelle d'impartialité, en particulier sous l'influence de la jurisprudence de la Cour EDH.

L'exigence d'impartialité objective revêt des aspects multiformes et disparates.
Positivement, ont été considérés comme violant la règle d'impartialité :
– la participation du juge du référé-provision à la formation de jugement au fond, sans doute parce que celle-ci doit se prononcer sur le caractère non sérieusement contestable de la créance du demandeur, aspect qu'a nécessairement tranché le juge du référé-provision (Marseille, 9 mars 2006, *D.* ; Paris, 6 févr. 2007, *Sté Swisslog France*) ;
– le fait qu'un juge puisse statuer sur un recours en rectification de l'erreur matérielle contenue dans un jugement auquel il a participé (22 juin 2005, *Hespel*) ;
– la circonstance qu'un même juge statue deux fois sur les mêmes faits (3 oct. 2003, *P.*) sauf dans le cas du référé-suspension où le même juge peut être appelé à intervenir sur le même dossier en cas de nouvelle(s) demande(s) de suspension (2 nov. 2005, *Fayant* ; sur l'impartialité et la composition de la formation de jugement, *cf.* Bordeaux, 18 nov. 2003, *B.*) ;
– la présence d'un juge au jugement d'une tierce opposition dirigée contre une décision rendue par une formation dont il faisait partie (Lyon, 11 mai 2004, *Min. Éduc. nat.*). On remarquera que cette solution est difficilement conciliable avec celle qui, sans y apercevoir une atteinte à l'impartialité, permet qu'un juge se prononce sur la tierce opposition formée contre l'ordonnance qu'il a lui-même rendue (10 déc. 2004, *Sté Resotim*),
– la présence d'un représentant de l'État, même siégeant à titre purement consultatif, au sein du Conseil national de l'ordre des pharmaciens statuant en matière disciplinaire sur plainte du directeur régional des affaires sanitaires et sociales, alors que ce dernier agit comme représentant de l'État (20 déc. 2006, *M*[me] *D.*, req. 268428).
Négativement, ne violent pas ce principe d'impartialité :
– la présence dans une formation de jugement du juge des référés qui a déjà eu à connaître de l'affaire sauf dans le cas où ce dernier, dans son ordonnance, serait allé au-delà de ce qu'implique nécessairement son office de juge des référés (tel était le cas en l'espèce : Nantes 10 nov. 2005, *La Poste c./F.* ; 4 févr. 2008, *Jacques X.*, req. 270119) ;
– la circonstance qu'un juge des référés statue à nouveau sur un dossier, pour corriger, compléter ou abroger sa précédente ordonnance, ceci correspondant à l'office du juge des référés, lequel rend des décisions au vu d'une instruction succincte et qui n'ont pas l'autorité de chose jugée (17 avr. 2008, *Caisse des Dépôts et Consignations*, req. 307866) ;
– la nomination d'un auditeur au Conseil d'État en qualité de maître des requêtes, car compte tenu de la tradition d'indépendance du Conseil dans le prononcé d'une telle nomination, il est exclu qu'elle ait pu être décidée en raison des prises de position adoptées par cette personne dans l'exercice de ses fonctions (5 oct. 2005, *Hoffer*) ;
– le fait, pour une juridiction, saisie à nouveau de la même affaire par suite du renvoi de celle-ci par une juridiction supérieure, après annulation, de statuer en la même formation que la première fois (11 févr. 2005, *Cne de Meudon*).

3. Le droit au juge et à un recours effectif

41 Les textes internes comme internationaux, les jurisprudences nationales et internationales reconnaissent, au bénéfice de tous les individus, un « *droit à recours* », c'est-à-dire le droit de pouvoir contester une décision, une mesure, un comportement, une abstention, etc. Ce droit à recours ne revêt pas nécessairement une forme exclusivement juridictionnelle : ainsi le droit de former des recours administratifs (gracieux ou hiérarchiques), portés par conséquent devant un administrateur et non devant un juge, reconnu en droit français, est une forme d'expression du « *droit à recours* ». Ce droit, lorsqu'il s'exerce devant une juridiction, prend le nom et la forme du « *droit au juge* », modalité, sans doute la plus raffinée et la plus complexe, de l'universel droit à recours. Ainsi, le Pacte international relatif aux droits civils et politiques, adopté par l'Assemblée générale des Nations unies le 19 décembre 1966 comporte bien la distinction entre un droit « *à recours utile* » (art. 2 § 3 du Pacte) et un droit au juge (art. 14 § 1 du Pacte).

En France, ce droit au juge et à un recours effectif a fait l'objet d'une série de consécrations par le juge constitutionnel à partir de 1989 (88-248 DC, 17 janv. 1989, *Conseil supérieur de l'audiovisuel*, considérants 29 à 32, p. 18 ; 96-373 DC, 9 avr. 1996, *Autonomie de la Polynésie française*, considérant 85 ; 99-411 DC, 16 juin 1999, *Délit de grand excès de vitesse*, considérant 21 ; 99-416 DC, 23 juil. 1999, *CMU.*, considérant 38 ; 2000-437 DC, 19 déc. 2000, *Loi de financement de la Sécurité sociale pour 2001*, considérant 44, etc.) aboutissant à un statut constitutionnel du droit au recours.

S'agissant du droit général à recours sous sa forme non juridictionnelle, il est non seulement reconnu de façon traditionnelle en France, le recours administratif gracieux ou préalable, mais il y est même favorisé comme permettant de régler un grand nombre de litiges ne dégénérant pas, ainsi, en contentieux juridictionnels. On sait que dans un nombre croissant de matières il est devenu obligatoire de saisir l'administration d'un recours avant de pouvoir saisir, éventuellement, le juge administratif (*cf.* § 142-145).

S'agissant du droit au juge, on verra que l'accès à celui-ci est aisé et peu coûteux ; il est aussi possible dans la plupart des matières si l'on excepte, d'une part, les actes de gouvernement, d'autre part, les mesures d'ordre intérieur. En plus de ces deux problèmes, il faut cependant reconnaître – et le présent ouvrage en est un révélateur – la trop grande complexité de certaines règles de procédure ou plutôt la complexité résultant de la combinaison de plusieurs d'entre elles, qui sont de nature à nuire au beau principe d'accès effectif à un juge.

Par ailleurs, il arrive parfois au juge de rendre des décisions surprenantes en ce domaine comme celle jugeant que le refus du président de l'ordre des avocats au Conseil d'État et à la Cour de cassation de désigner un avocat pour présenter une requête soumise à l'obligation de ministère d'avocat ne porte pas atteinte au droit au recours effectif (Sect., 22 avr. 2005, *M.*). On comparera cette solution avec la jurisprudence, plus offensive, de la Cour de cassation (Cass. plén., 30 juin 1995, X. *c./Ordre des avocats au Conseil d'État et à la Cour de cassation, D.* 1995, p. 513, concl. M. Jéol). Au contraire, il est normal qu'un recours soit ouvert devant le Conseil d'État au plaideur auquel le président de l'ordre des avocats au Conseil d'État et à la Cour de cassation a refusé de désigner l'un d'eux pour assurer sa défense (Sect., 22 avr. 2005, *Magerand*).

4. Le principe de loyauté

42 La bonne foi, la loyauté vont, normalement, de soi, surtout dans un univers de confraternité (entre juges, entre avocats), relativement clos et étroit (« le monde du palais ») où domine la confiance (des parties dans leurs avocats comme dans les juges). Pourtant ce n'est pas toujours le cas et le temps est venu d'expliciter l'implicite en faisant de la loyauté un principe directeur du procès. Cette loyauté se manifeste un peu partout dans la procédure contentieuse et elle revêt des aspects multiformes.

C'est d'abord la loyauté au cours des débats, dans l'administration de la preuve, en particulier s'agissant des procédés d'obtention de la preuve et du contenu des affirmations

et pièces probatoires. C'est aussi la loyauté procédurale qui empêche un individu de solliciter du juge la condamnation ou la réparation d'une situation dont il est le seul auteur ou qui est instituée à sa demande. C'est également la loyauté dans les relations entre les juridictions (attendre la réponse à la demande adressée par une juge à un autre, poser clairement et correctement une question, indiquer honnêtement les enjeux, etc.). C'est aussi la loyauté entre professionnels du droit (huissiers, notaires, avocats surtout, etc.) pour lesquels elle est, de surcroît, une exigence déontologique. C'est encore la loyauté dans les relations entre les avocats et leurs clients (*cf.* § 99).
La Cour de cassation a ainsi opportunément jugé dans une formulation aussi solennelle que lapidaire « *que le juge est tenu de respecter et de faire respecter la loyauté des débats* » (Cass. 1re civ., 7 juin 2005, *D.* 2005, p. 2570, note M.-E. Boursier). Ce rappel est d'autant plus salutaire qu'il montre que la qualité de la justice n'est pas seulement une obligation pesant sur l'État et ses juges, mais qu'elle implique aussi une attitude positive en ce sens de la part des parties et de leurs avocats obligés de coopérer activement à l'œuvre de justice.
Semblablement, le Conseil d'État s'oriente en ce sens dans la mesure où il se montre sévère avec le comportement de mauvaise foi ou, pire, frauduleux. Cette exigence de loyauté est à l'origine de la jurisprudence selon laquelle, lorsqu'au cours de l'instance, l'administration substitue une autre décision à celle actuellement attaquée devant le juge, elle a l'obligation de la notifier au requérant à peine d'inopposabilité. (Ass., 23 mars 1973, *Cie d'assurances « L'Union »*, p. 251 : à propos du contentieux de l'urbanisme ; Ass., 15 avr. 1996, *Institut de radiologie*, p. 138 : généralisation de la solution précédente à tous les contentieux). C'est d'ailleurs expressément par la référence, en particulier, au principe de « *loyauté du débat contentieux* » que le commissaire du gouvernement R. Abraham justifie cette jurisprudence (concl. conformes sur *Institut de radiologie* préc., *RFDA* 1996 p. 761).

D. Le caractère facultatif du recours en justice

43 Dans l'immense majorité des cas, tant les personnes privées que les personnes publiques, ne sont jamais obligées de recourir à la voie du contentieux juridictionnel pour faire trancher leurs différends. Il est rarissime que le recours à la solution contentieuse juridictionnelle soit obligatoire. Outre des techniques diverses, dont la majeure partie relève des études de *science administrative* (comme la participation à la prise de décision, l'effort préalable d'explication des décisions, le management des hommes et des choses, le recours au Médiateur de la République, l'action directe sur l'opinion publique, etc.), il est des procédés qui intéressent directement le contentieux administratif, tels l'arbitrage et la transaction.
L'*arbitrage* résulte d'un accord par lequel des parties en litige décident de soumettre celui-ci à la décision d'un ou de plusieurs arbitres choisis par eux. Longtemps, le droit public français s'est caractérisé par son hostilité à l'arbitrabilité des litiges où sont en cause des personnes publiques (Avis, Conseil d'État 6 mars 1986, EDCE 1987 p. 178) ; le principe était celui de la prohibition de l'arbitrage sauf disposition législative ou conventionnelle contraire. Les textes autorisant un recours à l'arbitrage se sont multipliés ces dernières années, au point qu'un rapport (Commission Labetoulle, 13 mars 2007) a préconisé, à des conditions très précises, d'inverser la solution actuelle en faisant de la faculté de recourir à l'arbitrage le principe et de sa prohibition l'exception.
La *transaction* est le contrat par lequel des personnes « *terminent une contestation née, ou préviennent une contestation à naître* » (art. 2044 code civil). Lorsque l'un des contractants

est une personne publique le contrat de transaction est normalement de nature administrative et son contentieux relève du juge administratif (TC 18 juin 2007, *Sté Briançon bus*). Cependant, la transaction conclue entre une personne publique et une personne privée visant à régler un litige résultant d'un dommage subi par l'usager d'un SPIC, a une nature privée (TC 15 janv. 2007, *Cté urb. Bordeaux*). La transaction peut aussi faire l'objet d'une homologation par le juge administratif, y compris par le juge de cassation (Ass. 11 juil. 2008, *Sté Krupp Hazemag*), mais cette homologation est subordonnée à des conditions assez restrictives au respect desquelles celui-ci veille scrupuleusement.

Conseils bibliographiques

OUVRAGES ET ARTICLES DE RÉFÉRENCE

S. Braconnier, *La jurisprudence de la Cour EDH et le droit administratif français*, Bruylant, Bruxelles, 1997.

O. Dugrip, « L'applicabilité de l'art. 6 de la convention EDH aux juridictions administratives », *RUDH 1991, n° 7-9, p. 337.*

M. Hauriou, *Note sous CE 6 févr. 1903,* Terrier, Sir. 1903.III.25.

Y. Laidié, « Les juges administratifs, fonctionnaires ou magistrats ? », *AJFP* 2005, p. 176.

C. Landais et F. Lenica, « La réception de la jurisprudence de la Cour EDH par le Conseil d'État », *Dr adm.* 2005, n° 10.

J.-M. Le Gars, « La conciliation par le juge administratif », *AJDA* 2008 p. 1468.

R. Le Goff, « Les membres du corps des tribunaux administratifs et des cours administratives d'appel sont-ils des magistrats ? » *AJDA* 2003, p. 1145.

R. Mehdi, « Le droit communautaire et les pouvoirs du juge national de l'urgence », *RTDE* 1996, p. 177.

B. Pacteau, Vicissitudes (et vérification ?...) de l'adage « Juger l'administration, c'est encore administrer », *Mél. F. Moderne,* Dalloz 2004, p. 317.

M. Sinkondo, « Le fabuleux destin de l'art. 13 de la Convention EDH et ses suites heureuses pour les garanties individuelles », *RRJ* 2005, p. 251.

POUR ALLER PLUS LOIN

R. Abraham, « Concl. sur Ass., 15 avr. 1996, Institut de radiologie », *RFDA* 1996, p. 761 : sur le principe de loyauté.

J. Arrighi de Casanova, « Concl. sur Sect., Avis, 31 mars 1995, *SARL Auto-industrie Méric* », *Rev. jurispr. fisc.* 1995, p. 326 : sur la portée de la chose jugée par la Cour EDH.

L. Miniato, « L'introuvable principe de loyauté en procédure civile », *D.* 2007 p. 1035, rude charge contre un principe jugé « inutile », « inopportun » et « incohérent ».

A. Ricci, *Le « Décalogue » du Code de justice administrative*, PUAM, 2002.

M. Sanson, « *Concl. sur Ass. 14 févr. 1996,* Maubleu », p. 34, sur la publicité des audiences.

R. Schwartz, « Concl. sur 7 janv. 1998, Trany », *AJDA* 1998, p. 445 : sur le principe d'impartialité.

2

Les actions contentieuses

44 Saisir le juge d'un recours, c'est intenter une *action contentieuse*, c'est-à-dire en définitive lui adresser une demande : l'annulation d'un acte, l'octroi d'une réparation, l'interprétation d'une stipulation contractuelle, etc.

L'ensemble des demandes susceptibles d'être formées se ramènent à quatre catégories déjà décrites, pour l'essentiel, par Édouard Laferrière dans son célèbre *Traité* (*cf.* surtout la 2e édition, celle de 1896) pour distinguer les différentes catégories d'actions. Laferrière adopte comme critère celui de l'étendue des pouvoirs du juge pour résoudre la question qui lui est posée. Il est important d'observer que le critère ne se réduit pas à la seule étendue des pouvoirs du juge, mais que cette étendue n'est, elle-même, que la conséquence de la question posée.

45 On a parfois contesté le bien-fondé de cette classification en raison de ce qu'elle aurait un caractère artificiel et serait d'un maniement difficile (*cf.* concl. C. de Montgolfier sur 7 nov. 1990, *Min. de la Défense c./Slosse et Tien Ken Sieng, AJDA* 1991 p. 142). On a aussi fait valoir que, précisément, c'est en réalité la nature ou le contenu de la question posée au juge qui détermine l'étendue du pouvoir dévolu à ce dernier : telle est la thèse soutenue par L. Duguit, M. Waline, J.-M. Auby et R. Drago. Ces auteurs proposent de distinguer, d'une part, un *contentieux objectif*, lorsqu'est soulevée une question de légalité, le juge ne disposant alors que d'un pouvoir de confirmation ou d'annulation, et d'autre part, un *contentieux subjectif*, lorsque le requérant fait valoir un droit lésé ou à reconnaître, le juge disposant en cette seconde hypothèse des pouvoirs les plus larges. Cette critique et cette suggestion ne sont pas dénuées de justification théorique dans la mesure où il est assez évident que la question posée au juge induit – au moins en partie – l'étendue de ses pouvoirs. Toutefois, d'une part, on l'a indiqué plus haut (*cf.* § 44), la prise en considération de la question posée au juge n'est pas étrangère aux préoccupations de Laferrière, et d'autre part, la distinction proposée par Duguit et ses partisans n'est pas retenue par le juge, lequel ne s'embarrasse pas – à tort parfois – de considérations théoriques, mais examine chaque cas qui lui est soumis comme un cas singulier. Cependant, on doit à la vérité de reconnaître qu'à l'époque contemporaine cette assertion est de moins en moins exacte : la distinction objectif-subjectif a pris une certaine place. Il n'en reste pas moins que cette distinction, à son tour, souffre d'imperfections techniques en ce qui concerne de nombreux contentieux : fiscal, électoral, édifices menaçant ruine, etc. René Chapus tente de tenir la balance égale entre ces deux positions en distinguant le contentieux de l'excès de pouvoir, le contentieux de la pleine juridiction et le contentieux des poursuites.

Au reste, les choses sont moins difficiles que ne le donneraient à croire les lignes qui précèdent. Très souvent, il n'y a aucune hésitation sur la nature du contentieux lorsque l'on considère la nature de ce qui est demandé au juge ainsi que la cause de la demande. En outre, le juge dispose toujours du pouvoir de requalifier un recours (par exemple, un recours en excès de pouvoir est requalifié en recours de pleine juridiction : 27 sept. 2006, *Maupas*). Une telle requalification est d'ordre public (27 avr. 2007, *Lipinski*). C'est pourquoi, dans les pages qui suivent, nous retiendrons la distinction quadripartite de Laferrière, qui n'est pas sans mérites, tout en relevant, comme R. Chapus, que la distinction fondamentale est, bien évidemment, entre l'excès de pouvoir et la pleine juridiction. Après avoir présenté les quatre branches du contentieux (1), nous exposerons la « *querelle des contentieux* » (2).

1 Les quatre branches du contentieux administratif

On étudiera, d'une part, les contentieux les moins fournis, quantitativement (A.), d'autre part, les deux contentieux majeurs que sont l'excès de pouvoir (B.) et la pleine juridiction (C.).

A. Les contentieux quantitativement résiduels

Ces contentieux sont au nombre de deux : le contentieux de l'interprétation (1.) et le contentieux de la répression (2.).

1. Le contentieux de l'interprétation

Par ce contentieux, il est demandé au juge administratif de dire quel est le sens d'un acte administratif, parce que ce sens, disputé entre les parties, n'est pas clair. Ce contentieux entre dans la catégorie des actions contentieuses en vue d'une bonne administration de la justice. Deux types de recours sont susceptibles d'être exercés à ce titre : *le recours en interprétation stricto sensu* et *le recours en appréciation de légalité*. Ils ont tous deux ceci de commun que le juge administratif saisi se bornera à répondre à la question posée mais n'en tirera, lui-même, aucune conséquence, laissant ce soin aux parties qui l'ont saisi.

• Le recours en interprétation *stricto sensu*

46 Ce recours peut porter sur toute espèce d'acte administratif, qu'il soit unilatéral ou contractuel, comme sur toute espèce de jugement,

– soit qu'il s'agisse de faire dire par le juge quel est le sens certain d'une disposition, d'un acte administratif ou d'un jugement, controversée à raison de son obscurité ou de son ambiguïté ; un tel recours existe également devant le Tribunal des conflits à l'égard de ses propres décisions (TC 20 févr. 2008, *X.*, 08-3657) ;

– soit qu'il s'agisse de poser au juge une véritable question de droit tenant à la qualification juridique à donner à un acte (par ex. : « est-il un décret ? »), à un organisme (par ex. : « est-ce un établissement public national ? »), à une personne (par ex. : « est-elle un agent public ? ») ou à un fait (par ex. : « est-ce une faute de service ? » ou à un bien « ce bien est-il une dépendance du domaine public ? »).

Ce recours est toujours soumis à l'obligation du ministère d'avocat, ce qui le fait parfois qualifier par certains auteurs (ainsi René Chapus) de recours de pleine juridiction : cela nous semble discutable.

47 Le recours en interprétation peut être intenté soit comme recours principal soit comme recours incident, il est toujours soumis au ministère d'avocat.
À titre incident, le recours en interprétation ne peut résulter que d'un renvoi au juge administratif par une juridiction de l'ordre judiciaire, c'est-à-dire sous la forme d'une *question préjudicielle*. Ce ne peut-être, depuis le 1er mars 1994 (date de l'entrée en vigueur du nouveau Code pénal), qu'un renvoi opéré par une juridiction civile (ou statuant en matière civile) puisque le nouveau Code pénal a supprimé – réforme dont on aurait pu faire l'économie – toute question préjudicielle devant le juge répressif (article 111-5 C. pén.). En réalité, le juge judiciaire ne saisit pas lui-même le juge administratif, il se borne à indiquer qu'il n'est pas compétent pour résoudre un question pourtant indispensable à la solution du litige. Il appartient donc à la partie la plus diligente, munie de cette question, de saisir le juge administratif. Dès lors qu'il est compétent pour répondre à la question posée, le juge administratif est tenu d'y répondre, de répondre à la totalité de la question, de ne répondre qu'à la question posée et de ne pas induire la solution du litige dans le cadre duquel se pose la question. En revanche, lorsqu'il s'estime incompétent *ratione materiae*, le juge ne répond pas à la question posée.
Ce renvoi de l'autorité judiciaire s'effectue devant le tribunal administratif, l'appel de ce jugement étant porté devant le Conseil d'État. Lorsqu'il est porté par erreur devant une cour administrative d'appel, celle-ci doit renvoyer l'affaire au Conseil d'État sauf dans le cas où il serait manifestement irrecevable du fait d'une irrégularité insusceptible d'être couverte en cours d'instance ; en ce cas la cour peut décider d'opposer elle-même cette irrecevabilité (7 mars 2008, *Cne du Lavandou*, req. 297831).
À titre principal, le recours en interprétation est assez restrictivement ouvert, car il s'agit de ne pas transformer le juge en un conseil juridique : sa mission est contentieuse. Il ne doit donc intervenir que lorsqu'il se trouve en présence de textes, clauses, dispositifs ou autres présentant une réelle obscurité ou ambiguïté ; en revanche, lorsque cette condition est remplie et parce que cela peut éviter des recours contentieux ultérieurs, le juge délivre son interprétation. Lorsque la demande d'interprétation émane d'un ministre formant un recours direct à cette fin, elle est toujours admise par le juge (22 févr. 1895, *min. Intérieur et ville de Saint-Quentin*, p. 173, concl. J. Romieu), mais il est vrai qu'il s'agit là d'une procédure d'utilisation très rare. Lorsque cette demande d'interprétation émane d'un particulier, personne physique ou personne morale, elle n'est recevable que si trois conditions sont cumulativement réunies : 1) elle doit tendre à prévenir un procès, c'est-à-dire que la question est posée dans un contexte conflictuel, un litige étant déjà né et actuel ; 2) cette interprétation doit commander directement la solution du litige, litige dont la naissance est, le plus souvent, provoquée par le surgissement de ladite question (26 mars 2008, *Bernard X.*, req. 304127) ; 3) il doit réellement y avoir obscurité justifiant l'intervention du pouvoir juridictionnel d'interprétation.
On relèvera que le recours principal en interprétation est toujours irrecevable lorsque son auteur veut, par là, faire trancher par le juge une pure question de légalité (15 juin 1956, *Consorts Moru*).

• Le recours en appréciation de légalité

48 Ce recours est destiné à faire dire par le juge administratif si un acte administratif est légalement existant, s'il est encore en vigueur ou, plus simplement, s'il est légal. Un tel recours ne peut qu'être incident, jamais il ne peut être un recours exercé à titre principal. Ceci explique qu'il est toujours dispensé du ministère d'avocat, à la différence du recours en interprétation *stricto sensu*. Procéduralement, un tel recours est exercé et traité comme le recours en interprétation exercé à titre incident (auquel on renvoie). Il n'est soumis à aucune condition de délai (22 janv. 2007, *Jean A.*, req. 288838). L'appel d'un jugement rendu en appréciation de légalité relève de la compétence directe du Conseil d'État; lorsqu'il est formé, par erreur, devant une cour administrative d'appel, et sauf s'il est manifestement irrecevable, cette cour doit renvoyer immédiatement au Conseil d'État seul compétent pour connaître de cet appel (7 mars 2008, *Cne du Lavandou*).

Celui qui était partie devant le juge civil a qualité pour former devant le juge administratif une requête en appréciation de légalité (16 févr. 2007, *Pierre X.*, req. 283072), mais une telle requête présuppose une décision du juge judiciaire civil prononçant un sursis à statuer et renvoyant devant le juge administratif (31 janv. 2007, *B.*, req. 293240).

2. Le contentieux de la répression

Ce contentieux traduit le pouvoir reconnu au juge administratif de sanctionner les infractions commises par certaines personnes ou à l'encontre de certains intérêts publics. Ce contentieux présente une certaine unité statutaire même s'il comporte des secteurs bien typés comme le contentieux disciplinaire ou le contentieux des contraventions de grande voirie.

• Un statut largement commun

49 Le contentieux administratif répressif a longtemps été un contentieux autonome, surtout par rapport à la répression pénale. En particulier, il était caractérisé par la règle dite de l'indépendance du pénal et de l'administratif. Celle-ci se traduit à la fois par le fait qu'un même comportement peut être puni pénalement et administrativement, par le fait, aussi, qu'un comportement non pénalement constitué peut cependant donner lieu à poursuites administratives, et, enfin, par le fait que l'amnistie pénale est sans effet sur les sanctions administratives sauf disposition expresse contraire dans la loi d'amnistie. Semblablement, ne s'applique pas, en la matière, le principe du non-cumul des peines. Sans remettre en cause les éléments essentiels de cette autonomie, l'action insistante du Conseil constitutionnel et de la Cour EDH a tendu à un rapprochement de la répression administrative et de la répression pénale, du moins sous l'angle des garanties procédurales offertes aux intéressés.

Désormais nombre de principes sont communs ou largement communs aux deux branches.

La règle *non bis in idem* s'applique dans toute sa rigueur: on ne peut être puni plusieurs fois pénalement ou plusieurs fois administrativement pour un même fait (CC, 89-248 DC, 17 janv. 1989, *Conseil supérieur de l'audiovisuel*, 30e considérant, p. 18). En revanche, cette règle est écartée dans deux cas. D'une part, il est possible, pour un même fait, de subir et une répression pénale et une répression administrative, car l'infliction d'une sanction pénale n'exclut pas le cumul avec une répression administrative. D'autre part, la règle *non bis in idem* est écartée s'il y a concours réel d'infractions: en ce cas il y aura autant de sanctions que d'infractions commises (30 mai 2007, *Claude X. et Sté X. SA*, n° 283888).

Il en va de même de la règle *poenalia sunt restringenda*, connue en matière pénale, selon laquelle les règles qui fixent les incriminations sont de droit étroit, et doivent être interprétées restrictivement ; elle est également applicable aux sanctions administratives, tout comme le principe de la légalité des délits et des peines ou celui de la nécessité des peines.

Pareillement, joue dans les deux types de répression, pénale et administrative, le principe selon lequel nul ne peut se causer de tort à soi-même par une action en justice : la sanction ne peut donc pas être aggravée du fait du seul appel de celui qui a été condamné. Naturellement, trouve à s'appliquer en matière administrative le principe, connu de longue date en droit pénal, de la rétroactivité de la loi répressive plus douce (Sect., Avis, 23 avr. 1997, *préfet de la Manche*, *RFDA* 1997 p. 658).

• Le contentieux disciplinaire

50 Il constitue la première branche de ce contentieux répressif. Il s'agit de punir les manquements aux obligations, notamment déontologiques, pesant sur les agents publics, les membres de certaines professions, libérales ou réglementées, ou sur certaines personnes comme les étudiants. Cette répression disciplinaire s'effectue devant des juridictions administratives particulières (conseils de discipline, Conseil supérieur de la magistrature, Commission bancaire, juridictions universitaires, Conseil de la concurrence, conseils des différents ordres professionnels, etc.) qui relèvent, en appel ou en cassation selon les cas, de la compétence du Conseil d'État. Elle comporte des sanctions de natures diverses : exclusion (à temps ou à vie) de l'Université, interdiction d'exercer telle profession, retrait d'une autorisation ou d'une licence (par ex. pour les débits de boissons ou les taxis), amendes, etc.

On peut y inclure, quoique reposant sur des données un peu différentes, la répression exercée par la Cour des comptes et les chambres régionales des comptes sur les comptables publics et sur les comptables de fait de deniers publics ; dans ce dernier cas, lorsque l'infraction est le fait d'un ordonnateur, elle relève de la compétence de la Cour de discipline budgétaire et financière.

• Le contentieux des contraventions de grande voirie (renvoi)

51 Ce contentieux est la branche la plus connue et la plus spectaculaire du contentieux répressif administratif. Il s'agit d'un régime très original et très ancien, profondément marqué par ses origines historiques et par le souci non pas de répression mais de réparation des atteintes portées à certaines dépendances du domaine public. Son étude relève essentiellement du droit administratif des biens ; nous y renvoyons.

B. Le contentieux de l'annulation (ou contentieux de l'excès de pouvoir)

52 L'expression « contentieux de l'excès de pouvoir » est souvent donnée comme synonyme de celle de « contentieux de l'annulation ». Ce n'est pas entièrement exact, car l'excès de pouvoir est plus large que l'annulation ; de plus, l'annulation peut être aussi le fait du juge de la pleine juridiction, on le verra. Par le recours pour excès de pouvoir, le requérant demande au juge de faire assurer le respect du principe de soumission des actes administratifs unilatéraux à la hiérarchie des normes. Si, généralement, la dénomination « recours pour excès de pouvoir » recouvre tout recours tendant à faire assurer le respect de la légalité, il est une catégorie particulière de recours pour excès de pouvoir que l'on a coutume de dénommer le *déféré*, lequel est généralement exercé par le préfet. Il faut cependant reconnaître qu'en dehors de cette dénomination et en dehors de ce fait qu'il ne peut être exercé que contre certains actes des collectivités territoriales, ceux soumis à l'obligation de transmission, le déféré a été complètement assimilé par la jurisprudence (ici plus simplificatrice que logiquement fondée) au recours pour excès de pouvoir. Même lorsqu'il est formé contre un contrat d'une collectivité territoriale – et c'est là une particularité remarquable – le déféré a la nature d'un recours pour excès de pouvoir (Sect., 26 juil. 1991, *Cne de Sainte-Marie*, p. 302).

Certains auteurs, et non des moindres, distinguent deux autres catégories de recours qui, tout en faisant partie de l'excès de pouvoir, s'en différencieraient : le recours en appréciation de légalité et le recours en déclaration d'inexistence. Cette tripartition est difficile à admettre. D'une part, l'appréciation de légalité se borne à faire connaître l'opinion du juge administratif et ne statue donc pas, à proprement parler, sur le sort de l'acte. D'autre part, la déclaration d'inexistence est tout bonnement l'un des cas du recours pour excès de pouvoir lui-même puisqu'elle aboutit à priver un acte de toute existence juridique du fait de l'illégalité gravissime qu'il comporte. Cela étant, le recours pour excès de pouvoir présente deux caractères : c'est un recours d'ordre public (1.) et c'est un recours globalement objectif (2.).

1. Un contentieux d'ordre public

53 Le caractère d'ordre public du recours pour excès de pouvoir résulte de ce que ce recours est destiné – dans l'intérêt de tous – à apurer l'édifice juridique de tous les actes portant atteinte à la légalité objectivement entendue (Paris 30 déc. 1996, *Boyer c./Cne de Boulogne-Billancourt*). En définitive, ce recours vise à assurer le respect de la hiérarchie des normes juridiques qui n'est, elle-même, que la conséquence de la hiérarchie des auteurs de ces normes tant il est vrai que le système de légalité – qui, pour cette raison, doit plutôt être appelé « système de juridicité » – est la traduction juridique directe des options politiques prises par l'ordre constitutionnel de l'État.

De là découlent un ensemble de traits juridiques qui composent un véritable « statut » de ce recours.

• Existence sans texte

54 Ce recours existe sans texte : le silence de la loi fait présumer irréfragablement la possibilité pour tout intéressé de saisir le juge d'un tel recours, c'est-à-dire de lui permettre de faire respecter l'ordre constitutionnel démocratique. Quand un texte tente de limiter l'usage de ce recours, il est interprété très restrictivement voire même à l'envers (Ass., 17 févr. 1950, *Dame Lamotte*, p. 110). Le Conseil d'État est d'ailleurs relayé sur ce terrain par le Conseil constitutionnel (*cf.* par ex. : 86-217 DC, 18 sept. 1986, *Liberté de communication*, 23e considérant ; 17 janv. 1989, *Liberté de communication*, 8e considérant) et l'on peut penser qu'une loi excluant le recours pour excès de pouvoir contre un acte administratif, ou une catégorie d'actes, serait immanquablement jugée inconstitutionnelle.

• Large recevabilité du recours

55 L'idée que, parce que tout individu est intéressé à la sauvegarde de cet ordre constitutionnel, n'importe quel individu doit avoir le pouvoir de solliciter du juge l'annulation pour excès de pouvoir de tout acte administratif qu'il estime irrégulier est très importante. De là se comprend que la logique du recours pour excès de pouvoir est l'*actio popularis*: l'action en justice ouverte à tous à peu près sans conditions. Cependant, la conséquence directe d'une telle conception serait l'accroissement vertigineux du nombre de recours, ce qui paralyserait le juge, c'est pourquoi, mais uniquement pour des considérations pratiques, le juge n'a pas admis cette « *actio* » tout en ouvrant largement l'accès à son prétoire aux requérants en excès de pouvoir, se montrant souvent d'un libéralisme extrême quant à la recevabilité de ce type de recours. Ceci explique et justifie que ce recours est dispensé du ministère d'avocat depuis le second Empire : ainsi, il est évité que des obstacles financiers ne viennent empêcher le requérant potentiel de saisir le juge.

• L'impossible renonciation à former un tel recours

56 Ce caractère d'ordre public du recours pour excès de pouvoir implique que nul ne peut renoncer ni à former un tel recours ni, l'ayant formé, au bénéfice de l'annulation prononcée consécutivement à ce recours. Cette règle est fondée sur le fait qu'il ne s'agit pas seulement de l'exercice du droit subjectif de celui qui voudrait intenter ce recours ou qui l'a intenté, il s'agit également de la protection de l'intérêt général, donc collectif, donc objectif, s'attachant à cette action et à son résultat. Il faut considérer cette impossibilité absolue de renonciation expresse (13 févr. 1948, *Louarn*, p. 79; 2 févr. 1972, *Min. de la Santé pub. et de la Séc. soc. c./Minuit Balalud de Saint-Jean*, p. 106) comme la marque la plus distinctive de ce caractère d'ordre public. C'est pourquoi le fait d'exécuter une décision administrative ou de déclarer l'accepter n'interdit nullement à son auteur de la déférer au juge de l'excès de pouvoir. Il ne peut jamais y avoir acquiescement à une décision illégale car les intérêts subjectifs ne sont pas seuls en cause. Pour la même raison, celui qui s'est désisté au cours d'un procès en excès de pouvoir peut parfaitement – alors même que ce désistement a été accepté par l'autre partie – revenir sur son désistement (Ass. 21 avr. 1944, *Sté Dockès frères*). La solution est rigoureusement inverse dans le contentieux des droits subjectifs.

• Brièveté – relative – du délai de recours

57 La formation d'un tel recours est enfermée dans un délai très bref qui ne peut excéder deux mois, ceci afin que les illégalités que comportent certains actes de l'autorité publique puissent être jugées très rapidement en raison de l'intérêt général qui s'attache à ce que triomphe la légalité. De cette volonté de célérité participe aussi la solution jurisprudentielle ou scripturaire qui fait, dans plusieurs hypothèses, du Conseil d'État le juge en premier et dernier ressort du recours pour excès de pouvoir.

2. Un contentieux au caractère objectif fortement régulé

Le contentieux de l'excès de pouvoir est dit objectif parce qu'il s'agit d'un procès fait à un acte, avec pour double conséquence : la détermination spécifique de la date d'appréciation de la légalité des actes administratifs et l'exclusion du recours pour excès de pouvoir contre un contrat. Ce caractère objectif traduit la fonction du procès en excès de pouvoir qui est d'assurer la subordination effective au droit des actes administratifs. Il soulève la délicate question de l'existence de « parties » dans le recours pour excès de pouvoir.

• Un procès fait à un acte ayant le caractère de décision

58 Cet aspect recouvre deux éléments : le caractère décisoire de l'acte contesté et la circonstance que le recours est dirigé contre l'acte, non contre son auteur.

Sur le premier point, le recours pour excès de pouvoir ne peut être dirigé que contre un acte faisant grief, c'est-à-dire présentant les caractères d'une décision. Il en est ainsi lorsque l'acte manifeste la volonté de son auteur d'opérer une modification de l'ordonnancement juridique existant jusque-là soit en créant des droits, soit en imposant des obligations au profit ou à la charge des administrés. Ainsi, une réponse à une demande d'information ne constitue pas une décision faisant grief susceptible d'être déférée au juge de l'excès de pouvoir (25 oct. 2004, *Sté Santeclair*), tout comme la mesure par laquelle la Commission nationale du débat public fixe les modalités de déroulement de ce débat (5 avr. 2004, *Assoc. citoyenne intercommunale des populations concernées par le projet d'aéroport de Notre-Dame-des-Landes, Union franç. contre/les nuisances d'aéronefs*), ou encore le fait de donner mandat au président d'un établissement public pour engager des négociations (9 nov. 2005, *Assoc. de défense des personnels d'encadrement de la chambre de commerce et d'industrie de Paris*).

Le second aspect est assez délicat et a soulevé des controverses qui n'ont pas lieu d'être en réalité. Si tout le monde est d'accord avec Laferrière pour dire que le recours pour excès de pouvoir est un « procès fait à un acte », qu'il est donc un recours objectif, il n'en demeure pas moins que, par plusieurs traits, comme la qualité et l'intérêt pour agir, sont introduits des éléments de subjectivisation qui ont conduit certains auteurs à douter du caractère objectif de ce recours. En fait, c'est oublier que cette « subjectivisation » est le seul moyen trouvé par le juge pour échapper au piège de l'*actio popularis* et, par suite, au risque de submersion des juridictions. Ceci ne touche qu'à un aspect pratique, voire prosaïque, et n'atteint nullement la substance même du recours pour excès de pouvoir qui est de n'être qu'un recours objectif. Par lui, le sort d'un acte administratif est remis entre les mains du juge et celui-ci procédera à son examen, éventuellement à son annulation, mais uniquement en fonction de considérations de légalité pure. En particulier, le juge se demandera si cet acte, par l'un quelconque de ses éléments matériels ou immatériels, ne contrevient pas aux composantes purement objectives de la légalité.

De cette objectivité – incontestable donc – découlent trois conséquences, au demeurant très logiques, et une controverse célèbre.

• La date d'appréciation de la légalité d'un acte argué d'excès de pouvoir

59 Le recours pour excès de pouvoir étant un procès fait à un acte déterminé, il ne permet l'appréciation de la légalité de cet acte qu'à la date à laquelle il a été pris. En principe, ne sont pas retenues les circonstances postérieures à son édiction : celles-ci sont sans influence sur sa légalité. L'acte sera confronté à ce qu'étaient les exigences de la légalité au moment où il a été pris, y compris les exigences de fait, telles que l'existence d'une certaine situation de fait, la présence de certaines circonstances, etc. (Sect., 27 mai 1994, *Braun-Ortega et Buisson*, p. 367, confirmant : Sect., 22 juil. 1949, *Sté des automobiles Berliet*, p. 264 ; 3 sept. 2008, *Min. Agricult. et Pêche*, n° 298445). Il en résulte qu'en cas de modification entre le jour de la demande de l'administré et le jour où l'administration prend sa décision, la légalité de cette dernière sera appréciée non par rapport à la légalité existant le jour de la demande mais par rapport à celle existant le jour où l'administration a statué (pour un exemple en matière de permis de construire, *cf.* Sect., 7 mars 1975, *Cne de Bordères-sur-l'Echez*, p. 179).

Abandonnant une jurisprudence classique (Sect., 23 juil. 1976, *Min. du Travail c./Urssaf du Jura*), le Conseil d'État considère désormais que l'administration peut invoquer devant le juge de l'excès de pouvoir, en première instance comme en appel, de nouveaux motifs au soutien de la décision attaquée et il revient au juge en ce cas d'apprécier, d'une part, si le nouveau motif est de nature à fonder validement la décision, d'autre part, si la décision administrative eût été la même en présence de ce motif s'il avait été le motif initial (Sect., 6 févr. 2004, *Hallal*). Il faut aussi que ce motif soit « *également fondé sur la situation existant à la date de cette décision* » (27 sept. 2006, *B.*; 24 janv. 2007, *M. et Mme Hamed A.*, req. 290066).

60 De là s'ensuivent des solutions qui pourraient, autrement, surprendre.

Tout d'abord, les illégalités affectant postérieurement à l'édiction de l'acte des éléments extérieurs à celui-ci (tels que défaut de publication, publication irrégulière, inapplication de l'acte, etc.) sont sans influence sur la légalité de cet acte. Un acte initialement régulier ne devient pas irrégulier du fait de circonstances postérieures à la date à laquelle il a été pris et, inversement, un acte initialement illégal ne peut pas devenir postérieurement régulier quelles que soient les circonstances invoquées.

Ensuite, lorsque, postérieurement à l'introduction d'un recours contre un acte prétendu illégal, celui-ci disparaît, le recours demeure valable et sera jugé compte tenu de ce qu'était l'état du droit le jour de la prise de l'acte. La solution est la même quand l'acte contesté est remplacé en cours d'instance par un autre acte.

Toutefois, il arrive que le juge prenne en considération des éléments postérieurs à l'acte pour apprécier la légalité de celui-ci, mais uniquement dans des hypothèses très particulières où les éléments de fait sont une composante essentielle de la légalité; on peut en donner deux exemples pour faire comprendre l'orientation de la jurisprudence. Voici un permis de construire qui est refusé pour contrariété avec le plan d'urbanisme; il s'ensuit la vente du terrain sur lequel portait la demande de permis de construire, cette vente étant immédiatement suivie d'une modification du plan d'urbanisme qui a pour effet de rendre désormais possible l'octroi d'un permis de construire: ce fait, bien que postérieur au refus contesté, révèle un détournement de pouvoir que le juge va sanctionner. Voici maintenant un étudiant qui s'est vu refuser l'inscription en université faute de places disponibles et qui constate que, après ce refus, des inscriptions ont eu cependant lieu; ce fait, postérieur à la décision primitive contestée, en même temps qu'il révèle l'inexactitude matérielle des faits sur lesquels repose le refus qui lui a été opposé, en démontre l'illégalité.

Il arrive également que la demande d'annulation d'un acte soit fondée non sur l'illégalité initiale intrinsèque de l'acte mais sur le fait que celui-ci est devenu irrégulier par suite de changements intervenus postérieurement dans les circonstances de droit ou de fait qui le fondaient validement. Le Conseil d'État, en ce cas, tient compte de ces éléments postérieurs à l'acte pour vérifier la légalité de celui-ci (Sect., 10 janv. 1930, *Despujol*, p. 30; Ass., 10 janv. 1964, *Syndicat national des cadres des bibliothèques* et *Ministre de l'Agriculture c./Simonnet*, 2 espèces, p. 17 et 19). Ainsi, la proclamation, par le Conseil constitutionnel, en 1984, d'un principe fondamental reconnu par les lois de la République (CC, 83-165 DC, 20 janv. 1984, *Libertés universitaires*), le principe d'indépendance des professeurs d'université, a rendu illégal le texte antérieur instituant, dans les universités, un collège électoral unique pour les professeurs et pour les maîtres de conférences.

Pareillement, lorsqu'un acte est pris sur le fondement d'un autre acte qui lui est indissolublement lié et que ce dernier est annulé par un jugement postérieur passé en force de chose jugée, une telle annulation a pour effet de priver rétroactivement de base légale le second acte (30 mars 2009, *Cnauté d'agglomération Angers Loire Métropole*, req. 301219).

• L'exclusion du recours pour excès de pouvoir contre un contrat

61 L'acte contesté par la voie d'un recours pour excès de pouvoir ne peut être qu'un acte unilatéral, une décision, jamais un contrat. Ce principe est certain et très ancien (29 déc. 1905, *Martin*, p. 749, concl. J. Romieu) : il se justifie en particulier par le fait qu'un recours de nature objective, destiné à garantir le respect de la légalité générale, ne saurait être utilisé dans un domaine, la matière contractuelle, caractérisé surtout par le particularisme et la subjectivisation des relations juridiques. C'est ce qui explique que l'on ne peut pas se fonder sur la violation d'une clause d'un contrat à l'appui d'un recours pour excès de pouvoir (Ass., 8 janv. 1988, *Min. chargé du Plan c./Ville de Strasbourg*, p. 3).

Cependant, depuis longtemps, il existe des inflexions à ce principe et celles-ci ont tendu à se multiplier à l'époque contemporaine. Il a tout d'abord été admis – on le verra bientôt – que le recours pour excès de pouvoir était possible contre les actes détachables d'une relation principale normalement exclue du domaine de l'excès de pouvoir, et cette exception trouve à s'appliquer, tout naturellement, aux actes détachables d'un contrat (18 févr. 2009, *Assoc. Comité CSG*). Également, lorsque, par erreur, un contractant forme un recours pour excès de pouvoir contre la décision de résiliation du contrat, laquelle relève du plein contentieux, son recours ne sera pas – comme il devrait l'être – déclaré irrecevable pour cause d'existence d'un recours parallèle (sur l'exception de recours parallèle, voir § 74) devant le juge du contrat, mais il sera requalifié en recours de plein contentieux dans tous les cas où le juge du contrat peut prononcer l'annulation de cette résiliation (concession de service public, contrat à gros investissements : 20 janv. 1905, *Cie départementale des eaux*, p. 56, concl. J. Romieu ; 9 juil. 1997, *Sté des eaux de Luxeuil-les-Bains* et *Ville de Cannes*, 2 espèces, *RFDA* 1998 p. 535, concl. C. Bergeal). Pareillement, il est admis que les tiers à un contrat peuvent solliciter du préfet qu'il mette en œuvre le déféré préfectoral provoqué contre un contrat local (2 nov. 1988, *Commissaire de la République des Hauts-de-Seine c./OPHLM de Malakoff*, p. 659 ; Sect. 26 juil. 1991, *Cne de Sainte-Marie*, p. 302 ; 4 nov. 1994, *Département de la Sarthe*, p. 801). On notera encore que, s'agissant des contrats de recrutement d'agents publics, le Conseil d'État admet le recours direct en excès de pouvoir des tiers contre de tels contrats (Sect. 30 oct. 1998, *Ville de Lisieux*, p. 375, concl. J.-H. Stahl). Une très importante jurisprudence décide désormais que le recours pour excès de pouvoir est toujours possible contre les dispositions réglementaires contenues dans un contrat administratif (Ass., 10 juil. 1996, *Cayzeele*, p. 274 ; 18 févr. 2009, *Assoc. Comité CSG*) à condition d'être divisibles du reste du contrat (Marseille, 18 déc. 2006, *Cie méditerr. d'exploit. des services d'eau*). En revanche, ce recours n'est pas possible contre les clauses non réglementaires d'un contrat (14 mars 1997, *Cie d'aménagement des Côteaux de Gascogne*, *RFDA* 1997 p. 349, note P. Delvolvé). Enfin, spectaculairement, la jurisprudence permet au tiers évincé d'une procédure contractuelle, de former contre cette éviction un recours de plein contentieux en annulation (Ass. 16 juil. 2007, *Sté Travaux Tropic Signalisation*) sous réserve, en ce dernier cas, de renoncer à la faculté d'invoquer la théorie de l'acte détachable (même décision).

• Le procès en excès de pouvoir, procès destiné à assurer la subordination effective des actes administratifs au droit

62 C'est Maurice Hauriou qui a le mieux observé cette fonction particulière du recours pour excès de pouvoir. Ce recours est conçu comme une sorte de dépôt entre les mains des citoyens afin de faire constater par le juge toutes les violations de la légalité par l'administration. À la limite, il ne s'agit plus de contentieux mais, véritablement, d'une sorte de « tutelle » au service de la hiérarchie des normes juridiques. Dans une démocratie, régime où la souveraineté vient de la volonté du peuple, seule

la loi – et la Constitution – peut être dite représentant cette volonté populaire souveraine, mais non la décision administrative. C'est pourquoi, en permettant largement l'accès de son prétoire dans les actions d'excès de pouvoir, le juge attribue aux citoyens les moyens d'une garantie effective de l'État démocratique, c'est-à-dire un État où l'administration est subordonnée à la loi, donc à la légalité générale. Très suggestivement, le commissaire du gouvernement Pichat, dans ses conclusions sur la décision *Lafage* (8 mars 1912, p. 348), pouvait écrire que le recours pour excès de pouvoir est « *un instrument mis à la portée de tous pour la défense de la légalité menacée* ». Cette fonction, à la fois politique et de bonne administration, par laquelle ce recours soumet effectivement – et donc efficacement – l'administration au droit, pour n'être pas la plus visible ni la plus spectaculaire, est cependant l'une des plus importantes.

C'est encore cet objectif qui explique une solution procédurale remarquable : les décisions d'annulation rendues sur recours pour excès de pouvoir ont l'autorité absolue de la chose jugée, contrairement au principe général de l'effet relatif des décisions de justice. L'annulation à la suite d'un recours pour excès de pouvoir ne profite pas seulement à l'auteur du recours, elle profite à tous, même ceux qui n'ont pas aperçu cette illégalité ou qui, l'ayant aperçue, n'ont pas jugé utile de la contester. Parce que tous ont intérêt au respect de la légalité, tous ont un véritable droit à se prévaloir des jugements constatant la violation de la hiérarchie des normes par une décision administrative. Ceci explique aussi que ce caractère d'autorité absolue ne s'attache qu'aux jugements d'annulation et non aux jugements de rejet.

• Existe-t-il des « parties » dans un recours pour excès de pouvoir ?

63 C'est l'objet d'une controverse célèbre que cette question de l'existence de parties dans le recours pour excès de pouvoir. D'un côté, une réponse négative paraît s'imposer : il s'agit d'un procès fait à un acte, non à une personne déterminée ; il ne paraît pas y exister de véritable défendeur, l'auteur de l'acte attaqué se voyant refuser le droit de former une demande reconventionnelle (Sect., 22 janv. 1954, *Pacha*, p. 46 ; Sect., 7 déc. 1979, *Delarue*, p. 847 ; 13 nov. 1989, *Valéry*, p. 867) ; le demandeur semble agir non en son propre nom mais dans celui de l'intérêt général dont il serait une sorte de « syndic » ; les décisions y ont l'autorité absolue de chose jugée. D'où cette conclusion abrupte du Conseil d'État : « *Le litige soulevé par le recours pour excès de pouvoir n'est pas un litige entre parties* » (outre Ass., 21 avr. 1944, *Sté Dockès frères*, préc., *cf.* 19 avr. 1950, *De Villèle*, p. 214). C'est aussi l'opinion de Laferrière. De l'autre côté, une réponse positive semble s'imposer : le demandeur doit indiquer en quelle qualité propre il entend agir et, par là, de quel intérêt personnel il se prévaut ; de même, seul l'auteur de l'acte attaqué pourra produire des mémoires en défense devant le juge.

Cependant, cette controverse repose sur une manière erronée de voir le procès ; généralement, on croit qu'un procès réside dans l'affrontement de deux prétentions, le succès de l'une se faisant au détriment de l'autre. En réalité, il n'y pas de contradiction à affirmer, à la fois, que ce recours est un recours objectif et que l'on y voit s'affronter des parties, au sens véritable du mot. La situation se rencontre en procédure civile quand le ministère public s'oppose à ce que des personnes adoptent un enfant ou sollicite l'annulation d'un mariage ; en procédure pénale quand ce même ministère public requiert une peine, interjette appel ou forme un pourvoi en cassation ; en procédure commerciale quand intervient le juge commissaire, etc. Toutes ces attitudes tendent à assurer la prééminence de l'intérêt général tel que le conçoivent, respectivement, le Code civil, le Code pénal et les lois sur le commerce. Dans le procès en excès de pouvoir, il en va de même : l'administration y est représentée par un agent qui défend l'acte attaqué, car il le considère satisfaisant au point de vue de l'intérêt général, et le requérant, à son tour, y invoque bien les exigences du droit. Tous deux défendent bien des prétentions, tous deux ont droit à l'entier respect du principe du contradictoire et de celui des droits de la défense, tous deux pourront – le cas échéant – former appel, etc. C'est-à-dire que tous deux se verront parfaitement investis de la qualité de « parties » dans la plénitude de l'acception technique donnée à ce mot par notre droit processuel, tant administratif que civil. Après une longue controverse jurisprudentielle et doctrinale, qui a vu s'affronter, notamment, Laferrière, ainsi qu'une partie des membres du Conseil d'État, et Hauriou (28 avr. 1882, *Ville de Cannes*; 8 déc. 1899, *Ville d'Avignon*, Sir. 1900.III.73, note M. Hauriou; 29 nov. 1912, *Boussuge*, Sir. 1914.III.33, concl. L. Blum, note M. Hauriou), le Conseil d'État a fini par admettre la tierce opposition en excès de pouvoir. Or pour former tierce opposition, il faut être tiers au procès précédent, c'est-à-dire n'y avoir pas été partie; il faut donc, pour que puissent exister des « tiers », qu'existent des « parties ». Il paraît donc indiscutable que le recours pour excès de pouvoir, recours objectif, voit bien s'affronter de véritables parties. Au reste, la jurisprudence contemporaine ne manifeste plus guère d'hésitation sur ce point (*cf.* par ex.: Nantes, 18 déc. 1996, *Crespel*, DA 1997 n° 142).

C. Le contentieux de la pleine juridiction (ou « plein contentieux »)

Il convient de prendre pour synonymes les deux expressions « *pleine juridiction* » et « *plein contentieux* », en ce sens qu'elles signifient toutes deux que, dans ce contentieux, le juge saisi exerce dans sa plénitude la fonction juridictionnelle et y dispose de la totalité des moyens dont un juge peut se voir reconnaître l'usage. C'est un contentieux disparate (1.), où, on l'a dit, la puissance juridictionnelle est forte (2.) et dont le régime procédural est très diversifié (3.).

1. Un contentieux disparate

L'aspect disparate est la première impression retirée lorsque l'on étudie ce contentieux. Hétérogène par les matières qu'il recouvre, il l'est aussi par les questions posées au juge.

• La disparité des matières

64 Cette disparité des matières sur lesquelles est susceptible de porter un recours relevant de la pleine juridiction tient à leur grand nombre et à leur grande diversité. Autour d'un noyau qui comprend la responsabilité extra-contractuelle et le contrat (y compris la responsabilité contractuelle), lesquels sont des contentieux subjectifs à la fois parce que la subjectivisation des droits y est importante et parce que le sort de l'une des parties retentit directement sur celui de l'autre partie, on rencontre un grand nombre d'autres contentieux (tel celui des décisions des commissions des droits des personnes handicapées: Avis, 6 avr. 2007, *Douwens Prat*). Il en va ainsi des contentieux électoral, fiscal, des immeubles insalubres ou menaçant ruine, du contentieux des décisions de réalisation et d'exploitation des ouvrages utilisant l'énergie hydraulique (10 déc. 2007, *Lorette et autre*), des installations classées pour la protection de l'environnement, des sites ou de la législation sur les monuments historiques. Quoique étant essentiellement objectifs, ils sont rangés dans la pleine juridiction. Se rencontrent aussi une masse considérable de contentieux particuliers relatifs à des sanctions infligées par des organismes qui ne sont pas, à proprement parler, insérés dans l'appareil administratif ordinaire et dans la hiérarchie des administrations traditionnelles (Ass. 16 févr. 2009, *Sté ATOM*) : sanctions infligées par le Conseil Supérieur de l'Audiovisuel, la Commission des opérations de bourse, l'Autorité de régulation des télécommunications, la Commission de contrôle des assurances, le Conseil de discipline des organismes de placement collectif en valeurs mobilières, le Conseil des marchés financiers, la Commission de contrôle des institutions de retraite ou de prévoyance complémentaire, etc.

• La disparité des questions posées au juge

65 Cette disparité se traduit par le fait qu'il est demandé au juge de trancher tantôt des questions de légalité pure, tantôt des questions de pur fait, tantôt les deux à la fois. Le premier cas peut surprendre, mais il est logique : juge de la pleine juridiction, il a tous les pouvoirs, y compris ceux d'un juge de la légalité. Il peut donc se voir poser des questions tenant à l'incompétence du signataire d'un contrat, à l'illégalité d'un acte dommageable, à l'annulation d'une élection ou d'une imposition pour violation des règles, etc. Cependant, le juge de plein contentieux tranchant une question de légalité ne se confond pas avec le juge de l'excès de pouvoir. En effet, soit la question de légalité posée n'est pas la question principale, soit elle n'est posée à titre principal que dans un intérêt subjectif. Ainsi, chercher à faire dire par le juge qu'un acte est illégal et que c'est à raison de son illégalité qu'il a causé un préjudice dont on demande réparation ne soulève pas, à titre principal, une question de légalité mais bien une question d'indemnisation. Il en va pareillement même lorsque la question principale soulevée devant le juge du plein contentieux est une question de légalité. Supposons qu'une personne ayant essuyé un refus de la part de l'administration qu'elle avait saisie d'une demande d'indemnisation conteste devant le juge ce refus pour illégalité, sans demander réparation du préjudice. L'objet principal (et même unique ici) du procès sera bien une question de légalité pure. Pourtant, l'on voit bien que ce que cherche le demandeur, c'est un moyen d'obtenir la réparation refusée : il compte pour cela sur un jugement qui dira ce refus illégal et dont il pourra se prévaloir pour obtenir la réparation souhaitée. La légalité est bien mise ici au service d'un intérêt purement subjectif. Ceci explique que l'intérêt à agir d'un requérant qui sollicite en plein contentieux un jugement portant sur la légalité pure sera apprécié plus restrictivement que ce même intérêt relativement à la même question posée devant le juge de l'excès de pouvoir.

2. Un contentieux aux pouvoirs juridictionnels renforcés

66 C'est par l'étendue des pouvoirs du juge saisi que s'appréhende le mieux la nature du contentieux de la pleine juridiction (pour une bonne illustration, dans le contentieux des pensions : 7 févr. 2008, *Rabha X.*, req. 267744). Le juge peut, comme son homologue de l'excès de pouvoir, annuler une décision, déclarer illégal un contrat.

Il peut aussi, et il est seul à pouvoir le faire, octroyer une réparation, allouer une somme d'argent, ordonner une reconstruction ou une démolition, décider de l'annulation et donc du recommencement d'une élection.

Le juge de la pleine juridiction possède, directement en cette qualité et non au titre des textes sur l'injonction (*cf.* § 371), le pouvoir d'enjoindre à une personne publique d'adopter un certain comportement, de prendre une décision dans un sens déterminé ou de s'en abstenir (par ex., injonction à un préfet de mettre en demeure un particulier du chef de la menace que fait planer un étang dont ce dernier est propriétaire : 12 mars 2007, *Min. Écologie et Dévelopmt durable*).

Surtout, et c'est remarquable, le juge peut réformer ce qui lui est déféré en substituant sa propre décision à celle de l'administration (12 mars 2007, *Ministre de l'Écologie et du développement durable*, préc.). Le demandeur va poser au juge de véritables questions d'administration l'amenant à se comporter un peu comme le supérieur hiérarchique de l'administration (29 janv. 1986, *Kodia*, p. 22). Il pourra, par exemple, vérifier l'équilibre d'un contrat, ou en réécrire des clauses ou ordonner d'y insérer une clause inexistante jusque-la, constater la réalisation d'un travail public ou l'ampleur d'un dommage, apprécier s'il y a lieu, plutôt que d'annuler l'élection, d'en inverser les résultats (Ass., 2 janv. 1967, *Élect. mun. d'Aix-en-Provence*, p. 16, concl. A. Dutheillet de Lamothe) sauf dans le cas où le grief retenu ne peut entraîner que l'annulation de l'élection (31 août 2007, *Chazot*), évaluer si l'abus de propagande est tel qu'il faut annuler l'élection ou au contraire la confirmer parce que l'abus est limité. Ainsi, en présence de clauses pénales, à titre de pénalités de retard, figurant dans un contrat administratif, il se reconnait le pouvoir de réduire ou d'aggraver les dites clauses (Paris, 23 juin 2006, *SARL SERBOIS*, AJDA 2006 p. 2461, note J.– D. Dreyfus). Semblablement, dans le contentieux des installations classées, il peut abroger les dispositions d'un arrêté préfectoral qu'il estime être devenues inutiles (Douai, 30 nov. 2006, *SAS ICI & P. France*).

Tout ceci est bien résumé par la formulation classique rencontrée dans les arrêts relatifs aux matières relevant de la pleine juridiction : *« Cons. que le contentieux (de, des) est un contentieux de pleine juridiction ; qu'il appartient, dès lors, au juge saisi de se prononcer lui-même sur les droits des intéressés, sauf à renvoyer à l'administration compétente, et sous son autorité, le règlement de tel aspect du litige dans des conditions précises qu'il lui appartient de lui fixer »* (13 juil. 2007, *Michel X.*, req. 296183 ; 3 sept. 2008, *Pierre X.*, n° 280122).

Ceci permet de comprendre une importante différence procédurale avec ce qui se passe en excès de pouvoir. À la différence de ce dernier, le juge de la pleine juridiction peut parfaitement prendre en considération des éléments que l'administration avait légitimement ignorés à l'époque des faits litigieux, voire même des faits alors inexistants parce que, tout simplement, ils sont postérieurs à la décision attaquée. En effet, le juge de plein contentieux ne se place ni à la date à laquelle se sont produits les faits ou actes litigieux, ni à la date de la décision administrative, ni même à la date à laquelle il a été lui-même saisi, mais uniquement à la date à laquelle il statue (24 janv. 2007, *Noureddine X.*, req. 288044 ; 3 sept. 2008, *Min. Agricult. et Pêche*, n° 298445). Plus spectaculairement, lorsque dans un litige de plein contentieux l'audience a eu lieu et que se produit un fait nouveau pendant le délibéré, le juge interrompt d'office le délibéré, ne prononce pas le jugement et rouvre une nouvelle instruction afin d'intégrer cette évolution pour que son jugement reflète bien la réalité au jour de celui-ci (Sect., 19 nov. 1993, *Brutus*, p. 321 : la nature politique du régime haïtien ayant changé, le juge ne pouvait plus statuer sur la demande de statut de réfugié politique au seul vu des éléments du procès).

3. Un contentieux à régime procédural diversifié

67 C'est la rançon du caractère de fourre-tout des matières de plein contentieux : leur régime procédural n'est pas uniforme ou plutôt un seul élément s'y rencontre toujours, la plénitude des pouvoirs du juge saisi.

En effet, dans les matières du noyau central, il s'agit de plein contentieux subjectif, d'où la totale particularisation des relations : celui qui a obtenu gain de cause peut parfaitement y renoncer puisque ce n'est que dans son seul intérêt qu'a été arbitrée la situation litigieuse (31 mars 1978, *Eplé*, *RDP* 1979, p. 311). Pareillement, cette subjectivisa-

tion explique que, dans ce noyau, le délai de recours sera plus long qu'en excès de pouvoir, même si est en jeu une somme d'argent, car dans ce cas, la limite est la prescription quadriennale, durée nettement plus longue que les deux mois de l'excès de pouvoir.
Également, alors qu'en excès de pouvoir la décision implicite de l'administration peut faire courir le délai du recours contentieux, en plein contentieux, la subjectivisation et la particularisation des liens juridiques font que le délai de recours ne commence à courir qu'à compter d'une décision explicite. Même si l'intéressé a parfaitement le droit, dès l'existence d'une décision implicite, de saisir le juge, ce n'est qu'une faculté pour lui, car en cas d'inaction contre la décision implicite il n'encourt pas de forclusion.
En revanche, dans les matières de plein contentieux où les considérations objectives dominent (électoral, fiscal, prescription quadriennale...), le régime procédural est différent du précédent. C'est ainsi que dans ces contentieux la partie qui triomphe ne peut pas renoncer au bénéfice de son succès (12 mai 1978, *Elect. mun. de Zonza*, p. 826 : celui qui est invalidé ne retrouve pas son siège en cas de renonciation du requérant à se prévaloir de la décision de justice lui donnant satisfaction). Semblablement, le délai d'action est aussi bref, parfois même moindre, qu'en excès de pouvoir.

2 La querelle des contentieux : excès de pouvoir ou pleine juridiction ?

C'est une véritable querelle du droit administratif, analogue, *mutatis mutandis*, à celle des Anciens et des Modernes ou à la bataille d'Hernani, que celle de l'excès de pouvoir et du plein contentieux. De quoi s'agit-il ? De déceler dans le présent (A.), l'avenir de chacun de ces deux « grands » contentieux (B.).

A. Le présent

L'existence de deux branches particulièrement puissantes du contentieux, excès de pouvoir et pleine juridiction, a toujours posé la question de leurs domaines respectifs d'application (1.), de leurs chevauchements, notamment au travers de la technique des actes détachables (2.) et des mutations dans la nature des contentieux (3.), voire de leur survie.

1. L'arrêt *Blanc, Argaing et Bézie* (31 mars 1911) et la jurisprudence *Lafage* (8 mars 1912)

68 Selon le premier de ces arrêts (31 mars 1911, Sir. 1912.III.129, note M. Hauriou), un même requérant n'est pas tenu, lorsqu'il soulève à la fois des questions de légalité et des questions de droits subjectifs, de former deux recours distincts : il peut, par une même action, poser les deux ordres de questions à condition, d'une part, que l'unique juge saisi soit compétent pour résoudre les deux à la fois, d'autre part, que soient respectées les exigences procédurales de chacun de ces deux contentieux. Simplement, il y a là une simplification pour les justiciables, étant entendu que chacun des deux contentieux garde sa physionomie et son traitement procédural propres : la forclusion de l'un n'a pas d'incidence sur l'autre, etc.

Selon l'arrêt *Lafage* (8 mars 1912, préc.), il est toujours possible, dans le cadre d'un litige relatif à une décision à caractère pécuniaire, d'utiliser la voie du recours pour excès de pouvoir aux lieu et place d'un recours de plein contentieux toutes les fois que le requérant se borne à solliciter l'annulation de la décision pour illégalité sans solliciter l'attribution de droits pécuniaires. Une faculté de choix est ainsi ouverte aux intéressés : ou bien le recours de plein contentieux avec usage des pouvoirs juridictionnels les plus complets, ou bien le recours pour excès de pouvoir en limitant, en ce cas, le procès à la seule demande d'annulation de la décision litigieuse. Cette exception est d'autant plus remarquable que dans nombre de cas, malgré le caractère purement objectif du recours de plein contentieux (fiscal, électoral), l'utilisation du recours pour excès de pouvoir est prohibée. Il est parfois délicat de savoir sur quel terrain le requérant a entendu se placer : ce sont « *(les) conclusions de la requête* » et « *la nature des moyens présentés* » (ces expressions figurent dans : 9 févr. 1968, *Sté « La Foncière des Champs-Elysées »*, p. 109) qui vont jouer un rôle déterminant. Si n'est demandée qu'une annulation et si ne sont présentés que des moyens de pure légalité (en droit comme en fait), ce sera un recours pour excès de pouvoir. Si des prétentions pécuniaires sont formulées, ce sera un recours de plein contentieux sans qu'il soit besoin d'avoir égard à la nature des moyens présentés. Si, enfin, sont présents, à la fois, des demandes pécuniaires et des moyens de légalité, ce sera également un recours de plein contentieux. En bref, la jurisprudence *Lafage* est applicable toutes les fois que, par une décision, l'administration prétend mettre à la charge d'un particulier des obligations pécuniaires ou bien lui dénie le bénéfice de certaines sommes ; la cause en vertu de laquelle ces sommes sont censées être dues par lui ou lui sont refusées n'a aucune incidence sur le droit à user de la solution *Lafage*. Toutefois, à l'époque récente, on a assisté à une offensive jurisprudentielle tendant à constituer un « bloc » des contentieux financiers qui appartiendraient par nature à la pleine juridiction et échapperaient complètement à l'application de la jurisprudence *Lafage* : tel est le cas du contentieux des ordres de recettes (titres de perception, ordres de versement ou de reversement, etc. : Sect., 27 avr. 1988, *Mbakam*, p. 172, et Sect., 23 déc. 1988, *Cadilhac*, p. 465) ; du contentieux des ordres de débet émis à l'encontre soit des comptables publics, soit des comptables de fait détenteurs de deniers publics (8 mars 1912, *Schlemmer*; 23 juin 1965, *Cie normande d'études*, p. 387) ; du contentieux de la prescription quadriennale ; etc., de sorte que certains auteurs y ont vu un déclin, voire l'agonie, du principe posé par l'arrêt *Lafage*. Pourtant, celui-ci demeure (Ass., 4 mars 1991, *Le Cun*, *RFDA* 1991, p. 612, concl. M. de Saint-Pulgent ; Sect., 8 mars 1991, *Bodié*, *AJDA* 1991, p. 463, concl. M. Fornacciari) mais il semble que, par un retour aux origines, il risque cependant de se trouver cantonné aux seuls litiges pécuniaires concernant des agents publics.

2. La théorie des actes détachables

69 Dans les matières qui relèvent incontestablement du plein contentieux, il a longtemps été admis que seul le recours de plein contentieux était possible par une sorte d'indivisibilité de la nature de la matière concernée. Puis, de façon plus réaliste et moins dogmatique, il a été admis que certaines décisions pouvaient être détachées de l'ensemble relevant du plein contentieux et soumises au juge de l'excès de pouvoir. Pour cela, il faut que l'acte en cause puisse être appréhendé en lui-même indépendamment de toute référence au contexte de plein contentieux et qu'il forme donc un ensemble intellectuellement autonome. Les trois domaines principaux où joue cette théorie sont : le contentieux contractuel, le contentieux fiscal et le contentieux électoral.

• Détachabilité et contentieux contractuel

70 Sous réserve de possibilités, déjà examinées (*cf.* § 61), de recours directs pour excès de pouvoir dans certains contentieux contractuels, le recours pour excès de pouvoir est possible, d'une part, contre les actes détachables au stade de la conclusion du contrat, d'autre part, contre ceux qui sont détachables au stade de l'exécution du contrat.

Dans le premier cas, sont détachables les actes antérieurs ou concomitants à la conclusion du contrat : la décision ou la délibération attestant la volonté de conclure un contrat (8 avr. 1911, *Cne d'Ousse-Suzan*, Sir. 1913.III.49, note M. Hauriou), ou celle autorisant sa conclusion (Sect., 26 nov. 1954, *Synd. de la Raffinerie de soufre française*, p. 620), ou encore celle approuvant le contrat conclu (Sect., 4 févr. 1955, *Ville de Saverne*, p. 73).

Toutefois, longtemps (*cf.* en particulier : 4 août 1905, *Martin*, p. 749), l'annulation de l'acte détachable n'avait pas pour effet automatique et direct l'annulation du contrat lui-même, malgré de notables avancées (1er oct. 1993, *Sté le Yacht-Club international de Bormes-les-Mimosas*, p. 971 ; Sect., 7 oct. 1994, *Époux Lopez*, p. 430, concl. R. Schwartz). En effet, si l'un des contractants rejetait l'objection de nullité du contrat invoquée par un autre contractant, il demeurait nécessaire soit de saisir le juge du contrat pour lui faire déclarer la nullité de celui-ci, soit de saisir le juge d'une demande d'astreinte. Un sérieux progrès a été fait : désormais, l'annulation d'une délibération désignant un délégataire de service public entraîne *ipso facto* celle de la convention de délégation de service public elle-même et, par suite, l'illégalité du titre de recettes fondé exclusivement sur la convention frappée de nullité (Douai, 17 sept. 2002, *SARL « L'Oiseau bleu »*, *Petites Affiches* 2004 n° 171, p. 11, concl. J. Michel).

Dans le second cas, le principe de la détachabilité est admis plus restrictivement que dans le cas précédent, car on comprend qu'il est plus difficile de détacher d'un contrat une décision prise précisément en exécution de celui-ci y compris, par exemple, le refus de renouveler le contrat (TA Nice 9 nov. 2007, *Sté du parking de la Promenade du Paillon et autres*, AJDA 2008 p. 758, concl. F. Dieu). Cependant, la jurisprudence, opérant un effort particulièrement constructif, établit une distinction : ne sont pratiquement jamais considérés comme détachables du contrat les recours formés par l'une des parties au contrat contre un acte d'exécution de celui-ci ; en revanche, lorsque le recours pour excès de pouvoir est le fait d'un tiers par rapport au contrat, celui-ci sera admis si cette voie de droit est, pour ce tiers, la seule qui lui soit ouverte pour faire juger sa prétention (Sect., 24 avr. 1964, *SA de livraisons industrielles et commerciales*, p. 259). En ce cas, encore faut-il que la décision en cause obéisse aux critères habituels de la détachabilité, même s'il est vrai qu'ils seront, ici, plus libéralement appréciés par le juge (Sect., 9 déc. 1983, *Ville de Paris*, p. 499, concl. B. Genevois).

• Détachabilité et contentieux fiscal

71 La solution en cette matière résulte de l'arrêt de principe *Breil* (28 févr. 1913, p. 289), et de la jurisprudence édifiée sur sa base. Elle tient essentiellement en deux propositions.

1) Si l'acte est de nature réglementaire, il est toujours considéré comme détachable et le recours pour excès de pouvoir est toujours ouvert contre lui (Sect. 4 mai 1990, *Assoc. freudienne*, p. 111 : à propos d'une circulaire réglementaire ; 9 avr. 1948, *Cie universelle d'acétylène et de métallurgie*, p. 151 : à propos d'un décret ; *Breil*, préc. : à propos de la délibération d'un conseil municipal).

2) Si l'acte en cause n'est pas de nature réglementaire, il est considéré comme détachable toutes les fois que sa légalité est contestée par un tiers et comme non détachable lorsque sa contestation est le fait du redevable de l'imposition (26 mars 2008, *Assoc. Pro-Musica*, req. 278858), encore que dans ce dernier cas existent certains tempéraments (Sect., 10 févr. 1984, *SARL Venutolo*, p. 61 : détachabilité du refus d'octroyer un sursis de paiement opposé au redevable).

• Détachabilité et contentieux électoral

72 C'est une décision de principe, *Chabot* (7 août 1903, Sir. 1904.III.1, note M. Hauriou), qui a admis le recours pour excès de pouvoir contre les actes détachables d'une opération électorale. La ligne de partage est fixée sur la nature du juge compétent, à titre principal, pour connaître du contentieux électoral considéré, d'où la distinction de trois cas.

Lorsque la compétence pour connaître d'opérations électorales appartient au juge judiciaire (élections prud'homales, aux caisses de Sécurité sociale, etc.), toute décision de nature administrative (réglementaire ou non) préalable au scrutin est considérée comme détachable parce que le juge judiciaire civil n'a jamais le pouvoir d'apprécier la légalité d'une décision de l'administration (30 avr. 1948, *Cosson, Saint-Denis et autres*, p. 191).

Lorsque la compétence pour connaître d'opérations électorales appartient au Conseil constitutionnel, la solution est assez complexe.

Il n'y a de détachabilité *en matière de référendum* que pour les décisions administratives concernant l'organisation du scrutin (*cf.* sur ce point les décisions rendues par le CC : 25 juil. 2000, *Hauchemaille*; 23 août 2000, *Hauchemaille* et *Larrouturou*, 2 espèces; 6 sept. 2000, *C. Pasqua* et A. *Hauchemaille*; 11 sept. 2000, *Meyet*, respectivement aux *Petites Affiches* 2000, n° 153, p. 21 ; n° 172, p. 12; n° 189, p. 20. Pour l'alignement du Conseil d'État sur cette solution nouvelle, *cf.* Ass., 1er sept. 2000, *Larrouturou, Meyet et autres*, p. 365, concl. H. Savoie).

Il n'y a, également, de détachabilité dans le cas des *élections présidentielles* que pour les décisions administratives concernant l'organisation du scrutin, du moins lorsque la mesure en cause est détachable du déroulement du scrutin lui-même (28 nov. 1983, *Bauby*, p. 372; 5 avr. 2002, *Cazaux*).

Il en va encore de même pour les *élections parlementaires*, en ce qui concerne les mesures relatives à l'organisation de ces élections, à la suite d'un important revirement de jurisprudence (Ass., 12 mars 1993, *Union nat. écologique* et *Parti pour la défense des animaux*, p. 67, confirmé par Sect. 26 mars 1993, *Parti des travailleurs*, p. 87) par lequel le juge administratif a fini par reconnaître la détachabilité de certains actes administratifs. Par ailleurs, le Conseil constitutionnel se reconnaît compétent, à titre exceptionnel, pour connaître de ces mêmes actes administratifs lorsque leur contestation est susceptible de mettre en cause « *la régularité de l'ensemble des opérations électorales* » (CC, 11 juin 1981, *Delmas*) ou de « *leur déroulement général* » (CC, 21 octobre 1988, *Cam*). Encore faut-il que l'irrecevabilité qui serait opposée par le Conseil constitutionnel « *risquerait de compromettre gravement l'efficacité* » du contrôle exercé par le juge constitutionnel en qualité de juge de l'élection, « *vicierait le déroulement général des opérations électorales* » et « *porterait atteinte au fonctionnement normal des pouvoirs publics* ». Ainsi, coexistent désormais sur ce point deux compétences, celle du Conseil d'État et celle du Conseil constitutionnel (8 juin 1995, *Bayeurte*, p. 213; 16 mai 1997, *Meyet*, *AJDA* 1997 p. 684, obs. É. Schoettl).

Lorsque la compétence pour connaître d'opérations électorales appartient au juge administratif, c'est qu'il s'agit d'élections de nature administrative (Parlement européen, conseils municipaux, généraux ou régionaux, chambres de commerce, fonction publique, écoles primaires, collèges, lycées et universités, etc.). De ce point de vue sont détachables ou traités comme tels : les actes non détachables mais contre lesquels la loi a exclu tout recours de plein contentieux (Ass., 17 avr. 1953, *Falco et Vidaillac*, p. 175), les actes réglementaires permanents régissant ces élections (Ass., 22 oct. 1979, *Union démocratique du travail*, p. 384), les actes relatifs au déroulement de l'ensemble de l'élection (Ass., 20 octobre 1989, *Horblin et autres*, p. 199, pour la décision de principe; Ass., 2 juin 1994, *Alleaume et autres*, p. 281), les actes dont le Code électoral a expressément prévu que leur contentieux relèverait du juge de l'excès de pouvoir tels le refus préfectoral d'enregistrer une candidature ou la contestation de la liste électorale révisée annuellement.

3. La mutation des contentieux

73 En dehors des hypothèses de requalification d'office, par le juge, de la nature du contentieux (*cf.* § 45), dans certaines situations se constate une réversibilité de la nature du contentieux en cause. Un litige de pleine juridiction se transforme en un litige d'excès de pouvoir et inversement. Une telle mutation entraîne toutes les conséquences, décrites plus haut, attachées à la nature contentieuse nouvelle du litige qui, en lui-même, demeure par ailleurs inchangé. Ces hypothèses peuvent être déroutantes pour l'observateur et lourdes de conséquences pour les justiciables. Ainsi, en va-t-il en matière d'arrêté municipal de péril contre un édifice menaçant ruine. Le maire doit transmettre au tribunal administratif son arrêté, et son recours (ou celui du propriétaire de l'immeuble frappé de péril) a la nature d'un recours de plein contentieux (21 juil. 1911, *Mourot*; 22 juin 1951, *Consorts Chevallier-Tedeschi*; 1er juil. 1953, *Ville de Neuilly-sur-Seine*). Toutefois, lorsque le recours est formé par un locataire (Ass. 4 juil. 1958, *Sté des Établ. Thibout*, p. 413) ou lorsque le maire omet de transmettre son arrêté de péril au juge, le litige suscité par cet arrêté a la nature d'un litige en excès de pouvoir (27 avr. 2007, *Lipinski*, n° 274992). Sur la distinction, en ce domaine, des deux sortes de recours et de leurs effets, voir : 27 janv. 1960, *Louvard et autres*.

B. L'avenir

74 Longtemps le recours pour excès de pouvoir est apparu comme un recours subsidiaire, surtout par rapport au recours de pleine juridiction, d'où *l'exception de recours parallèle* qui se traduisait par deux règles cumulées : toute opération pouvant donner lieu à contentieux de pleine juridiction formait un bloc échappant entièrement au juge de l'excès de pouvoir ; toutes les fois que le requérant pouvait obtenir une satisfaction comparable par une voie procédurale autre que le recours pour excès de pouvoir, il devait choisir cette autre voie, le recours pour excès de pouvoir était déclaré irrecevable en raison de l'exception tirée de l'existence d'un recours parallèle.

Par la suite, le juge a fait évoluer sa jurisprudence dans deux directions. Il a, tout d'abord, mis fin au principe d'indivisibilité des contentieux et admis très libéralement la détachabilité de certaines parties permettant ainsi qu'un recours pour excès de pouvoir soit exercé contre eux (*cf.* le 2. ci-dessus). Il a ensuite opposé de moins en moins souvent l'exception de recours parallèle au point que certains ont cru à son abandon, ce qui était sans doute une déduction excessive (Sect., 6 janv. 1995, *Sté manufacture franç. des chaussures Eram*, p. 15). Cette exception a même été étendue au contentieux des autorisations de plaider (*cf.* § 79 ; 28 avr. 2006, *Cassinari*).

Dans le même temps s'est ouvert en doctrine un débat à partir d'Hauriou, qui, dans sa note sous l'arrêt *Boussuge* (29 nov. 1912, Sir. 1914.III.33), a prédit l'absorption du recours pour excès de pouvoir par le recours de pleine juridiction, tandis que quelques années plus tard, en 1926, Raphaël Alibert soutenait la thèse rigoureusement inverse. Qu'en est-il exactement ? Pour répondre à cette délicate question, on peut avancer quatre éléments. Il est certain qu'aujourd'hui le recours pour excès de pouvoir n'est plus du tout un recours subsidiaire. Également, est apparu un certain

approfondissement de la distinction excès de pouvoir/pleine juridiction, et cela pour deux raisons au moins: le pouvoir de prononcer des astreintes et de délivrer des injonctions qui a été reconnu à partir de 1994 au juge de l'excès de pouvoir, ainsi muni désormais des mêmes armes que son homologue de la pleine juridiction; le nombre, croissant, de recours de pleine juridiction qui sont des recours totalement objectifs (électoral, fiscal, etc.). En troisième lieu, on note, depuis un quart de siècle environ, une faveur très nette du législateur pour le contentieux de la pleine juridiction. Très souvent, il qualifie les recours qu'il crée de « *recours de plein contentieux* », et les pouvoirs juridictionnels reconnus aux nouveaux organismes sont dits « *de plein contentieux* », alors même que ces recours et ces juges sont destinés à garantir surtout la légalité objective au sens de l'excès de pouvoir. Enfin, le recours pour excès de pouvoir ne semble pas prêt de mourir, car les différences qui le spécifient par rapport au recours de pleine juridiction sont considérables et guère en voie d'être comblées. Deux remarques doivent ici être faites. En premier lieu, il existe entre ce recours et celui de pleine juridiction au moins une limite qui n'a, pour l'instant du moins, jamais été franchie: l'excès de pouvoir, si loin qu'aille le juge, ne se traduit jamais par la substitution pure et simple, par le juge, de sa décision à celle de l'administration. En second lieu, ce qui peut tromper, c'est l'oubli, par une partie de la doctrine, que, pour Laferrière lui-même, les pouvoirs du juge sont une réponse à la question posée par le requérant: dès lors que celui-ci exige non seulement une annulation mais aussi la gestion judiciaire des suites de l'annulation, est introduite nécessairement une subjectivisation marquée de la relation juridique comme de la revendication contentieuse; de cela l'évolution contemporaine du recours pour excès de pouvoir porte la profonde marque. Pour autant, cet élément subjectif se combine avec l'élément objectif et ne le remplace pas. Laferrière n'avait donc pas tort d'établir une relation causale entre la nature de la demande adressée au juge et les pouvoirs mis en œuvre par ce dernier pour accéder à cette demande.
De plus, chaque fois que le législateur ou le pouvoir réglementaire inclut un contentieux objectif dans le contentieux de la pleine juridiction, il ne le traite pas comme un contentieux de pleine juridiction, mais bien comme un contentieux de la légalité objective, c'est-à-dire, en bref, comme un recours pour excès de pouvoir, ainsi que nous le verrons (*cf.* sur ce point: Section du Rapport et des études, Avis, 3 déc. 1997, *Avrillier*, sur les conséquences à tirer de l'arrêt *Avrillier* du 1er octobre 1997, *AJDA* 1998 p. 169). Au reste, le fait même de la multiplication contemporaine de ces recours à fins objectives empruntant tous leurs traits à l'excès de pouvoir vaut démonstration de la profonde utilité de ce contentieux. L'extension considérable du champ d'application de cette branche du contentieux plaide dans le même sens: ainsi l'arrêt *Cayzeele* précité, qui admet le recours pour excès de pouvoir des tiers contre les clauses réglementaires d'un contrat, sauvegarde l'entière spécificité de ce recours tout en opérant, sans contradiction, un rapprochement très net de celui-ci avec la pleine juridiction.

Conseils bibliographiques

OUVRAGES ET ARTICLES DE RÉFÉRENCE

R. Alibert, *Le Contrôle juridictionnel de l'administration au moyen du recours pour excès de pouvoir*, Payot, 1926.

D. Bailleul, *L'Efficacité comparée des recours pour excès de pouvoir et de plein contentieux objectif en droit public français*, LGDJ, 2002.

W. Kloepfer, « Réflexions sur l'admission du recours pour excès de pouvoir en matière contractuelle », *AJDA* 2003, p. 585.

F. Melleray, *Essai sur la structure du contentieux administratif français. Pour un renouvellement de la classification des principales voies de droit ouvertes devant les juridictions à compétence générale*, LGDJ, 2001.

J.-P. Négrin, *Contentieux de l'excès de pouvoir et contentieux de pleine juridiction. De la dualité ou de l'unité du contentieux administratif français*, PUAM, 1976.

D. Pouyaud, « La Réforme du 31 décembre 1987 et la distinction des contentieux », Mél. R. Chapus, Montchrestien, 1992, p. 541.

P. Sandevoir, *Étude sur le recours de pleine juridiction*, LGDJ, 1964.

3

L'introduction de la requête

L'introduction d'une requête est, bien évidemment, l'acte majeur du procès puisque, à proprement parler, cet acte va faire exister le procès. Quatre ordre de questions vont alors se poser : Qui peut saisir le juge ? (1.) De quoi le juge est-il saisi ? (2.) Comment le juge est-il saisi ? (3.) Que peut contenir la saisine ? Cependant, l'importance de la matière relative à cette dernière question conduit à lui consacrer un chapitre propre (*cf.* chapitre 4).

1 L'auteur de la saisine du juge

Pour pouvoir saisir un juge il faut, au préalable, remplir une condition négative : n'avoir pas renoncé à agir en justice (A.) Ensuite, il convient d'en avoir la capacité juridique (B.), de posséder un intérêt à former une action en justice (C.). Enfin, se posent les deux questions de la représentation en justice, dite encore de la qualité pour agir (D.) et des moyens financiers pour le faire (E.).

A. Le préalable : l'absence de renonciation à agir

75 La renonciation à agir signifie que le requérant a décidé de ne pas introduire l'action contentieuse qui était possible ou qu'il avait même annoncée vouloir introduire, ou encore qu'il a décidé de ne pas poursuivre l'action déjà introduite.

Il existe deux formes de renonciation à recours. La première est de pur fait et elle est imparable : le requérant « potentiel » s'abstient de former un recours ; en l'absence d'un quelconque acte positif en ce sens, il n'y aura pas de recours. La seconde forme de renonciation est juridique : peut-on permettre à un requérant de décider formellement de renoncer à un recours (à l'introduire ou à le poursuivre) ou peut-on lui objecter qu'il a en réalité déjà renoncé au recours qu'il prétend former (par son attitude ou par sa déclaration) ? Les solutions de la jurisprudence se fondent sur le but du recours et non sur son objet.

Lorsque le but du recours concerne la contestation d'un acte positif, d'une abstention, d'un fait ou d'un comportement contraire à la légalité générale, c'est-à-dire qu'il constitue ce que l'on appelle un *recours objectif*, le requérant ne peut jamais renoncer à son pouvoir d'agir en justice. La hiérarchie des normes n'a pas été instituée dans l'intérêt personnel de chacun des individus qui y sont soumis mais dans l'intérêt collectif et global de la communauté humaine que cette hiérarchie concerne et régit. Par suite, nul n'a le droit de priver cette collectivité, par sa renonciation juridique à agir, du bénéfice du respect de cette hiérarchie. Toute renonciation à agir annoncée ou voulue ou consentie dans un contentieux objectif est nulle et ne produit aucun effet.

Lorsque le but du recours concerne un droit subjectif, la renonciation à agir en justice est toujours possible et toujours valable, du moins s'il est établi que l'intéressé a réellement voulu renoncer (10 oct. 1962, *Secr. d'État aux Forces armées c./Froussart*, p. 528) ou qu'il a bien eu conscience, ce faisant, de la portée de son acte.

B. La capacité pour agir en justice

76 La capacité comprend la capacité de jouissance et la capacité d'exercice. La capacité pour agir en justice se rattache à la capacité d'exercice. Chez les personnes physiques (1.), la capacité d'exercice s'acquiert avec l'âge de la majorité ou du fait de l'émancipation, sous réserve de n'être pas frappé, malgré cela, d'une incapacité particulière (maladie mentale, prodigalité, etc.). Chez les personnes morales (2.), les deux formes de capacité sont indivisibles dans l'immense majorité des cas, pourvu que ces personnes agissent dans le cadre de leur objet social tel que fixé par la loi et par leurs statuts. Sur ces deux points, personnes physiques et personnes morales, il n'est pas fait de distinction selon la nationalité de ces personnes : les étrangers peuvent agir en justice comme les nationaux dès lors qu'ils sont, au regard de leur législation nationale, dotés de la capacité juridique nécessaire. On mettra à part le régime, singulier, des autorisations de plaider (3.).

1. La capacité des personnes physiques

77 L'étendue de la capacité des personnes physiques est, en procédure administrative contentieuse, très semblable à celle rencontrée en procédure civile.

Tout majeur non interdit et non assisté peut agir librement en justice sous réserve de deux précisions. Il existe une restriction à ce pouvoir d'action en cas de faillite personnelle, de redressement judiciaire ou de liquidation judiciaire : la personne concernée ne peut agir en justice à fins pécuniaires qu'avec l'accord du mandataire ou du liquidateur.

Tout majeur incapable (loi 3 janv. 1968 modifiée ; art. 488 et suiv. C. civ.), c'est-à-dire soumis au régime de « la sauvegarde de justice » (art. 491 et suiv. C. civ.), de la « tutelle » (art. 492 et suiv. C. civ.) ou de la « curatelle » (art. 508 et suiv. C. civ.) ne peut agir en justice sauf dans deux cas principaux. Les personnes, même placées d'office, internées dans un hôpital psychiatrique, conservent la capacité d'ester en justice (23 juin 1976, *Duffau*, p. 335) à moins que cette capacité ne leur ait été expressément retirée par la décision de placement, et cela conformément aux dispositions légales. Le recours pour excès de pouvoir est toujours possible de la part des personnes déclarées incapables par le Code civil contre toute décision affectant « *le principe fondamental de la liberté individuelle* » (10 juin 1959, *Poujol*, p. 355) : il en va ainsi du recours contre la décision administrative d'internement psychiatrique.

Aucun mineur ne peut agir en justice qu'avec l'accord de son représentant légal, sauf le mineur émancipé, lequel a à peu près la même capacité qu'un majeur (art. 481 C. civ.).

Lorsqu'il s'agit d'un étranger, l'âge de la majorité et celui de la minorité sont ceux fixés par son droit national (16 oct. 1998, *Aidara*).

2. La capacité des personnes morales

78 Les personnes morales, on l'a indiqué plus haut, sont dotées d'une personnalité juridique qui leur donne immédiatement la capacité d'agir en justice. Il existe cependant une très importante limitation constituée par le principe de spécialité : les personnes morales ne peuvent agir que dans le champ d'action qu'elles se sont elles-mêmes donné dans leurs statuts ou qui leur a été attribué par la loi. Ce principe de spécialité est appliqué plus rigoureusement aux personnes morales publiques qu'aux personnes morales privées.

Les personnes morales de droit privé possèdent la pleine personnalité juridique dès l'accomplissement des formalités prévues par les textes (dépôt des statuts en préfecture ou en sous-préfecture pour une association déclarée ; enregistrement au greffe du tribunal de commerce et publication dans un journal d'annonces légales pour la création d'une société commerciale, etc.). Faute de satisfaire à ces obligations, il n'y a ni personnalité juridique ni, par voie de conséquence, capacité pour agir en justice (Ass., 31 oct. 1969, *Synd. de défense des canaux de la Durance et autres ; Cass 1re civ., 14 nov. 2006, B.*, à propos d'une Direction administrative d'un département ; TA Besançon, 14 nov. 2006, *Sté culturelle et cultuelle du Mont*). Les personnes morales privées en cours de constitution ne se voient reconnaître qu'une capacité limitée strictement aux besoins de cette constitution, tandis que les personnes morales dissoutes contre leur gré se survivent le temps de former un recours contre la décision administrative de dissolution. Les sociétés mises en redressement judiciaire, ne peuvent plus, à partir de ce moment-là, agir par elles-mêmes, elles ne peuvent le faire que par le canal du mandataire de justice désigné à cet effet par le tribunal. Toutefois, celles de leurs actions introduites avant leur mise en redressement demeurent valables puisque leur personnalité juridique antérieure se continue après le déclenchement de cette procédure (22 févr. 2008, *OPAC Habitat Drouais*, req. 255677). Sur les effets d'une liquidation judiciaire sur les relations contentieuses entre les administrations et les particuliers concernés, on lira : Section, 14 mars 2008, *Maître Jacques X.*, req. 290591.

Les personnes morales de droit public sont, du fait même de leur existence, dotées d'une pleine capacité juridique et donc du pouvoir d'ester en justice. Il en va ainsi de l'État, des collectivités et régions d'outre-mer, des régions, des départements, des communes et de leurs groupements, des établissements publics, des groupements d'intérêt public (TC, 14 févr. 2000, *Habitat et interventions sociales pour les mal-logés et les sans-abris c./Verdier*), de la Banque de France (TC, 16 juin 1997, *Sté « La Fontaine de Mars »* ; CE, 22 mars 2000, *Synd. nat. autonome du personnel de la Banque de France*).

3. Le cas particulier des autorisations de plaider

79 Le Code général des collectivités territoriales a prévu, pour tout contribuable d'une commune (art. L. 2132-5 et suiv.), d'un établissement public de coopération intercommunale (art. L. 5211-58), d'un département (art. L. 3133-1) ou d'une région (art. L. 4143-1), la possibilité d'introduire, à ses frais et à ses risques, une demande devant le tribunal administratif pour être autorisé à assurer en demande ou en défense les actions en justice qu'il croit devoir appartenir à sa commune (ou à une intercommunalité), à son département ou à sa région, et que cette collectivité – préalablement appelée à en délibérer – refuse ou néglige d'exercer (19 nov. 2008, *Fortuné X. et autres*, req. 310975). Une telle autorisation doit être refusée au contribuable qui peut agir directement par lui-même (28 avr. 2006, *Cassinari*) ou lorsqu'il n'existe pas de préjudice patrimonial pour la collectivité (20 oct. 2004, *Synd. intercommunal pour l'assainissement de la région parisienne*; 11 avr. 2005, *Synd. des copropriétaires « Les Comtes nord »*). Il s'agit d'une action de plein contentieux puisqu'elle tend à protéger les intérêts patrimoniaux de la collectivité territoriale (ou du groupement de collectivités) concernée. Le tribunal administratif, au vu des éléments du dossier, peut donner cette autorisation s'il estime qu'une telle action en justice aurait des chances sérieuses de prospérer; il la refuse dans le cas contraire: cette autorisation est un acte administratif non un acte juridictionnel, qui peut concerner un procès à introduire aussi bien devant le juge administratif que devant le juge judiciaire. Le silence gardé pendant deux mois par le tribunal administratif sur une demande d'autorisation de plaider vaut rejet de cette demande. L'appel est porté devant le Conseil d'État dont la décision a, elle, la nature d'un acte juridictionnel. L'exception de recours parallèle peut-être opposée à une demande d'autorisation de plaider (28 avr. 2006, *Cassinari*). Par ailleurs, les membres de l'assemblée délibérante intéressés ne peuvent pas siéger lors de la délibération décidant de contester l'autorisation de plaider accordée par le juge (9 nov. 2007, *Cne de Puttelange-aux-Lacs*).

C. L'intérêt pour agir en justice

80 Toute personne, physique ou morale, possède un certain nombre de qualités juridiques: cocontractante d'un certain contrat, victime d'un dommage, riveraine d'une voie publique déterminée, contribuable, fonctionnaire, membre d'une association ou d'un syndicat, titulaire d'un droit (autorisation, agrément, licence, etc.). Ces différentes qualités sont autant de situations de fait et/ou de droit dans lesquelles cette personne peut se trouver atteinte ou concernée par des actes de la puissance publique; ceux-ci lui donnent alors « *intérêt* » pour agir en justice. Tout ceci forme la théorie de l'intérêt pour agir (1.) qu'éclairent les différents caractères que doit revêtir cet intérêt pour permettre d'agir (2., 3. et 4.).

1. La théorie de l'intérêt pour agir

81 Toute personne ne peut pas demander n'importe quoi à un juge. Face à une contestation donnée, le juge ne peut ni se saisir lui-même ni être saisi par n'importe qui. Il y a à la fois impossibilité d'une autosaisine et impossibilité d'une « *actio popularis* ».

• Qualité et intérêt pour agir

82 Seule peut agir en justice une personne qui présente certaines caractéristiques par rapport à une question donnée. Elle doit donc avoir intérêt pour agir. Comme cela a été indiqué ci-dessus, l'intérêt pour agir n'est rien d'autre qu'une certaine qualité de la personne concernée par une décision ou un comportement de l'administration qui, précisément, l'atteint en cette qualité. Ainsi, l'Association de journalistes « Reporters sans frontières » n'a pas d'intérêt lui donnant qualité pour agir contre la décision élevant M. W. Poutine, alors Président de la fédération de Russie, à la dignité de Grand'Croix de la Légion d'honneur (2 mars 2007, *Association « Reporters sans frontières »*, req. 298261). » De là naît, pour elle, l'intérêt à faire trancher cette contestation. Ainsi, un syndicat de pharmaciens hospitaliers est sans qualité et, partant, sans intérêt pour contester le prix de médicaments (27 sept. 2006, *Synd. national des pharmaciens praticiens hospitaliers et praticiens hospitaliers universitaires*, req. 277941).

Pareillement, les conseillers municipaux d'une commune membre d'une intercommunalité mais eux-mêmes non membres de l'assemblé délibérante de cette intercommunalité, sont sans qualité et, par suite, sans intérêt pour agir contre une délibération du conseil de l'intercommunalité qui n'affecte pas leur condition jurudique ou leurs droits statutaires (Lyon, 9 nov. 2006, *SIVOM du lac de Marcenay et Larrey*, *AJDA* 2007 p. 44, concl. D. Besle). C'est cet intérêt qui, à la fois, justifie pratiquement le recours et fonde juridiquement le droit à le former. Pour agir en justice, il faut donc y avoir un intérêt : « *pas d'intérêt, pas d'action* » dit l'adage. Ainsi, une décision administrative qui donne entière satisfaction ne peut pas être attaquée : le défaut d'intérêt fait obstacle à la recevabilité de l'action. On relèvera toutefois, qu'il a été jugé, en contentieux contractuel, que l'attributaire d'un marché négocié, seul attributaire possible de celui-ci, pouvait avoir intérêt à contester la procédure choisie pour lui confier le marché dans la mesure où il peut subir les conséquences de son caractère irrégulier (19 sept. 2007, *Cté d'agglom. de St-Étienne métropole*). On retiendra donc que la qualité du requérant est une condition essentielle de l'intérêt pour agir. (voir, par ex., en matière de contestation d'un permis de construire : 27 oct. 2006, *Dreysse et autres*, *AJDA* 2006, p. 2094).

• Date d'appréciation de l'intérêt pour agir

83 L'existence de cet intérêt s'apprécie au jour de l'introduction du recours, c'est-à-dire de la saisine du juge (6 oct. 1965, *Marcy*, p. 493). Toutefois, il convient d'apporter deux précisions sur ce point. En premier lieu, celui qui, au jour de la saisine, n'a pas d'intérêt déjà né pour agir, peut se voir, parfois, autorisé à régulariser parce que son intérêt, inexistant au départ, apparaît postérieurement (voir aussi, le cas particulier de l'invocation en appel d'un intérêt autre que celui invoqué en première instance et de nature, lui, à rendre le recours recevable : 3 mai 1993, *Sté industrielle de construction*, p. 981). En second lieu, la disparition de l'intérêt au cours de l'instance est sans influence sur la recevabilité du recours déjà introduit, la recevabilité originaire demeurant entière (Sect., 22 nov. 1963, *Louis Dalmas de Polignac*, *D.* 1964, p. 161, note C. Debbasch ; 5 oct. 1977, *Secr. d'État à la Culture*, *AJDA* 1978, p. 106). Il en va de même lorsque la qualité donnant intérêt disparaît entre le jugement de première instance et l'appel dirigé contre lui (Sect., 11 févr. 2005, *Marcel*).

• Observations procédurales

84 Procéduralement, la question de l'intérêt pour agir appelle trois remarques.

Tout d'abord, il n'y a pas d'intérêt pour agir qui soit d'ordre public : le juge ne retient que l'intérêt invoqué par le requérant et point un autre dont il pense, pourtant, que le requérant aurait pu l'invoquer avec quelque chance de succès. Le juge ne peut soulever d'office un intérêt pour agir même s'il lui est fait obligation, lorsqu'il constate le défaut d'intérêt pour agir du requérant, de l'inviter à rechercher un autre intérêt pour que, le cas échéant, il puisse être déclaré recevable en son action (art. R. 612-1). Ensuite, l'intérêt s'apprécie toujours exclusivement par rapport aux conclusions, c'est-à-dire ce qui est demandé au juge, soit l'objet du procès. En aucun cas l'appréciation de l'intérêt ne s'effectue par rapport aux arguments et moyens développés par les parties. Dès lors qu'il a intérêt pour agir, le requérant ne peut pas être limité quant aux moyens invocables (Ass., 22 juin 1963, *Albert*, p. 385 ; Sect., 13 déc. 1974, *De Gratet du Bouchage*, p. 629). Enfin, l'écoulement du temps a parfois un effet certain sur la qualité donnant intérêt pour agir. C'est ainsi, par exemple, que les voisins, qui sont tiers par rapport à une installation classée, s'ils n'ont pas qualité pour contester la légalité d'actes relatifs à cette installation parce qu'elle existait antérieurement à leur établissement dans son voisinage, ont en revanche une telle qualité pour contester les actes pris postérieurement à leur arrivée dans la zone et qui leur font grief (Sect., 22 oct. 2004, *Sté franç. de meunerie*).

2. Un intérêt né et actuel

85 L'exigence que l'intérêt invoqué pour agir soit né et actuel est, normalement, distincte de la notion de « *litige né et actuel* », car une personne peut fort bien avoir, dès à présent, un intérêt à ce qu'une certaine action contentieuse soit formée sans pour autant que le litige soit effectivement, au même moment, déjà né. Pourtant les juges judiciaire et administratif assimilent complètement les deux notions de « *litige né et actuel* » et d'« *intérêt né et actuel* ». La jurisprudence administrative se montre assez souple dans son appréciation des caractères « *né* » et « *actuel* » ; elle n'exige pas que l'intérêt soit déjà effectivement constitué. Ainsi, par exemple, la réalisation certaine dans le futur d'un préjudice qui n'existe pas encore actuellement satisfait la condition d'intérêt né et actuel. Seul est exclu l'intérêt simplement éventuel, car l'incertitude sur sa réalisation ne permet pas de le dire « *né* » ou « *actuel* ».

Cette question du caractère certain de l'intérêt invoqué est très délicate parce qu'elle renvoie à des éléments qui sont le plus souvent de pur fait (on relira sur ce point les concl. de Marceau Long sur Sect., 14 févr. 1958, *Abisset*, p. 98 ; ou encore les faits de l'arrêt du 6 oct. 1978, *Assoc. du quartier « La Corvée – La Roche des fées »*, p. 908 : une association proteste contre l'octroi à une société immobilière de primes à la construction, car elle estime que grâce à ces fonds elle va construire et porter ainsi atteinte à la qualité de vie dans le secteur ; il lui est répondu qu'elle n'a pas d'intérêt né et actuel pour agir parce que la cause de la construction n'est pas l'octroi de primes mais la délivrance du permis de construire que l'association requérante n'a pas attaqué).

3. Un intérêt direct et personnel

La nécessité de posséder un intérêt à l'action contentieuse qui soit à la fois « *direct* » et « *personnel* » est le principe en vertu de la vieille règle selon laquelle : « *nul en France ne plaide par procureur hormis le roi* ». Il y a cependant à ce principe des tempéraments et diverses exceptions.

• Le principe de l'intérêt direct et personnel pour agir

86 Le principe n'est pas appliqué tout à fait de la même manière en plein contentieux et en excès de pouvoir.

En plein contentieux, il existe le plus souvent un lien entre l'intéressé et le service public (par exemple un lien juridique dans le contrat, un lien intellectuel et/ou physique dans la responsabilité extracontractuelle, un lien antécédent au litige dans le contentieux fiscal ou électoral). Il suffira le plus souvent de rechercher avec qui de tels liens existent pour déterminer avec précision le cercle de ceux qui ont intérêt pour agir en ces cas.

Un tiers n'a pas intérêt à agir contre une sanction – qu'il estime insuffisamment sévère – infligée à un fonctionnaire pour faute ayant gravement porté préjudice aux intérêts de ce tiers (17 mai 2006, *Bellanger*, *AJDA* 2006, p. 1513, concl. R. Keller : solution que l'on peut ne pas approuver). Pareillement, la simple qualité d'étranger, sans autre élément complémentaire, n'ouvre pas intérêt à agir en annulation d'une circulaire relative aux attestations d'accueil des étrangers (26 avr. 2006, *Ouattara*). Cette exigence d'intérêt direct et personnel explique que l'irrecevabilité a longtemps été opposée aux tiers prétendant contester les clauses d'un contrat, acte subjectif par excellence dans lequel un tiers ne pouvait s'immiscer. La jurisprudence a cependant admis de plus en plus largement des exceptions toujours plus nombreuses à ce principe d'irrecevabilité. Les tiers sont ainsi recevables à critiquer les décisions de résiliation de certains contrats administratifs (20 janv. 1905, *Cie départementale des eaux*, p. 56; 9 juil. 1997, *Sté des Eaux de Luxeuil-les-Bains Ville de Cannes*, 2 espèces), les clauses des contrats relatives à « l'organisation » du service public (Sect. 31 mars 1989, *Département de la Moselle*, p. 105; 13 mai 1992, *Cne d'Ivry-sur-Seine*, p. 197), celles qui ont un caractère réglementaire (Ass. 10 juil. 1996, *Cayzeele*, p. 274) ou qui concernent certains contrats d'engagement d'agents publics (Section 30 oct. 1998, *Ville de Lisieux*, p. 375). Il en va de même du recours de pleine juridiction, non d'un recours pour excès de pouvoir, formé directement contre un contrat administratif par des candidats évincés de ce contrat (Ass. 16 juil. 2007, *Sté Tropic Travaux Signalisation*) ou encore du déféré préfectoral exercé contre un contrat ou ses clauses (Section 26 juil. 1991, *Cne de Sainte-Marie de la Réunion*, p. 302; 28 juil., 1995, *Préfet de la région Île-de-France*).

En excès de pouvoir, la contestation porte sur l'illégalité de certaines normes dont la plupart ne concernent pas un individu donné mais la collectivité des individus; comme il est impossible, on l'a vu plus haut, d'ouvrir un droit d'action à tous sans limites, l'exigence d'un intérêt direct et personnel prend tout son sens comme technique de filtrage et de réduction du nombre potentiel des recours contentieux. Cependant, devant le risque d'un trop fort resserrement de l'accès au juge et pour conserver à ce recours sa fonction de sauvegarde de la légalité générale, la jurisprudence a étendu autant que possible la reconnaissance d'un intérêt direct et personnel. Pour cela, il faut et il suffit que l'intéressé remplisse une double condition. Il doit se trouver lui-même dans une certaine situation découlant de l'une de ses qualités juridiques (campeur, étudiant, membre d'une association, contribuable, etc.) : c'est l'aspect « *intérêt personnel* ». L'acte contesté doit, à raison de son objet, atteindre directement la situation propre du requérant: c'est l'aspect « intérêt direct » (pour un exemple de défaut d'intérêt direct, *cf.* 1er déc. 2004, *CAS de la ville de Paris*). Ainsi, et cet exemple est limite, une commune n'a pas d'intérêt à agir contre l'arrêté préfectoral agréant une association en qualité d'association pour la protection de l'environnement et cela alors même que cette commune serait incluse dans le périmètre d'action de cette association (Sect. 13 déc. 2006, *Cne d'Issy-les-Moulineaux*, req. 264115).

On fera deux remarques terminales sur cette question du principe de l'intérêt direct et personnel pour agir.

La première remarque concerne l'influence de la situation propre du requérant. Soit celui-ci bénéficie d'un certain nombre de règles, d'un statut, qui permettent de l'isoler suffisamment au sein de la collectivité nationale : ainsi la qualité de contribuable, communal (29 mars 1901, *Casanova*), départemental (27 janv. 1911, *Richemond*) ou régional (par extension de la solution admise pour le contribuable colonial sous la IIIe République : 24 juin 1932, *Galandou Diouf*), donne intérêt direct et personnel à agir. Soit, au contraire, celui-ci n'est pas dans une situation permettant de le singulariser suffisamment : ainsi la qualité de contribuable national ne distingue pas un individu d'un autre et cette absence d'individualisation lui ferme le recours pour excès de pouvoir (13 févr. 1930, *Dufour*). Pareillement, si un fonctionnaire a un intérêt personnel à contester les mesures touchant à son statut (droits et prérogatives, conditions d'emploi ou de travail...), il ne peut pas, en revanche, contester les mesures générales d'organisation du service public dans lequel il travaille, car, en cette occurrence, sa situation personnelle n'est plus individualisée (Ass., 26 oct. 1956, *Assoc. gén. des administrateurs civils*, p. 391 ; 29 nov. 1961, *Gander*, p. 529). Ici tout est affaire d'espèce et de nuance : la notion d'intérêt personnel est très influencée par les circonstances de fait.

La seconde remarque concerne l'objet de l'acte attaqué. Il convient de démontrer que cet acte atteint bien l'intéressé en une situation déterminée, celle, précisément, dont il se prévaut en raison de sa qualité. Ceci explique que ne peuvent contester le permis de construire une verrière sur l'esplanade de la gare de Strasbourg, ni ceux des « voisins » qui en sont distants de plusieurs centaines de mètres, ni un architecte auteur d'un projet d'aménagement de cette place, ni un conseiller municipal (27 oct. 2006, *Dreysse et autres*).

• Les tempéraments au principe de l'intérêt direct et personnel pour agir

87 Ces tempéraments se rencontrent, ou pourraient se rencontrer, dans de nombreux cas, dont trois seront rappelés ou décrits ici.

Le premier tempérament à la règle de l'intérêt direct et personnel concerne les requêtes collectives. En principe, les requêtes sont formées par une seule personne demandant une seule chose à la fois (d'où l'adage : « *un requérant, une action, un recours* »). La jurisprudence admet cependant certaines requêtes dites « *collectives* » : les requêtes collectives « *personnelles* » sont introduites par plusieurs requérants contre une décision, les requêtes collectives « *réelles* » sont formées par un requérant contre plusieurs décisions à la fois. Ces deux catégories de requêtes collectives font difficulté au regard de l'intérêt pour agir ; plusieurs personnes agissant ensemble n'ont pas forcément, chacune, le même intérêt pour agir à l'égard d'un même acte ; un même individu n'a pas nécessairement le même intérêt pour agir contre tous les actes qu'il attaque par un même procès. La jurisprudence a posé les règles suivantes. D'une part, les requêtes collectives personnelles sont recevables dès lors que l'un au moins des requérants est lui-même recevable, que ces requêtes soient dirigées contre des actes réglementaires (11 juil. 1958, *FNOSS et Fradin*) ou contre des actes individuels (22 déc. 1972, *Min. de l'Équipement et Sieur Langlois c./Assoc. synd. du Moulin des Migneaux et Chemello*). D'autre part, les requêtes collectives réelles sont recevables s'il existe entre les différents actes attaqués « *un lien suffisant* » (selon l'expression utilisée par : Ass., 30 mars 1973, *David*) qui n'aura pas à avoir la force d'un véritable lien de connexité (sur la connexité, voir § 160-161). Cependant, à défaut de ce lien étroit, le juge ne pourra déclarer la requête collective réelle irrecevable que si le requérant, préalablement invité à régulariser, s'est abstenu de le faire.

Le deuxième tempérament à la règle de l'intérêt direct et personnel concerne la divisibilité des actes. Il vise la question de savoir s'il est possible à un requérant de diviser un acte administratif pour ne le contester que dans certaines seulement de ses dispositions, celles dont il ne veut pas. La réponse est positive à des conditions assez restrictives. Au reste, un recours dirigé contre l'ensemble des dispositions d'un acte serait irrecevable si le requérant n'a pas qualité pour les contester toutes. La divisibilité sera examinée plus loin (voir § 341).

Le troisième tempérament à la règle de l'intérêt direct et personnel concerne la qualité détenue par certains agents ou autorités administratifs. Il s'agit de savoir si certaines personnes ou autorités publiques (parlementaires, médiateur de la République, membre du CSA, etc.) n'ont pas, à raison même de leurs fonctions, *ipso facto*, intérêt direct et personnel à saisir le juge de recours concernant les matières et les actes sur lesquels elles exercent habituellement et statutairement, par exemple, leurs fonctions de contrôle. La réponse est négative et l'on n'en sera pas autrement surpris, car il ne s'aperçoit, à la vérité, dans ce genre d'hypothèses, ni intérêt direct ni intérêt personnel (Ass., 2 juil. 1987, *Joxe et Bollon*, *RFDA* 1987, p. 180 : à propos d'un recours formé par des parlementaires contre un arrêté ministériel autorisant une entreprise publique à privatiser une partie de ses actifs), mais seulement, peut-être, un intérêt « fonctionnel », ce qui n'est pas du tout la même chose.

• Les exceptions au principe de l'intérêt direct et personnel pour agir

À l'exigence que le requérant ait un intérêt direct et personnel pour pouvoir agir en justice, il est trois catégories d'exceptions, d'importance diverse : l'action des personnes morales ou « intérêt collectif », le droit de certaines personnes physiques, l'intervention en justice.

88 Une personne morale est instituée pour représenter (voire défendre) des intérêts collectifs ; comme elle dispose de la personnalité juridique et de la capacité juridique, il s'agit de savoir comment elle peut agir en justice pour la défense des intérêts de ses membres. La jurisprudence administrative s'est édifiée sur ce point à partir de célèbres conclusions du président Jean Romieu (sur 28 juin 1906, *Synd. des patrons-coiffeurs de Limoges*, Sir. 1907.III.23, note M. Hauriou) ; elle repose sur une distinction qui n'est simple qu'en apparence et qui doit tout à Romieu : la personne morale peut agir contre tout acte réglementaire affectant les intérêts collectifs dont elle a statutairement la charge, elle ne peut agir pour la défense d'un intérêt purement individuel. Depuis, cette ligne de partage a été systématisée avec plus ou moins de clarté. Tout d'abord, la personne morale ne peut défendre que des intérêts entrant dans son objet social tel que le définissent ses statuts ; elle n'a pas d'intérêt pour agir quand la décision attaquée n'entre pas dans son objet social (11 janv. 2006, *Assoc. familiale des victimes du saturnisme et autres*; Douai, 30 mars 2006, *Sté Caudis c./Assoc. de défense du commerce local de Caudry, Ministre des PME*) ou quand son objet social est trop large (Lyon, 25 mai 2004, *Ville de Lyon c./Assoc. des contribuables actifs du nord-ouest lyonnais*) ou quand elle a un champ d'action national alors que le recours ne concerne que des délibérations aux effets exclusivement locaux (23 févr. 2004, *Cnauté de communes du pays loudunais*; 5 nov. 2004, *Assoc. Bretagne littoral environnement urbanisme « bleu »*). Ensuite, elle ne peut pas agir dans l'intérêt purement individuel de l'un de ses membres : ainsi un syndicat de copropriété n'a intérêt pour agir en réparation d'un préjudice que si celui-ci est collectif (9 mai 2005, *Syndicat des copropriétaires des 63-69 rue de Longchamp et 17-21, avenue Raymond-Poincaré*; voir aussi : Lyon, 22 juin 2006, *Sté Celaur Energies et autre*, association n'agissant que pour la défence des intérêts personnels et commerciaux de son président ; Nancy, 28 sept. 2006, *Union synd. autonome de l'Est de la fonction publique territoriale (USAE-FPT)*). Toutefois, sur ce deuxième point, la jurisprudence a nettement évolué. Elle a commencé par admettre l'action de la personne morale contre une mesure qui a un caractère réglementaire et alors même qu'elle n'a fait l'objet que d'applications individuelles. Allant plus loin, elle juge qu'un groupement peut contester une mesure purement individuelle si, à travers elle, il est porté atteinte aux intérêts collectifs que représente et/ou défend le groupement ou si elle soulève une question de principe de nature collective entrant dans l'objet statutaire du groupement (Ainsi, un syndicat a intérêt pour agir en annulation d'un contrat de recrutement d'un agent public : 5 mai 2006, *Synd. CFDT* *du ministère des Affaires étrangères*, p. 234, ce qui constitue une réitération de : Sect., 30 oct. 1998, *Ville de Lisieux*, p. 375). Elle a encore décidé qu'un syndicat regroupant plusieurs catégories d'agents publics pouvait agir en vue de la défense des intérêts de l'une seulement des catégories représentées par lui (Ass., 21 avr. 1972, *Synd. chrétien du corps des officiers de police*). Enfin, abandonnant une vénérable jurisprudence (16 févr. 1940, *Union des grandes pharmacies de France*), le Conseil d'État reconnaît à une union de syndicats le droit d'agir dans l'intérêt d'une seule des organisations adhérentes (Ass., 12 déc. 2003, *USPAC-CGT*).

89 Une personne, physique ou morale, peut se voir attribuer expressément par un texte (le plus souvent ce sera le Code civil ou une loi) le droit d'agir à la place d'une autre personne. En cette occurrence, il n'y a pas lieu de rechercher si l'intéressé possède réellement une qualité lui donnant intérêt pour agir. Il suffira de vérifier que cette personne se trouve bien dans l'une des hypothèses où la loi a prévu son pouvoir de substitution. Il en va ainsi, par exemple :
– des diverses situations de solidarité (entre créanciers : art. 1197 et suiv. C. civ. ; entre débiteurs : art. 1200 et suiv. C. civ.) ;
– de la subrogation, situation classique, par exemple, de l'assureur qui établit, par tous moyens, avoir payé une indemnité à son assuré et qui se trouve désormais substitué à lui pour exercer celles des actions qu'il aurait pu entreprendre lui-même (même s'il ne produit pas, formellement, de « quittances subrogatoires » : 5 oct. 2005, *Cie Groupama Sud*; 3 oct. 2008, *Sté Albingia* ; en revanche, à défaut d'autres preuves, l'absence de telles quittances le prive d'intérêt pour agir : Lyon, 7 juil. 2004, *Cie d'assur. Albingia*) ; cette subrogation n'a lieu que dans les limites de l'obligation de payer à laquelle le subrogeant est tenu (9 mars 1990, *Sté Via Assurances Nord et Monde IARD et autres*, Rec. 61 ; Lyon 13 déc. 2007, *Cie Axa France*, AJDA 2008 p. 587, concl. D. Besle) ;
– de l'action récursoire, par laquelle la personne condamnée à payer, en tout ou en partie, à la place d'une autre, peut se retourner vers cette personne, à due concurrence de ce qu'elle a payé, pour lui demander remboursement de sa part (*cf.* art. L. 911-4 C. éducation et 1384 C. civ.) ;
– de l'action oblique, par laquelle les créanciers d'une personne physique sont substitués à leur débitrice dans ses droits et actions, sauf ceux à titre personnel (art. 1166 C. civ.) ;
– de l'action paulienne qui permet aux créanciers d'une personne coupable de fraude envers leurs droits d'agir directement en ses lieu et place (art. 1167 C. civ.).

90 Enfin, il est possible à une personne qui n'est ni partie à une instance ni représentée ou mise en cause, de s'introduire dans ce procès : c'est *l'intervention*. Alors que son intérêt n'aurait pas été jugé suffisant pour lui permettre d'agir comme partie principale au procès, le juge acceptera qu'elle y intervienne aux côtés soit du demandeur soit du défendeur pour défendre les mêmes intérêts que ceux de la partie à laquelle elle se joint. On peut se demander si cette intervention jointe constitue réellement une exception à la règle de l'intérêt direct et personnel. En revanche, aurait constitué plus radicalement – et plus justement – une véritable exception à cette règle l'admission de l'intervention principale, c'est-à-dire le droit pour un tiers au procès de s'y introduire et d'y adopter une position procédurale propre, distincte de celle du demandeur et de celle du défendeur. En ce cas, la question de l'intérêt direct et personnel aurait revêtu une grande importance, mais nous verrons plus loin que le juge administratif n'admet pas l'intervention principale réellement originale (*cf.* § 166).

4. Un intérêt matériel et/ou moral

Il ne suffit pas qu'une personne invoque sa qualité pour que son recours soit reçu, encore faut-il qu'elle prouve, si elle agit en excès de pouvoir, que l'acte critiqué par elle a froissé un droit dont elle est détentrice, ou, si elle agit en plein contentieux, que cet acte a lésé un intérêt lui appartenant. Il faut dès à présent relever que ces deux sortes de situations se retrouvent également dans les instances dérivées de l'instance principale que sont l'appel, le recours en cassation, l'opposition ou la tierce opposition : dans tous ces cas, le recours n'est possible que si est rapportée la preuve qu'un acte fait grief (excès de pouvoir) ou qu'il lèse un droit constituant une situation légitime (plein contentieux).

• L'acte faisant grief (en excès de pouvoir)

91 En excès de pouvoir, le requérant doit établir que l'acte qu'il conteste lui fait grief. Cet aspect doit être prouvé en se plaçant à un point de vue objectif et à un point de vue subjectif. Objectivement, seules des décisions (sur ce point voir J.-C. Ricci, *Droit administratif général*, HU Droit, Hachette, 3e édit., 2009, § 227) – et non de simples actes administratifs unilatéraux non décisoires – peuvent faire grief ; ainsi, un renseignement, un avis, un vœu, une réponse ministérielle à une question parlementaire (sauf en matière fiscale), etc. ne font pas grief. Souvent, l'examen de ce point de vue objectif suffit : l'acte est bien une décision et le recours est valablement introduit, ou bien l'acte n'est pas, d'évidence, une décision et le recours ne pourra qu'être rejeté. Cependant, il est parfois des cas plus complexes et il faut compléter ce premier examen par l'étude du point de vue subjectif. Celui-ci revient à se demander si l'acte litigieux a bien des conséquences juridiques pour l'intéressé. Il arrive, en effet, que le juge constate l'existence effective d'un intérêt direct et personnel du requérant pour agir et le fait que l'acte a bien des effets juridiques, mais cela ne suffit pas. Il doit encore vérifier si cet acte a bien des effets sur le requérant. Ainsi, un étudiant d'une faculté de droit peut arriver à établir qu'il a un intérêt direct ou personnel à contester une note de service du doyen de cette faculté, il peut également prouver qu'elle a un effet juridique certain, mais cela ne suffira pas : il lui faut encore démontrer qu'elle lui est applicable, car, normalement, les mesures d'ordre intérieur n'ont pas d'effets en dehors du cercle des personnes destinataires.

• L'atteinte à un intérêt légitime (plein contentieux)

92 C'est une règle générale en plein contentieux – qui n'est d'ailleurs que la conséquence de la subjectivisation des liens caractérisant fréquemment les protagonistes dans ce contentieux – : le requérant doit y invoquer l'atteinte à un droit légitime, c'est-à-dire, normalement, juridiquement protégé. C'est sur cela que l'on s'est longtemps appuyé pour dénier tout droit à réparation à la concubine du chef du préjudice causé par le décès de son concubin (*cf.* l'arrêt de revirement : Ass., 3 mars 1978, *Muësser, Vve Lecompte*, *AJDA* 1978, p. 232). L'exigence d'un intérêt légitime demeure très fortement. Ainsi, un requérant n'a pas intérêt à contester l'illégalité éventuelle d'une décision qu'il a contraint l'administration à prendre en raison de son propre comportement illégal (22 sept. 1993, *Université de Nancy-II*, p. 939 : un professeur d'université ne peut avoir intérêt à contester l'organisation d'une session spéciale d'examen provoquée par son propre comportement, à savoir des notations sans rapport avec les prestations des candidats). Pareillement, un requérant n'a pas d'intérêt à poursuivre devant le juge administratif une action tendant au maintien d'une situation irrégulière ou illégale, ou à se prévaloir d'un intérêt qui ne résulte lui-même que du caractère illégal de sa propre situation.

D. La qualité pour agir et la représentation. Les mandataires des parties devant le juge administratif

Deux questions différentes sont abordées ici. La première cherche à déterminer qui a qualité pour agir au nom d'une personne, physique ou morale, c'est-à-dire pour la représenter (1. et 2.). La seconde concerne la détermination des personnes pouvant présenter une requête en justice (3.), elle met en lumière le rôle de l'avocat (4.).
Le juge administratif est compétent pour vérifier si, au regard de la législation du pays concerné (ici la Belgique), le représentant d'une société étrangère qui a introduit une requête devant lui possède bien la qualité pour agir à cet effet (30 avr. 2008, *Cne de St Tropez*, req. 292257).

1. La représentation des parties privées

Des règles différentes régissent chacune des deux catégories de personnes privées, les personnes physiques et les personnes morales.

• Les personnes physiques privées

93 Les personnes physiques privées se représentent elles-mêmes si elles sont majeures non frappées d'une incapacité particulière quelconque. En outre, elles peuvent se faire représenter par un mandataire lui-même majeur non frappé d'incapacité. Celui-ci doit toujours prouver sa qualité de mandataire – car celle-ci ne se présume pas – ainsi que les limites de son mandat (18 avr. 2008, *Maître Madec*, req. 303760). Les assureurs n'étant pas représentés en justice par les personnes qu'ils assurent, doivent être attraits dans une expertise ordonnée par le juge lorsqu'ils demandent à l'être (21 janv. 2008, *Cie d'assur. Areas dommages*, req. 298868). Les époux ne tirent pas de cette qualité un droit automatique de représentation et doivent se donner expressément mandat. Le mandat peut être donné à un avocat, y compris devant le Conseil d'État, et, en ce cas, il n'est pas nécessaire qu'il appartienne au corps des « avocats aux conseils » (*cf.* ci-après § 97; 20 nov. 1991, *Assoc. « SOS Valbonne environnement »*, p. 1033).

• Les personnes morales privées

94 La situation des personnes morales privées est différente, ici, de celle des personnes physiques, car il y a non pas une mais deux questions à aborder : il s'agit en premier lieu de déterminer quel organe de la personne morale peut décider d'une action en justice, en second lieu de savoir, cette action ayant été décidée, qui peut représenter la personne morale en justice.
Les personnes morales privées voient ces deux questions, de la décision d'agir et de la représentation, en principe réglées par les textes législatifs ou réglementaires (ainsi des art. L. 225-51-1 et L. 225-56 du c. commerce s'agissant de la représentation en justice des sociétés anonymes : 30 mars 2009, *O.G.I.F.*, req. 309520) ou, et c'est le cas le plus fréquent, par leurs statuts. La difficulté surgit lorsque les statuts sont silencieux. S'agissant de la décision d'agir en justice, la jurisprudence a évolué, liant cette question à celle de la détermination du représentant de la personne morale: d'abord assez libérale, elle s'est durcie ensuite (Sect., 8 févr. 1989, *Comité de défense du chemin de ronde de Damgan*, préc.:

dans le silence des statuts, seule une assemblée générale peut décider d'agir ou d'autoriser un organe *ad hoc* à le faire), pour s'assouplir à nouveau (Sect., 3 avr. 1998, *Féd. de plasturgie, AJDA* 1998, p. 460) : désormais, l'organe que les statuts désignent pour représenter la personne morale en justice doit être également regardé, malgré le silence des statuts, comme ayant qualité pour décider d'introduire un recours. En revanche, dans le silence des statuts sur l'organe qualifié pour représenter la personne morale, la décision de former un recours au nom de celle-ci n'appartient qu'à l'assemblée générale de la personne morale (16 févr. 2001, *Assoc. pour l'égalité aux concours et aux examens* ; 30 janv. 2008, *Assoc. FCI*, req. 293051), sauf en cas d'urgence, où la qualité pour agir est réputée appartenir au président (13 déc. 2005, *Cne de Cabriès*). Celui qui a obtenu d'une personne morale le pouvoir formel et régulier d'ester en justice en son nom, tire également directement de cette autorisation la faculté d'interjeter appel ou de se pourvoir en cassation (9 juil. 2008, *Syndicat des copropriétaires de l'immeuble 54, rue Diderot à Grenoble*). Dans tous les cas, le juge administratif a le pouvoir – au besoin d'office – de vérifier qu'un organe a bien qualité pour représenter une personne morale (4 nov. 1925, *Bacquié*, p. 855 ; Lyon 29 janv. 1998, *EDF c./Cosnard, AJDA* 1998, p. 276), et cela même si un avocat est présent dans l'instance (Sect., Avis, 29 nov. 1991, *Synd. des commerçants non sédentaires de la Savoie*, p. 414).

2. La représentation des parties publiques

95 Les personnes publiques n'étant que des personnes morales, leur représentation obéit aux règles régissant les personnes morales privées : c'est l'organe désigné à cet effet par les textes qui la régissent qui représente chaque personne publique. Cet organe doit, ensuite, avoir été autorisé à agir en justice (*cf.* § 94) ; une délibération est nécessaire à cet effet et elle ne peut pas être présentée au juge au moyen d'une note en délibéré (Douai, 18 oct. 2007, *Comnauté d'agglom. de l'Artois*).

L'État est représenté par un ministre, celui dans la compétence duquel entre la matière à laquelle se rapporte l'objet du litige ; si plusieurs ministres sont intéressés, l'un quelconque d'entre eux représente l'État (11 mars 2009, *Min. Éco., Fin. et Industr.*).

Il y a trois exceptions au profit du préfet, qui peut, devant les cours administratives d'appel et les tribunaux administratifs, être autorisé à représenter l'État aux lieu et place d'un ministre, ces exceptions étant de droit étroit ne jouent pas devant le Conseil d'État statuant (en appel ou en cassation) sur une décision rendue à la suite d'une procédure dans laquelle un préfet représentait validement l'État, dès lors que le ministre compétent ne s'approprie pas les termes de la requête intempestivement formée par ce préfet devant le Conseil d'État (25 mars 2008, *Préfet de la Moselle*, req. 314455) : 1) en demande comme en défense, pour le déféré préfectoral contre certains actes des collectivités territoriales ou pour les litiges concernant la reconduite à la frontière des étrangers, 2) en défense, pour tous les litiges relatifs aux services déconcentrés placés sous son autorité ; 3) dans tout litige, en demande comme en défense, sur délégation ministérielle et, naturellement, dans les limites de cette délégation.

Il existe aussi des exceptions à la représentation de l'État par un ministre devant le Conseil d'État : l'État y est représenté par les présidents des assemblées parlementaires pour les litiges relatifs au fonctionnement de ces assemblées ; par les présidents des autorités administratives indépendantes pour les litiges concernant les compétences respectives de ces organismes.

Enfin, devant les juridictions de l'ordre judiciaire, le principe est celui de la représentation de l'État par l'agent judiciaire du Trésor en vertu du véritable mandat légal que lui confère la loi du 3 avril 1955 (art. 38), mais il existe de nombreuses exceptions à ce principe, lequel est, au demeurant, très discuté.

Les collectivités territoriales sont représentées ainsi : la région par le président du conseil régional, le département par le président du conseil général, la commune par son maire (Cass. 1re civ., 11 juill. 2006, *Sté La Colombe*, n° 03-16-444) et les groupements de collectivités par le président de chacun d'eux. On notera que pour chacune des collectivités territoriales ainsi que pour leurs groupements, l'organe chargé de la représentation doit être préalablement habilité à ester en justice, pour chaque affaire ou catégorie d'affaires, par une délibération expresse de l'organe collégial, sauf si une habilitation générale à agir lui a été accordée (27 juil. 1998, *Époux Gehin*). Il n'y a de dispense d'autorisation préalable que pour les actions en justice introduites à titre conservatoire ou commandées par l'urgence.

Les établissements publics sont représentés, généralement, par leur organe exécutif sur habilitation expresse de l'organe délibérant.

3. La présentation des requêtes

96 Le principe est, tantôt la dispense de ministère d'avocat (tribunal administratif : art. R. 431-2 et R. 431-3) assortie de cas où ce ministère est obligatoire, tantôt l'obligation de recourir à un avocat (cour administrative d'appel et Conseil d'État) assortie de cas de dispense. Lorsqu'il y a dispense de recourir au ministère d'un avocat, les parties peuvent présenter elles-mêmes directement leur requête au juge ou par le moyen d'un mandataire.

• L'obligation de recourir à des mandataires autorisés

97 Les « mandataires autorisés » sont les avocats. Ainsi, une agence immobilière ne saurait être un mandataire autorisé à représenter une partie devant la juridiction administrative (30 janv. 2008, *Franca X.*, req. 288686). Les avocats sont obligatoires dans toutes les matières non dispensées d'un tel ministère (*cf.* § 98). Cette obligation de constituer avocat en certaines matières n'est pas contraire à l'art. 6 de la Convention EDH (11 oct. 1989, *Melin*, D.A. 1989 n° 587 ; 19 juil. 1991, *Boyer-Manet*, p. 1119). Il convient cependant de distinguer deux sortes de mandats : le mandat *ad litem* qui permet l'accomplissement des divers actes de procédure que nécessite un procès, le mandat *ad agendum* qui permet à son bénéficiaire d'exercer au nom du mandant l'action en justice elle-même. Si une personne publique peut donner un mandat *ad litem* à un avocat, elle ne peut lui accorder, en revanche, un mandat *ad agendum* (12 mai 2006, *Caisse des dépôts et consignations*).

Lorsque leur intervention est obligatoire, les avocats disposent du monopole de la représentation des parties devant les tribunaux administratifs et les cours administratives d'appel. Les mémoires et pièces doivent donc être signés d'un avocat ; à défaut, le requérant est invité à régulariser et, s'il s'abstient de régulariser en ne produisant pas des documents signés d'un avocat, il sera déclaré irrecevable en son action. Devant le Conseil d'État, la Cour des comptes et le Tribunal des conflits, comme d'ailleurs devant la Cour de cassation, seuls peuvent plaider les soixante « *avocats aux conseils* », institués par une ordonnance de saint Louis, qui appartiennent à l'Ordre des avocats au Conseil d'État et à la Cour de cassation. Ce sont des officiers ministériels, qui ont subi des épreuves particulières de qualification professionnelle pour pouvoir exercer, propriétaires de leurs charges, qui sont nommés par arrêté du garde des Sceaux. Ce monopole n'a pas été jugé contraire à l'article 6 § 1 de la Convention EDH (CEDH, 8 févr. 2000, *Voisine*, *D.* 2000.J.653 : à propos des avocats à la Cour de cassation).

L'obligation de constituer avocat doit être considérée comme satisfaite même quand la personne désignée comme avocat n'aurait pas dû instrumenter dans le procès en cause (par ex., un professeur de droit, fonctionnaire et avocat, qui ne peut plaider contre l'État et le fait cependant, accomplit des actes de procédure valables: Sect., 6 nov. 1992, *SCI « Les Hameaux de Perrin »*, p. 395).

Enfin, lorsque le ministère d'avocat est obligatoire, le défaut de constitution d'avocat rend la requête irrecevable; cependant cette irrecevabilité ne peut être opposée qu'après que le requérant a été mis, en vain, en demeure de régulariser. Lorsque l'intéressé a été spontanément informé par le juge de l'obligation d'avoir un avocat, par ex. dans la notification du jugement de première instance ou de l'arrêt d'appel, le défaut de constitution d'avocat est une irrecevabilité non régularisable (7 mai 2008, *Jacques X.*, n° 315289). En revanche, celui qui a constitué avocat après une invitation à régulariser, a accompli correctement son obligation dès la désignation de l'avocat et malgré l'absence de certaines diligences de la part de l'avocat, l'irrecevabilité ne peut plus être opposée (25 juil. 2008, *Cardoso Lopes*, n° 295437). Enfin, dans le cas où un avocat déclare ne plus intervenir dans un dossier et où le requérant, invité à désigner un nouveau mandataire, s'en abstient dans le délai imparti, il n'est plus satisfait à l'obligation de constitution de mandataire instituée par l'art. R. 811-7 laquelle est une obligation continue de l'introduction de la requête jusqu'à l'audience incluse; la requête devient ainsi irrecevable (Douai, 25 juin 2008, *Mir*).

• La large exception: la dispense du ministère d'avocat

98 La liste des matières dispensées du ministère d'avocat est très longue, disparate et différente selon les juridictions. Parce que ce n'est qu'une dispense, le requérant a, naturellement, toujours le droit de s'assurer le concours d'un avocat. Cette liste concerne toutes les personnes privées et publiques à l'exception de l'État. L'État est toujours dispensé du ministère d'avocat en justice: on peut y voir soit un privilège, soit la reconnaissance du niveau de qualité juridique de ses agents.

Devant le tribunal administratif, sont notamment dispensés du ministère d'avocat :

– les recours pour excès de pouvoir;

– les demandes d'exécution d'un jugement définitif;

– les litiges relevant de la compétence (éventuellement actualisée) des anciens conseils de préfecture (travaux publics, contributions directes, domaine public de l'État, contravention de grande voirie, taxes sur le chiffre d'affaires et taxes assimilées à ces dernières ainsi qu'aux contributions directes, élections locales, édifices menaçant ruine, actions contre les communes, départements, régions et leurs établissements publics (dans lesquels il faut inclure les établissements publics locaux d'enseignement, collèges et lycées: TA Orléans, 25 janv. 2007, *Théault*), litiges d'ordre individuel relatifs aux agents publics et fonctionnaires de ces mêmes collectivités et établissements ainsi qu'aux agents de l'État et de la Banque de France, pensions, aide sociale, emplois réservés, aide personnalisée au logement, indemnisation des rapatriés, etc.).

Devant la cour administrative d'appel, sont notamment dispensés du ministère d'avocat :

– les recours pour excès de pouvoir;

– les litiges individuels des agents publics et fonctionnaires;

– l'exécution des jugements ou arrêts devenus définitifs;

– les contraventions de grande voirie.

Devant le Conseil d'État, sont dispensés du ministère d'avocat (il faut entendre ici les seuls *« avocats aux conseils »*), notamment les cas dans lesquels le Conseil d'État statue:

– en premier et dernier ressort, en certaines matières (recours pour excès de pouvoir, litiges d'ordre individuel concernant les fonctionnaires, pensions, contributions directes et assimilées, élections) ;
– pour donner un avis à une juridiction, si le fond du litige est dispensé de ce ministère devant la juridiction saisie ;
– comme juge de cassation, en matière de pensions militaires d'invalidité ;
– sur les recours en appréciation de légalité.

4. Le rôle de l'avocat

99 Le rôle de l'avocat est très important en procédure administrative et la dispense de ministère d'avocat énoncée par les textes en diverses matières n'est pas forcément une bonne chose pour le justiciable pris dans le piège d'un droit très technique et d'une procédure plus raffinée que simple. Le gain ou la perte d'un procès doit, souvent, plus à l'avocat qu'aux données objectives intrinsèques du dossier à présenter et à défendre. Comme l'observe solennellement la Cour de cassation dans une décision de principe : « *La défense constitue pour toute personne un droit fondamental à caractère constitutionnel* [...] *son exercice effectif exige que soit assuré l'accès de chacun, avec l'assistance d'un défenseur, au juge chargé de statuer sur sa prétention.* » (Cass. plénière, 30 juin 1995, X. *c./Conseil de l'ordre des avocats au Conseil d'État et à la Cour de cassation, D.* 1995.513, concl. M. Jéol.)

Le choix de l'avocat est libre et il est, en principe, définitif, pour toute la durée de l'instance. Les relations entre l'avocat et le client sont dominées par la loyauté, la confiance et la confidentialité (sur l'étendue et les limites du secret professionnel dans les relations avocat-client, voir l'importante décision : Section, 10 avr. 2008, *Conseil national des barreaux et autres*, req. 296845).

Toutefois, des incidents peuvent se produire dans les relations avocat-client. En premier lieu, et la chose est de plus en plus fréquente aujourd'hui, peut être mise en jeu la responsabilité de l'avocat pour faute ayant lésé les intérêts de son client. Cette responsabilité peut être contractuelle (en raison du mandat donné à l'avocat) ou extracontractuelle. Elle sera portée devant la juridiction où s'est déroulée la procédure au cours de laquelle l'avocat est censé avoir commis une faute. Le jugement de la responsabilité civile professionnelle des avocats au Conseil d'État et à la Cour de cassation (art. 13, al. 2, de l'ordonnance royale du 10 sept. 1817, modifié par le décr. du 11 janv. 2002), relève du Conseil d'État lorsqu'elle est invoquée dans le cadre d'une procédure qui s'est déroulée devant une juridiction administrative ou devant le Tribunal des conflits (21 mars 2008, *Annie X.*, req. 303157 ; 30 avr. 2008, *Robert X.*, req. 299670).

En deuxième lieu, le client peut révoquer l'avocat du mandat qu'il lui avait donné de le représenter en justice. Ce sont, en ce cas, les règles de l'article 418 du nouveau Code de procédure civile qui s'appliquent devant le juge administratif.

En troisième lieu, peut se produire *une action en désaveu d'avocat*. Bien que cette procédure ne soit prévue que pour les avocats au Conseil d'État et à la Cour de cassation, le Conseil d'État l'applique à tous les avocats (Sect., 5 juin 1992, *Office public d'aménagement et de construction de Seine-Maritime*, p. 223). Si elle aboutit, elle rend inopposables au client les actes positifs de procédure que celui-ci reproche à son avocat. Cette action doit obligatoirement être introduite par le ministère d'avocat. Une telle action est impossible lorsqu'elle est dirigée contre la carence ou l'omission fautive d'un avocat (Sect., 6 févr. 2004, *Frugier*).

Enfin, est souvent délicate la question des honoraires. Le Conseil d'État juge, pour les avocats aux Conseils (12 mars 2007, *Duffy*), mais il n'y a pas de raison de ne pas appliquer ces principes à tout avocat, que s'ils peuvent subordonner l'accomplissement de leurs diligences au règlement préalable, par le client, des frais et honoraires qui leur sont dus, c'est sous la réserve du respect d'une triple obligation. Ils doivent indiquer à l'intéressé le terme du délai de règlement, le délai imparti pour le dépôt des différents mémoires et les conséquences attachées au non respect de ces délais.
Les différents barreaux sont placés sous l'autorité du *bâtonnier*, élu par ses pairs. Lorsque celui-ci règle les différends entre un avocat et son client, il n'est pas une juridiction, ni, non plus, un « tribunal » au sens de l'art. 6 § 1 CEDH (2 oct. 2006, *Krikorian*).

E. Les moyens financiers pour saisir le juge : l'aide juridictionnelle

100 La justice administrative n'est pas chère puisqu'elle est gratuite, le droit de timbre rétabli en 1993 ayant été supprimé. Il n'en reste pas moins qu'un procès peut avoir un coût élevé : honoraires d'avocat, frais d'expertise, frais de documentation et de reproduction, dépens, etc. surtout eu égard à la condition de fortune du requérant. Le souci de permettre à tous un accès aisé à ce service public administratif a conduit le législateur à prendre des mesures pour rendre effectif le droit au juge.
La loi du 10 juillet 1991, modifiée (v. aussi décr. 14 juin 2001), a profondément remanié le régime antérieur dit de l'aide judiciaire pour lui substituer celui de *l'aide juridictionnelle*. Les personnes démunies de moyens financiers peuvent obtenir la désignation d'un avocat commis d'office pour les représenter en justice. Le bénéfice de cette aide est subordonné à l'existence de ressources inférieures à un certain plafond affecté d'un correctif pour charges de famille (enfant de moins de 18 ans, ou, étudiant de moins de 25 ans, ou titulaire de la carte d'invalidité [art. 173 c. famille et aide sociale] et, en ce dernier cas, vivant sous le toit du demandeur à l'aide juridictionnelle : 22 janv. 2007, *Mejard*). Lorsque l'aide est sollicitée en vue de former un pourvoi en cassation, elle est refusée au demandeur si aucun moyen de cassation sérieux ne peut être relevé (art. 7, loi 1991 : Sect., 31 oct. 2008, *Saadia X.*, req. n° 315418). Par ailleurs, le décret n° 2008-1324 du 15 déc. 2008 fixe les conditions de la prise en charge au titre de l'aide juridictionnelle des frais non couverts par un dispositif de protection juridique. C'est le procureur de la République dans le ressort duquel a son domicile le demandeur d'aide juridictionnelle qui instruit la demande et la transmet ensuite aux bureaux placés auprès du Conseil d'État et des autres juridictions. Lorsque la demande d'aide juridictionnelle est acceptée, le requérant est dispensé de tout paiement de droits.
L'aide est ouverte aux personnes physiques de nationalité française et aux ressortissants de l'Union européenne ; elle est aussi ouverte aux étrangers à la condition qu'ils résident en France, à cet égard, le défaut d'indication, à un étranger faisant l'objet d'une mesure d'expulsion, qu'il peut bénéficier de l'aide juridictionnelle, constitue une irrégularité substantielle (Bordeaux 3 déc. 2007, *Otegui Mondragon*). Elle est également ouverte, seulement à titre exceptionnel, aux personnes morales ayant leur siège social en France et n'ayant pas de but lucratif.
La demande d'aide, pour les procès se déroulant devant un tribunal administratif ou une cour administrative d'appel, est instruite par une section administrative du bureau d'aide juridictionnelle du tribunal de grande instance : soit celle compétente

pour les tribunaux administratifs et les autres juridictions administratives de premier degré, soit celle compétente pour les cours administratives et les autres juridictions relevant du Conseil d'État. Pour les procès se déroulant devant le Conseil d'État, l'aide est instruite par un bureau placé auprès du Conseil d'État. Les décisions de ces bureaux sont susceptibles de recours devant le président de la juridiction concernée : tribunal administratif, cour administrative ou Conseil d'État, aucun recours n'étant possible contre la décision présidentielle.

Toute présentation d'une demande d'aide juridictionnelle suspend le délai du recours contentieux à condition d'avoir été elle-même formée dans le délai de ce recours (6 août 2008, *Kheira X.*, n° 316193). Le délai recommence à courir à compter de la notification de la décision sur l'aide (13 févr. 2008, *Christian X.*, req. 299630). En revanche, le recours contre cette décision d'aide, formé devant le président de la juridiction saisie, ne proroge pas une deuxième fois ledit délai (Sect., 8 nov. 1996, *Villechenoux*, p. 443) : cette solution est injuste. (Sur le régime de la carence de l'avocat désigné au titre de l'aide juridictionnelle, voir : 29 juin 2008, *Mecherouh*).

Lorsque le requérant a obtenu le bénéfice de l'aide juridictionnelle, son avocat peut se prévaloir des dispositions des articles L. 761-1 du code de justice administrative (*cf.* § 357) et 37 de la loi du 10 juillet 1991 relative à l'aide juridique ; en ce cas, l'avocat, s'il désire bénéficier de l'allocation au titre des frais exposés et non compris dans les dépens (art. L. 761-1), doit renoncer à percevoir la part contributive de l'État à l'aide juridictionnelle (2 mars 2007, *Préfet des Pyrénées-Orientales*, req. 250265). »

Cette aide juridictionnelle n'existe pas devant les organismes administratifs non juridictionnels même dotés de pouvoirs de sanction (Sect. 27 oct. 2006, *Parent et autre*, req. 276069).

2 La formation de la requête

Pour pouvoir saisir le juge administratif, l'intéressé doit justifier d'une décision de l'administration existant préalablement à cette saisine (A.). Techniquement, c'est en réalité contre cette décision que l'action en justice est formée. Dans la plupart des cas, seule cette décision préalable permet de « lier » le contentieux (B.). D'où la célèbre formule de l'article 1er du décret du 11 janvier 1965 : « *La juridiction administrative ne peut être saisie que par la voie d'un recours formé contre une décision.* »

A. L'exigence d'une décision préalable

101 Historiquement, l'origine de la règle de la décision préalable provient de ce qu'autrefois la réponse de l'administration aux demandes qui lui étaient adressées était considérée comme une sorte de jugement de premier ressort, dans la mesure où le Conseil d'État était à l'époque l'unique juridiction administrative française : son intervention pouvait passer pour un appel de ce premier « jugement ». Ainsi avait été édifiée la théorie du ministre-juge. Lorsque celle-ci fut abandonnée (13 déc. 1889, *Cadot*), l'exigence d'une décision préalable pour pouvoir saisir le juge administratif a été maintenue, car elle présente un cadre commode de fixation de l'éventuel futur litige. En effet, elle établit de façon certaine les exigences du demandeur et le sens de la réponse qu'y donne l'administration. Elle constitue aussi une sorte de tentative d'accord amiable. La décision préalable doit réellement en être une (1. et 2.). Il existe parfois des cas de dispense de production d'une telle décision (3.). Le défaut de décision préalable entache d'irrecevabilité la requête lorsqu'il est relevé expressément par l'autre partie (30 avr. 2008, *Marc X.*, req. 305614); il ne constitue pas un moyen d'ordre public et il est régularisable jusqu'à l'expiration du délai de recours mais sans invitation préalable du juge.

1. L'aspect négatif de l'exigence d'une décision préalable

Souvent, le requérant croit avoir affaire à des décisions préalables alors qu'il ne s'agit que d'actes administratifs non décisoires ou de véritables décisions, mais impuissantes à saisir le juge: la saisine du juge est alors impossible ou, si elle a eu lieu, irrégulière.

• Les décisions insusceptibles de recours

102 Cinq sortes de décisions, car ce sont de véritables décisions, entrent dans cette catégorie.

Les actes de gouvernement échappent à tout contrôle juridictionnel quel que soit l'ordre de juridiction saisi: il s'agit, on le sait, de certains des actes qui concernent soit les relations internationales de la France, soit les relations entre les pouvoirs publics constitutionnels (par ex., 2 avr. 2004, *Chaumet*) et n'en sont pas détachables.

Les décisions relevant de la compétence d'autres juridictions se trouvent dans la même situation. Qu'elles relèvent de la compétence du juge judiciaire (décisions relatives au fonctionnement [et non à l'organisation] des juridictions judiciaires, régime de l'application des peines, décisions prises par des corps ou des individus n'étant pas ou ne représentant pas des personnes morales de droit public, etc.) ou de la compétence de juridictions étrangères (actes pris par une autorité française agissant comme autorité étrangère à la France, tels le président de la République française en tant que coprince d'Andorre ou des militaires français d'un contingent des Nations unies, décisions d'une organisation internationale: ONU, Unesco, etc), de telles décisions ne valent pas décisions préalables permettant la saisine du juge administratif français.

Les lois ne valent pas non plus décisions préalables permettant la saisine du juge administratif (19 juin 1963, *Goudal*, p. 377, à propos d'un recours pour excès de pouvoir dirigé contre une loi de finances). On traite de la même façon les recours formés contre certaines décisions, tels les actes dits lois du gouvernement de Vichy (2 juin 1948, *Thomas fr.*, p. 242) ou les actes pris sur le fondement de l'article 16 de la Constitution de 1958 (Ass., 2 mars 1962, *Rubin de Servens et autres*, p. 143), etc.

Les *mesures gracieuses* sont des décisions par lesquelles la puissance publique octroie des avantages ou des facilités, sans y être obligée et sans que leur bénéficiaire dispose d'un droit quelconque à cet égard. Elles sont insusceptibles d'engager leur auteur et, partant, ne sont pas contestables au contentieux (25 juil. 2007, *X.*, req. 293294).

Les décisions prises sur demande de l'intéressé et conformes à cette demande (5 mars 2008, *Jean-Marc X.*, req. 303167).

• Les actes non décisoires ou superfétatoires

103 Il s'agit de véritables actes administratifs pris compétemment par des autorités administratives françaises mais qui ne sont pas décisoires au sens donné en droit public à ce terme. Ils ne modifient pas et ne tendent pas à modifier l'ordonnancement juridique; ils n'en manifestent d'ailleurs pas la volonté.

Telles sont les décisions purement confirmatives ou interprétatives, les décisions provisoires (13 févr. 2008, *Jacques X.*, req. 298221), les circulaires, instructions, notes de service ou directives non impératives (Sect., 18 déc. 2002, *Duvignères*, p. 463; 12 févr. 2003, *Syndic. Lutte pénitentiaire*; 6 sept. 2006, *Synd. nat. des professionnels de la santé au travail*), les autres mesures d'ordre intérieur, les suggestions ou les simples informations, les réponses ministérielles aux questions des parlementaires (il en va différemment lorsqu'un texte exprès en décide ainsi, tel l'art. L. 80 A du livre des procédures fiscales: une réponse ministérielle donnant une interprétation de la loi fiscale constitue un acte faisant grief: Sect., 16 déc. 2005, *Sté Friadent France*), les rappels de la réglementation en vigueur qui n'ajoutent rien à celle-ci, les mesures de pure exécution matérielle, les transmissions, les recommandations (par ex. celles de la HALDE: 13 juil. 2007, *Sté Éditions Tissot*), etc.

La détermination de la catégorie des mesures d'ordre intérieur, donc non déférables au juge, a toujours fait difficulté, spécialement pour celles prises en milieu pénitentiaire. Le juge s'est efforcé récemment à un louable effort de clarification (9 avr. 2008, *André X.*, req. 308221).

Entre encore dans cette catégorie, *l'acte superfétatoire* qui est sans effet utile de droit car, bien qu'il prétende se substituer à un acte antérieur, voire le retirer, il n'ajoute en réalité rien à cet acte qui est lui-même régulier (Bordeaux, 6 nov. 2006, *Assoc. des Belles Dames, Environnement et Patrimoine*). Pareillement, ne sont pas déférables au juge les mesures gracieuses telle l'instauration, à titre de faveur, d'une prestation gratuite (15 juin 2007, *Denance*).

Dans le cas particulier des litiges de fonction publique, le principe est que les fonctionnaires pris *ut singuli* et leurs organisations syndicales ne peuvent pas – normalement – contester les circulaires et toutes autres mesures relatives à l'organisation ou à l'exécution du service public dont ils relèvent sauf si de tels actes portent atteinte à leurs droits et obligations statutaires ou aux conditions de leur emploi (25 juin 2007, *Synd. Sud Santé des personnels de l'A.P.-H.P.*, req. 297024).

On notera cependant que toutes les fois qu'un administré y a intérêt, il peut contester en justice la décision négative, parce que c'est une décision, même si elle est relative à un acte antérieur non décisoire ou surabondant (TA Rennes, 6 juil. 1994, *Sté European associates*, p. 1095).

• Les mesures préparatoires

104 Parce qu'elles se bornent à préparer une décision (ainsi de la lettre d'un ministre saisissant une juridiction disciplinaire: 3 sept. 2007, *V.*) ou à organiser sa prise effective, de telles mesures sont impuissantes à permettre de saisir valablement le juge administratif: vœux de certains corps délibérants (avec cette précision que contre ces vœux, avis et autres propositions, le déféré préfectoral est seul possible: Ass., 15 avr. 1996, *Synd. des hospitaliers de Bédarrieux*, p. 130; le recours est fermé à tout autre requérant), enquêtes, avis même s'ils sont obligatoires à prendre ou s'il s'agit d'avis conformes (17 mars 2008, *Jean-Marie X.*, req. 296313), propositions, établissement de listes (25 juil. 2007, *Sté Vortex*, req. 298967, à propos de la mesure par laquelle le CSA arrête la liste des fréquences pouvant être attribuées pour la diffusion de services de radiodiffusion sonore par voie hertzienne terrestre), etc.

Il en va ainsi, même – ce qui est remarquable – lorsque ces mesures préparatoires ont elles-mêmes la nature de décisions, car elles ne modifient l'ordonnancement juridique qu'en vue de permettre une autre décision, qui est le véritable but de l'opération et la mesure préparatoire ne prendra d'ailleurs tout son sens que lorsque sera prise la décision finale (10 mai 1996, *Fédération nationale des travaux publics*, p. 165: à propos d'une « décision de principe » ; 27 janv. 1967, *Binet*, p. 46, ou 13 mai 1996, *Abraham et autres*, p. 179 : ouverture d'une enquête parcellaire par arrêté préfectoral ; prescription d'une enquête publique préalable à la déclaration d'utilité publique : 19 févr. 2007, *SEPANSO Landes*).

Il en va différemment de la mesure *à effet différé* qui constitue, non une mesure préparatoire, comme on le croit souvent, mais une décision véritable, donc déférable au juge (ainsi de la délibération municipale approuvant une carte communale : Avis, 28 nov. 2007, *Flory*).

• Les « prétendues décisions »

105 Il s'agit de situations très particulières dans lesquelles le requérant entend contester des actes administratifs qui, en réalité, n'existent pas ou n'existent que dans son imagination (20 mai 1927, *Dejet*). Pareillement, le silence gardé pendant deux mois par l'administration sur une demande qui, en réalité, n'en est pas une (par ex. parce qu'elle se borne à une protestation, ou à une simple pétition de principe) ne vaut pas décision.

• Les décisions insuffisantes par elles-mêmes à lier le contentieux

106 De telles décisions ne peuvent être déférées au juge que sous condition de la formation obligatoire d'un recours administratif préalable : c'est donc la réponse, explicite ou implicite, à ce recours administratif qui sera, le cas échéant, contestée devant le juge. Nous retrouverons cette question plus loin (§ 142-145). Ce recours préalable peut avoir été prévu dans un contrat : il s'impose absolument aux parties et rend irrecevable la saisine directe du juge sans le respect de cette formalité. Il peut aussi être institué par une loi.

Ainsi, la contestation du refus de communication d'un document administratif (loi du 17 juil. 1978, art. 7 et décret du 28 avr. 1988, art. 2) doit, d'abord, faire l'objet d'un recours préalable devant la Commission d'accès aux documents administratifs : l'omission de ce recours préalable rend irrecevable la saisine du juge. La solution est la même dans le contentieux des ordres de recettes émis sous forme de titres de perception (art. 7 du décret n° 92-1369 du 29 déc. 1992, art. 7 à 9).

2. L'aspect positif de l'exigence d'une décision préalable

107 Il existe, positivement, deux sortes de décisions administratives : les décisions explicites qui se présentent formellement et qui se donnent pour telles, et les décisions implicites qui n'existent pas matériellement mais naissent du fait qu'un certain temps s'est écoulé. Ces décisions sont soit prises spontanément par l'administration, soit provoquées par l'intéressé (directement par lui-même ou par le moyen d'un avocat qu'il désigne à cet effet : 10 mars 1965, *Möller*). En revanche, il doit s'agir, dans tous les cas, réellement de décisions, peu importe qu'elles soient exécutables ou non, que l'administration ait, ou non, l'intention de les exécuter.

• Les décisions explicites

108 Sont des décisions explicites celles dans lesquelles l'administration exprime directement et clairement sa volonté (ainsi d'un plan de protection de l'atmosphère [PPA] : 26 mars 2008, *Assoc. « Les amis de la Terre Paris »*, req. 300952). Matériellement, ces décisions peuvent être écrites ou verbales.

La forme écrite est la plus courante façon de procéder pour une administration publique. Cela facilite la preuve, l'écrit ayant la propriété de demeurer, il est plus commode à interpréter, à analyser. Enfin, l'écrit n'exige pas la mise en présence de son auteur et de son destinataire. Même lorsque la forme écrite est requise, les contraintes formelles sont assez réduites en droit administratif : une simple lettre peut constituer une décision et faire, de ce fait, l'objet d'un recours contentieux ; il en va de même pour un communiqué de presse, une notice explicative, une circulaire ou une directive impérative, et, bien sûr, d'un arrêté ou d'un décret.

Il existe aussi des décisions administratives verbales, même si elles sont très peu nombreuses. Malgré leur caractère verbal, elles présentent toutes les caractéristiques juridiques des décisions et sont donc déférables au juge (10 févr. 1978, *Garnotel*, *AJDA* 1978, p. 451). La difficulté est, naturellement, de prouver l'existence de telles décisions et leur contenu. Sont ainsi des décisions verbales : la réception organisée au Palais de l'Élysée par le président de la République, protecteur de l'Académie française, en l'honneur d'un nouvel élu à l'Académie et de ses deux parrains, cette invitation constituant la ratification verbale de l'élection par l'Académie ; le refus verbal opposé par le ministre français des Affaires étrangères à l'ambassadeur de Suisse d'accéder à une demande d'extradition formulée par la Suisse, de terroristes iraniens, détenus en France, (14 déc. 1994, *Confédération helvétique*, p. 549).

Dans tous les cas, verbales ou écrites, les décisions administratives individuelles défavorables doivent être motivées, ainsi d'ailleurs que celles dérogeant aux règles générales posées par une loi ou par un règlement. Il s'ensuit que de telles décisions ne lient le contentieux qu'à condition d'être motivées, faute de quoi elles ne le lient pas (loi n° 79-587 du 11 juil. 1979 modifiée) et ne font pas courir le délai du recours contentieux. Cette exigence de motivation devant être satisfaite par écrit, il en résulte qu'est irrégulière une décision verbale non accompagnée de sa motivation écrite.

Un refus peut constituer une décision même s'il s'analyse en un refus de prendre une décision, du moins lorsque ce refus fait grief (refus de l'Autorité de contrôle des assurances et des mutuelles [ACAM]) d'engager des poursuites disciplinaires, ce pouvoir ayant été institué dans l'intérêt des assurés : Section, 30 nov. 2007, *Tinez et autres* ; refus du préfet d'engager la procédure de désignation d'un site Natura 2000 : 16 janv. 2008, *Min. Écologie, du Développement et de l'Aménagement durables*).

Le recours dirigé contre une décision non encore notifiée est recevable s'il a été régularisé par la production, postérieure, de la décision notifiée (3 oct. 2008, *Jean-Marc X. et autres*, n° 313777).

• Les décisions implicites

109 Lorsque l'administration, au lieu de décider explicitement, garde le silence, il faut déterminer quelle signification il convient de donner à ce silence. Encore faut-il pour cela que l'intéressé ait réellement saisi l'administration d'une demande, à défaut ne saurait naître une décision, même implicite (25 juil. 2007, *Bernard X.*, req. 299408). En droit administratif français, le silence vaut en principe refus ; par exception, certains silences sont des acceptations. Il est des matières où les décisions implicites sont interdites, ainsi dans les cas visés par la loi du 12 juil. 1983 (art. 5) sur la démocratisation des enquêtes publiques.

Le principe est que le silence gardé par l'administration pendant deux mois vaut décision négative, c'est-à-dire décision implicite de rejet de la demande qui lui a été adressée. C'est le délai de droit commun ; il n'a pas de caractère franc et se calcule de quantième en quantième à compter de la réception de la demande par l'administration (8 janv. 1954, *Lalba)*. L'intéressé peut donc à l'expiration de ce délai, s'il s'y croit fondé, saisir le juge, dans les deux mois en principe, d'un recours contre cette décision négative. Toutefois, si une décision explicite de rejet intervient dans ce délai de

deux mois, elle fait à nouveau courir le délai du recours (R. 421-2, al. 2) à compter de la publicité régulière qui lui est donnée. Cependant, est irrecevable le recours dirigé contre une décision implicite de rejet confirmant ou réitérant une précédente décision implicite non contestée au contentieux (20 févr. 2008, *Dpt de La Réunion*).
Lorsque le maire garde le silence sur une demande d'indemnité qui lui a été adressée en sa qualité d'agent de l'État, il en résulte une décision implicite de rejet censée émaner de l'État (20 juil. 2007, *Sté Immobat*).
Il existe des cas où la constitution d'une décision implicite de rejet résulte d'un silence plus long (par ex. quatre mois en matière de demande de titre de séjour, décr. du 3 mai 2002 : 30 déc. 2003, *GISTI*) ou plus court que les deux mois de droit commun : ces cas supposent qu'existe un texte exprès dérogeant au délai de droit commun, à défaut seul le délai de deux mois est opposable. Ainsi, ce délai est de dix-huit mois (en vertu du décr. du 23 déc. 2003) s'agissant des rejets implicites des demandes d'autorisation d'exploitation des titres miniers en raison de la complexité des études à mener pour répondre à de telles demandes (27 juil. 2005, *Sté Arbed*). Le juge interprète restrictivement le champ d'application des délais dérogatoires : en matière de titre de séjour, le délai spécial de quatre mois pour la constitution d'une décision implicite de rejet de la demande d'un tel titre ne s'applique pas au rejet implicite d'un recours gracieux dirigé contre le rejet de cette demande, celui-ci est acquis au terme d'un délai de deux mois conformément au droit commun (27 mars 2006, *Kaci*).
Une longue controverse oppose depuis 1969-1970 le Conseil constitutionnel (69-55 I, 26 juin 1969, *Protection des sites*) et le Conseil d'État (Ass., 27 févr. 1970, *Cne de Bozas*) sur la nature juridique de la règle selon laquelle le silence vaut rejet : pour le premier, c'est un principe général du droit auquel, par conséquent, seul le législateur peut porter atteinte ; pour le second, c'est une simple règle à laquelle, par suite, l'autorité réglementaire peut déroger librement. Le législateur (loi n° 2000-321 du 12 avril 2000, art. 22) a pris parti, peut-être sans le savoir, en faveur de la thèse du Conseil d'État.
Lorsque la décision implicite entre dans la catégorie des décisions qui doivent, en vertu de la loi n° 79-587 du 11 juillet 1979, modifiée, être motivées, l'intéressé dispose de deux mois – à compter de l'expiration de la durée du silence valant décision implicite – pour demander à l'administration la révélation des motifs de sa décision. Celle-ci dispose d'un mois pour les communiquer (*cf.* art. 5 de la loi). Le contentieux ne peut donc pas être lié tant que les motifs ne sont pas connus du destinataire de la décision.

110 Par exception, certains silences, d'une durée de deux mois en principe, mais qui peuvent être plus courts ou plus longs (par ex. quatre mois dans le cadre du recours préalable obligatoire institué en matière de décisions individuelles relatives aux militaires : 27 nov. 2002, *Bourrel, Assoc. de défense des droits des militaires*, p. 412) selon les matières, valent acceptation de la demande adressée à l'autorité administrative. Il ne s'agit pas, ici non plus, d'un délai franc. Ces silences valant acceptation ne peuvent être institués que par un texte exprès ayant au moins le rang de décret en Conseil d'État. Il s'ensuit qu'à la différence de ce qui se passe pour les décisions implicites de rejet, il n'existe pas de régime général applicable aux différentes hypothèses de décisions implicites d'acceptation : chacune d'elles est régie par un texte qui en fixe l'entier régime.
Il est des matières où les décisions implicites d'acceptation sont interdites : engagements internationaux de la France, ordre public, protection des libertés, sauvegarde de principes à valeur constitutionnelle, matière financière (sauf dans le domaine de la sécurité sociale).

111 Il convient d'apporter ici deux importantes précisions.

Tout d'abord, dans certaines matières, le point de départ du délai du recours est – et ne peut être que – le jour de la notification d'une décision explicite (26 janv. 2007, *Cne de Saint-Louis*) : le silence de l'administration, s'il fait naître une décision implicite, ne rend pas celle-ci opposable à l'administré, qui peut ainsi saisir le juge, à sa convenance, soit à la constitution de cette décision implicite, soit entre ce moment et celui de la prise d'une décision explicite, soit seulement après notification d'une décision expresse de rejet. Il en va ainsi (R. 421-3 CJA) en plein contentieux, et c'est là l'exception la plus importante ; il en va de même dans le contentieux de l'excès de pouvoir, si la mesure sollicitée ne peut être prise que par décision ou sur avis des assemblées locales ou de tous autres organismes collégiaux ; la même solution s'applique lorsque la réclamation tend à obtenir l'exécution d'une décision de la juridiction administrative.

Ensuite, il est toujours possible de contester en justice une décision implicite alors que ne s'est pas entièrement écoulé le délai nécessaire à sa constitution ; il suffit qu'il le soit le jour où le juge statue (25 juin 1948, *Bigerelle*), ce qui, pratiquement, est toujours le cas.

3. Les exceptions à la règle de la décision préalable

L'exigence d'une décision préalable n'a été instaurée que dans le souci de protéger l'administration. Celle-ci peut donc renoncer au bénéfice de cette règle. Ceci explique que le non-respect de l'obligation de décision préalable n'est pas véritablement un moyen d'ordre public et ne peut donc pas être soulevé d'office par le juge (8 févr. 1957, *Lieber*, p. 98) contrairement à ce qui est parfois soutenu (par ex. concl. J.-Ph. Thiellay sur 11 avr. 2008, *Établ. français du sang*, *Petites Affiches* 2008 n° 174 p. 9) ; toutefois, le défaut de décision préalable, lorsqu'il est opposé par le défendeur, est insusceptible de régularisation en cours d'instance (Sect. 13 juin 1984, *Assoc. Club athlétique de Mantes-la-Ville*, p. 218 ; 4 juil. 1997, *G. Congar*, n° 186204). Par ailleurs, dans un certain nombre de situations, la production d'une décision préalable n'est pas nécessaire ou n'est pas exigée.

• L'acquiescement de l'administration

112 Normalement, lorsque fait défaut la décision préalable, c'est à l'administration d'opposer expressément une fin de non-recevoir au requérant, à défaut, la procédure suivra son cours. C'est ce qui se passe lorsque l'administration admet pour exacts les éléments de fait fournis par le requérant. L'acquiescement de l'administration « couvre » le défaut de décision préalable, celle-ci étant contenue, de fait, dans l'acquiescement.

• La défense au fond et la régularisation *a posteriori*

113 Lorsque le requérant saisit le juge sans produire une décision préalable, l'administration pourrait soulever l'irrecevabilité ; si elle ne le fait pas et qu'elle conclut au fond, sans émettre de réserve sur cette irrégularité, la réponse aux observations du requérant vaudra couverture du défaut de décision préalable (23 avr. 1965, *Ducroux*, p. 233 ; 28 oct. 1994, *Raiff* ; 10 juin 1988, *Départmt de l'Orne*, p. 233). En effet, cette « *défense au fond* » contient en réalité une décision, même si celle-ci n'est pas « *préalable* » à la saisine du juge.

Pareillement, lorsqu'un requérant saisit le juge sans avoir préalablement formé une demande devant l'administration puis, postérieurement à l'enregistrement de sa requête, formule une telle demande sur laquelle l'administration garde le silence, le contentieux est valablement lié par la naissance d'une décision implicite survenue avant que le juge saisi ne statue (11 avr. 2008, *Établ. Français du sang*).

• Les litiges en matière de travaux publics

114 Depuis la loi de pluviôse an VIII confirmée par plusieurs textes postérieurs, les litiges relatifs aux travaux publics sont dispensés de la production d'une décision préalable. Cette exception est d'une grande importance pour deux raisons principales. Tout d'abord, le juge a développé une conception particulièrement extensive de la notion de travaux publics (à travers, notamment, le principe du caractère attractif de cette notion), l'exception trouve donc un vaste champ d'application. Ensuite, aucune décision préalable n'étant exigée, il s'ensuit que le délai de saisine en matière de travaux publics est à peu près illimité. Lorsque l'administration a pris une décision, explicite ou implicite, en ce domaine, la circonstance qu'elle n'a pas été attaquée dans le délai du recours contentieux ne vaut pas forclusion et l'intéressé est toujours dans les délais pour agir (6 nov. 1943, *Min. de la Défense nationale*, p. 246).

• Les situations où l'administration est demanderesse

115 La règle de la décision préalable ne s'impose, bien évidemment, qu'au particulier demandeur; en revanche, elle ne joue pas lorsque c'est l'administration qui est demanderesse : en ce cas, on ne saurait exiger d'elle la production de sa propre décision. En fait, rares sont les cas où il en est ainsi et les situations concernées sont souvent celles portant sur des matières qui sont précisément dispensées de l'exigence de décision préalable. C'est en matière domaniale que cette question se pose avec le plus d'acuité, lorsque l'administration sollicite l'expulsion d'un occupant sans titre du domaine public ou en cas de recours formé par le concessionnaire du domaine public, tel la SNCF (25 juin 1955, *Cne de Marles-les-Mines*, p. 662).

• Le contentieux de l'interprétation sur renvoi par le juge judiciaire

116 Lorsque l'autorité judiciaire renvoie les parties en litige pour interprétation devant le juge administratif (*cf.* § 46-48), celui-ci n'a pas besoin d'une décision administrative préalable à la saisine. Par suite, un tel recours peut être formé sans condition de délai puisqu'il n'y a pas de point de départ du délai (27 mai 1932, *Prieur*).

• Les recours en urgence

117 À raison même de leur urgence, les recours commandés par la nécessité de réponses rapides de la part du juge saisi sont dispensés de l'obligation de produire une décision préalable. La prise d'une telle décision, *a fortiori* l'attente d'une décision implicite, est incompatible avec l'urgence. Il en va particulièrement ainsi pour les demandes de référés administratifs urgents ou pour certains sursis.

• Le déféré préfectoral contre les contrats

118 Les déférés préfectoraux contre les contrats des collectivités territoriales et de leurs groupements, qu'ils soient, ou non, soumis à l'obligation de transmission, sont toujours dispensés de la production d'une décision préalable. Cette exception est d'autant plus remarquable que le déféré préfectoral des actes non soumis à l'obligation de transmission est un recours pour excès de pouvoir (4 nov. 1994, *Dépt. de la Sarthe*, p. 1109 ; 14 mars 1997, *Dépt. des Alpes-Maritimes*, *RFDA* 1997, p. 660).

B. La liaison du contentieux

La liaison du contentieux joue *mutatis mutandis* le rôle dévolu en droit processuel romain classique à la *litis contestatio*. Il faut nécessairement que le contentieux soit

« lié » pour qu'il y ait litige et donc matière, pour le juge, à dire le droit. Cette liaison peut se faire de diverses manières, mais on n'exposera ici que le droit commun de celle-ci. La loi de 1956, aujourd'hui codifiée dans le Code de justice administrative, a prévu trois manières principales de résoudre la question de la liaison du contentieux : le contentieux peut être lié sur décision expresse (1.) ou par le silence de l'administration (2.) ; il peut y avoir aussi dispense de liaison du contentieux (3.).

1. La liaison du contentieux sur décision expresse : le cas normal

119 Cette forme de liaison du contentieux résulte directement de la formule citée plus haut selon laquelle : « *La juridiction administrative ne peut être saisie que par voie de recours formé contre une décision.* » Il faut donc que le requérant possède une décision, soit qu'elle existe déjà, soit qu'il la fasse exister en saisissant l'administration d'une demande à cette fin.

Dans le premier cas, possédant déjà une décision, prise spontanément par l'administration, l'intéressé pourra soit la contester directement devant le juge administratif, soit saisir l'administration d'un recours préalable (gracieux ou obligatoire) et, le cas échéant, former ensuite un recours contentieux.

Dans le second cas, il devra faire exister une décision avant de saisir l'administration, comme au cas précédent, d'un éventuel recours préalable (gracieux ou obligatoire), puis, si nécessaire, le juge administratif. Ce second cas soulève plusieurs questions que nous allons examiner.

Toutefois, le défaut de liaison du contentieux par la victime d'un dommage corporel n'est pas opposable aux conclusions d'une caisse de sécurité sociale tendant à la condamnation du tiers responsable car celle-ci dispose d'un droit propre d'action en vertu de l'art. L. 376-1 du code de la sécurité sociale (Lyon, 11 avr. 2006, *Centre hospitalier de Belley*, RFDA 2006 p. 853).

• L'auteur de la demande adressée à l'administration

120 Cette personne doit être celle qui a été destinataire de la décision et qui est intéressée à sa critique contentieuse ; elle peut aussi, on l'a vu, avoir désigné un mandataire spécial ou un avocat mais une communication qui a lieu exclusivement entre avocats ne saurait valoir demande préalable (TA Caen, 17 avr. 2007, *Souvay*). Si l'avocat est « cru sur sa robe », le mandataire doit, lui, détenir un mandat exprès et précis, faute de quoi la demande formée par lui serait impuissante à lier le contentieux. Ainsi une compagnie d'assurances ne peut-elle pas présenter elle-même une demande préalable aux lieu et place de l'assuré comme cela est prévu dans le contrat d'assurance, car elle n'est pas *expressément mandatée* par son client. Le contentieux n'a donc pas été régulièrement lié et l'administration défenderesse, ayant soulevé ce vice de procédure à titre principal, est fondée à dire que la requête de l'assureur est irrecevable (Douai, 15 oct. 2002, *D., CPAM de Rouen*). Il en va différemment lorsque la demande préalable de l'assureur résulte de sa qualité légale de mandataire de son client (15 juil. 2004, *Dumas*).

• La forme de la demande adressée à l'administration

121 La demande devra être écrite le plus souvent, signée, et elle devra contenir l'exposé des faits et des moyens ainsi que les prétentions de son auteur. Elle sera transmise par la voie postale habituelle ou par un procédé télématique ou informatique homologué (*cf.* art. 16 de la loi du 12 avril 2000 préc.).

Par le mot « demande » il faut entendre, notamment selon l'article 18 de la loi du 12 avril 2000, non seulement une « demande » au sens étroit et technique du mot, mais encore toute réclamation, tout recours gracieux (au moins depuis : 12 janv. 1917, *Marchelli*, p. 12) ou hiérarchique (depuis : 13 avr. 1881, *Bansais*, D. 1882.III.49, concl. Le Vavasseur de Précourt) contenant une revendication précise impliquant un certain comportement de la part de l'Administration.

• Le destinataire de la demande adressée à l'administration

122 La détermination du destinataire de la demande est un moment délicat en raison de la complexité de l'organisation de l'administration. En principe, seule est susceptible de déboucher sur une décision propre à lier le contentieux une demande adressée à l'autorité compétente. C'est pourquoi, dans un souci secourable envers les plaideurs, reprenant une solution déjà adoptée par le décret n° 83-1025 du 28 novembre 1983 (art. 7) aujourd'hui abrogé, la loi du 12 avril 2000 a prévu, d'une part, que toute autorité administrative incompétemment saisie d'une demande a l'obligation de transmettre celle-ci à l'autorité administrative compétente, et d'autre part, que le délai ouvert à l'administration pour répondre à l'administré ainsi que pour la constitution d'une décision implicite ne court qu'à partir de cette transmission

• La réponse à la demande adressée à l'administration

123 Par hypothèse, ici, cette réponse est expresse, mais deux cas se présentent. Soit elle intervient dans les délais, c'est-à-dire normalement deux mois, et il appartient alors à l'intéressé, s'il le veut, de saisir le juge dans les deux mois qui suivent. Soit cette réponse expresse intervient après l'expiration du délai de silence au terme duquel une décision implicite est réputée être née. Dans ce second cas, se rencontrent deux hypothèses : en plein contentieux, seule une décision expresse fait courir le délai, c'est donc la décision explicite succédant à la décision implicite qui ouvre le délai du recours contentieux, quelle que soit la date de cette décision explicite ; en excès de pouvoir, la survenue, postérieure, d'une décision explicite ne rouvre le délai de recours que si elle intervient dans les deux mois de la décision implicite.

Ce caractère exprès de la réponse peut résulter, on le sait (*cf.* § 113), d'une réponse au fond contenue dans un mémoire en défense produit par l'administration (18 févr. 1959, *Ville de Roubaix*, p. 125).

Enfin, il convient de prendre garde que les réponses d'attente, même expresses, par lesquelles il est indiqué à l'intéressé que sa demande va être étudiée, qu'il sera avisé de la suite qui lui sera donnée, etc. ne conservent pas le délai : si aucune décision n'intervient dans les deux mois de la réception de sa demande par l'administration, il sera, à cette date, en présence d'une décision implicite, de rejet le plus souvent. S'il se trouve en excès de pouvoir, il disposera de deux mois pour saisir le juge (13 juin 1958, *Vve Polin*, p. 352, concl. G. Braibant), passé ce délai il sera forclos.

Il convient cependant de signaler que l'administration ne peut pas statuer sur une demande qui lui a été adressée lorsque, postérieurement, son auteur l'a retirée avant qu'elle ait pris une décision (13 mars 2009, *Pierre X.*, req. 315856).

• Le sens de l'expression « liaison du contentieux »

124 La demande préalable lie le contentieux – et cela inéluctablement – dans les limites de son objet. Le contentieux ne peut être lié sur un objet non contenu dans la demande. Il n'est donc lié qu'au regard de ce qui a été sollicité de l'administration dans la demande préalable. Au maximum, le contentieux sera lié sur l'entier contenu

de la demande préalable si le désaccord entre l'administration et l'administré est total. Il pourra n'être lié qu'à l'égard d'une fraction seulement de la demande initiale si l'administration a accédé partiellement à ce que demandait l'intéressé.
Cependant, il convient d'apporter sur ce point trois précisions. D'une part, le requérant peut toujours, dans son recours contentieux, étendre sa demande initiale si cela n'est qu'un complément ou un développement logique et automatique de la demande initiale. D'autre part, le requérant peut parfaitement développer au soutien de son recours contentieux de tous autres arguments que ceux contenus dans sa demande préalable, car la liaison du contentieux s'effectue sur l'objet du litige et non sur l'argumentation. Enfin, le requérant qui a introduit une action en justice peut saisir, postérieurement, l'administration d'une demande préalable qui liera valablement le contentieux déjà introduit lorsqu'elle aura fait l'objet d'une décision, expresse ou implicite, de la part de l'autorité administrative. Cette jurisprudence (trop ?) généreuse n'exige donc qu'une demande préalable à la décision du juge non à la saisine de celui-ci. Le recours est dirigé contre la décision contenue dans la réponse à la demande préalable ou à un recours préalable (gracieux ou contentieux), c'est d'ailleurs tout le sens de l'exigence d'une décision préalable. S'il a d'abord existé une décision puis un recours gracieux à la suite duquel une décision a été prise, différente de la première, c'est cette dernière, et elle seule, qui lie le contentieux. Cette seconde décision se substitue entièrement à la première et c'est par elle seulement que le contentieux est lié, d'où l'irrecevabilité d'un recours contentieux qui critiquerait le contenu de la première décision (Sect., 1er oct. 1954, *Bonnetblanc*, p. 491 ; Ass., 23 avr. 1965, *Vve Ducroux*, p. 231 ; Sect., 3 mai 1982, *Louchart*, p. 165).

2. La liaison du contentieux par le silence de l'administration

Ici la liaison du contentieux est réalisée parce qu'un certain temps s'est écoulé pendant lequel l'administration concernée par la demande d'un administré est demeurée silencieuse. Ce délai est, en droit commun, de deux mois. On rappelle que si, en plein contentieux, seule une décision explicite lie le contentieux, l'administré, en présence d'une décision implicite, peut néammoins valablement saisir le juge.
Deux questions se posent : celle de la preuve d'une demande et de sa date, celle du recours prématuré.

• La preuve d'une demande et de sa date

125 Il appartient à l'intéressé d'établir l'existence et la durée du silence gardé par l'administration sur sa demande. Il lui faut donc prouver le point de départ du délai de deux mois dont l'écoulement silencieux vaut constitution implicite d'une décision, de rejet normalement. Cette preuve peut être rapportée par tous moyens : accusé postal de réception, accusé administratif de réception, simple lettre, déduction à partir de la correspondance ou des termes mêmes d'un mémoire contentieux, etc. Le plus simple est bien évidemment l'envoi d'une lettre recommandée avec accusé postal de réception. Le délai de deux mois, délai sans caractère franc, se calcule à compter du jour de la réception de la demande, le Conseil d'État ayant estimé – et c'est regrettable – que la règle nouvelle (substitution à la date de réception de la date d'envoi) instituée par l'article 16 de la loi du 12 avril 2000 n'était pas applicable en matière contentieuse (21 mars 2003, *Préfet de police c./Xiaowei Pan*, *AJDA* 2003, p. 1345, concl. S. Austry).

• Le recours prématuré

126 Parfois, pour gagner un temps qu'il estime précieux, il arrive que l'intéressé, certain du rejet de sa demande, n'attende pas la constitution d'une décision implicite de rejet et qu'il saisisse le juge alors que n'est pas expiré le délai, de deux mois généralement. Un tel recours, formé contre une décision qui n'existe pas (ou pas encore) doit être rejeté, car il est irrecevable. Toutefois, traditionnellement, la jurisprudence admet l'examen de ce recours dès lors que le délai du silence valant rejet est bien expiré durant l'instance et en tout cas avant la date à laquelle le juge statue (26 mars 2008, *Daniel X.*, req. 281660 ; 11 avr. 2008, *Établ. Français du sang*, 281374).

3. La dispense de liaison du contentieux (rappel)

127 On rappelle, ce qui a été indiqué plus haut (*cf.* § 112-118), qu'il n'y a pas nécessité de liaison du contentieux dans les cas où la production d'une décision préalable n'est pas possible ou n'est pas exigée (cas de l'administration demanderesse, acquiescement, défense au fond, renvoi en interprétation par l'autorité judiciaire, urgence, déféré préfectoral contre les contrats).

3 Conditions de forme

Après avoir évoqué les éléments externes formels que doivent obligatoirement comporter les requêtes (A.), on donnera quelques indications sur leur contenu, c'est-à-dire sur leurs éléments proprement internes (B.). Ce n'est qu'à ces conditions que l'on pourra réellement parler de « requête » ; à défaut, les productions enregistrées n'auront pas la nature de requête et seront *radiées des registres* (13 juil. 2007, *Nahel Bouchouka*, req. 290662).

A. Forme externe des requêtes

Ce sont les composants externes formels de tout recours en justice ; ils portent sur la forme que doit revêtir la requête (1.) et sur les mentions qu'elle doit comporter (2.).

1. Forme des requêtes

128 Le requérant adresse à la juridiction une requête, comprenant un ou plusieurs mémoires, pour lesquels les exigences formelles sont assez réduites. En outre, les requêtes ne sont plus assujetties à un droit de timbre, qui a plus encombré les tribunaux qu'il n'a enrichi l'État. Les requêtes devant la juridiction administrative devaient être revêtues d'un timbre fiscal jusqu'à la suppression de cette formalité, le 1er janvier 1978 (loi du 30 déc. 1977). Ce droit de timbre a été rétabli par la loi de finances du 30 décembre 1993, mais, tirant les conséquences d'une expérience malheureuse, l'ordonnance du 22 décembre 2003 a, à nouveau, supprimé ce droit à partir du 1er janvier 2004.

• Requête introductive et mémoire ampliatif

129 Le requérant doit faire parvenir à la juridiction, dans le délai du recours contentieux, une requête introductive d'instance qui contient, ainsi qu'on le verra ci-après, l'exposé

des faits et des moyens, de fait et de droit, qui la motivent ainsi que des conclusions. Cette requête peut être, dès ce moment, complète en tous ses éléments. Si, cependant, elle n'est que « sommaire », contenant seulement des éléments succincts, elle devra obligatoirement être suivie d'un mémoire ampliatif.

Par ailleurs, si la requête sommaire ne comporte pas de moyens ou une partie seulement d'entre eux (pareillement pour les conclusions), le mémoire ampliatif doit impérativement être parvenu à la juridiction avant l'expiration du délai de recours à peine d'irrecevabilité de la requête (4 mai 2007, *Xavier X.*, n° 286277); il en va de même pour une requête apparemment complète dès son dépôt mais en réalité insuffisamment explicite ou motivée (20 juin 1956, *Min. des Finances c./Rayssiguier, RDP* 1956, p. 1332). La juridiction saisie peut cependant statuer sur la base du mémoire sommaire si elle y trouve les éléments suffisants pour se déterminer (7 févr. 1928, *Constaury*, p. 257; 15 juil. 1958, *Brouard*, p. 983).

• Aspect matériel des recours

130 Il est impossible de saisir le juge par requête verbale; une telle requête, même faite au greffe, est sans valeur et n'interrompt pas le délai du recours (19 févr. 1955, *Goupil*). Ne sont pas non plus admises les requêtes téléphoniques (13 mars 1897, *Él. de Lamentin*).

Les requêtes sont donc écrites. Elles doivent être rédigées en langue française, l'édit de Villers-Cotterêt, rendu par le roi François Ier le 15 août 1539, ayant institué en la matière un principe général de procédure (Sect., 12 nov. 1985, *Quillevère*, p. 333, concl. D. Latournerie; 22 mars 1989, *Wijenayake Mudalige*, p. 99). Elles peuvent être présentées par voie télégraphique, par dépêche, télégramme (26 nov. 1897, *Gavignano*, p. 727), télécopie (13 mars 1996, *Diraison*, p. 78) ou par voie télématique. Dans tous ces cas, d'une part doit être authentifiée la signature du requérant, d'autre part, seule vaut la date de réception par le greffe de la juridiction non celle de l'envoi par le requérant (*cf.* en matière de télécopie: Nancy 3 avr. 1993, *Entreprise RCFC*, p. 441, confirmé par: 27 avr. 1994, *Raynal*, p. 202; 29 oct. 2003, *Van Betum Plasse et autre*).

2. Mentions figurant sur les requêtes

Les requêtes doivent comporter un certain nombre d'éléments d'identification de leur auteur comme de leur destinataire ainsi que des indications de date et d'authenticité.

• Mentions proprement dites

131 Doivent être mentionnés le nom, la qualité et le domicile réel des deux parties, ces renseignements devant être fournis par le demandeur. Celui-ci doit désigner clairement qui il entend constituer défendeur, car c'est cette personne, et elle seule, que la juridiction tiendra informée. L'absence de désignation du défendeur ou sa désignation incorrecte peuvent – et d'ailleurs doivent – être régularisées (23 juil. 1937, *Ville de Royan*, D. P. 1938.III.61, note M. Debré). À défaut, et faute pour le juge d'être parvenu lui-même à déterminer le défendeur au vu de la nature et du contenu de la contestation, la requête sera déclarée irrecevable. Cette obligation de désigner le défendeur demeure même dans le cas d'un recours pour excès de pouvoir alors qu'un tel recours est très largement objectif (*cf.* § 58-63; Ass., 6 janv. 1956, *Sous-préfet de Thionville*, p. 5; *RDP* 1956, p. 343, concl. Mosset).

• Signature

132 La requête doit être signée soit par un avocat dans les affaires où il y en a un (que ce ministère soit obligatoire ou facultatif), soit par le requérant lui-même, soit par tout autre mandataire. Cette signature doit être manuscrite, ou sous forme télématique, lorsque son authenticité est garantie par un procédé cryptographique. Elle doit réellement émaner de celui qui est censé en être l'auteur; le juge a toujours le pouvoir de vérifier cette authenticité, même lorsque celle-ci n'est pas contestée. Une requête non ou irrégulièrement signée est irrecevable à défaut de régularisation.

• Datation

133 La requête n'a pas à être datée car seule vaut la mention de la date portée par le greffe de la juridiction lors de l'enregistrement de chaque pièce (23 déc. 1948, *Él. de Ste Lucie*). Un récépissé constatant l'enregistrement est remis par le greffe.

B. Forme interne des requêtes (*cf.* aussi § 151-157)

Une requête, c'est un ou plusieurs mémoires (1.) et les documents annexes qui l'accompagnent éventuellement (2.). Parfois s'imposent des exigences particulières à certains domaines, tel est le cas en droit de l'urbanisme (3.).

1. La requête proprement dite

Invariablement, la requête *stricto sensu* comprend trois éléments : un exposé des faits, un exposé des moyens et des conclusions. Il n'est pas indispensable que ces éléments figurent dans cet ordre, celui-ci est cependant l'ordre logique. Il doit y avoir, en sus de l'original, autant de copies des différents mémoires qu'il y a de parties plus une.
On précisera qu'en matière fiscale, une requête qui ne contient l'exposé d'aucun fait, ni l'énoncé d'aucun moyen, mais est accompagnée des différentes lettres de réclamation adressées aux services fiscaux et contenant tous ces éléments est considérée comme suffisamment motivée (2 mars 1977, *Lombard*, p. 765). Inversement, un recours qui comporte tous les éléments requis pourra cependant être déclaré irrecevable s'il est dépourvu d'objet, par exemple quand la question qu'il soulève a déjà été tranchée par le juge dans une décision antérieure (25 juil. 2007, *Assoc. d'accueil aux médecins et personnels de santé réfugiés en France*, req. 290085). Enfin, une requête dépourvue de moyens et de conclusions est irrecevable et elle ne conserve pas le délai de recours; sa régularisation postérieurement à l'expiration de ce délai est sans effet sur cette irrecevabilité (23 févr. 2009, *Valère X. et autres*, req. 317728).

• L'exposé des faits

134 Il faut, dans toute requête, qu'il y ait un exposé des faits (30 nov. 1955, *Monnet*, p. 771), au moins sommaire. Selon les espèces, cet exposé sera plus ou moins long ou développé. Les requêtes dépourvues d'un tel exposé doivent être régularisées; à défaut, elles seront déclarées irrecevables, car l'exigence d'un exposé des faits est un principe général de procédure applicable sans texte à toute juridiction administrative. C'est aussi une exigence rappelée par les textes, au moins pour les juridictions de droit commun.

• L'exposé des moyens (*cf.* aussi § 151-156)

135 Les moyens constituent la motivation de la requête, c'est-à-dire l'argumentation, en droit et/ou en fait, par laquelle le requérant pense convaincre le juge de la solidité de ses prétentions. Une requête dépourvue de moyens est irrecevable (14 oct. 1955, *Assoc. Front national*, p. 771) même si elle contient des conclusions (21 mars 1952, *Armand*, p. 172 ;

30 avr. 2008, *Assoc. des victimes du Crédit Mutuel*, req. 299724). Toutefois, le requérant peut obvier cette carence par une régularisation spontanée intervenant avant l'expiration du délai du recours.

Les moyens doivent être énoncés avec précision et non de manière vague, incomplète ou allusive ; dans ces derniers cas, la requête serait considérée comme non motivée. Par ailleurs, les moyens sont « divisibles » en ce sens qu'ils sont indépendants les uns des autres, qu'ils sont appréciés séparément par le juge et que la renonciation à l'un d'entre eux (par exemple dans un mémoire ultérieur par rapport à la requête introductive) n'a aucune incidence sur le sort des autres. Dans le contentieux des étrangers cette divisibilité des moyens est encore accrue lorsqu'un même acte administratif, l'obligation de quitter le territoire français (OQTF), contient deux décisions divisibles, le refus ou le retrait d'un titre de séjour et l'OQTF proprement dite ; celles-ci peuvent faire l'objet, quant à leur légalité interne, de recours comportant des moyens distincts (Avis contentieux, 19 oct. 2007, *Hammou et autre*).

Lorsqu'il s'agit de *moyens d'ordre public* (*cf.* § 156), le requérant, comme d'ailleurs son adversaire, n'est enfermé dans aucun délai pour les présenter ; il peut le faire à tous les stades de l'instance. En toute hypothèse, le juge a l'obligation de les soulever d'office le cas échéant, y compris pour la première fois en appel.

136 Enfin, il convient de distinguer les moyens nouveaux des demandes nouvelles.

En plein contentieux, le requérant doit soulever tous ses moyens dans sa requête introductive ou, en tout cas, avant l'expiration du délai de recours. Il ne peut, hors délai, formuler des moyens nouveaux que s'ils sont tirés de la même cause juridique que celle sur laquelle reposent les moyens déjà contenus dans ladite requête. En revanche, il ne peut hors délai, invoquer un moyen relevant d'une autre cause juridique, car ce serait une « demande nouvelle », irrecevable par conséquent (16 mai 1958, *Cne de la Marnia*, p. 274). Cette règle a des effets particulièrement sévères dans les contentieux où il existe de nombreuses causes juridiques, chacune aux contours incertains, comme dans le contentieux de la responsabilité extracontractuelle (*cf.* étude de J.-Y. Madec, *AJDA* 2006, p. 1650).

Il en va autrement en particulier dans trois hypothèses principales. En matière de travaux publics, l'absence de délai pour agir entraîne nécessairement la recevabilité perpétuelle de tout moyen même nouveau. En matière fiscale, il n'existe pas de cause juridique, ou plutôt il n'en existe qu'une seule, il s'ensuit que tout moyen n'est jamais nouveau puisqu'il se situe à l'intérieur d'une cause unique. Enfin, dans tous les cas où le recours de plein contentieux est dirigé contre une décision implicite de rejet, il est toujours possible à l'intéressé de changer la cause juridique de son action puisque seule une décision explicite fait courir le délai de recours : l'intéressé est donc toujours dans le délai du recours, ce qui permet le changement de cause juridique (18 nov. 1998, *Comité nat. interprofessionnel de l'horticulture florale et ornementale et des pépinières (CNIH)*, p. 387 ; Bordeaux, 7 mars 2006, *P.*).

En excès de pouvoir, on distingue entre la *légalité externe* (incompétence et vice de forme et/ou de procédure) et la *légalité interne* (violation de la hiérarchie des normes et détournement de pouvoir) qui constituent deux causes juridiques distinctes en vertu d'une jurisprudence bien établie (Sect., 20 févr. 1953, *Sté Intercopie*, p. 88 ; Ass., 15 juil. 1954, *Sté des Aciéries et Forges de Saint-François*, p. 482 ; *RPDA* 1954, p. 205, concl. Laurent). Seuls les moyens appartenant à l'une de ces deux causes et invoqués dans les délais du recours contentieux pourront être utilisés dans le cours de l'instance. Si l'une des deux causes n'a pas été invoquée, les moyens appartenant à celle-ci ne pourront pas être soulevés (25 mai 2007, *Claire X.*, n° 291160; 23 juil. 2008, *François FK et autres*, n° 310157). En pratique, il suffit d'invoquer dans le délai du recours, même sommairement, deux moyens relevant chacun d'une cause distincte pour que, pendant tout le cours de l'instance, le requérant puisse soulever n'importe lequel des quatre cas d'ouverture (8 févr. 1963, *Vve Pinon*, p. 79).

• Les conclusions (*cf.* aussi § 157)

137 La requête doit contenir des conclusions, c'est-à-dire, en bref, une (ou plusieurs) demande(s) adressée(s) au juge : annulation d'une clause de contrat, démolition d'un immeuble, inversion de résultats électoraux, annulation d'une décision, octroi de dommages-intérêts, etc. Ces conclusions sont essentielles. D'abord, elles sont la raison d'être du procès. Ensuite, par leur contenu, elles déterminent la nature du contentieux et donc l'étendue des pouvoirs du juge. Ces conclusions doivent figurer dans la requête et être assez précises : le juge doit être mis en mesure de savoir ce qu'il lui est demandé de faire. À cet égard, il fait montre d'un grand libéralisme : il se contente parfois d'une motivation par référence, par exemple par renvoi au contenu d'un recours gracieux dont copie est jointe au recours, dès son introduction ou postérieurement mais toujours dans le délai du recours (13 mars 1987, *Alépée-Fabre*, p. 98). Il se contente aussi d'une simple énumération de conclusions, assez précise cependant pour qu'il puisse s'en faire une idée exacte, à charge pour le requérant de les développer et de les expliciter dans un mémoire complémentaire ou ampliatif, déposé même après l'expiration du délai de recours : il faut pour cela que la requête initiale ait été déposée dans les délais et que le mémoire (complémentaire ou ampliatif) ne contienne pas de conclusion(s) nouvelle(s).

Il existe une distinction entre les conclusions qui est fondée sur leurs effets : les conclusions principales contiennent l'objet essentiel du recours (annulation, indemnisation, etc.) tandis que les conclusions subsidiaires (demande d'expertise), pour être recevables, doivent avoir un lien avec la demande principale. Les conclusions peuvent aussi être alternatives lorsqu'elles offrent le choix entre une certaine décision juridictionnelle et une certaine décision administrative, par exemple quand il est demandé au juge l'allocation de dommages-intérêts « si mieux n'aime » (selon une formule archaïque mais traditionnelle) l'administration faire cesser un préjudice.

Enfin, les conclusions sont dominées par le souverain principe de l'*immutabilité des conclusions* : une fois le délai du recours expiré, il n'est plus possible de modifier les conclusions sauf, par exemple, augmentation du montant de la réparation par suite de l'aggravation du préjudice depuis l'introduction de l'instance.

2. Les annexes à la requête

138 Il est au moins un document annexe obligatoirement existant : il consiste soit en la production de la décision attaquée lorsqu'elle existe matériellement – l'absence de cette pièce devant être régularisée à peine d'irrecevabilité –, soit, en cas de décision implicite, en la production d'une copie de la réclamation adressée à l'administration (6 nov. 1968, *Abelanet*, p. 541, et art. R. 412-1).

Pareillement, doit être obligatoirement annexée, lorsqu'elle existe, la demande d'aide juridictionnelle ou, le cas échéant, en matière d'urbanisme, la preuve de la notification du recours à l'auteur de l'acte attaqué et à son bénéficiaire (art. R. 411-7). L'absence de ces pièces est régularisable en cours d'instance.

D'autres annexes sont susceptibles d'exister : lettres, plan des lieux, photographies, rapport d'expertise.
Dans tous les cas, comme pour les mémoires, il doit y avoir autant de copies des annexes qu'il y a de parties plus une. Ces annexes sont accompagnées d'un bordereau récapitulant toutes les pièces jointes. Les pièces en langue étrangère doivent toujours être fournies avec une traduction certifiée conforme en langue française. Cette production doit être spontanée de la part de celui qui invoque le document, cela à peine d'irrecevabilité dudit document, celui-ci ne pouvant pas être pris en considération (24 oct. 1984, *Santhakumar*, p. 335).

3. L'obligation de notification des recours (urbanisme)

139 Principalement dans le souci d'une certaine moralisation du contentieux de l'urbanisme et afin de lutter contre les manœuvres dilatoires de certains plaideurs peu scrupuleux, l'article R. 600-1 du Code de l'urbanisme institue une obligation de notification du recours. Cette obligation s'impose à toute personne qui attaque en justice un document d'urbanisme (d'où l'exclusion de cette obligation de communication des déclarations d'utilité publique, des chartes des parcs naturels régionaux, des programmes d'aménagement d'ensemble, des arrêtés de lotissement inclus dans un plan d'urbanisme, etc.) ou une autorisation (voire une décision valant autorisation) relative à l'occupation ou à l'utilisation du sol lorsqu'elle est régie par le Code de l'urbanisme (ainsi d'un schéma de mise en valeur de la mer : 3 mars 2008, *Laporte et autres*, req. 278168). Le requérant doit, à peine d'irrecevabilité absolue de son recours, adresser une lettre recommandée avec accusé de réception, dans les quinze jours francs de la saisine du juge administratif, à l'auteur et, s'il y a lieu, au bénéficiaire de la décision attaquée pour l'informer de son recours. La lettre doit comporter la copie intégrale du recours. Cette exigence s'impose en première instance ainsi qu'en appel, lorsque le premier jugement a rejeté les conclusions dirigées contre la décision, ou en cassation. Ces dispositions sont d'interprétation stricte et ne sauraient s'appliquer à d'autres hypothèses que celles qu'elles visent (8 juin 2007, *X. c/ Ville de Marseille*, n° 268458 : inapplication en cas de saisine de la juridiction administrative d'une question d'appréciation de la légalité d'un document ou d'une autorisation d'urbanisme par suite d'un renvoi préjudiciel ordonné par l'autorité judiciaire). L'obligation de notification joue même en cas de recours contre un permis modificatif et alors même que le recours contre le permis initial avait lui-même été notifié (22 nov. 2006, *DROMPI, Sci « L'imprévue du Lys »*, req. 279068). Toutefois, une jurisprudence latitudinaire décide que les exigences de l'art. R. 600-1 se limitent à l'obligation pour l'auteur du recours de rapporter la preuve du dépôt d'une lettre recommandée auprès des services postaux non de sa réception effective par son destinataire (3 mars 2009, Avis contentieux, *Pierre X.*, req. 321157).

Conseils bibliographiques

OUVRAGES ET ARTICLES DE RÉFÉRENCE

J. **Barthélémy**, « Rôle de l'avocat devant la juridiction administrative », *Rev. adm.* 1999, n° spécial, p. 117.

L. **Boré**, *La Défense des intérêts collectifs par les associations devant les juridictions administratives et judiciaires*, LGDJ, 1995.

R. **Godet**, « Le désaveu d'avocat devant les juridictions administratives et judiciaires », *Gaz. Pal.* 2002 n° 300, p. 3.

M. **Laligant**, « La notion d'intérêt pour agir et le juge administratif », *RDP* 1971, p. 43.

P. **Moudouhou**, *Recherches sur la représentation des personnes publiques en justice en droit français*, Thèse, Tours, 1994.

J.-J. **Taisne**, *La Déontologie de l'avocat*, Dalloz, Connaissance du droit, 5e éd., 2007.

POUR ALLER PLUS LOIN

D. **Bailleul**, « L'intérêt d'un intérêt à agir en matière d'excès de pouvoir », *Petites Affiches* 2003, n° 24.

P. **Charlot**, « L'actualité de la notion de qualité donnant intérêt à agir », *RFDA* 1996, p. 481.

B. **Pacteau**, « L'Autorisation au contribuable de plaider aux lieu et place de sa collectivité territoriale : curiosité, danger, bienfait ? », Mélanges J. Moreau, Economica 2003, p. 337.

4

La demande en justice

140 Le cadre de l'instance est normalement fixé par le demandeur puisqu'il a pris l'initiative de déclencher les hostilités en décidant de faire exister le procès au moyen de la saisine du juge qui constitue ainsi la demande principale (1.). Cependant, parce qu'il a pris cette initiative, il ne saurait se voir attribuer un «*privilège d'instance*» lui donnant l'exclusivité de la fixation du cadre du procès. Le respect d'une certaine égalité entre les parties conduit à reconnaître, à la fois, des droits au défendeur – en vue de la rectification du cadre de l'instance – et aux tiers – afin de permettre une plus complète ouverture du débat contentieux dans ce même cadre – (2.). La demande en justice, qu'elle soit principale ou dérivée, doit être formée devant le juge dans un certain délai afin d'assurer la stabilité des situations juridiques. Cette question, très technique, est l'une des plus importantes et des plus irritantes du contentieux administratif: malgré de nombreux efforts pour simplifier et assouplir la détermination du délai de saisine contentieuse afin qu'il puisse être compris aisément (3.) celui-ci n'en demeure pas moins assez complexe en définitive dans son régime juridique (4.).

1 La demande principale

141 La demande en justice est le noyau autour duquel tourne toute l'action contentieuse. Par sa demande, le requérant fait exister le procès, institue des personnes comme défendeurs à ce procès et en exclut d'autres (tiers), enfin, délimite le champ de la contestation par une cristallisation des prétentions. Dans ce drame que, d'une certaine manière, constitue tout procès, échec de la raison humaine, la demande joue le rôle de l'acte d'exposition dans les tragédies de Racine ou du Coryphée dans celles de Sophocle et d'Eschyle.

Avant d'examiner positivement les notions de parties et de tiers, qui découlent de la demande principale (B.), et celles de moyens et de conclusions, qui en constituent la trame (C.), il convient, négativement, de présenter les limites au droit de former une demande principale (A.).

A. Les limites à la formation de la demande en justice

Celui qui tente de saisir le juge peut rencontrer des obstacles à son action. S'il est un particulier, il aura parfois l'obligation de faire précéder son action contentieuse d'une demande adressée à l'administration pour l'amener à revenir sur la décision qu'elle a prise (1.). S'il est l'administration, il pourra se heurter à une véritable prohibition d'introduction de l'action contentieuse instituée par la jurisprudence (2.).

1. L'obligation d'un recours administratif préalable

142 Dans certains cas, le requérant, avant de saisir le juge, doit non seulement avoir obtenu de l'administration une décision préalable (ce qui, normalement, suffit pour saisir le juge) mais encore il a l'obligation, une fois obtenue la décision préalable, de saisir l'administration d'un recours préalable à l'action contentieuse. Ces recours administratifs préalables obligatoires ont été multipliés ces dernières années dans le souci de désencombrer le prétoire du juge administratif. Il en va d'autant plus ainsi que le juge, favorable à cette solution, donne une portée extensive au champ d'application des textes instituant de tels recours, appliquant parfois cette obligation de recours préalable à des personnes ne figurant pas dans l'énumération des personnes tenues de former un tel recours préalable (28 sept. 2005, *Louis*) à l'exclusion cependant de tiers extérieurs aux catégories de personnes énumérées car l'obligation ne peut leur être étendue (Sect., 10 mars 2006, *Sté Leroy-Merlin*).

• Les principaux cas de recours administratif préalable obligatoire

Ces cas se rangent en deux catégories.

143 *Tout d'abord,* certains de ces cas sont institués par des textes, réglementaires ou législatifs, bien que l'obligation d'un tel recours soit de nature réglementaire (29 mai 1963, *Maurel*, p. 334; CC, n° 88-154 L, 10 mars 1988, *Loi du 17 juillet 1978 modifiée*). On note une tendance contemporaine à l'accroissement considérable du nombre de cas où est rendu obligatoire un recours administratif préalable. La loi du 31 décembre 1987, article 13, a d'ailleurs renforcé cette tendance et le Conseil d'État a lui-même suggéré à plusieurs reprises (rapports publics de 1988 et de 1993) de généraliser l'exigence de ce recours préalable obligatoire comme de supprimer la dispense de décision préalable dont bénéficient les litiges de travaux publics.

Ne peuvent être contestés devant le juge qu'après avoir satisfait à l'obligation d'un recours administratif préalable :

- le refus de l'administration de communiquer le(s) document(s) sollicité(s) (Sect., 19 févr. 1982, *Commaret*, p. 78, concl. P. Dondoux), le recours préalable prenant ici la forme d'un avis de la CADA ;
- les décisions en matière de déontologie médicale prises par le conseil de l'ordre (Sect., 30 mai 1973, *Gen*, p. 269) ;
- les ordres de recettes émis sous forme d'états exécutoires pour le recouvrement des créances de l'État étrangères à l'impôt et au domaine (art. 7, décr. du 29 déc. 1992 : le recours relevant du comptable public) ;
- les décisions préfectorales relatives aux demandes d'autorisation de création ou d'extension d'établissements hospitaliers privés (Sect., 1er févr. 1980, *Clinique Ambroise Paré*, p. 62) ainsi que d'acquisition de certains appareillages, le recours étant porté en ce cas devant le ministre de la Santé publique ;
- les décisions en matière de remembrement rural (Code rural art. L. 121-7 et L. 121-10) ;
- les litiges portant sur les élections universitaires (ce recours étant porté devant les commissions de contrôle des opérations électorales : décr. du 18 janv. 1985, art. 39) ;

– la contestation des actes d'établissement de l'impôt (contentieux de l'assiette : LPF art. R. 190-1), ou des actes de recouvrement de l'impôt (LPF art. L. 281 et R. 281-1), y compris le contentieux des redevances perçues par les agences financières de bassin (Nancy, 27 sept. 2004, *Sté ano. Distillerie GIE Massenez*) ;

– les recours formés par les militaires (à condition que le requérant ait réellement cette qualité : 2 mars 2007, *Ministre de la Défense*, req. 291201) à l'encontre d'actes relatifs à leur situation personnelle, à l'exception de ceux concernant leur recrutement ou l'exercice du pouvoir disciplinaire (décr. 7 mai 2001 pris en application de la loi du 12 avr. 2000, art. 23 : 27 nov. 2002, *Bourrel, Assoc. de défense des droits des militaires*, p. 412). Ces recours sont portés devant la commission des recours des militaires qui formule un avis destiné au ministre de la Défense, cet avis n'étant pas soumis à une obligation de communication préalable à l'auteur du recours (10 janv. 2007, *Machu*, ce qui est une solution très discutable). Le silence gardé sur ce recours préalable par la Commission a pour effet de ne pas faire courir le délai de recours contentieux, au moins pour les demandes relevant du plein contentieux (26 oct. 2007, *Piquer*) ;

– les décisions d'une fédération sportive dont relève une association sportive, le recours contentieux contre de telles décisions devant être précédé d'un recours préalable devant le comité national sportif et olympique français (loi du 16 juill. 1984, art. 19-IV et R. 351-4 CJA : 22 nov. 2006, *Association Squash rouennnaise*, req. 289839) ;

– les recours contre les décisions de refus de visa d'entrée en France prises par les autorités diplomatiques ou consulaires (art. 1er du décret n° 2000-1093 du 10 nov. 2000 : 2 mars 2007, *Mme Mariia A.*, req. 288971).

On signalera le cas particulier que constitue le recours préalable obligatoire à la Commission départementale de médiation instituée par la loi n° 2007-290 du 5 mars 2007, en matière de droit au logement opposable à l'État. La personne de bonne foi dépourvue de logement décent peut saisir le juge administratif d'un recours contentieux en urgence tendant à ce qu'il ordonne à l'État qu'il lui attribue un tel logement. (*cf.* § 293). Toutefois, cette saisine est subordonnée à la triple condition que cette personne ait formé, préalablement, un recours administratif devant la Commission de médiation compétente, que celle-ci l'ait reconnue comme prioritaire dans l'attribution d'urgence d'un logement et, enfin, que, dans le délai fixé par décret, elle ne se soit pas vue proposer un tel logement. L'avis négatif de la Commission constitue un empêchement à saisir la juridiction administrative (*cf.* article 9 loi du 5 mars 2007 ; article L. 441-2-3-1, I du code de la construction et de l'habitation ; article L. 778-1 *CJA*).

144 *Ensuite*, les autres cas de recours préalable administratif obligatoire sont institués par contrat. Tel est le cas des cahiers-types en matière de marchés publics. Tout contrat imposant une telle obligation doit être respecté à peine d'irrecevabilité absolue du recours contentieux formé directement (21 janv. 1966, *Ville d'Avignon*, p. 1025). Toutefois, et à la différence de la situation précédente, ce préalable obligatoire n'a pas un caractère d'ordre public, car il ne résulte que de la volonté des parties contractantes et n'a été créé que dans leur intérêt. Le juge n'a donc pas le pouvoir de soulever d'office l'omission de cette formalité, cependant le défendeur de première instance a la faculté d'invoquer pour la première fois en appel (17 janv. 1962, *Archimède*, *AJDA* 1962, p. 174, note J. B.) l'omission d'accomplissement de cette obligation (15 oct. 1976, *Sté Nord-Travaux et Banque Dupont*, p. 423, revenant sur 14 déc. 1934, *Angelotti*). Il faut réserver le cas où l'inclusion dans un contrat d'une clause rendant obligatoire le recours administratif préalable n'empêche pas la saisine directe du juge parce que le litige en cause ne procède pas du contrat lui-même mais, par exemple, de dispositions législatives. Ainsi un litige en garantie décennale de travaux ne peut-il se voir opposer la clause contractuelle de recours préalable obligatoire, car la garantie décennale résulte non du contrat mais de la loi (16 mars 1992, *SOMETRA*, p. 1119). Il s'ensuit qu'un tel recours préalable obligatoire ne peut, non plus, être exigé contre la résiliation d'un contrat, ce dernier n'existant plus, il n'y a plus de clause contractuelle pour fonder validement le caractère obligatoire d'un tel recours préalable (27 sept. 1999, *Houillon*, *BJDCP* 2000, p. 147).

• Le régime juridique du recours administratif préalable obligatoire

145 Lorsque l'exigence d'un tel recours a été posée par un texte, elle est d'ordre public et aucune régularisation ultérieure n'est possible (1er avr. 1992, *Abit*, p. 144) quand bien même l'obligation de recours préalable n'aurait pas été indiquée dans la notification de la décision (9 févr. 1996, *Ragot*, p. 32).

Lorsque cette exigence résulte d'un contrat, elle n'est pas d'ordre public, mais aucune régularisation ultérieure n'est non plus possible : l'irrecevabilité, lorsqu'elle est opposée, est insurmontable.

Ce recours obligatoire sera le seul qui devra et qui pourra être exercé s'agissant de la conservation du délai de recours contentieux ; celui-ci court à compter de la réponse au recours préalable obligatoire et la formation éventuelle postérieure d'un recours gracieux (1er avr. 1992, *Clinique des Maussins*, p. 144) ou hiérarchique (13 févr. 2006, *Hinopay*) ne conserve pas le délai du recours contentieux.

Une très importante nouveauté caractérise le régime des moyens articulés à l'encontre d'une décision administrative consécutive à l'exercice d'un recours administratif préalable obligatoire. Longtemps, la jurisprudence a exigé que les moyens développés à l'appui du recours contentieux fussent les mêmes que ceux soulevés dans le cadre du recours administratif formé contre la décision de l'administration préalablement à la saisine du juge (11 oct. 1972, *Élect. au conseil de l'UER de mathématiques de l'université de Rennes*, p. 629). Elle ne distinguait pas selon que le recours administratif préalable était obligatoire ou non. Désormais, est opérée une telle distinction. Le requérant qui entend contester la décision de l'administration prise à la suite de l'exercice de ce recours préalable obligatoire *« peut invoquer devant le juge, jusqu'à la clôture de l'instruction, tout moyen de droit nouveau, alors même qu'il n'aurait pas été invoqué à l'appui du recours administratif contre la décision initiale, dès lors que ces moyens sont relatifs au même litige que celui dont avait été saisie l'autorité administrative »* (21 mars 2007, *Garnier*, à propos de l'obligation faite aux militaires de saisir la commission de recours des militaires préalablement à la saisine du juge). Pour généreuse qu'elle soit, cette solution n'est pas heureuse car elle complique inutilement les choses, rompt la belle simplicité issue de la célèbre jurisprudence *Intercopie* (Sect. 20 févr. 1953, cf. § 136), retarde trop le jugement des affaires et repose sur un raisonnement peu convaincant : dans tous les cas, qu'il soit obligatoire ou non, l'exercice d'un recours administratif préalable à la saisine du juge a pour conséquence que la décision de l'administration prise à la suite de ce recours se substitue à la décision primitive ; il n'y a donc pas de raison de traiter, sur ce point, différemment les décisions prises à la suite d'un recours préalable obligatoire.

La décision rendue sur un recours préalable obligatoire se substitue toujours à la décision initiale même si elle est exactement conforme à celle-ci ; par suite, est inopérant le moyen tiré d'une irrégularité affectant la décision initiale et que ne comporte pas la décision prise sur recours préalable obligatoire (Sect., 19 nov. 1965, *Époux Delattre-Floury*,

p. 623; Sect. 13 déc. 2006, *Mme X.*, req. 287845) parce que seule cette dernière peut être contestée. Cependant, lorsque la décision rendue à la suite du recours obligatoire n'est qu'une décision implicite, au moins dans le droit des visas, le recours formé contre la décision initiale est considéré – par une très généreuse fiction jurisprudentielle – comme contestant également le rejet implicite du recours préalable obligatoire (11 janv. 2007, *T. N. épouse L.*, AJDA 2007 p. 701, concl. Y. Aguila). Toutefois, un moyen tiré de l'irrégularité de la procédure ayant précédé la décision initiale peut être invoqué devant le juge saisi d'un recours contre le rejet du recours préalable obligatoire (Sect., 18 nov. 2005, *Houlbreque*). Enfin, lorsqu'elle répond à un recours préalable obligatoire, l'administration se place à la date à laquelle elle décide et non à la date du recours, elle doit donc tenir compte des éléments de fait et de droit postérieurs à la date du recours dont elle a été saisie (29 nov. 1993, *Garelli*, p. 1072), en revanche, elle est dessaisie de tout pouvoir sur sa propre décision dès la formation d'un recours hiérarchique contre celle-ci (8 juil. 2005, *Min. Santé c./ARH de PACA*).

Dans tous le cas où existe une obligation d'exercice d'un recours administratif préalable, une requête en référé suspension peut être présentée dès la formation de ce recours préalable obligatoire (3 avr. 2008, *Gladstone et autres*, req. 314202) sans attendre la décision consécutive à ce recours.

2. La jurisprudence *Préfet de l'Eure* (30 mai 1913)

146 Le Conseil d'État, par cette célèbre décision (Sir. 1915.III.9, note M. Hauriou), pose l'obligation pour l'administration d'exercer les prérogatives dont elle dispose soit en vertu des textes, soit en vertu de principes généraux du droit. Il suit de là qu'il est interdit à l'administration de saisir le juge pour lui demander de décider quelque chose qu'elle a la faculté de s'accorder à elle-même. Elle ne peut introduire d'action contentieuse qui ne pourrait procurer que des résultats identiques à ceux qu'elle peut obtenir directement par ses propres décisions (2 juil. 2007, *Cne de Lattes*).

• La portée du principe

147 Ce principe emporte trois conséquences. L'administration ne peut solliciter une annulation qu'elle peut prononcer elle-même grâce à son pouvoir d'abrogation ou de retrait (21 juil. 1989, *Cne de Noisy-le-Grand*, p. 866). L'administration ne peut pas solliciter du juge des autorisations d'agir que de toute façon elle a compétence pour se délivrer à elle-même (21 juil. 1970, *Sté occitanienne de travaux publics*, p. 1096). L'administration ne peut obtenir la condamnation d'une personne par le juge par les moyens qu'elle détient déjà directement, tels, en matière pécuniaire, l'émission d'un titre de recette ou d'un état exécutoire pour valoir réparation pécuniaire (*Préfet de l'Eure*, préc.) ou le prononcé d'astreintes (27 janv. 1933, *Le Loir*, p. 136).

• Les exceptions au principe

148 Il y a tout d'abord des hypothèses où l'administration ne détient pas le pouvoir d'édicter elle-même une mesure : en ce cas, seul est possible le recours au juge, par exemple s'agissant de la faculté de constituer débiteur ou de solliciter l'expulsion d'occupants sans titre du domaine public en l'absence d'urgence.

Il y a ensuite des hypothèses où l'administration a le choix entre décider elle-même une mesure ou la solliciter du juge. Tel est le cas de l'expulsion d'occupants sans titre du domaine public en cas d'urgence ou de l'émission d'un état exécutoire à l'encontre d'un cocontractant défaillant ou mauvais exécutant (26 déc. 1924, *Cne de Marly-le-Roi*).

B. Aperçu sur les notions de parties et de tiers

Le terme de « *parties* » est réservé à ceux qui s'affrontent au cours du même procès administratif par échange d'arguments (toute personne appelée en cause par le juge est une partie : 10 janv. 2005, *Assoc. Quercy-Périgord*) tandis que celui de « *tiers* » l'est à ceux qui demeurent extérieurs au procès. Cette dualité n'a pas le même contenu en première instance (1.) et en appel (2.).

1. En première instance

149 En première instance, se rencontrent :

– le *demandeur*, qui est celui qui intente l'action, car il déclenche le combat judiciaire ; il garde dans tous les cas cette qualité en appel ;

– le *défendeur*, qui est celui contre qui le procès est engagé, ce sera le plus souvent, dans le procès administratif, une personne publique, mais ce pourra être aussi une personne privée dotée de prérogatives de puissance publique ou un concessionnaire ou un entrepreneur de travaux publics ou encore certains sous-traitants, etc. Il garde, lui aussi, cette qualité en appel ;

– l'*intervenant*, qui est celui qui, n'étant pas partie originaire au procès, s'y introduit spontanément (à certaines conditions) ou y est introduit de force. Il ne garde pas cette qualité en appel ;

– le *tiers*, qui est celui qui n'est ni partie originaire au procès, ni représenté, ni mis en cause dans celui-ci.

2. En appel

150 En appel, sont dénommés :

– *appelant* celui qui a interjeté appel du jugement de première instance ; le *demandeur appelant* est le demandeur dont la prétention initiale a été rejetée en tout ou en partie en première instance et qui, pour cette raison, a interjeté appel ; le *défendeur appelant* est celui qui a vu le demandeur de première instance obtenir partiellement ou totalement gain de cause, d'où son appel ;

– *intimé* celui contre lequel l'appel est formé ; il peut y avoir un *demandeur intimé* lorsque le demandeur a gagné tout ou partie du procès qu'il avait introduit, ou un *défendeur intimé* lorsque le demandeur de première instance a perdu la totalité ou une partie seulement du procès.

L'intervenant de première instance disparaît en appel, car, s'il y poursuit son action volontaire de première instance, ce ne peut être que comme appelant ou comme intimé.

Il y a ainsi deux « duels » possibles en appel : demandeur appelant contre défendeur intimé ou défendeur appelant contre demandeur intimé.

On remarquera que ces figures processuelles sont susceptibles de connaître des altérations. Ainsi, en première instance, le défendeur peut être partiellement un demandeur s'il contre-attaque le demandeur en ne se bornant pas à se défendre mais en formant à son tour une véritable demande : il sera donc traité, selon les aspects, tantôt comme défendeur tantôt comme demandeur. Il en va de même, en appel, de l'appelant et de l'intimé qui peuvent avoir, en partie, les deux rôles. Toutefois, dans les deux situations que l'on vient de rappeler, il y a toujours, en chacune des parties, une qualité principale et une qualité secondaire.

C. Moyens et conclusions, composantes de la demande en justice

La demande adressée au juge comporte obligatoirement, donc à peine d'irrecevabilité, des moyens et des conclusions. Les moyens sont les arguments que le requérant développe pour soutenir ses conclusions. C'est au fond la démonstration – selon lui – du caractère fondé de son action et donc de ce qu'il croit propre à emporter la conviction de la juridiction qu'il a saisie (1.). Les conclusions sont l'objet même du procès, c'est-à-dire ce que le requérant demande au juge de lui accorder parce qu'il se croit fondé à le réclamer (2.).

1. Les moyens (*cf.* aussi § 135-136)

Ensemble de l'argumentation développée à l'appui des conclusions, les moyens veulent démontrer le bien-fondé de celles-ci. Cette « argumentation » repose, alternativement ou successivement, sur des moyens qui peuvent être de droit et/ou de fait.

• La notion de moyens

151 Il existe, ou peut exister, des moyens du demandeur et des moyens du défendeur. Cependant, s'il existe toujours – à peine d'irrecevabilité – des moyens propres du demandeur, il peut ne pas exister de moyens du défendeur, propres à celui-ci; c'est le cas lorsque le défendeur se borne à rejeter les moyens du demandeur sans invoquer lui-même de moyens, situation typique en excès de pouvoir. En revanche, le défendeur peut avoir ses propres moyens, ce sera le cas lorsqu'il ne se bornera pas à se défendre mais contre-attaquera le demandeur. Ces moyens propres du défendeur peuvent exister en l'absence de toutes conclusions propres de celui-ci. L'inverse n'est pas vrai: si le défendeur prend des conclusions propres, celles-ci seront toujours accompagnées de moyens propres.

Qu'ils soient du demandeur ou du défendeur, les moyens se rangent en deux groupes: les moyens de droit et les moyens de fait.

Les moyens de fait sont innombrables et disparates à l'infini: chronologie des événements, cartographie des lieux, expertises de tous ordres, photographies, témoignages, écrits, etc. peuvent constituer de tels moyens.

Les moyens de droit peuvent porter sur les droits subjectifs ou sur le droit objectif. Des droits subjectifs relèvent en particulier les moyens tirés de la violation des clauses d'un contrat; ils ne pourront être invoqués que dans le cadre d'un recours de pleine juridiction, jamais d'un recours pour excès de pouvoir, sauf exceptions exposées aux § 61 et 70. Du droit objectif relèvent les moyens fondés sur la légalité générale, c'est-à-dire la hiérarchie des normes; on sait qu'ils se divisent en moyens de *légalité externe* et moyens de *légalité interne* (*cf.* § 136). On relèvera les pièges que contient parfois cette dichotomie d'apparence simple. Ainsi, alors que le détournement de pouvoir ne touche qu'à la forme de l'acte, à son extériorité, et n'affecte pas la texture de son contenu, il appartient pourtant non à la légalité externe mais bien à sa légalité interne.

Semblablement, un moyen peut changer de nature selon l'angle procédural utilisé pour l'invoquer: dans une procédure d'expropriation, la désignation d'une personne comme commissaire enquêteur alors qu'elle ne peut pas l'être, relève assurément de la légalité externe puisqu'il s'agit du vice d'incompétence; pourtant ce moyen, invoqué par voie d'exception d'illégalité contre l'arrêté déclaratif d'utilité publique pour le faire déclarer dépourvu de base légale, sera traité comme un moyen de légalité interne (10 juil. 1995, *Cne de la Tremblade*, p. 996).

• Le sort des moyens

Tous les moyens n'ont pas nécessairement la même force et le même effet: il est des moyens qui sont immanquablement voués à l'échec tandis que d'autres ne peuvent que prospérer.

Il existe quatre catégories principales de *moyens insusceptibles de convaincre le juge.*

152 En premier lieu, se rencontrent les *moyens non fondés en fait*: ce sont des moyens de fait que le requérant est incapable d'étayer, d'établir ou de prouver; le juge dira qu'un tel moyen « manque en fait ». Il peut se faire aussi qu'un tel moyen n'échoue qu'en raison d'une erreur d'appréciation de celui qui l'invoque parce qu'il a mal mesuré la consistance d'un fait, un de ses caractères, sa nature ou ses composantes (2 oct. 1968, *Cne du Vésinet*, p. 470). Il peut se faire aussi qu'il ait été commis une erreur dans la qualification juridique du fait servant de support au moyen invoqué: le fait existe bien tel que le décrit celui qui l'invoque, mais ce dernier se trompe sur sa qualification juridique et donc sur les conséquences de droit qu'il convient d'en tirer.

153 En deuxième lieu, se trouvent les *moyens inopérants*. Ce sont des moyens qui peuvent être fondés, mais ils n'auraient aucune influence sur le sort du litige si le juge venait à les retenir. Ceci explique pourquoi le juge qui rejette un moyen inopérant n'est pas tenu de le faire explicitement en répondant au dit moyen (Sect., 25 mars 1960, *Boileau*, p. 234; 13 févr. 2008, *Réseau ferré de France*, req. 296012). C'est ce qui explique également que l'omission de répondre à un moyen inopérant ne constitue pas une irrégularité (19 nov. 2008, *SARL Financière François Dufour*). Il s'agit tout d'abord de ceux des moyens invoqués à l'encontre de décisions prises par l'autorité publique dans le cadre d'une compétence liée, celle-ci ne pouvait pas ne pas les prendre telles qu'elles l'ont été (Sect., 17 oct. 1980, *Pont*, p. 374; Sect., 3 févr. 1999, *Montaignac*, *AJDA* 1999, p. 567; Sect., 26 févr. 2003, *Nègre*, *AJDA* 2003, p. 490: le moyen tiré du défaut de motivation d'une décision de révision d'une pension est inopérant, car l'administration était tenue de prendre la décision telle qu'elle l'a été; 25 mai 2007, *Cne de Sens*, n°292081, *a contrario*).

Il s'agit ensuite de ceux des moyens tirés de ce qu'une décision est illégale alors que lui a été substituée, en réalité, une autre décision (11 mars 1994, *Min. du Travail*, p. 1098 ; 17 janv. 2007, *Nihad A.*, req 300533) ou qu'elle a été prise sous l'empire d'un pouvoir discrétionnaire (Ass., 5 juil. 1985, *Ville d'Albi*, p. 220). Il s'agit également de moyens complètement étrangers au litige parce qu'ils n'entrent point dans son objet ou dans son champ d'application (par ex. invocation de la Convention EDH dans un litige qui n'entre pas dans le champ d'application de cette convention: Sect., 20 juin 1997, *Rezli*, p. 250) ou parce qu'ils reposent sur des textes pas encore, pas du tout (ainsi de l'allégation qu'une loi serait contraire à un traité alors que la France n'y est pas partie: 12 janv. 2009, *France Nature Environnement*) ou plus applicables aux faits de l'espèce au moment du litige, etc.

Sont également inopérants ceux des moyens soulevés à l'encontre des motifs surabondants contenus dans une décision de justice (8 août 2008, *Région Bourgogne*). On peut ranger dans cette catégorie des moyens inopérants ceux des moyens auxquels le juge oppose un non lieu. Fondés en droit strict, de tels moyens visent des actes, depuis lors corrigés ou apurés du vice les affectant, c'est pourquoi le juge les écarte dans le souci de ne pas allonger inutilement les procédures. Si l'on peut comprendre une solution aussi expédiente c'est à condition que son utilisation demeure rare (30 mai 2007, *Van Camelbeke*, AJDA 2007 p. 1490, concl. M. Guyomar).

154 En troisième lieu, il existe des *moyens irrecevables*. Ces moyens ne peuvent pas être accueillis par le juge pour l'un des motifs suivants: moyens non sérieusement formulés, par exemple simples allégations ou formulation incomplète, etc. (24 févr. 1995, *Persichetti*, p. 104); moyens soulevés devant une juridiction incompétente pour en connaître, telle l'invocation de l'inconstitutionnalité d'une loi ou d'un traité international (3 mars 1961, *André et autre*, p. 154) ou d'un acte de gouvernement; moyens dirigés contre des actes qui ne sont pas des décisions; moyens irrelevants, car insusceptibles d'être soulevés dans certains contentieux, comme l'invocation d'un acte de droit privé au soutien d'un recours pour excès de pouvoir, etc.

155 En quatrième lieu, il existe *les moyens présentés après expiration du délai de recours et appartenant à une cause juridique différente* de celle sur laquelle reposent les moyens présentés, eux, dans le délai du recours contentieux. Il s'agit proprement de « *moyens nouveaux* ». En raison de la rigidité séparant les différentes causes juridiques dans certains contentieux, notamment celui de l'excès de pouvoir (§ 136), le changement de cause juridique comme fondement d'un moyen rend celui-ci irrecevable lorsqu'il a lieu hors délai. Toutefois, dans le droit spécifique du remembrement, le moyen nouveau tiré d'irrégularités de la procédure est recevable devant le juge même s'il n'a pas été développé devant la commission départementale d'aménagement foncier (20 févr. 2008, *Min. Agric., Alimentation, Pêche et Affaires rurales*).

156 – Les *moyens d'ordre public*: la voie du succès

Ces moyens importent si fondamentalement à la structure même du droit et de l'État que l'on ne peut, sans dommage grave, les ignorer, même avec l'accord des parties car ils sont destinés à protéger non un intérêt personnel ou subjectif mais l'intérêt général pris comme ordre objectif du monde dans un État démocratique. Sont de tels moyens:

– l'incompétence de l'auteur de l'acte, de la décision ou du contrat (11 juil. 2008, *Province des îles Loyauté*), ou de la réglementation sur la base de laquelle l'acte a été pris;

– la rétroactivité illégale d'un acte réglementaire (Sect., 8 nov. 1968, *Menez*, p. 557) ;

– le caractère inexistant d'un acte (TA Mata-Utu, 12 mars 2007, *Halagahu*);

– le principe qu'une personne publique ne peut pas être condamnée au paiement d'une somme qu'elle ne doit pas (Sect., 19 mars 1971 *Mergui*, p. 235, concl. M. Rougevin-Baville; 26 mars 2008, *Sté SPIE Batignolles*, req. 270772: en cas de nullité d'un contrat, le cocontractant de l'administration ne peut cumuler des indemnités quasi-contractuelles et des indemnités extracontractuelles pour faire réparer plus d'une fois le préjudice subi) ;

– le moyen tiré de l'impossibilité de mettre en jeu la responsabilité de l'entrepreneur après la réception définitive des travaux (31 mars 1989, *Cne du Chesnay*, p. 868) ;

– l'irrespect du champ d'application de la loi qui consiste soit à appliquer à un litige des dispositions (légales ou réglementaires) ou des principes généraux qui lui sont inapplicables, soit à régir une situation de droit ou de fait au moyen de règles ne la concernant pas ou plus, matériellement, territorialement, temporellement, etc. Cependant, il existe une certaine confusion jurisprudentielle sur le point de savoir si le moyen tiré de la non-conformité du droit interne à une directive communautaire est d'ordre public. D'un côté, le juge se refuse à voir dans le non-respect des *objectifs* d'une directive communautaire par une disposition du droit interne français une violation du champ d'application de la loi, donc un moyen d'ordre public qu'il pourrait soulever d'office (Sect., 11 janv. 1991, *SA Morgane*, *RFDA* 1991, p. 652, concl. contraires M.-D. Hagelsteen). De l'autre côté, il est jugé que la non-conformité d'une règle de droit interne *au texte* d'une telle directive est un moyen d'ordre public (Paris, 1er juin 2005, *Julien*). En revanche, le juge considère, là sans hésitation, que n'est pas d'ordre public le champ d'application d'une convention internationale non invoquée devant lui (13 juil. 2007, *Min. Écon., Fin. et Industrie*, req. 290266) ;

– la nullité du contrat (Section, 27 nov. 1942, *Sté Bongrand et Dupin*) ; le juge constatant la nullité de certaines stipulations d'un contrat administratif, a l'obligation, même d'office, de vérifier le caractère divisible ou non de ces stipulations par rapport au reste du contrat afin de décider s'il doit, ou non, prononcer l'annulation de l'ensemble du contrat (19 déc. 2007, *Sté Sogeparc – CGCT – Cie gén. de stationnement*) ;

– l'authenticité douteuse de pièces d'état-civil produites au soutien d'une demande de visa (10 oct. 2008, *Paul-André X.*, n° 304965).

Le régime des moyens d'ordre public est bien connu : possibilité de les soulever à tout moment de la procédure, y compris en appel et, à certaines conditions, en cassation ; obligation pour le juge de les relever d'office à condition d'en avoir avisé – spontanément et préalablement (R. 611-7) – les parties (15 juil. 2004, *Chabaud*), etc. On relèvera que, nonobstant cette obligation de communication préalable des moyens d'ordre public, le juge peut cependant, sans en informer les parties, soulever d'office le moyen tiré de ce que l'une des conditions d'engagement de la responsabilité de la puissance publique n'est pas remplie (30 nov. 2005, *Guitard et autres*). Et, de la même manière, il n'y a pas lieu à communication des moyens d'ordre public dans les procédures accélérées : dispense d'instruction, procédure d'admission des recours en cassation, président de la juridiction statuant seul et sans procédure contradictoire (non-lieu à statuer, donné acte d'un désistement, etc. : 26 juill. 2006, *Alain X.*, req 286916) mais non dans les procédures d'urgence (Sect., 2 oct. 1996, *Sarl Entr. gén. d'électricité Béranger*, p. 379). Enfin, la notification d'un moyen soulevé d'office n'est pas susceptible de recours contentieux (28 déc. 2007, *Lachère*).

2. Les conclusions (*cf.* aussi § 137)

157 Le Code civil donne, sous une formulation parfaitement lapidaire, dans son article 1351, une excellente définition des conclusions, c'est « *la chose demandée* ». Il existe des conclusions du demandeur et il peut exister des conclusions du défendeur, exactement comme cela a été vu plus haut pour les moyens. Par exemple, en excès de pouvoir, le demandeur peut solliciter l'annulation d'un acte et le défendeur son maintien. Le défendeur, en ce cas, doit, à son tour, développer ses propres conclusions destinées à solliciter quelque chose de la part du juge. Par exemple, dans un procès en responsabilité, le demandeur réclame la reconnaissance d'un lien de causalité, d'un dommage, et l'octroi d'une réparation – ce sont ses conclusions – tandis que le défendeur, lui, soutiendra l'absence de causalité ou l'absence de dommage – et ce sont ses conclusions.

Demandeur comme défendeur peuvent, tout à la fois, formuler des conclusions principales, c'est-à-dire leurs premières conclusions, les plus importantes, et des conclusions subsidiaires, réservées pour le cas où les conclusions principales seraient rejetées. Ainsi, dans l'exemple précédent, le défendeur déposera des conclusions principales tendant à faire juger l'absence de lien de causalité ou l'absence de dommage et des conclusions subsidiaires portant sur le quantum du dommage et sur sa réparation.

Les conclusions doivent être aussi précises que possible et ne comporter aucune ambiguïté : claire identification de l'acte ou du fait visé, correcte désignation de la clause contractuelle concernée, rédaction univoque des interprétations, détermination précise des dates, des chiffres, etc. C'est un fait que les conclusions sont souvent mal rédigées à cause d'un vocabulaire inadéquat et de rédactions obscures. Il en va d'autant plus ainsi que les requérants sont souvent dispensés du ministère d'avocat. C'est pourquoi le juge se reconnaît un pouvoir d'interprétation, de correction et de remise en ordre des conclusions dont il est saisi. Ainsi, alors que des conclusions sont fondées sur un décret, depuis abrogé, le juge va les lire comme indiquant qu'elles sont en réalité appuyées non sur le décret mais sur la base de la loi abrogeant ledit décret (22 juil. 1991, *SCI La Bounty*, *RDP* 1992, p. 232, concl. B. de Froment). De même, alors que le requérant saisit le juge d'un recours contre un document qui se présente comme et qui n'est qu'une simple mesure d'information (donc insusceptible de lier le contentieux), le juge va interpréter ce document comme constituant une décision implicite de rejet (25 mai 1990, *Rodriguez*, p. 135) ; pareillement, le recours dirigé contre la décision implicite d'un consul de France rejetant une demande de visa d'entrée et de court séjour en France, est interprété comme valant également recours contre la décision de rejet de cette demande par la commission de recours contre les décisions de refus de visa d'entrée en France (23 mai 2007, *Mme X.*, req. 286159) ; etc.

2 Les demandes incidentes

158 La demande incidente est celle qui se greffe sur une autre demande, chronologiquement antérieure et ontologiquement principale. Si le demandeur, le défendeur et des tiers peuvent être auteurs de demandes incidentes, le droit ne traite pas de la même manière chacun d'eux. Il sera sévère pour admettre la demande incidente du demandeur, car celui-ci a eu tout loisir de décider ou non d'agir en justice et il n'y a pas lieu de lui permettre aisément de « rectifier le tir » après coup (A.). En revanche, le défendeur, qui n'a pas cherché à faire naître le procès et s'y trouve projeté contre son gré par la force d'une volonté extérieure discrétionnaire, doit être traité avec plus de mansuétude s'il souhaite remodeler au moins en partie un recours dont il n'est pas l'auteur mais dont il subit les entiers effets (B.). Pour les tiers, c'est la volonté de ne pas étendre à l'infini le cadre de la contestation ouverte par la demande principale qui a conduit le juge à se montrer réservé pour accepter leurs demandes incidentes éventuelles (C.).

A. La demande incidente du demandeur ou « demande additionnelle »

159 Le demandeur, qui a eu le privilège de prendre l'initiative de l'instance, en fixe librement le cadre et donc détermine l'étendue du litige. Il conserve encore, après l'introduction de l'instance, une certaine liberté de modifier les termes initiaux du litige. Cependant, on ne saurait lui permettre d'étendre indéfiniment les termes du débat contentieux, car, au final, risquerait de naître un véritable nouveau litige. C'est pourquoi le juge exige qu'un lien direct assez étroit existe entre la demande principale et la demande additionnelle, celle-ci devant être connexe à celle-là (1. et 2.).

1. La notion de connexité

160 On peut tout d'abord dire d'une demande additionnelle qu'elle est connexe à une demande principale quand, tout en étendant le champ primitif du litige, notamment par modification de l'objet, elle est fondée sur la même cause que la demande principale.

On peut encore dire qu'une demande est connexe à une autre quand de la solution donnée à la première demande dépend inéluctablement la solution qui sera donnée à la seconde (14 mai 2007, *Syndicat mixte du parc naturel régional de la Montagne de Reims*, req. 294660, *a contrario*). Certes, en ce cas, la cause juridique des deux demandes ne sera pas nécessairement la même, mais les deux demandes ne sont pas non plus indifférentes l'une à l'autre, car c'est bien la solution donnée à la première demande qui est la cause juridique de la solution donnée à la seconde demande.

On peut enfin dire que la connexité entre deux demandes résulte de ce qu'elles sont dirigées chacune contre des décisions ou situations administratives différentes mais déjà connexes entre elles. C'est alors la connexité entre les décisions attaquées qui provoque ainsi la connexité par ricochet des demandes formées contre ces décisions.

2. Les limites à la connexité

161 Le juge administratif a développé à l'égard des demandes additionnelles une jurisprudence rigoureuse et efficace par un moyen procédural simple. Lorsque la formation de la demande principale est enfermée dans un certain délai (ce qui est presque toujours le cas si l'on excepte les travaux publics), c'est également dans ce même délai que doit être formée la demande additionnelle (au moins depuis: 16 mai 1924, *Jourda de Vaux c./Min. de la Guerre*, p. 483), ce qui, dans la plupart des cas, est assez difficile et limite la recevabilité de cette dernière. En effet, le juge considère que, formée hors délai, elle est une demande nouvelle. Cette solution, parfois critiquée pour sa sévérité, doit être approuvée, car admettre plus de souplesse serait introduire un facteur d'incertitude considérable dans la mesure où il ne resterait plus alors de moyen objectif pour déterminer à quel moment les prétentions du demandeur sont entièrement et définitivement cristallisées.

Enfin, lorsque la demande additionnelle tend à porter le débat sur une autre branche du contentieux que celle dont relève la demande principale, elle est irrecevable en raison de la séparation qui affecte, en particulier mais pas seulement, le contentieux de l'excès de pouvoir et celui de la pleine juridiction. Pareillement, la connexité ne joue pas entre des demandes distinctes relevant de voies de recours différentes (par ex: un recours en appel et un recours en cassation: Sect. 6 oct. 1961, *Demaize*, p. 548; 16 juin 2004, *Bianchin*, p. 639 ou un recours en appel et un recours en premier ressort même si tous deux relèvent du Conseil d'État: 3 mars 2008, *Derrien*).

B. La demande incidente du défendeur ou « demande reconventionnelle »

Après avoir indiqué la philosophie générale qui anime le régime de la demande reconventionnelle (1.), on indiquera à quelles conditions elle est recevable (2.) et on présentera ensuite le cas particulier où celle-ci se réduit à n'être qu'un pur moyen de défense (3.).

1. Observation générale

162 On appelle demande reconventionnelle, en contentieux administratif, la demande formée par un défendeur qui a pour objet de contre-attaquer le demandeur en saisissant le juge d'une demande incidente en réponse et en riposte à la demande initiale. Le défendeur peut ne pas se borner à répondre à l'argumentation du demandeur en tentant de réfuter celle-ci. Il peut aussi vouloir rétablir un certain équilibre entre les parties en rompant l'exclusivité de la fixation du cadre du litige qui appartenait jusque-là au demandeur. En particulier, il peut vouloir donner au litige son extension potentielle maximale

en le faisant porter sur des points que le demandeur avait écartés dans sa demande initiale parce que peu favorables à ses prétentions. Pour cela, il faut, bien sûr, qu'existe une admission large de la demande reconventionnelle : c'est assez souvent le cas, sous réserve d'une limite importante dans le contentieux de l'excès de pouvoir où les demandes reconventionnelles ne sont pas admises. On voit mal l'auteur de la décision attaquée, à la fois, ne pas se borner à défendre la légalité de sa décision et tenter de riposter à la demande d'annulation autrement qu'en demandant le maintien de la décision attaquée. Lorsque l'on se trouve dans ce contentieux, une demande reconventionnelle, en indemnité par exemple, est irrecevable (24 nov. 1967, *Noble*).

2. Les conditions de recevabilité de la demande reconventionnelle

163 La demande reconventionnelle peut être formée sans condition de délai durant tout le temps de l'instance et jusqu'à la clôture de celle-ci (18 janv. 1928, *Quignon*, p. 72) ; elle devient irrecevable à partir de la clôture de l'instruction ou de la mise en délibéré (17 mars 1934, *Cne d'Oulchy-le-Château*, p. 378). Elle n'est recevable que si elle relève de la compétence de la juridiction saisie de la demande principale ; il s'ensuit que, dans la plupart des cas, la demande reconventionnelle de l'administration défenderesse contre un particulier est irrecevable, car elle relève des juridictions de l'ordre judiciaire (27 nov. 1946, *Dorléans*, p. 445).

Quant à sa forme, la demande reconventionnelle est soumise aux conditions ordinaires de formation des recours et sa recevabilité est liée à celle de la demande principale : l'irrecevabilité de cette dernière entraîne celle de la demande reconventionnelle, puisque cette demande est sans autonomie procédurale.

L'action en dommages-intérêts pour *citation abusive* relève de la compétence du juge saisi de l'action jugée abusive par le défendeur ; il ne peut l'être que par demande reconventionnelle dans l'instance ouverte par l'action principale (Section 6 juin 2008, *Conseil région. de l'ordre des chirurgiens-dentistes de Paris*).

3. La demande reconventionnelle, moyen de défense

164 Il arrive que la demande reconventionnelle n'ait pas pour objet de donner au litige sa dimension maximale mais d'être seulement un pur moyen de défense. Le défendeur se borne à conclure au rejet de la requête. La recevabilité d'une telle demande, dont l'objet est ainsi restreint, est facilitée parce que la condition de liaison étroite avec la demande principale, qui est normalement exigée, n'est plus nécessaire ici (5 janv. 1929, *Ozenfant et Brassart c./Min. de la Guerre*). De fait cependant, la demande reconventionnelle pur moyen de défense est souvent connexe à la demande principale (Sect., 7 nov. 1946, *Grenier et Gastu*), mais ce n'est pas, en ce cas, de cette connexité que dépend la recevabilité de cette demande reconventionnelle.

C. La demande incidente des tiers au litige, l'« intervention »

Il s'agit d'une demande formée par une personne qui n'est ni partie, ni représentée, ni mise en cause dans une instance donnée (sur la distinction entre partie et intervenant et ses effets procéduraux : 7 mai 2008, *Fonds d'indemnisation des victimes de l'amiante*, req. 287909). L'intervention est volontaire (1.) ou forcée (2.). Dans tous les cas, une intervention ne peut être recevable que si elle est motivée (16 juin 2008, *Groupmt des brocanteurs du Saleya*).

1. L'intervention volontaire

Cette hypothèse se réalise lorsqu'une personne se joint spontanément à une instance à laquelle, en principe, elle n'a pas été appelée à participer. Elle peut soit se joindre au demandeur, soit se joindre au défendeur. En revanche, il ne lui sera pas possible d'adopter une posture procédurale propre. Dans les recours de plein contentieux seules sont admises à former une intervention les personnes se prévalant d'un *droit* auquel la décision à intervenir est susceptible de préjudicier (ce qui n'est pas le cas de l'assureur: 25 juin 2008, *X.*, n° 295849).

• L'intervention agressive et l'intervention jonction

165 L'intervention agressive a lieu aux côtés du demandeur pour appuyer les prétentions de celui-ci (*cf.* note Ch. Debbasch sous 6 nov. 1959, *Pomar, D.* 1960, p. 468), l'intervention jonction (appelée aussi intervention conservatoire) est celle qui est jointe à la défense produite par le défendeur.

L'intervenant doit remplir certaines conditions. Il doit former son intervention au moyen d'une requête séparée, soumise ou non au ministère d'avocat selon ce qu'il en est pour la demande principale (13 oct. 1967, *Préfet de la Corrèze*, p. 370). L'intervenant doit agir spontanément, faute de quoi son action serait tenue pour une mise en cause et traitée comme une défense (20 juin 1958, *Guimezanes*, p 372). L'intervenant ne doit pas être l'auteur d'un acte attaqué pour excès de pouvoir (*cf.* § 63 et 13 mai 1910, *Houbdine*, p. 391). Il doit justifier d'un intérêt à intervenir à peine d'irrecevabilité de son intervention (12 janvier 2009, *Synd. intercmnal des eaux de la Dhuy*), l'existence de cet intérêt étant appréciée plus ou moins largement par le juge. Naturellement, cet intérêt, dans le contentieux de l'excès de pouvoir, sera un simple intérêt, tandis que dans le contentieux de la pleine juridiction, ce sera un véritable droit atteint (15 juil. 1957, *Ville de Royan, RDP* 1957, p. 109, concl. C. Lasry). Cette exigence que l'intervenant établisse l'existence d'un intérêt à son intervention assure une certaine autonomie à son action et lui permet d'interjeter appel du jugement de première instance dans les conditions exposées ci-après. Dans le cas des personnes morales, il arrive que leur intervention soit plus facilement admise que leur action principale: dans bien des cas, alors que leur action principale aurait été déclarée irrecevable, leur intervention sera admise puisque, celle-ci supposant que le juge est déjà saisi, elle n'aura pas pour effet d'encombrer son prétoire par un nouveau procès.

La demande de l'intervenant doit remplir certaines conditions. Sa recevabilité dépend de la recevabilité de la demande principale (25 juil. 1934, *Ville de St-Lucien*, p. 906) et le rejet de celle-ci entraîne celui de l'intervention (18 mai 1923, *Sté des Chantiers de France*, p. 425) sauf dans le cas où, précisément, l'intervention a pour objet de contester la recevabilité du recours principal (16 nov. 1962, *Assoc. nat. des usagers de l'électricité*, p. 610). En cas de désistement du demandeur, l'intervention volontaire devient sans objet s'il s'agit d'une intervention en demande (4 févr. 1927, *Assoc. nat. des étudiants en médecine*, p. 157; 26 mars 2008, *BASF Agro*, req. 280925), en revanche, s'il s'agit d'une intervention en défense, l'intervenant doit accepter ou refuser le désistement, lequel peut avoir précisément pour objet de faire échec à la défense (5 mars 1971, *Ville de Toulouse*, p. 196). En principe, l'intervention perd tout intérêt en cas de demande de non-lieu, sauf s'il y a non-lieu législatif (27 mai 1956, *L'autosport*, p. 43) ou si l'objet de l'intervention consiste à contester la demande de non-lieu (12 oct. 1955, *Chambre syndicale des chauffeurs*, p. 478). L'intervenant peut former seul appel contre le jugement de première instance en cas de non-appel de la partie principale dans les trois cas suivants (5 mars 1943, *Cie Gén. des eaux*, p. 62). En toute hypothèse, il peut le faire lorsqu'il s'agit de contester le jugement refusant d'admettre l'intervention (3 janv. 2003, *Belminar*, AJDA 2003 p. 953). Ensuite, dans le cas d'une intervention en demande, la recevabilité de l'appel est subordonnée à l'exigence que l'intervenant aurait eu qualité pour interjeter lui-même appel. Enfin, dans le cas d'un intervenant en défense, son appel est, comme c'est normal, encore plus restrictivement admis : il ne peut interjeter appel que s'il aurait eu qualité pour former tierce opposition au jugement de première instance. *A fortiori*, peut-il se joindre à cette dernière si elle interjette appel. Enfin, l'intervention ne doit pas porter sur un litige relatif au contentieux électoral (14 nov. 2008, *Chrystel B.*, req. 317381), à l'impôt sur le revenu, ni, non plus, solliciter un renvoi pour cause de suspicion légitime (ord. réf., 11 janv. 2007, *C. Lepage*, req. 300428 et § 304). En cassation, celui qui était intervenant en défense dans l'instance frappée de pourvoi ne peut, au mieux, que conserver cette qualité et non agir à titre principal même en cas de non-pourvoi du défendeur (18 avr. 2008, *ASPAS*, req. 302070).

• La question de l'intervention principale

166 Le principe est clair : l'intervention doit être jointe soit aux conclusions en demande, soit aux conclusions en défense, et encore, en ce cas, doit-il exister entre l'intervention et les conclusions principales un lien assez étroit. L'intervenant ne pourra, même s'il dispose d'une certaine autonomie (Sect. 6 nov. 1959, *Pomar*, p. 583), que soulever des moyens nouveaux faisant partie de la même cause juridique que les moyens utilisés dans l'action principale (7 févr. 1958, *Synd. des propriétaires des forêts de chênes-lièges d'Algérie et autres, AJDA* 1958.II.130, concl. Grévisse). Il ne peut pas adopter une position juridique propre (19 oct. 1934, *Assoc. des usagers de l'énergie*, p. 932 ; 11 avril 2006, ord. réf., *Tefaarere*, p. 197 ; 6 avr. 2007, *Jean-Alain X.*, req. 297704).

En définitive, l'intervenant ne peut ni étendre l'objet du litige, ni argumenter à l'aide d'une cause juridique distincte de celle sur laquelle s'appuie la partie principale, ni – et surtout – former de conclusions propres complètement distinctes de celles des parties principales.

On ne peut guère considérer comme des exceptions à cette prohibition de l'intervention principale deux situations que l'on retient parfois comme telles. Tout d'abord, dans le cadre du contentieux des édifices menaçant ruine, la possibilité pour les locataires de former des conclusions propres à fin de remise en état du bien, différentes de celles du propriétaire tendant à sa démolition, ne fait que traduire les pouvoirs exceptionnels que la législation reconnaît en ce cas au juge administratif indépendamment des conclusions prises par les parties (En ce sens : Sect., 6 mai 1970, *Ubaud et Cave, AJDA* 1970, p. 370, concl. G. Guillaume), elle ne consacre pas un droit d'intervention principale. Ensuite, la faculté reconnue aux membres des corps délibérants d'intervenir dans une instance introduite dans des conditions irrégulières par leur organe exécutif (Sect., 23 mars 1934, *Sté maritime*, p. 422) n'aboutit pas à leur conférer un droit d'intervention principale puisque c'est, en leur nom et avec leur accord exprès, qu'agit l'organe exécutif.

On a pu s'interroger sur les motifs de l'exclusion de l'intervention principale alors que la procédure civile l'admet depuis longtemps. Il y a à cela deux raisons essentielles. Tout d'abord, l'intervention se produit en principe après l'expiration du délai du recours et il ne serait pas normal de conférer à l'intervenant un droit d'action principal qui pourrait lui permettre d'étendre le champ du litige, alors, d'une part, que le demandeur principal n'a plus ce droit, et que l'intervenant s'est abstenu d'agir dans le délai légal de recours. Ensuite, l'intervenant principal n'aurait pas à fournir de décision préalable puisque celle-ci a déjà été fournie par le demandeur. Or, dispensé de fournir cette décision, il n'a pas à former contre celle-ci de conclusions principales puisqu'il ne l'a pas attaquée. En bref, le contentieux administratif considère – à juste titre semble-t-il – que celui qui veut adopter une position entièrement propre dans le procès doit instituer lui-même ce procès en l'organisant en qualité de partie originelle. C'est ce qui explique que l'intervenant ne peut pas retarder le jugement de l'affaire dans le cadre de laquelle il intervient (Ord. réf., 11 janv. 2007, *C. Lepage*, req. 300428 et art. R. 632-1, al. 3).

2. L'intervention forcée

167 L'intervention forcée se réalise lorsqu'une partie demande au juge de faire entrer un tiers dans le débat contentieux afin que le résultat du procès lui soit opposable. Il existe trois cas d'intervention forcée.

La mise en cause, qui est le fait du demandeur, a pour objet d'introduire un ou plusieurs défendeurs supplémentaires dans l'instance, afin d'obtenir leur condamnation (ou celle de l'un d'entre eux) à la place du défendeur principal premier cité au cas où ce dernier ne serait pas condamné.

L'appel en garantie, qui est le fait du défendeur, tend à faire reporter sur un tiers, appelé en garantie, tout ou partie de la condamnation éventuellement prononcée contre le défendeur appelant.

L'appel en déclaration de jugement commun est formé par le demandeur ou par le défendeur afin d'obtenir du juge la présence d'un tiers dans le procès pour que des conclusions puissent être prises à son égard (Nancy 14 févr. 2008, *Labjaoui*). Il s'agit par cette technique procédurale d'échapper aux conséquences de l'autorité relative de la chose jugée.

Le juge ne peut accorder l'intervention forcée que si elle lui est demandée, mais lorsque les conditions sont remplies, il ne peut la refuser (4 déc. 1930, *Ville du Havre*, p. 1027). En revanche, sauf en matière de Sécurité sociale (par une interprétation jurisprudentielle souvent très large de la loi du 30 oct. 1946 [art. L. 376-1, code séc. soc.] qui prévoit – le cas échéant – la mise en cause d'office des organismes de Sécurité sociale [11 avr. 2008, *CPAM de Saône-et-Loire*, req. 296058]), il ne peut prononcer de sa propre initiative une intervention forcée. L'intervention est demandée soit dans la demande, ou la défense, initiale, soit en cours d'instance. Elle ne peut pas l'être pour la première fois en cause d'appel (19 déc. 1902, *Médard*, p. 775). Le demandeur en intervention doit justifier sa demande en intervention. Une fois celle-ci admise, il est nécessaire que le nom de l'intervenant figure sur tous les actes de procédure qui suivent cette décision. Étant une demande incidente, l'intervention doit suivre toutes les formes requises pour la requête introductive d'instance. Si une telle demande ne ressortit pas de la compétence de la juridiction administrative saisie, elle est irrecevable, sauf s'il ne s'agit que de son incompétence territoriale.

L'admission de l'intervention forcée suppose, dans le cas d'un appel en déclaration de jugement commun, que cet intervenant soit un tiers qui pourrait faire tierce opposition à ce jugement parce qu'il préjudicierait à ses droits et intérêts (20 janv. 1960, *Asso*, p. 44 ; 30 mars 1979, *Moisan et Cne d'Étables-sur-Mer*, *AJDA* 1979 n° 12, p. 30) ; elle suppose, dans le cas d'un appel en garantie ou d'une mise en cause, l'existence de liens de droit assez étroits entre le litige et la condition juridique de l'intervenant forcé. En particulier, dans le cas de l'appel en garantie, il doit y avoir des rapports spéciaux de garantie entre le défendeur et le tiers, tel est le cas de l'assureur à l'égard de son client, défendeur dans une instance en responsabilité contractuelle ou quasi-délictuelle.

L'intervention fait de l'intervenant une partie à l'instance (22 oct. 1954, *Conseil départemental des sages-femmes de la Gironde*, p. 551) à laquelle tous les actes de procédure postérieurs à l'admission de l'intervention (et seulement ceux-là : 24 mars 1944, *Min. des Travaux publics c./Devaux*, p. 101) sont désormais opposables. Enfin, en raison de sa qualité, pleine et entière, de partie, l'intervenant forcé peut interjeter appel du jugement de première instance.

3 Principes généraux et exceptions gouvernant le délai de la saisine du juge

Le principe est somme toute fort simple : le délai du recours contentieux est de deux mois, c'est le délai de droit commun (A.), toutefois il existe des exceptions, le plus souvent de bon sens ou dictées par les nécessités de la vie juridique ou sociale (B.).
La détermination de la durée du délai de recours contentieux appartient au pouvoir réglementaire lorsqu'il s'agit du *délai de forclusion*, parce qu'il ne touche qu'aux modalités techniques de formation du recours contentieux (Sect., 4 juil. 1969, *Ordre des avocats à la cour d'appel de Paris*, p. 358), et au pouvoir législatif lorsqu'il s'agit du *délai de prescription*, parce qu'il touche au fond du droit (sur cette distinction, *cf.* 13 mars 1992, *Cne des Mureaux et ministre du Budget*, *AJDA* 1992, p. 442, concl. G. Le Chatelier).

A. Caractères du délai de saisine

168 Pour agir en justice, il faut toujours respecter un certain délai afin que soit assurée la stabilité des situations juridiques. L'absence de tout délai contraignant ferait planer une incertitude permanente sur l'état des situations de droit. Ce délai ne doit pas être trop long pour ne pas retarder trop longtemps l'action administrative ; il ne doit pas être trop court pour que les requérants disposent d'un délai suffisant pour préparer leur recours. La solution retenue pour tenter de tenir la balance égale entre des intérêts assez contradictoires a été de fixer à deux mois cette durée (1. et 2.), ce qui est plutôt bref, mais tient bien compte de ce que, dans le contentieux administratif, le plus souvent, le débat ne se déroule pas uniquement entre les parties ; son résultat peut avoir d'importants effets sur le reste des administrés.

1. Trois règles de base

169 *En premier lieu, la durée du délai de saisine est de deux mois* : ce délai est celui de droit commun, il s'applique même dans le silence des textes. Cela signifie également que le recours doit être parvenu au greffe (ou au secrétariat du Conseil d'État) au plus tard le dernier jour du deuxième mois avant l'heure de fermeture des bureaux. Toutefois, lorsqu'il existe un retard anormal dans l'acheminement du courrier, le juge en tient compte et peut considérer que le recours avait été posté en temps et heure utiles pour parvenir dans les délais à la juridiction et considérera le délai comme

ayant été respecté en l'espèce (20 févr. 1980, *Delort*). Dans le cas d'un recours en télécopie ou par procédé télématique, la seule date qui peut être retenue est celle de l'enregistrement par l'appareil de la juridiction non la date d'émission par le requérant.
En deuxième lieu, s'agissant de la nature du délai, il s'agit d'un délai franc. Le *dies a quo* et le *dies ad quem* ne sont pas comptés. Il commence donc à courir à 0 heure le lendemain du jour où a eu lieu la publicité régulière de l'acte et s'achève le dernier jour du deuxième mois qui suit, à minuit, quel que soit le nombre de jours de chaque mois.
On a pu se demander, le Code de procédure civile ayant abandonné le caractère franc de la durée des délais de procédure, et la France ayant signé la Convention européenne du 16 mai 1972 sur la computation des délais de procédure, qui supprime tout délai franc, si le contentieux administratif allait s'aligner sur ces textes : il n'en est rien.
En troisième lieu, s'agissant de la nature de la règle du délai : cette règle est d'ordre public. C'est là une grande différence avec d'autres règles de la procédure administrative contentieuse comme, par exemple, celle de la décision préalable qui, on l'a vu, n'est pas d'ordre public ; ainsi, le fait pour l'administration de conclure au fond sans soulever l'irrecevabilité de la requête constitue un acquiescement. Au contraire, une fois le délai de recours expiré, il est impossible à l'administration d'acquiescer, la forclusion est d'ordre public. Elle peut être, par suite, – et elle sera – soulevée par le juge lui-même, y compris pour la première fois en appel dès lors que cette forclusion ressort clairement des pièces du dossier.

2. La loi du 12 avril 2000

La loi du 12 avril 2000, relative aux droits des citoyens dans leurs relations avec les administrations, (qui reprend dans ses articles 19 à 25 l'essentiel des dispositions contenues aux articles 5 à 8 du décret n° 83-1025 du 28 nov. 1983, aujourd'hui abrogé), ne concerne pas les décisions administratives réglementaires et celles qui leur sont assimilées par la jurisprudence, comme certaines décisions collectives. Elle ne concerne que les décisions individuelles.

• La notification du délai de recours contentieux

170 Ce texte réglemente la notification du délai de recours contentieux. Il décide que le délai de recours n'est opposable qu'à condition d'avoir été mentionné, ainsi que les voies de recours contre la décision, dans la notification de la décision individuelle lorsqu'il s'agit d'un recours de nature juridictionnelle ou d'un recours administratif préalable obligatoire avant tout recours contentieux. À défaut, le délai de recours courra indéfiniment (disposition codifiée à R. 421-5). Cependant, de ce que le recours contentieux pourra être introduit sans condition de délai, il ne s'ensuit pas son admission au fond : l'irrégularité de la notification de la décision n'a pas pour effet d'entacher d'illégalité cette décision.
Seul doit être indiqué à l'administré le délai normal de recours et non les éventuels délais spéciaux (8 juin 1994, *Moumini*, *AJDA* 1994, p. 729, concl. contraires R. Abraham : cette jurisprudence n'est pas satisfaisante en ce qu'elle limite trop étroitement le champ de l'information et trahit manifestement les intentions des auteurs du décret de 1983 alors applicable). Pareillement, n'a pas à être indiqué le point de départ du délai (Versailles, 8 févr. 2007, *S.*). En outre, cette obligation de mention du délai du recours ne concerne que la décision initiale et non, par exemple, la notification du rejet du recours gracieux contre cette décision initiale. Elle ne concerne pas non plus les délais et voies de recours contre les décisions juridictionnelles, mais seulement contre les décisions administratives.

L'article R. 421-5 CJA n'est pas applicable aux recours administratifs ou contentieux formés par des tiers contre de telles décisions (11 avr. 2008, *Sté DEFI France*, req. 307085). La théorie (ou exception) de la *connaissance acquise*, que l'on exposera plus loin (§ 184), peut, parfois, faire échec aux dispositions de la loi du 12 avril 2000, comme elle faisait déjà échec à celles du décret précité de 1983.

• L'accusé de réception d'une demande adressée à l'administration

171 Cette loi est venue également régir la notification consécutive à une demande adressée à l'administration. Toute demande adressée à un service administratif de l'État et à ses établissements publics doit faire l'objet d'un récépissé *comportant à la fois l'indication*: du service instructeur, du délai au terme duquel sera acquise une décision implicite et du délai du recours ouvert contre celle-ci; faute de l'une de ces mentions, le délai ne court pas (14 avr. 1989, *Boyer*, p. 113). Le rejet exprès d'un recours gracieux doit comporter mention des voies et délais de recours, à défaut le délai de recours contentieux ne court pas (Nancy, 29 mai 2006, *El Ouardani*, RFDA 2006, p. 852, ce qui constitue un abandon de: Section 29 mars 1991, *SA Laboratoire Lafont*, p. 113) et cela alors même que ce recours gracieux ou hiérarchique serait dirigé contre une décision implicite (18 avr. 2008, *Jean X.*, req. 300717). Enfin, le Conseil d'État interprète l'art. R. 421-5 comme faisant obligation, le cas échéant, de mentionner l'existence d'un recours administratif obligatoire ainsi que l'autorité devant laquelle il doit être porté et, également, de mentionner que le recours contentieux doit être porté devant la juridiction administrative de droit commun ou devant une juridiction administrative spécialisée; en ce cas, cette dernière doit être identifiée (15 nov. 2006, *Toquet*, req. 284636).

B. Exceptions à la règle du délai

Il existe quatre catégories principales d'exceptions (1., 2., 3., et 4.).

1. Absence de tout délai

Dans certaines hypothèses, le requérant n'a aucune condition de délai à respecter, pourvu qu'il ne tombe pas sous l'effet d'autres prescriptions, notamment celle tirée de l'exception de déchéance quadriennale.

• Les cas de dispense de délai

172 Les cas de dispense de délai sont assez peu nombreux. Il en va ainsi, en particulier et surtout, des litiges de travaux publics, et ceci n'est que la conséquence de l'absence de décision préalable nécessaire pour y lier le contentieux: comme il n'y a pas de point de départ, il ne saurait exister d'écoulement d'un délai. L'intervention d'une décision expresse valant décision préalable ne modifie pas cette règle (17 févr. 1971, *Cie d'assur. « La Nationale »*, *AJDA* 1971, p. 306). Il n'y a d'échec à celle-ci que lorsqu'est opposée l'exception de prescription quadriennale; cette dernière décision doit d'ailleurs être attaquée par l'intéressé, s'il s'y croit fondé, dans les deux mois de sa notification (13 juil. 1961, *Sté des entreprises Monod*, p. 997). Il en va encore ainsi pour les décisions implicites rendues dans une matière relevant de la pleine juridiction, pour les décisions inexistantes (matériellement ou juridiquement), pour les recours en interprétation ou en appréciation de légalité sur renvoi de l'autorité judiciaire (22 janv. 2007, *Jean A.*, req. 288838) ou encore dans le cadre d'un refus de communication d'un document administratif (art. 2, décr. n° 88-465 du 28 avr. 1988 et 11 juil. 1990, *Centre hospitalier de Neufchâteau*, *DA* 1990 n° 421). Dans tous les cas où aucun délai n'est prévu, c'est la prescription trentenaire qui s'applique (13 mai 1960, *Secr. d'État à l'Agriculture c./Manière*, p. 328).

• L'exception de prescription quadriennale

173 L'exception de prescription quadriennale constitue le mode ordinaire d'extinction des dettes de l'État et des autres collectivités publiques au-delà d'un délai de quatre années environ, d'où son nom. Les créances détenues sur les personnes publiques sont éteintes le 31 décembre de la quatrième année qui suit celle au cours de laquelle s'est produit le fait générateur de la créance. Ainsi, un accident se produit le 1er mars 2008, il sera possible de réclamer sa réparation jusqu'au 31 décembre 2012 à minuit; si une aggravation se produit, définitivement consolidée le 1er décembre 2009, la prescription, pour cette fraction du dommage, sera encourue le 31 décembre 2013 à minuit. On voit que, dans ces exemples, le délai a duré, respectivement, quatre ans et dix mois et quatre ans et un mois.

Cette exception ne peut être opposée que par une autorité administrative et plus précisément celle ordinairement habilitée à engager financièrement l'administration qu'elle représente, en aucun cas, elle ne peut l'être par un avocat signant seul un mémoire produit devant le juge administratif (8 oct. 2008, *Sté Rand Kar*). Ainsi, l'État ne peut être engagé que par un ministre, un secrétaire d'État ou un préfet, la commune, par son maire ou l'adjoint délégué à cet effet (*Sté Rand Kar*, préc.). L'exception de prescription quadriennale peut être invoquée, et donc opposée, par toute personne publique (État, collectivités territoriales et leurs groupements, établissements publics) à condition qu'elle dispose d'un comptable public (26 mars 2008, *CCI du Var*, req. 275011), à tout créancier, personne privée ou personne publique, Français ou étranger.

Cette exception ne court ni contre le créancier qui ne peut agir, soit par lui-même ou par l'intermédiaire de son représentant légal, soit pour une cause de force majeure, ni contre celui qui peut être légitimement regardé comme ignorant l'existence de sa créance ou de la créance de celui qu'il représente légalement (art. 3, loi du 31 déc. 1968; sur la portée de cette disposition: 2 avr. 2008, *Jacqueline X.*, req. 282279). Elle joue pour toute espèce de créance émise à l'encontre d'une personne publique quelle qu'en soit la cause juridique ou matérielle.

Le cours de la presciption peut être interrompu par toute communication écrite de l'administration concernée relative au fait générateur, à l'existence, au montant ou au paiement de la créance litigieuse (5 oct. 2005, *Coquille*), ainsi que par tout acte du créancier auquel sera reconnu – généreusement – le caractère d'acte interruptif de prescription (par ex. une plainte avec constitution de partie civile: 28 sept. 2007, *Centre hospitalier Sud Réunion*, req. 291935; ou une plainte contre X avec constitution de partie civile: 11 avr. 2008, *Chatelin et autres*, req. 294767) dès lors que cette action porte sur le fait générateur, l'existence, le montant ou le paiement d'une créance sur une collectivité publique.

L'exception de prescription quadriennale, nonobstant l'existence d'une clôture de l'instruction, peut être opposée à tout moment du procès, y compris au moyen d'une note en délibéré, et jusqu'à la lecture du jugement par lequel la juridiction se prononce sur un litige relatif à une créance qu'un tiers détiendrait sur une personne morale de droit public (30 mai 2007, *Cne de St-Denis-de-la-Réunion*, req. 282619). Elle ne peut plus l'être après le prononcé du jugement de première instance (18 avr. 2008, *Adiouma X.*, req. 294110). Cependant, cette prescription peut, exceptionnellement, être opposée pour la première fois en cassation lorsque l'absence de caractère contradictoire de l'instance antérieure n'a pas permis à la personne publique de l'opposer dans le cadre de cette instance (25 avr. 2007, *Min. des Transports*, req. 296661).

La juridiction compétente pour connaître de cette prescription est celle saisie du principal (qui peut être une juridiction administrative ou une juridiction judiciaire). Il en va autrement cependant lorsque le litige est relatif à la faculté de relèvement de la prescription quadriennale, prévue à l'art. 6 de la loi du 31 déc. 1968, le refus et l'octroi du relèvement ressortissant exclusivement à la compétence de la juridiction administrative, en vertu du principe fondamental reconnu par les lois de la République selon lequel seul le juge administratif est compétent pour connaître des demandes en annulation ou en réformation des décisions administratives (20 juil. 2007, *Philippe X.*, req. 290598).

2. Les délais spéciaux

Il s'agit de délais d'une durée différente de la durée de droit commun de deux mois, qui sont tantôt plus courts tantôt plus longs. En outre, fréquemment, ils n'ont pas la nature de délais francs.

• Les délais d'une durée supérieure à deux mois

174 Les délais supérieurs à deux mois dont il va être question excluent les délais indéfinis qui viennent d'être décrits plus haut (§ 172).

Sont ainsi de tels délais : celui de quatre ans pour le recours des tiers contre l'autorisation d'exploiter des installations classées, celui de six mois pour les recours en matière de pensions militaires d'invalidité devant la juridiction des pensions ; celui de quatre mois pour la contestation de la création d'une association syndicale autorisée ou de la qualité d'associé d'une telle association, etc.

• Les délais d'une durée inférieure à deux mois

175 Les délais d'une durée inférieure à deux mois concernent, en particulier, le contentieux des emplois réservés (un mois), le déféré préfectoral en matière d'élections cantonales ou municipales (quinze jours), les recours contre les élections régionales et au Parlement européen (dix jours), les contentieux de la fermeture des établissements de bienfaisance privés (huit jours), des élections universitaires (six jours après la proclamation des résultats par la commission compétente), des élections municipales ou cantonales (cinq jours pour les électeurs et les candidats : 29 oct. 2008, *Élect. Mun. Asnières-sur-Seine*, recours irrecevable car formé sept minutes après l'expiration du délai), des élections régionales (dix jours), de la reconduite à la frontière des étrangers en situation irrégulière (quarante huit heures si la notification de la mesure a lieu par voie administrative et sept jours si elle est effectuée par voie postale), etc.

Ces délais sont soumis à une réglementation particulière : ils ne sont opposables aux intéressés que si leur durée moindre figure sur la décision qui leur est notifiée. Faute de cette mention, s'applique le délai de droit commun ; cette solution est d'autant bienvenue que ces délais abrégés sont souvent non francs en raison de l'impératif de brièveté qui les caractérise et qu'ils ne peuvent, non plus, normalement, être prorogés. Il convient cependant de rappeler que si les délais de recours ne sont opposables qu'à la condition d'avoir été mentionnés dans la notification de la décision (décret du 11 janv. 1965 modifié, décret du 28 nov. 1983 puis loi du 12 avr. 2000), cette règle ne vaut que pour les recours devant la juridiction administrative de droit commun et non, par exemple, pour ceux existants devant la section disciplinaire du Conseil national de l'ordre des médecins (16 juin 1976, *Dourson*, p. 1050). Pareillement, l'obligation d'aviser de cette durée moindre ne concerne que les décisions non juridictionnelles (3 déc. 1980, *Min. des universités*).

3. Les prorogations de délai

Les prorogations de délai sont très fréquentes, il en existe de plusieurs catégories. Elles concernent des situations où le délai du recours – qui est de deux mois – se trouve augmenté par suite de la survenue de l'une des hypothèses suivantes.

• La prorogation pour délai de distance

176 La prorogation pour délai de distance ne joue de plein droit que pour le seul délai de droit commun de deux mois (art. R. 421-1 et R. 421-7 combinés : Nancy 26 mai 2008, *Lairedj*) ; pour tous les autres délais, cette prorogation ne joue pas sauf texte exprès en ce sens.
La durée de cette prorogation dépend du lieu de résidence, elle est de :
– un mois pour ceux qui résident outre-mer et doivent saisir une juridiction administrative de la France continentale et, inversement, pour ceux qui résident en France continentale et doivent saisir une juridiction administrative ultra-marine ;
– deux mois pour ceux qui résident dans le reste du monde et doivent saisir une juridiction administrative française ; toutefois, en cas de transfert de domicile à l'étranger en cours d'instance, le bénéfice de la prorogation de délai est subordonné au signalement par l'intéressé de ce changement (21 nov. 2008, *M. et Mme Witold X.*, req. 308448) ;
– trois mois pour la saisine des tribunaux administratifs de Nouméa, Papeete et Mamoudzou, avec adjonction d'un mois supplémentaire quand la saisine de ces tribunaux est le fait de personnes ne résidant pas dans leurs ressorts.
Pour appliquer ces différents délais, il faut déterminer où se trouve l'intéressé au moment de la publication ou de la notification de la décision litigieuse. Ainsi, en cas d'expulsion suivie d'une exécution immédiate, l'étranger est censé s'être trouvé quasi instantanément hors de France et bénéficie de la prorogation légale (Sect., 11 déc. 1970, *Benz c./Min. de l'Intérieur*; p. 763 ; *cf.* aussi, dans une hypothèse complètement différente : Sect., 5 janv. 2000, *Cne de Macôt-la-Plagne*, *RGCT* 2000, p. 92, concl. J. Courtial, obs. J.-C. Ricci).

• La prorogation légale à raison de circonstances particulières

177 La prorogation légale à raison de circonstances particulières intervient lorsque se produisent certains événements perturbant gravement la vie sociale : grèves prolongées, manifestations de longue durée, bouleversement de la vie économique, crise de mai 1968, guerres, etc. Ainsi, à l'orée du second conflit mondial, un décret du 29 novembre 1939, une loi du 19 octobre 1940 et une loi du 19 avril 1941 ont suspendu tous les délais venant à expiration jusqu'au 31 décembre 1946. Pareillement, après les longues grèves de l'été 1953, la loi du 17 décembre 1953 a suspendu les forclusions encourues du fait de celles-ci (21 févr. 1955, *X.*).
Dans tous les cas, ces lois étant dérogatoires au droit commun du délai du recours, elles sont d'interprétation stricte ; en particulier, lorsque ces délais prorogés s'achèvent un dimanche ou un jour férié, aucun report n'est possible au premier jour ouvrable qui suit sauf si, la loi ayant disposé que le délai s'achevait un dimanche, l'administration n'a pas pris de mesures pour permettre aux services publics, tel le greffe d'une juridiction, d'être ouverts ce jour-là (3 nov. 1972, *Sanna*, *AJDA* 1973, p. 272).

• La prorogation en raison d'une demande d'aide juridictionnelle (rappel)

178 La formation d'une demande d'aide juridictionnelle, on l'a indiqué plus haut (*cf.* § 100, 138), a pour effet automatique de proroger le délai de recours contentieux.

• La prorogation par suite de la saisine d'une juridiction incompétente

179 La prorogation du délai par suite d'un recours introduit devant une juridiction incompétente est une création jurisprudentielle (25 mai 1928, *Reynaud*, p. 688). Elle est soumise à la triple condition, d'une part, que le rejet du recours soit fondé sur l'incompétence de la juridiction saisie et non sur un autre motif (par exemple irrecevabilité du recours), d'autre part, que cette juridiction incompétente ait été saisie dans le délai dans lequel aurait dû l'être la juridiction compétente, enfin, que la juridiction compétente soit saisie dans les deux mois du jugement d'incompétence. On considère, de façon libérale, que la saisine successive d'un tribunal de grande instance puis d'une cour d'appel constitue un recours devant une seule juridiction incompétente et qu'elle conserve le délai du recours pourvu que le juge administratif soit saisi dans les deux mois de la signification de l'arrêt d'appel (22 nov. 1961, *Min. de l'Agriculture*, p. 1160). En revanche, la saisine successive de deux juridictions incompétentes non subordonnées l'une à l'autre (par ex. un tribunal d'instance et un tribunal de commerce) ne conserve pas le délai (11 avr. 1930, «*Les grands moulins de seigle*», p. 459, concl. Andrieux). Également, la saisine d'une juridiction incompétente succédant elle-même à un recours administratif, gracieux ou hiérarchique, conserve le délai si la juridiction administrative est saisie dans les deux mois du jugement d'incompétence (Sect., 24 janv. 1958, *Méallet*, p. 43).

Enfin, on notera une solution limite: en cas de saisine d'une juridiction incompétente, et alors même que cette saisine établit la connaissance acquise par la requérante de la décision qu'elle conteste, le délai de recours pour saisir le juge administratif à la suite du jugement d'incompétence n'a pas commencé à courir faute qu'ait été respectée l'obligation d'informer l'intéressée des voies et délais de recours, obligation prévue par le CJA (Nancy, 1er déc. 2005, *Pinto*).

• La prorogation pour formation d'un recours administratif préalable

180 La prorogation du délai du recours contentieux pour formation d'un recours administratif préalable, qu'il soit gracieux ou hiérarchique, existe depuis 1917 (12 janv. 1917, *Marchelli*, p. 12). Plusieurs conditions doivent être remplies:

– il faut, négativement, que l'on ne se trouve pas dans un cas où un texte exprès exclut toute prolongation du délai du fait de la formation d'un tel recours (ainsi, en matière de police des installations classées pour la protection de l'environnement [art. 14 de la loi du 19 juil. 1976]: 3 déc. 2003, *Roels*; v. aussi: 7 juil. 2008, *X.*, n° 289322) ; cette exclusion peut également résulter d'un texte de nature réglementaire (11 juil. 2007, *Union synd. des magistrats administratifs*, req. 302040), voire de la jurisprudence (dans le droit de l'eau [installations, ouvrages, travaux et activités d'entretien], voir: Section, 21 déc. 2007, *Groupement d'irrigation des prés de la forge et autres*). La non indication à l'étranger intéressé que la formation d'un recours administratif dans le délai du recours contentieux n'a pas pour effet, en l'espèce, de proroger le délai du recours contentieux fait bénéficier celui-ci de la prorogation de droit commun (Paris 8 nov. 2007, *Shao*) ;

– il faut qu'ait été présenté réellement un recours et non une simple plainte, protestation ou information;

– le recours doit, en principe, avoir été présenté à l'administration compétente (7 nov. 1934, *Fauque*), mais cette exigence est d'une faible portée puisque toute administration saisie par erreur doit transmettre la demande à l'administration compétente sans que cette erreur d'aiguillage ait une incidence pour le requérant (2 mai 1962, *Sté nouv. d'entreprises*);

– le recours administratif doit avoir été formé dans les deux mois de la décision de l'administration et ce délai n'est jamais franc (11 févr. 2004, *SARL « Centre de jardinage Castelli de Nice »*);
– le recours administratif doit être dirigé contre un acte susceptible de faire l'objet d'un tel recours, c'est-à-dire susceptible de retrait rétroactif;
– le recours contentieux doit lui-même être introduit dans les deux mois de la réponse, explicite ou implicite, sur le recours administratif préalable et une décision expresse intervenant dans les deux mois suivant cette réponse ne rouvre pas le délai (Ass., 4 avr. 1952, *Gerbaud*, p. 211). Un exemple le fait comprendre : un administré a connaissance le 4 janvier 2010 d'un arrêté ministériel défavorable; il disposerait de deux mois francs pour l'attaquer en justice, soit jusqu'au 5 mars 2010 inclus, mais il décide de former un recours gracieux, reçu par le ministre le 3 mars 2010, soit avant l'expiration du délai de deux mois ouvert à compter du 4 janvier 2010 pour saisir le juge administratif. Le ministre a donc deux mois non francs soit pour répondre explicitement soit, par son silence, pour être réputé avoir rejeté implicitement le recours gracieux. N'ayant rien reçu le 3 mai 2010, l'administré a deux mois pour saisir le juge, soit jusqu'au 4 juillet 2010, en fait jusqu'au 5 juillet, le 4 juillet étant un dimanche. Même s'il reçoit une réponse explicitement négative par exemple le 1er juillet, le délai du recours contentieux expirera tout de même inexorablement le 4 juillet. En effet, le rejet d'un recours administratif préalable, qu'il soit gracieux ou hiérarchique, a nécessairement un caractère confirmatif de la décision initiale contre laquelle il a été formé, et cela même si ce rejet est fondé sur un motif différent de celui sur lequel reposait la décision primitive.
On notera deux cas particuliers. Tout d'abord, en droit de l'urbanisme, le recours administratif préalable ne proroge pas le délai du recours contentieux quand il n'a pas fait l'objet de la notification prévue à l'article L. 600-3 du Code de l'urbanisme. Au contraire, l'exercice par le préfet, auprès d'une collectivité territoriale, d'un recours administratif préalable à l'usage éventuel de son déféré proroge le délai du recours (16 mai 1984, *Cne de Vigneux-sur-Seine*, p. 182) tout comme la demande faite par une personne privée à un préfet d'exercer son déféré (Sect., 25 janv. 1991, *Brasseur*, p. 23).
Enfin, la formation successive de deux recours administratifs, par exemple un recours hiérarchique puis un recours gracieux, contre une même décision, ne conserve pas le délai du recours contentieux; celui-ci expire au terme du deuxième mois suivant la réponse au premier recours (3 mars 2008, *Féd. hospitalière privée Rhône-Alpes*).

4. La réouverture du délai

• Le principe

181 Le principe, depuis 1952 (Sect., 28 mars 1952, *Martin, Piteau et Lhuillier*, p. 199, 3 arrêts), est que la réouverture du délai du recours est impossible quand, à l'expiration de ce délai, aucun recours n'a été introduit. Il est alors exclu de faire prendre à l'administration une nouvelle décision, par exemple en la saisissant à nouveau de la même demande que précédemment, et de faire ainsi revivre le délai d'action contentieuse expiré. Toute décision obtenue dans ces conditions serait dite purement et simplement confirmative de l'acte non attaqué en temps utile; cette fin de non-recevoir est d'ordre public (21 nov. 1980, *Quirin*). Est ainsi purement confirmative la décision résultant du silence gardé par l'administration sur une demande identique à une précédente déjà rejetée par décision expresse (4 févr. 2008, *Jacques X.*, req. 270119). Il en va encore ainsi même lorsqu'entre les deux décisions successives se produit un changement de législation, si celui-ci n'est pas applicable à l'intéressé (13 juil. 2007, *Laurent*).

En revanche, si l'administration prend une décision nouvelle, différente de la première, le recours contre cette seconde décision est possible dans les conditions ordinaires, c'est-à-dire dans le délai de deux mois, mais c'est alors un nouveau délai, non une réouverture, et la première décision ne peut être remise en cause à l'occasion de l'examen du recours dirigé contre la seconde décision. Pareillement, – et c'est là une conséquence de l'arrêt *Cie Alitalia* (Sect. 3 févr. 1989, p. 44) – n'est pas une décision confirmative le refus opposé à une demande d'abrogation d'un acte réglementaire alors qu'est devenu définitif un précédent refus opposé à la même demande contre la même décision et alors même qu'aucun changement ne serait survenu dans les circonstances de droit et/ou de fait (Lyon, 9 nov. 2006, *Cne de Saint-Jean d'Aulps*).

• Les inflexions ou corrections au principe

182 Tout d'abord, il en va un peu différemment lorsque la réglementation applicable à un avantage demandé par l'intéressé a changé, en ce cas la décision prise par l'administration au vu de la réglementation nouvelle (qui est la seconde décision) est susceptible de recours pour excès de pouvoir, même si elle confirme un rejet, explicite ou implicite, intervenu sous l'empire de la réglementation antérieure (Sect., 13 mai 1977, *Secr. d'État auprès du ministre de l'Équipement (Logement) c./Bergon, AJDA* 1978, p. 164, concl. M.-A. Latournerie).

Ensuite, il est possible, lorsque se trouve expiré le délai de deux mois pour contester un acte réglementaire par la voie du recours pour excès de pouvoir, d'intenter un tel recours par voie d'exception chaque fois que cet acte réglementaire fait l'objet d'applications individuelles pourvu que ce recours soit introduit dans les deux mois de la notification de chacune d'elles (15 février 1978, *Plantureux, AJDA* 1978, p. 501).

Également, une jurisprudence audacieuse décide que l'exécution tardive d'actes administratifs devenus définitifs (décisions de reconduite à la frontière, assignations à résidence, etc.) constitue une décision nouvelle faisant courir à nouveau le délai du recours contentieux (1er avr. 1998, *Préfet des Yvelines c./Nsonde* et 8 janv. 1998, *Mhadi, Quot. jur.* 1998 n° 52, p. 15), sauf lorsque le retard de l'exécution n'est que le résultat du mauvais-vouloir de l'intéressé (18 févr. 1998, *Préfet des Alpes-Maritimes c./Fati Fodé Caramo, Gaz. Pal.* 1998, nos 217-218, p. 36, concl. J.-D. Combrexelle).

Par ailleurs, ainsi que nous le verrons plus loin (*cf.* § 191), la théorie du changement des circonstances de droit ou de fait trouve tout naturellement son application ici. Quand les circonstances de droit ou de fait qui ont pu motiver la prise d'une réglementation ont disparu ou ont été bouleversées, les personnes concernées peuvent demander l'abrogation totale ou partielle de cette réglementation dans les deux mois de ces changements, encore que ceux-ci soient eux-mêmes intervenus plus de deux mois après l'édiction de la réglementation en cause (Sect., 10 janv. 1930, *Despujol*, p. 30; Ass., 10 janv. 1964, *Syndicat national des cadres des bibliothèques et min. de l'Agriculture c./Simonnet*, 2 arrêts, p. 17 et 19).

Enfin, on notera encore deux solutions dictées par des considérations assez comparables. Tout d'abord, les décisions relatives à la délimitation du domaine public naturel ne sont jamais considérées comme étant purement confirmatives et rouvrent toujours le délai du recours contentieux, même lorsqu'elles sont rigoureusement semblables aux précédentes décisions de délimitation, parce que ce sont des constatations de situations de fait susceptibles en permanence de changements ultérieurs (Sect., 6 févr. 1976, *Secr. d'État aux Transports c./SCI « Villa Miramar »*, *AJDA* 1976, p. 217). Ensuite, les décisions successives relatives à des demandes de communication sans déplacement de documents municipaux faites par un contribuable ou un habitant de la commune, même purement confirmatives, rouvrent sans cesse le délai du recours contentieux, car ce droit de communication est, en vertu du Code des communes (aujourd'hui Code général des collectivités territoriales), permanent (Sect., 11 janv. 1978, *Cne de Muret, AJDA* 1978, p. 219, concl. B. Genevois).

4 Le régime juridique du délai de la saisine du juge

L'écoulement du délai de recours ayant des incidences très importantes, il est essentiel de déterminer avec précision quel est le point de départ de ce délai (A.), comment se calcule sa durée totale (B.) et quels sont les effets de l'expiration du délai de recours (C.).

A. Point de départ du délai

Si le principe est très simple : le point du départ du délai de recours contentieux est réalisé par la publicité (1.) régulière (2.) de l'acte, il n'en souffre pas moins des exceptions quand est instituée une dispense de publicité (3.).

1. La publicité, point de départ du délai

Il existe un moment cardinal de déclenchement du délai du recours avec la publicité de l'acte, cependant la jurisprudence a donné également une autre origine à ce point de départ, à la fois résiduelle et aux contours incertains : l'exception de connaissance acquise.

• Le principe

183 Normalement, le délai du recours contentieux commence à courir à partir du moment où l'acte litigieux est porté à la connaissance de l'intéressé : il doit donc avoir fait l'objet d'une publicité. Ainsi la publication d'une liste d'avancement constitue le point de départ du délai de recours contentieux même si elle donne lieu à une confirmation individuelle à chaque intéressé, cette confirmation ne pouvant pas faire courir à nouveau le délai (27 janv. 2006, *Min. Défense c./Fixat*). L'absence de publicité, comme une publicité viciée ou incomplète, ne fait pas courir le délai : l'éventuel requérant pourra ainsi toujours contester l'acte sans jamais se voir opposer une forclusion. Il en va de même d'ailleurs lorsque la mesure est prise sous une condition suspensive : tant que la condition n'est pas réalisée, l'acte peut être contesté puisque le délai n'a pas commencé à courir (Ass., 24 juin 1977, *Astudillo Calleja, AJDA* 1977, p. 516).

Cette règle ne joue qu'en faveur du requérant et celui-ci peut toujours attaquer une décision qui n'a pas encore fait l'objet de la publicité requise ou dont l'ensemble des formalités de publicité n'est pas achevée (voir, dans le contentieux des autorisations d'exploitation de carrière : 30 mai 2007, *Sté Morillon-Corvol Rhône-Méditerranée*) dès l'instant qu'il en connaît et l'existence et la teneur et qu'elle lui fait grief.

Le point de départ du délai de recours contre les actes des collectivités territoriales, publiés au recueil des actes administratifs de la collectivité, est variable : lorsque la publication dans ce recueil est obligatoire en vertu d'une loi ou d'un décret publié au *Journal officiel*, le délai court à compter de la date de publication dans ledit recueil ; lorsque ce n'est pas le cas, le juge tient compte de l'ampleur et des modalités concrètes de diffusion de ce recueil (Sect., 27 juil. 2005, *Millon*).

Dans le cas d'un permis de construire, acte soumis à un régime particulier de publicité, l'annulation par le juge du retrait d'un permis de construire a pour effet de rétablir le permis initial à la date de la lecture du jugement d'annulation. Il convient donc de procéder à nouveau à son affichage sur le terrain et en mairie. À l'expiration de cette période d'affichage continu, est ouvert aux tiers le délai pour le contester (6 avr. 2007, *Chabran*).

Dans un souci de célérité et de simplification, le recours des tiers contre certaines décisions individuelles court dès la publication de celles-ci, sous forme électronique, au *Journal officiel*. Il s'agit, en vertu de R. 421-1 CJA, des décisions relatives au recrutement et à la situation des fonctionnaires et agents publics, des magistrats ou des militaires ; de celles désignant, par voie d'élection ou de nomination, des membres des organismes consultatifs de la fonction publique de l'État ; de celles du ministre chargé de l'économie prises en matière de concurrence ou, encore, des décisions émanant d'autorités administratives indépendantes ou d'autorités publiques indépendantes dotées de la personnalité morale.

• L'exception : la connaissance acquise

184 L'exception de connaissance acquise part de l'idée que, le déclenchement du délai de recours étant lié à la publicité nécessaire pour faire connaître l'acte, ce délai devrait donc être déclenché, même en l'absence de publicité (ou de publicité adéquate), dès lors qu'il serait établi que l'intéressé connaissait l'existence et le contenu de cet acte. Par suite, lorsque cette connaissance est acquise depuis plus de deux mois sans qu'il ait introduit un recours, la forclusion devrait lui être opposée. Telle a été longtemps la position, à peu près sans nuances, de la jurisprudence.

Puis, cette exception a été abandonnée, à titre de principe général de procédure (20 janv. 1932, *Cordier*, p. 67 ; Sect., 13 nov. 1970, *Moreau*). Elle ne subsiste plus que dans un cas avec une certitude élevée et dans un autre de façon incessamment réduite. Tout d'abord, les membres des corps et assemblées délibérants sont réputés avoir eu connaissance pleine et entière des décisions prises lors d'une séance à laquelle ils participaient, à la date de celle-ci ; pour eux, cette date constitue le point de départ du délai du recours contentieux (4 août 1905, *Martin*, p. 749 ; 13 juin 1986, *Toribio et Bideau*, p. 161 ; TA Amiens, 24 juin 2004, *Cne de Bléraucourt c./Syndicat des Verts Monts* ; 25 mai 2005, *Cne de Banon*). Toutefois, même dans cette hypothèse, le juge se montre restrictif pour faire jouer cette exception : ainsi les représentants d'une commune au sein du conseil d'une intercommunalité n'ont pas, du fait des délibérations de celui-ci, une connaissance acquise opposable à la commune qu'ils représentent (31 mars 2008, *SIVU pour le plan d'aménagement du Sundgau*, req. 297961). Ensuite, n'est plus aujourd'hui admise qu'avec une réticence qui confine le proche abandon, l'autre hypothèse de connaissance acquise, constituée par le cas où l'intéressé aurait eu *incontestablement connaissance* complète de la décision non notifiée ou non publiée. La jurisprudence n'a cessé de réduire la portée de cette branche de l'exception en donnant un sens extraordinairement restrictif à l'adverbe « incontestablement ». Puisque les délais de recours contentieux, dans le cas de décisions individuelles, ne courent qu'à la condition qu'aient été mentionnés, dans la notification de la décision, les délais et voies de recours (*cf.* § 170-171, 175), il s'ensuit que même parfaitement au courant et de l'existence et du contenu de celle-ci, l'intéressé ne peut se voir opposer cette exception qui paraît, sur ce point, être entrée en agonie (Sect., 13 mai 1998, *Mauline et Assistance publique – Hôpitaux de Paris*, 2 arrêts, *AJDA* 1998, p. 613, concl. J.-D. Combrexelle ; 8 juil. 2002, *Hôpital local de Valence d'Agen*, *AJDA* 2003, p. 42 note A. Clayes). Cependant, l'exception de connaissance acquise est opposée à celui qui interjette appel, car cette saisine de la juridiction d'appel manifeste sa connaissance du jugement frappé d'appel et fait ainsi courir le délai (28 oct. 2002, *Saturnino*, p. 897 ; Marseille, 17 oct. 2006, *Sté Barbès Patrimoine*, AJDA 2006 p. 2463, concl. A. Bonnet). Elle est, pareillement, opposée à celui qui forme un recours administratif préalable désignant expressément et complètement la décision contestée (ici un permis de construire : 26 mars 2008, *Louis X. et Jean-Pierre X.*, req. 286742).

2. Conditions de régularité de la publicité

L'existence matérielle d'une publicité ne suffit pas, encore faut-il que celle-ci soit régulière, c'est-à-dire conforme aux principes qui la régissent et qui ne sont pas les mêmes selon que la publicité prend la forme d'une publication ou celle d'une notification, les deux modes de publicité n'étant pas interchangeables. Seul peut être utilisé celui prévu par la réglementation en vigueur, et, dans le silence de celle-ci, celui qui est le plus adéquat à la nature de l'acte et au public visé.

• La publication

185 La publication est le procédé ordinaire de publicité des actes réglementaires ou des actes collectifs qui, sans être de nature réglementaire, concernent un grand nombre de personnes, ou encore de certains actes individuels à caractère solennel. Cette publicité peut se faire soit par insertion dans une publication officielle (*Journal officiel de la République française* dans son édition papier et/ou sur Internet, bulletin officiel d'un ministère ou d'une administration d'État, différents recueils des actes administratifs des collectivités territoriales, etc.) soit par affichage (par ex. pour le permis de construire, les résultats du baccalauréat, la plupart des communications en matière universitaire, etc.).

Lorsque cette formalité est omise, le recours contentieux est recevable sans condition de délai. Lorsqu'elle est effectuée, elle permet au délai de courir. S'agissant de la publication des textes au *Journal officiel*, le délai court à partir du lendemain de cette publication (ordonnance du 20 févr. 2004, art. 1er). Pour l'affichage, le juge vérifie qu'il a bien eu lieu (la preuve pouvant être rapportée par tout moyen), qu'il a été effectué dans des conditions matérielles suffisantes pour permettre à tout intéressé d'en prendre connaissance, dans un lieu adéquat à cette fonction et habituel (6 déc. 1967, *Exbrayat*, DA 1968 n° 23).

• La notification

186 La notification est le mode usuel de publicité des décisions à caractère individuel ou de celles à caractère collectif mais ne comportant qu'un petit nombre de destinataires. Il y a plusieurs modes de notification : remise en mains propres, lettre simple ou lettre recommandée simple ou lettre recommandée avec accusé de réception, pli d'huissier, notification par un agent assermenté (commissaire de police, garde champêtre), etc. En matière de pension, la remise du brevet de pension vaut notification de la décision attribuant la pension (15 mars 1963, *Turpeau*, p. 174).

À compter de la réception de la notification court le délai d'action contentieuse, ce qui implique que doit pouvoir être rapportée la preuve de la notification à la personne intéressée.
Les tiers par rapport à ces décisions, auxquels, bien sûr, aucune notification n'est faite, ne peuvent se les voir opposer qu'à compter de leur publication ; si cette publication n'a pas lieu, ce qui est normal pour des décisions individuelles, et si celles-ci leur font grief, ils pourront les contester sans limitation de délai. Ainsi, le délai peut être expiré à l'égard du destinataire et continuer à courir pour les tiers.
Comme en matière de publication, la notification ne déclenche le délai du recours que si elle est régulière. C'est à l'administration qu'il incombe, lorsqu'elle oppose à une requête une fin de non recevoir tirée de sa tardiveté, de prouver par tout moyen que l'intéressé a régulièrement reçu notification de la décision (2 juil. 2007, *Min. Intérieur*, req. 303498).

3. Dispense de publicité

187 Cette dispense concerne l'application, en la matière, de la *théorie de la formalité impossible*.
Tout d'abord, l'administration peut ne pas publier certaines décisions *en raison des circonstances* : période exceptionnelle, état d'urgence, état de siège, etc. Les textes ont prévu cette possibilité.
Ensuite, l'administration peut aussi ordonner l'entrée en vigueur immédiate de certains actes *en raison de leur contenu ou de leur objet* qui exige une action urgente (ex. mise en vigueur immédiate de l'état d'urgence par le décret du 8 nov. 2005, art. 2).
Enfin, la publicité n'aura pas lieu *en raison de la nature de l'acte* : ainsi en va-t-il des décisions verbales ou des décisions implicites en plein contentieux.
Lorsque ces hypothèses se réalisent, sous le contrôle du juge, le délai du recours court indéfiniment. On rappelle cependant, s'agissant des décisions implicites, que : 1) si, en plein contentieux, seule une décision explicite fait courir le délai du recours et non une décision implicite, il est cependant toujours possible à l'administré, s'il le souhaite, de contester, sans limite de délai, une décision implicite intervenue dans une matière de plein contentieux ; 2) cette règle ne vaut pas dans le contentieux de l'excès de pouvoir, où les décisions implicites doivent impérativement être attaquées dans les deux mois de leur constitution (*cf.* § 109 et 111).

B. La computation du délai

188 Le délai du recours, on le sait (*cf.* § 169), est un délai franc, le contentieux administratif ayant conservé l'ancien mode de calcul, aujourd'hui abandonné en procédure civile. Ce délai se compte en mois, de quantième en quantième, sans prendre en considération le nombre réel de jours que comportent les mois concernés. Si le délai s'achève un dimanche ou un jour non ouvrable ou un jour férié, le recours sera encore recevable le premier jour ouvrable qui suit. On rappelle que ne sont comptés ni le *dies a quo (non computatur in termino)* ni le *dies ad quem* (*cf.* l'exemple donné § 180).
Toutefois, cela n'aboutit qu'à allonger d'un jour le délai de deux mois, car il convient d'observer que le délai commence à courir à 0 heure le lendemain du *dies a quo*, or le lendemain à 0 heure d'un jour donné est aussi le minuit du jour précédent.

Par ailleurs, lorsque le délai de deux mois fait suite à une décision implicite, il n'y a qu'un seul délai franc et le délai global est donc de quatre mois et un jour (deux mois non francs pour constituer la décision implicite et deux mois francs pour la saisine du juge). Ainsi, une demande reçue le 1er juillet doit être considérée comme ayant fait l'objet d'une décision implicite de rejet le soir du 1er septembre, si elle n'a pas reçu de réponse à cette date. Le délai du recours contentieux, qui commence à courir instantanément, expirera le 2 novembre à l'heure de fermeture du greffe de la juridiction.

C. Les effets de l'expiration du délai

Ces effets sont en principe radicaux (1.), mais le droit positif comme la jurisprudence s'efforcent à une application raisonnable du principe (2.).

1. Principes

189 L'effet normal, et au demeurant logique, de l'expiration du délai du recours contentieux est de rendre irrecevables les recours postérieurs, qui se trouvent ainsi frappés d'une forclusion en principe insurmontable. Cette irrecevabilité est d'ordre public et peut être soulevée d'office par le juge si les parties ne l'ont pas fait.

L'expiration du délai n'a pas seulement pour effet d'empêcher tout recours, elle agit aussi sur le contenu du recours formé avant l'expiration du délai. En effet, cette expiration fixe définitivement la nature du recours, excès de pouvoir ou pleine juridiction par exemple, alors que, pendant tout le cours du délai, le requérant peut modifier ses conclusions ou en substituer d'autres et, partant, modifier la nature du recours. Par ailleurs, en excès de pouvoir, le requérant peut articuler des moyens de légalité externe et des moyens de légalité interne (*cf.* § 136). Si dans le délai du recours contentieux, le requérant n'a fondé son argumentation que sur des moyens tirés de l'une seulement de ces deux causes juridiques, il ne peut plus, après l'expiration du délai, ajouter de griefs appartenant à l'autre cause juridique, car il s'agirait d'une demande nouvelle et, par suite, irrecevable.

Lorsque le délai de recours est expiré contre une décision, la survenance postérieure d'une décision purement confirmative (*cf.* § 181) ne rouvre pas le délai, la forclusion qui entache la première décision se transmet à la décision confirmative (18 mai 1877, *Banque de France*, Sir. 1878.III.28). On sait cependant que, dans quelques rares cas (*cf.* § 181-182), une réouverture du délai d'action est admise.

2. Exceptions

Trois hypothèses principales constituent les exceptions les plus significatives au mode ordinaire de calcul des délais d'action : ce sont l'exception d'illégalité, la théorie du changement des circonstances et la théorie des opérations complexes, qui manifestent combien en contentieux administratif les affirmations les plus définitives souffrent d'exceptions.

• L'exception d'illégalité

190 L'invocation d'une exception d'illégalité permet à un requérant qui n'a pas agi dans les délais pour faire constater par le juge l'illégalité d'une décision de l'administration de se prévaloir de cette illégalité à l'occasion d'actes postérieurs pris sur la base et pour l'exécution de la décision illégale non contestée en temps utile. Cependant, dans le cas d'une ordonnance de l'art. 38 de la Constitution, l'invocation de son illégalité par voie d'exception n'est plus possible après l'adoption de la loi la ratifiant (9 nov. 2007, *Féd. des établ. hospitaliers et d'assistance privés à but non lucratif*).

Quatre règles commandent la mise en œuvre de cette exception. En premier lieu, l'exception tirée de l'illégalité d'un acte réglementaire est perpétuelle (au moins depuis 29 mai 1908, *Poulin*, p. 581) dès lors qu'elle est invoquée à l'encontre d'un acte second, à la double condition qu'il ait été pris pour l'application de l'acte illégal et sur la base de celles de ses dispositions qui sont illégales (Sect., 18 févr. 1949, *Denayer*, p. 80; tel n'est pas le cas d'une DUP [25 févr. 2005, *Assoc. préservons l'avenir à Ours-Mons Taulhac*] ou d'un POS [15 oct. 2007, *Féd. départ. de l'hôtellerie de plein air de Charente-Maritime*] qui ne sont pas des mesures d'application pure et simple d'un SDAU). Il en irait de même pour la demande de réparation du préjudice causé par l'illégalité d'un acte réglementaire lui-même non attaqué dans le délai du recours.

Cette solution est, on le sait, fortement atténuée en droit de l'urbanisme, d'une part, par la jurisprudence qui ne voit plus dans les actes d'occupation ou d'utilisation du sol des mesures d'application d'un plan d'urbanisme (Sect., 8 juin 1990, *ASSAUPAMAR*, p. 148), d'autre part, par la loi, l'article L. 600-1 du Code de l'urbanisme limitant de façon draconienne, dans un certain nombre de cas, les possibilités d'exception d'illégalité en ce domaine.

En deuxième lieu, il n'est pas possible d'invoquer l'exception d'illégalité des actes non réglementaires devenus définitifs, et cela quelle que soit la nature du contentieux (excès de pouvoir ou pleine juridiction). Ainsi de l'acte d'incorporation d'une parcelle au domaine public maritime (4 févr. 2008, *Peretti*). Il n'existe à cette prohibition qu'une grande exception. Elle concerne les demandes de réparation du préjudice causé par un acte non réglementaire illégal non déféré au juge dans les délais légaux (3 déc. 1952, *Dubois*; Sect. 30 avr. 1976, *Simeon*). Ces actions en réparation sont toujours possibles nonobstant l'expiration du délai, sous réserve de la prescription quadriennale (*cf.* § 173). En revanche, l'exception d'illégalité est possible sur la base d'actes non réglementaires non encore devenus définitifs, c'est-à-dire susceptibles de faire l'objet d'un recours en annulation contentieuse (Sect., 9 nov. 1966, *Toumbouros*).

En troisième lieu, l'exception d'illégalité ne peut pas être dirigée contre une décision qui n'a pas encore atteint son caractère définitif (15 oct. 2004, *Feddal*).

En quatrième lieu, dans un souci de sécurité juridique – que l'on peut trouver ici discutable –, le juge refuse l'invocation d'une exception d'illégalité, dans le cadre d'opérations d'urbanisme ou d'aménagement foncier par exemple, lorsque son admission aurait des conséquences excessives (30 janv. 2008, *Claude X.*, req. 281923; du même jour: *Min. Agric. et Pêche*, n° 294658).

On signalera un cas particulier assez complexe mais logique: la recevabilité d'un moyen, en excès de pouvoir, s'apprécie à la date à laquelle il est présenté au juge, non au jour où le juge statue. Il suit de là que l'exception d'illégalité soulevée à l'encontre d'une décision alors que le recours dirigé contre celle-ci est encore pendant devant le juge reste recevable après le rejet dudit recours par un jugement définitif si celui-ci n'a pas été frappé d'appel (Sect., 20 juin 1997, *Kessai*, *AJDA* 1997, p. 894, concl. R. Abraham).

• La théorie du changement des circonstances de fait et/ou de droit

191 L'invocation de la théorie du changement des circonstances permet, en vertu d'un principe général du droit (Ass., 3 févr. 1989, *Cie Alitalia*, p. 44), de demander à l'administration l'abrogation de ses *règlements illégaux,* qu'ils soient illégaux depuis leur origine ou qu'ils le soient devenus postérieurement par suite de changements dans les circonstances de droit ou de fait conditionnant leur légalité. Le refus – éventuel – de l'administration, si la thèse du requérant est admise, sera annulé et celle-ci sera obligée d'abroger ou de corriger son acte.

Cette théorie permet aussi à tout destinataire d'un *acte non réglementaire* de demander à l'administration et d'obtenir d'elle l'abrogation pour l'avenir ou la correction de ceux de ses actes devenus illégaux postérieurement à leur édiction, cela par suite de changements dans les circonstances de droit ou de fait conditionnant leur légalité (Sect., 30 nov. 1990, *Assoc. « Les Verts »*, p. 339). Cette seconde solution ne s'applique donc pas à ceux des actes non réglementaires qui sont illégaux dès l'origine.

• La théorie des opérations complexes

192 La théorie des opérations complexes (qui concerne notamment la procédure d'expropriation, le régime des concours administratifs, les tableaux d'avancement d'agents publics, les opérations de remembrement rural, etc.) constitue une exception particulièrement remarquable et constructive à la forclusion que fait encourir l'expiration du délai du recours. Lorsque la réglementation prévoit que plusieurs décisions s'engendrent successivement l'une l'autre pour produire une opération globale qui se conclut par une décision terminale, la légalité de l'ensemble peut être contestée dans les deux mois de cette décision finale et porter sur chacune des décisions successives alors que, à l'égard de chacune d'elles (hormis la dernière), le délai du recours contentieux est expiré.

Conseils bibliographiques

OUVRAGES ET ARTICLES DE RÉFÉRENCE

C. Bonnifait, « L'intervention en contentieux administratif », *AJDA* 1969, p. 546.
J. Bougrab, « L'aide juridictionnelle, un droit fondamental ? » *AJDA* 2001, p. 1016.
D. Chabanol, « La régularisation des requêtes devant la juridiction administrative », *AJDA* 1993, p. 331.
P. Fraissex, « Vers la fin de la théorie de la connaissance acquise ? » *RDP* 1999, p. 759.
A. Heurté, « Les demandes reconventionnelles », *AJ* 1960.I.130.
J.-L. Pissaloux, « Réflexions sur les moyens d'ordre public dans la procédure administrative contentieus », *RDP* 1999, p. 781.
M. Roncière, « Actualité de la notion d'opération complexe », *Petites Affiches* 1996, n° 101.
B. Seiller, *L'exception d'illégalité des actes administratifs*, Thèse, Paris II, 1995.
J.-H. Stahl, « La saisine du juge administratif : procédure préalable et conditions de recevabilité », *Rev. adm.* 1999, n° spécial, p. 98.

POUR ALLER PLUS LOIN

C. Debouy, « La notion de décision non confirmative », *JCP* 1988.I.3340.
J.-P. Gilli, *La cause juridique de la demande en justice. Essai de définition,* LGDJ 1962.
B. Jackson, « La notion de décisions faisant grief dans le cadre du recours pour excès de pouvoir », *Petites Affiches* 2000 n° 12.
E. Prévédourou, *Les recours administratifs obligatoires. Étude comparée des droits allemand et français,* LGDJ, 1996.
L. Richer, « Les modes alternatifs de règlement des litiges et le droit administratif », *AJDA* 1997, p. 3.

5

L'instruction des requêtes

193 Le terme d'« *instruction* » recouvre l'ensemble de ce qui se passe depuis le moment où une requête introductive d'instance saisit le juge jusqu'au jour de l'audience. Il n'y a pas, normalement et le plus souvent, de jugement possible sans une instruction, car l'instruction constitue une « *formalité essentielle* » (Sect., 25 janv. 1957, *Raberanto et autre*, p. 66) : il est de l'essence même d'un procès d'être « instruit ». On examinera le déroulement de l'instruction (1.), la preuve des prétentions des parties qui est, parfois, un élément crucial de l'instruction (2.) et les incidents qui peuvent affecter l'instance (3.).

1 Le déroulement de l'instruction

Une distinction classique oppose, parmi les mesures que le juge prend au cours de l'instruction, celles qui ont une nature proprement juridictionnelle et celles qualifiées « mesures d'administration de la justice » (répartition des affaires entre les formations d'une juridiction, choix de la juridiction de renvoi, désignation d'un rapporteur, autorisation ou refus d'autorisation d'assister au délibéré : Versailles, 27 mars 2007, C., etc.). Ces dernières, considérées comme relevant de la marche interne des juridictions, ne peuvent pas faire l'objet d'un recours. Cette distinction est, d'une part, délicate car la frontière est loin d'être évidente entre ces deux catégories, d'autre part, parfois suspecte car certaines mesures d'administration de la justice peuvent, en fait, affecter les droits ou le statut du justiciable (ordonnance de clôture de l'instruction ou rabat d'une telle ordonnance, jonction ou refus de jonction de requêtes, fixation des délais pour produire, estimation que l'affaire est en état, etc.). Il est d'ailleurs topique que certaines de ces mesures doivent être communiquées aux justiciables.
L'examen des principales caractéristiques de l'instruction (A.) sera suivi de l'étude des cas particuliers d'instruction (B.) puis des délais d'instruction (C.).

A. Principales caractéristiques de l'instruction

Parmi les traits, nombreux, qui caractérisent la procédure administrative contentieuse, on rappellera qu'elle est de facture inquisitoriale (1.), contradictoire, écrite et secrète (2.), et qu'elle est soumise, avec des exigences sans cesse croissantes, au respect du principe d'impartialité (3.).

1. Une procédure inquisitoriale

194 Le caractère inquisitorial a longtemps été un trait spécifique de la procédure administrative pour autant que l'on n'ait pas exagéré sa portée dans cette procédure tout en minorant excessivement son rôle dans les procédures judiciaires. Il reste vrai que le juge administratif y joue un rôle considérable qu'exprime fortement la jurisprudence en disant, d'une part, qu'il « *dirige l'instruction* » (Sect., 25 juil. 1975, *Ville de Lourdes*, p. 445 ; 4 févr. 2008, *Pascal X.*, req. 292956 ; 19 nov. 2008, *Yvon X.*, req. 309307), d'autre part qu'il est « *seul* » à la diriger (4 juil. 1962, *Paisnel*, p. 1077). C'est ce qui explique la terminologie employée : le juge administratif est saisi non d'un recours mais d'une requête, c'est-à-dire qu'il est demandé à lui, juge, de faire droit à une demande et non à un adversaire de se défendre. Certes les deux procédures, civile et administrative, manifestent, au moins depuis le décret du 13 octobre 1965 relatif à la procédure civile, un rapprochement certain quant au caractère contradictoire. Toutefois, il reste que l'état d'esprit comme les méthodes des deux procédures demeurent assez différents : le souvenir du caractère accusatoire plane encore sur la procédure civile alors que la procédure administrative est plus que jamais très largement inquisitoire.

• Étendue du rôle du juge

195 Le juge instruit les affaires, opère les notifications, met en cause, fixe le rythme de l'instruction, dispose des plus larges pouvoirs, etc. Ceci se manifeste aussi bien lors de l'ouverture de l'instruction que tout au long de son déroulement et trouve des sanctions appropriées. Lors de l'introduction du recours, celui-ci est attribué immédiatement à l'une des formations de la juridiction et confié aussitôt à un rapporteur qui ressemble de plus en plus à un juge de la mise en état des causes. Au Conseil d'État, ce rôle est partagé entre le président de la section du contentieux, qui répartit les affaires entre les sous-sections, et le président de la sous-section concernée, qui désigne le rapporteur. Le rapporteur propose toutes mesures utiles d'instruction soit spontanément, soit à la demande des parties, demande qu'il n'y a d'ailleurs aucune obligation de suivre, il vérifie la complétude des dossiers et assure le suivi des demandes adressées aux parties. Il y a aussi tout un travail matériel (envois postaux en particulier, correspondances avec la juridiction et entre les parties) qui est assuré par le personnel du greffe (ou, au Conseil d'État, du secrétariat du contentieux). Pendant tout le cours de l'instruction, si l'on fait exception des mesures purement mécaniques (comme la transmission des mémoires et pièces à l'autre partie, la fixation des délais de réponse, etc.), le caractère inquisitorial se manifeste de nombreuses manières. Le juge dispose à l'égard des administrations publiques d'un pouvoir général d'instruction d'autant plus important qu'elles sont très souvent défenderesses au procès. Il procède, spontanément, à la vérification du contenu véritable et de la forme réelle des originaux lorsque le litige concerne précisément ces questions. Toute mesure d'instruction préparatoire que le juge estime utile peut être ordonnée : ainsi, dans le cadre d'un litige, un supplément d'information peut être demandé à la CNIL (Commission Nationale Informatique et Libertés) pour permettre de juger l'affaire (27 févr. 2006, *Cherney*). Le juge peut adresser des demandes d'éclaircissements ou de renseignements aux diverses parties, convoquer un agent administratif à la barre du tribunal, exiger la production de pièces, le dépôt d'un dossier, même sur des faits amnistiés, etc. Dans tous ces cas le juge agit spontanément ou sur demande des intéressés, étant observé qu'il n'est jamais tenu d'ordonner une mesure suggérée par l'une des parties ni, quand il l'ordonne, de lui donner la portée ou l'extension voulue par elle.

Si loin qu'aillent ces pouvoirs d'investigation, ils sont dominés par une finalité intangible et par une règle absolue. La finalité, c'est la recherche de la vérité ; la limite absolue, c'est l'interdiction que ces pouvoirs aillent contre le principe du contradictoire ou celui du respect des droits de la défense (8 oct. 2008, *Ahmed X.*, n° 295815) ou contre un principe général du droit (13 mars 1937, *Sté de transbordement du port de Strasbourg*).

Ce souci d'équilibre entre principe du contradictoire et marge d'initiative du juge exerçant sa faculté inquisitoriale est bien illustré par une affaire où le juge observe : *« Si, conformément au principe du caractère contradictoire de l'instruction, le juge administratif est tenu de ne statuer qu'au vu des seules pièces du dossier qui ont été communiquées aux parties, il lui appartient, dans l'exercice de ses pouvoirs généraux de direction de la procédure, de prendre toutes mesures propres à lui procurer, par les voies de droit, les éléments de nature à lui permettre de former sa conviction sur les points en litige »* (11 juin 2007, *Mohammed X.*, req. 284521). En l'espèce, s'agissant d'actes d'état civil étrangers présentés comme douteux, le juge ordonne au Ministre des Affaires étrangères de lui communiquer, en vue de son versement au dossier de la procédure contradictoire, *« une attestation des autorités du Bangladesh quant au caractère non authentique des actes d'état civil en cause »*.

• Sanction des pouvoirs du juge

196 Le juge se voit doté des moyens de prévenir ou de réprimer les manœuvres dilatoires. Il a aussi un pouvoir énergique pour forcer les parties à répondre à ses questions, demandes et autres : quand le délai imparti pour effectuer une production, donner une réponse, etc. est expiré, et après mise en demeure, le juge statue néanmoins : le demandeur défaillant est réputé s'être désisté tandis que le défendeur défaillant est réputé avoir acquiescé aux faits contenus dans la demande.

2. Une procédure d'une certaine originalité

L'originalité de la procédure administrative contentieuse ne tient pas tant à des caractères qui lui seraient propres qu'au fait qu'elle applique à sa manière les éléments classiques de toute procédure juridictionnelle.

• Le principe du contradictoire : aspects généraux

197 Ce principe général du droit (Sect., 12 mai 1961, *Sté « La Huta »*, p. 313) est applicable également aux juridictions de l'ordre judiciaire (Ass., 12 oct. 1979, *Rassemblement des nouveaux avocats de France et autres*, p. 370) et à toutes les juridictions administratives (Sect. 29 juil. 1994, *SNC Jean Guiraud et Cie et autres*, p. 394 : à propos de la Commission bancaire statuant comme juridiction). Le moyen tiré de la méconnaissance du principe du contradictoire n'est cependant pas d'ordre public (16 janv. 2008, *Cnauté d'agglomération de Maubeuge – Val de Sambre*, req. 283020).

Le Conseil constitutionnel lui confère une nature constitutionnelle, qui s'impose donc aux lois (CC, 72-75 I, 21 déc. 1972), et il y voit également un corollaire du principe constitutionnel des droits de la défense (89-270 DC, 29 déc. 1989, *Loi de finances pour 1990*, 58e cons.). Énoncé en termes lapidaires par l'article L. 5 du titre préliminaire du CJA, il se manifeste en premier lieu par l'obligation d'information mutuelle qui pèse sur chacune des parties, obligation qui s'accomplit sous le strict contrôle du juge. Il se manifeste aussi par l'obligation spécifique qu'il impose au juge d'assurer lui-même la mise en œuvre de ce principe et de veiller à son respect. Il ne concerne d'ailleurs pas que les parties mais également toutes les personnes mises en cause au cours de l'instance et c'est pourquoi il est, en substance, différent du principe du respect des droits de la défense. Le principe du contradictoire impose au juge de communiquer à toutes les parties l'ensemble des pièces au vu desquelles il statue (13 mars 2006, *Wespelare et autres*). Le principe du contradictoire doit déployer tous ses effets même dans le cadre de la procédure de référé (ici le référé-suspension) ; il appartient au juge des référés d'adopter toutes les mesures appropriées dans le cadre de cette procédure d'urgence afin d'assurer le contradictoire (18 oct. 2006, *Syndicat des copropriétaires de l'immeuble « Les Jardins d'Arago »*, AJDA 2007 p. 46, concl. C. Devys).

Cette exigence du contradictoire explique et justifie cette solution prétorienne capitale selon laquelle, lorsqu'au cours de l'instance, l'administration substitue une autre décision à celle actuellement attaquée devant le juge, elle a l'obligation de la notifier au requérant à peine d'inopposabilité. Cette solution, audacieuse mais très bien venue, a d'abord été imaginée en contentieux de l'urbanisme (Ass., 23 mars 1973, *Cie d'assurances « L'Union »*, p. 251 : à propos d'un nouveau permis de construire substitué à celui contesté devant le juge), avant d'être généralisée à toutes les branches du contentieux (Ass., 15 avr. 1996, *Institut de radiologie*, p. 138).

198 Ce principe se manifeste à la fois lors du déclenchement de l'instance et tout au long de son déroulement. Lors du déclenchement de l'instance, le juge doit en avertir tous les défendeurs éventuels en leur communiquant le mémoire introductif d'instance du demandeur : s'il se dispense de cette exigence, la procédure est nulle, sauf s'il est établi que cette omission n'a pas porté atteinte aux droits des parties (7 juil. 2004, *Cnauté d'agglomération du Val-de-Garonne*, p. 831). Pareillement, ne respecterait pas le principe du contradictoire, la non-communication au demandeur du premier mémoire produit par le défendeur (25 juil. 2007, *Gérard X.*, req. 292739). Il doit aussi, par-delà les mises en cause que contient ce mémoire, déterminer les personnes susceptibles d'être concernées par le litige naissant. Ceci explique qu'en cas de renvoi après cassation, il appartient à la juridiction de renvoi d'avertir les parties d'avoir à formuler leurs observations (Sect., 11 mars 1960, *Sté des travaux et carrières du Maine*, p. 195). Durant le déroulement de l'instance, le principe du contradictoire fait sentir pleinement ses effets. Les parties disposent d'un véritable droit à la connaissance des mémoires et des documents ; ce droit existe même sans texte et devant toutes les juridictions en raison de sa nature de principe général du droit (10 août 1918, *Villes*, p. 841, concl. Berget ; 10 juin 1932, *Ollier*). D'ailleurs des textes exprès l'ont consacré pour les juridictions de droit commun. On observera cependant que le juge peut ne pas effectuer une communication lorsqu'il estime que celle-ci n'apporte rien à ce qui est déjà connu et n'est pas susceptible de porter atteinte aux droits de l'autre partie (5 janv. 1973, *Paisnel*, p. 15). Il en va d'autant plus ainsi lorsque le juge ne se fonde pas, pour statuer, sur l'un des moyens contenus dans le(s) mémoire(s) non communiqué(s) (4 mars 2009, *Cne de Beaumettes*). Toutefois, ces positions jurisprudentielles sont plus ou moins contredites par la Cour EDH qui estime que la non communication au défendeur d'un mémoire en réplique du demandeur viole le droit au procès équitable (18 oct. 2007, *Asnar*).

En contentieux électoral local, une situation particulière existe en raison de la combinaison de dispositions du Code de justice administrative et du Code électoral. À l'égard de celui dont l'élection est contestée, il n'est fait obligation que de lui communiquer l'existence de cette protestation et de l'aviser qu'il a cinq jours pour formuler sa défense, mais il n'y a pas obligation de lui communiquer le(s) mémoire(s) contenant ladite protestation. Pas davantage n'ont à être communiqués au(x) demandeur(s) les termes de la défense produite (23 nov. 1977, *Él. mun. d'Angers*, p. 460; 21 déc. 1983, *Él. mun. de Soultz-sous-Forêts*, p. 525; 28 janv. 1994, *Bartolone, Él. cant. des Lilas*, p. 41). Toutefois, il est toujours possible de prendre connaissance de ces mémoires au greffe du tribunal (31 mars 2009, *Éric B.*, req. 318124), sauf si l'appel de l'affaire au rôle est imminent, auquel cas cette communication pourra être valablement refusée.

Ce principe impose de laisser à chaque partie un délai suffisant pour produire sa réponse aux mémoires adverses (2 mai 2007, *Jean-Louis X.*, n° 291884). C'est pourquoi, la communication d'une pièce trop tardivement par rapport à la date de l'audience, vicie le jugement rendu à la suite de cette audience (31 mars 2008, *Conze et Grossi*, req. 288620, à propos d'une procédure devant la Cour de discipl. budg. et fin.).

• Le principe du contradictoire : questions particulières

Quatre questions principales se posent concernant la mise en œuvre concrète du principe du contradictoire.

199 *En premier lieu, il s'agit de combiner le principe de la contradiction et les règles qui gouvernent les moyens d'ordre public.* Depuis un décret du 22 janvier 1992 (art. R. 611-7), le juge a l'obligation d'indiquer préalablement aux parties qu'il se propose de relever d'office un moyen et de leur fixer un délai dans lequel elles doivent présenter leurs observations, ceci à peine de nullité du jugement ou arrêt rendu sans invitation préalable des parties à discuter le moyen soulevé d'office (6 juil. 2007, *Muhamed X.*, req. 298339; 11 avr. 2008, *Peggy X.* req. 300302). Ce décret ne s'applique qu'aux juridictions administratives de droit commun (4 avr. 2008, *Jean-Claude X.*, req. 305170, à propos de la procédure devant le CNESER statuant en matière disciplinaire) : il n'institue donc pas un principe général du droit (Sect., 5 avr. 1996, *Synd. des avocats de France*, p. 118) ; ce principe s'applique également aux procédures de droit commun comme aux procédures d'urgence ; en revanche, il ne s'applique pas aux procédures simplement accélérées. Le juge se borne à indiquer aux parties quel moyen il compte soulever sans s'expliquer davantage, mais il doit identifier ce moyen avec précision pour que les parties puissent le discuter utilement. Si ce moyen est découvert au cours du délibéré, il entraîne la réouverture de l'instruction après radiation de l'affaire du rôle (Sect., 30 oct. 1992, *Assoc. de sauvegarde du site Alma-Champ-de-Mars*, p. 384).

200 *En deuxième lieu, doivent être précisées les modalités de la communication.* En principe, il est procédé à l'échange des copies des mémoires : chacun d'eux est envoyé au juge qui se charge de le transmettre, par lettre recommandée avec accusé de réception, à l'autre partie, conservant pour lui les originaux. Ces mémoires sont en nombre illimité jusqu'à ce que le juge estime son information suffisante et mette un terme à leurs échanges. Ces envois sont effectués par le greffe (ou, au Conseil d'État, par le secrétariat) de la juridiction à la partie adverse ou à son mandataire, ce qui peut parfois soulever certaines difficultés dans l'identification des administrations destinataires, les requérants n'étant pas toujours très précis dans leur désignation. Cette notification concerne tous les mémoires, sauf ceux ne contenant aucun élément nouveau ou ceux parvenus à la juridiction après la date de clôture de l'instruction (Sect., 4 janv. 1963, *Lucas et autre*, p. 7). Pour ce qui est des pièces jointes, il appartient aux parties, d'une part de les fournir en nombre suffisant pour qu'elles puissent être adressées à chaque partie concernée, d'autre part de répertorier l'ensemble des pièces sous bordereau unique. Toutefois, les pièces jointes dont la reproduction est trop difficile ou trop coûteuse sont déposées au greffe, à charge pour chaque intéressé d'en prendre connaissance directement.

201 *En troisième lieu, il faut préciser le domaine de la communication.* Celui-ci concerne non seulement la communication entre les parties mais aussi à l'égard du juge. Chaque partie doit avoir connaissance de tout ce qu'écrit ou utilise l'autre partie dans ses communications avec la juridiction. En excès de pouvoir, où l'auteur de l'acte n'est pas l'adversaire du demandeur, c'est au juge que ce dernier s'adressera souvent pour obtenir communication de certaines pièces; encore faut-il, pour que le juge accède à cette demande, que cela lui paraisse une mesure d'instruction utile (1er mai 1936, *Couespel du Mesnil*, p. 485). Par ailleurs, du côté du juge, celui-ci ne peut fonder sa décision sur des faits, pièces, dires, etc. parvenus à sa connaissance par des moyens, investigations ou recherches personnels (9 mai 1916, *SA de la sucrerie de Chalon-sur-Saône*, p. 200), sauf à en avoir préalablement communiqué l'entier contenu et/ou l'entier résultat aux parties. Il ne peut statuer que sur la base d'éléments connus de toutes les parties (Ass., 14 déc. 2001, *Sté Réflexions, Médiations, Ripostes*, p. 647; 25 mai 2007, *Ange X.*, n° 296104: à propos d'une expertise médicale non versée à la procédure). C'est pourquoi, en cas de substitution de base légale ou de substitution de motif, le juge est tenu d'entendre préalablement les observations des parties aussi bien dans le contentieux de la pleine juridiction (Sect, 23 nov. 2001, *Cie nationale Air France*, p. 576) que dans celui de l'excès de pouvoir (Sect., 3 déc. 2003, *Préfet de Seine-Maritime c./El-Bahi*, p. 479, concl. J.-H. Stahl; Sect., 6 févr. 2004, *Hallal*, p. 48, concl. I. de Silva).

Les documents confidentiels ne sont pas communicables en vertu d'un principe général du droit (Ass., 11 mars 1955, *Secr. d'État à la Guerre c./Coulon*, p. 149; *RDP* 1955 p. 915, concl. Grévisse, dont le champ d'application a été élargi par: Ass., 6 nov. 2002, *Moon*, p. 380) et les exigences de la contradiction imposent donc qu'ils ne figurent pas au dossier, le juge ne pouvant pas en prendre connaissance dès lors que l'une des parties se verrait interdire d'en connaître (30 oct. 1959, *Min. Affaires économiques c./Murat*, p. 566). Il est cependant fait échec au principe du contradictoire dans le cas d'une pièce couverte par un secret prévu et protégé par la loi sur la communication au public des documents administratifs: le juge en prend connaissance seul et décide s'il y a lieu, ou non, d'ordonner sa communication à la partie demanderesse (Sect. 23 déc. 1988, *Banque de France c/ Huberschwiller*, p. 464; v. aussi concl. J. Arrighi de Casanova sur 10 déc. 1999, *C. et F.*, *Petites Affiches* 16 févr. 2000, p. 15-19; sur la combinaison du secret médical et du principe de contradictoire, voir: Avis, 6 avr. 2007, *Douwens Prat*; pour une application de cette procédure au fichier CEZAR de la SNCF: 6 févr. 2008, *SA d'exploitat. de l'hebdom. Le Point*, req. 304752). La CJCE, donnant une interprétation plus souple de la notion de procès équitable, estime que le principe du contradictoire n'a pas, en présence d'un secret, de caractère absolu et doit céder devant les exigences de celui-ci, par exemple, s'agissant de la conclusion de marchés publics soumis à la concurrence, devant les secrets des affaires ou les informations (commerciales, industrielles ou autres) confidentielles (CJCE 14 févr. 2008, *Varec*). Ceci devrait conduire le Conseil d'État à infléchir un peu sa jurisprudence.

202 *En quatrième lieu, enfin, s'est posée la question de la compatibilité entre le régime des conclusions du rapporteur public et le principe du contradictoire.* Traditionnellement, les conclusions sont prononcées oralement, à l'audience, après les plaidoiries, avant que l'affaire ne soit mise en délibéré et il n'est pas possible d'y répliquer. C'est ce dernier élément qui a fait difficulté aux yeux de la Cour EDH, qui a considéré, d'une façon générale, que l'existence d'un ministère public aux observations duquel on ne peut pas répondre ne satisfaisait pas aux exigences du contradictoire, et donc d'un procès équitable (20 févr. 1996, *Lobo Machado c./Portugal* et *Vermeulen c./Belgique* : à propos, respectivement, des ministères publics portugais et belge ; 25 juin 1997, *Van Orschoven c./Belgique* ; 31 mars 1998, *Slimane-Kaïd et Reinhardt c./France* : à propos de l'avocat général devant la Cour de cassation). Malgré la ferme réaction du Conseil d'État (4 mars 1998, *Zanone*, *Quot. jurid.* 1998 n° 52. p. 8. note X. : refus d'enjoindre à un commissaire du gouvernement la communication de ses conclusions, puis : 29 juil. 1998, *Esclatine*, p. 320, concl. D. Chauvaux ; en tout point confirmatif du remarquable arrêt de Section, du 10 juil. 1957, *Gervaise*, p. 466) soutenue par celle de la CJCE (4 février 2000, *Emesa Sugar* : à propos de l'avocat général devant la CJCE), la Cour EDH a eu à connaître du commissaire français du gouvernement, devenu depuis le rapporteur public, devant le juge administratif (CEDH, 7 juin 2001, *Kress c./France*). Contre toute attente, la Cour a estimé que la possibilité de remettre des « notes en délibéré » après l'audience permettait d'assurer une réplique satisfaisante à ces conclusions. Du coup, le juge administratif (12 juil. 2002, *Leniau*, p. 278 et, surtout, Sect., 27 févr. 2004, *Préfet des Pyrénées-Orientales*, p. 93) et le pouvoir réglementaire (art. R. 731-5) ont conféré un statut juridique complet à ces notes, qui jusqu'alors n'en avaient que dans l'imagination – bienveillante ? – de la Cour EDH (*cf.* § 315).

• Une procédure écrite, secrète, publique et en langue française

203 *Le caractère écrit* de la procédure administrative contentieuse résulte d'une règle déjà énoncée par le célèbre règlement du Conseil du Roi du 28 juin 1738 édicté par le chancelier Daguessau. L'écrit présente de nombreux avantages (objectivité, clarté, limitation des contestations, preuve, possibilité de travailler sur un texte, etc.). Il est, également, culturellement conforme aux habitudes de travail du juge administratif comme de l'administration active elle-même. Il astreint les avocats et leurs clients à un travail rigoureux. De la prédominance de l'écrit découlent d'importantes conséquences : les parties ne seront convoquées à l'audience que si la faculté d'observations orales leur est ouverte ; les observations présentées à l'audience (par les avocats et/ou les parties) ne peuvent que reprendre le contenu des mémoires écrits ; tout moyen nouveau, toute conclusion nouvelle présenté après la clôture de l'instruction est irrecevable, sauf s'il s'agit d'un moyen d'ordre public ou si le juge décide la réouverture de l'instruction.

204 Cependant, tout n'est pas écrit, à commencer par les conclusions du rapporteur public ou les observations orales présentées à l'audience par les avocats ou par les parties. À l'heure actuelle, la multiplication des procédures rapides entraîne un recours fréquent à l'oralité des débats et des procédures : reconduite à la frontière, référés, etc., ce qui atténue le rôle traditionnel de l'écrit en contentieux administratif.

205 *Le caractère secret* de l'instruction est un principe fondamental de procédure : aucun acte d'instruction n'est public ou ne donne lieu à audience. Pareillement, tous les écrits produits au cours de l'instruction sont secrets et ne peuvent être divulgués (tels les mémoires).

206 *La nécessité d'emploi du français* comme langue unique de la procédure administrative contentieuse remonte à l'ordonnance royale de Villers-Cotterêt, d'août 1539, par laquelle François Ier vise expressément les actes de justice. Le Conseil d'État y voit l'expression d'un principe général de procédure qui concerne aussi bien les actes juridictionnels, les actes qui y concourent (Sect. 22 nov. 1985, *Quillevère*, p. 333, concl. D. Latournerie), que les recours gracieux (Sect., 5 janv. 2000, *Cne de Mâcot-la-Plagne*, p. 3), ces derniers ne conservant pas le délai du recours contentieux s'ils ne sont pas rédigés en français, sauf dans le cas où cette exigence est contraire à une règle de droit international.

3. Une procédure impartiale

207 Le principe d'impartialité, dont on a déjà indiqué combien il est essentiel (*cf.* § 40), impose au juge de se prononcer sans parti-pris et sans préjugé. Il ne doit se former une opinion qu'à la lecture et à l'audition des argumentations des parties et des pièces qu'elles fournissent. Ce principe est essentiel, il est le corollaire, à la fois du principe du contradictoire et de celui du respect des droits de la défense. C'est pourquoi le Conseil d'État censure l'arrêt de la Cour des comptes rendu par des magistrats dont certains ont déjà fait publiquement part de leur sentiment sur un dossier lorsqu'ils ont participé à l'élaboration du rapport public annuel de la Cour (Ass., 23 févr. 2000, *Sté Labor-Métal*, p. 83, concl. A. Seban). On trouve des solutions analogues pour une juridiction administrative de droit commun (Paris, 23 mars 1999, *Sarran*, p. 961, à propos d'un tribunal administratif), la Commission nationale informatique et libertés (Ass., 3 déc. 1999, *Caisse de Crédit mutuel de Bain-Tresboeuf*), le Conseil des marchés financiers (Ass., 3 déc. 1999, *Didier*), une chambre régionale des comptes (6 avr. 2001, *SA Entr. Razel frères et Le Leuch*), une juridiction ordinale (29 mai 2002, *Vaillant*; 20 déc. 2006, *D.*), les institutions non juridictionnelles lorsqu'elles infligent des sanctions (28 oct. 2002, *Laurent*, à propos de la Commission centrale des assurances), les juridictions administratives spécialisées (Ass., 6 déc. 2002 *Maciolak et Trognon*, deux espèces, au sujet de la Commission centrale d'aide sociale; Ass., 6 déc. 2002, *Aïn-Lhout*, à propos des commissions départementales des travailleurs handicapés, mutilés de guerre et assimilés), la Cour de discipline budgétaire et financière (Ass., 4 juil. 2003, *Dubreuil*), le juge administratif des référés (7 déc. 2006, *Sene*, req. 294218), etc. Cette jurisprudence est résumée ainsi de façon solennelle par le Conseil d'État, à l'occasion d'une décision de la Cour nationale de la tarification sanitaire et sociale: « *En vertu des principes généraux du droit applicables à la fonction de juger, toute personne appelée à siéger dans une juridiction doit se prononcer en toute indépendance et sans recevoir quelque instruction de la part de quelque autorité que ce soit* (30 janv. 2008, *Assoc. OREAG*, req. 274556).

Toutefois, si ce principe a pu paraître recevoir une extension parfois trop considérable en raison de la dilatation extrême de la notion d'« *impartialité objective* » développée par la Cour EDH, c'est à propos du commissaire du gouvernement (devenu en 2009 le rapporteur public) devant les juridictions administratives, on le sait, que son application peut susciter les plus grandes réserves. Cet organe ne constitue d'ailleurs, aux yeux de la Cour, qu'une des variétés de ministère public existant devant les diverses juridictions nationales. On a déjà examiné plus haut le problème de la réplique aux conclusions du rapporteur public (ex-commissaire du gouvernement), cet aspect concernant le respect de l'exigence du contradictoire (*cf.* § 202).

B. Cas particuliers d'instruction

Le principe, ancien (31 nov. 1908, *Pin*, p. 927), est que la durée de l'instruction est fixée souverainement par le président de la juridiction saisie (ou, au Conseil d'État, par le président de la sous-section) qui dispose d'un pouvoir discrétionnaire. Deux cas illustrent ce pouvoir: celui de l'accélération de l'instruction et celui de la dispense d'instruction.

• L'accélération de l'instruction

208 L'accélération de l'instruction est l'une des manifestations du pouvoir du juge. Elle permet à celui-ci de « sauter » des étapes afin de rendre une justice plus rapide lorsque les circonstances lui paraissent l'exiger. Ainsi, en cas de demande de référé-suspension, jointe à une demande au fond, le juge accélère le jugement sur le fond quand les conditions du référé ne sont pas réunies mais que le requérant a raison au fond. Ce pouvoir est exercé discrétionnairement et ne peut pas être discuté au contentieux (17 oct. 1958, *Min. de l'Intérieur c./Mottard*, p. 490).

• La dispense d'instruction

209 La dispense d'instruction permet au juge, « *lorsqu'il apparaît, au vu de la requête introductive d'instance, que la solution de l'affaire est d'ores et déjà certaine* » (R. 611-8) de juger une affaire sans réellement l'instruire. Le président de la juridiction ou, au Conseil d'État, celui de la sous-section du contentieux saisie (29 déc. 1995, *Gendre*, p. 976), fait appeler l'affaire au rôle aussitôt et il est prononcé sur celle-ci sans transmission au défendeur, lequel n'aura pas à produire de mémoire, après convocation des parties à l'audience et lecture de ses conclusions par le rapporteur public mais, éventuellement, sans communication préalable des moyens d'ordre public même soulevés d'office. La dispense d'instruction n'existe que devant celles des juridictions administratives où un texte l'a expressément instituée (Sect., 25 janv. 1957, *Raberanto et autres*, préc.). Elle ne contrevient pas aux exigences du principe du contradictoire (Sect., 29 janv. 1993, *Assoc. des riverains de l'Herrengrie*, p. 21).

Une telle procédure est d'utilisation assez rare ; elle ne joue pratiquement que dans les cas d'irrecevabilité manifeste (forclusion certaine, incompétence absolue de la juridiction, etc.) et encore cette condition est-elle appréciée restrictivement (ainsi l'appel dirigé contre un jugement rendu en dernier ressort n'est pas irrecevable : Sect., 18 juil. 2006, *Sté Darty Alsace-Lorraine*). Ceci explique que la non-communication du mémoire au défendeur ne peut exister que dans les affaires où la dispense d'instruction ne peut pas, normalement, nuire aux intérêts du défendeur parce qu'il s'agit, en principe, d'un jugement rejetant les prétentions du demandeur (Sect., 5 avr. 1996, *Synd. des avocats de France*, préc.). Si la décision de dispense d'instruction est insusceptible de recours, en revanche, le jugement rendu sans instruction préalable est susceptible d'appel ou, le cas échéant, de pourvoi de la part du requérant, ou de tierce opposition de la part du défendeur auquel la requête n'aurait pas été communiquée à tort (21 mars 1956, *Secr. d'État aux Affaires économiques et au Plan*, p. 134).

C. Délais d'instruction

Comme pour les autres composantes de l'instruction, le juge a la pleine maîtrise des délais d'instruction (1.), il peut, au reste, lutter contre l'inertie des parties (2.) et, également, clore à tout moment l'instruction (3.).

1. Fixation de délais d'instruction

210 La fixation des délais d'instruction, et donc de la durée globale de celle-ci, appartient au juge. En même temps qu'il notifie aux parties copies des mémoires – et, éventuellement, des pièces –, il indique le délai dans lequel elles doivent répondre ou produire. Ce délai doit être suffisant pour leur permettre de répondre et le Conseil d'État exerce

son contrôle sur ce point (Sect., 11 oct. 1963, *Assoc. des amis du site de Chagny*, qui met fin à l'absence de contrôle existant jusque-là sur le caractère suffisant du délai imparti pour présenter des observations). Il s'ensuit que la production d'un mémoire ou d'une pièce très peu de temps avant l'audience, si elle ne permet pas à l'autre partie de disposer d'un délai suffisant pour répondre, doit entraîner un report d'audience, à défaut le jugement rendu sans respect de ce délai minimum serait irrégulier (31 mars 2008, *Conze et Grossi*, req. 288620, à propos d'une procédure devant la Cour de discipl. budg. et fin.). Il en va d'autant plus ainsi que les délais fixés par le juge ne sont jamais des délais de rigueur car ils ne sont pas établis à peine de nullité ou d'irrecevabilité (15 déc. 1876, *Jantien*, confirmé par: 16 oct. 1957, *Cne de Challes-les-Eaux*, p. 537), sauf mention expresse en ce sens et sous réserve de ce qui sera indiqué ci-après.

2. Lutte contre l'inertie des parties

211 Des moyens divers permettent au juge de vaincre l'inertie des parties, quand ce n'est pas leur mauvais-vouloir, résultant de leur silence persistant soit pour produire un mémoire complémentaire dont l'envoi avait été annoncé par elles, soit pour répondre à un mémoire, soit pour répondre à une question ou à une demande du juge. La technique de la mise en demeure est la principale, mais non la seule, d'entre elles.

Tout d'abord, lorsqu'une partie annonce un mémoire complémentaire qu'elle ne produit pas, elle est réputée s'être purement et simplement désistée d'office de son action ; ce qui est une sanction particulièrement radicale. Il n'en va autrement que si, avant le terme du délai imparti pour produire ce mémoire complémentaire, la partie concernée déclare explicitement renoncer à le produire (Sect., 26 juil. 1996, *Sté entreprise parisienne*). Cependant le juge admet très – trop ? – libéralement l'existence de cette production complémentaire, par exemple en considérant qu'est valable à cet égard l'envoi dans les délais d'un mémoire complémentaire absolument identique au mémoire précédent (9 juil. 1997, *Sté Simecsol*, p. 1009: abandon de 10 déc. 1990, *Assoc. des parents des élèves pilotes de ligne*). Devant le Conseil d'État, le délai de droit commun pour produire un mémoire complémentaire est de quatre mois non renouvelables ; le désistement d'office y est prononcé sans mise en demeure préalable. Cependant, en matière électorale ce délai est ramené à un mois ; toutefois, par une interprétation bienveillante des textes, le Conseil d'État juge que ce délai abrégé pour produire le mémoire complémentaire ne s'applique que lorsque le Conseil d'État statue comme juge de l'élection en premier ressort ou en appel. Lorsqu'il intervient en matière électorale en qualité de juge de cassation, c'est le délai de droit commun de quatre mois qui s'applique (Sect. 13 déc. 2006, *Mme X.*, req. 283134). Devant les tribunaux et cours administratifs le délai est fixé par le rapporteur de l'affaire et n'est opposable à l'intéressé que s'il a expressément annoncé l'envoi d'un mémoire complémentaire (ce qui n'est pas le cas au Conseil d'État) et qu'après qu'il a été mis en demeure.

Ensuite, le défendeur qui n'a pas produit de défense à l'expiration du délai imparti (et après mise en demeure devant les cours et tribunaux administratifs, sans mise en demeure devant le Conseil d'État) est réputé avoir acquiescé aux faits tels que décrits par le demandeur (art. R. 612-6 ; 31 déc. 2008, *Roland X.*, req. 299364). Cependant, cet acquiescement d'office, à la différence du désistement d'office qui est, le plus souvent, un désistement d'action (*cf.* § 245), n'a d'effets que dans le cadre de l'instance au cours de laquelle il s'est produit. La circonstance que le défendeur ne peut plus contester les faits tels qu'évoqués par le demandeur ne dispense pas ce dernier de les prouver et le juge de les vérifier (16 oct. 1957, *Cne de Challes-les-Eaux*, préc.).

La mise en demeure comporte un délai impératif d'avoir à produire avant l'expiration d'une certaine date (art. R. 612-3) et c'est cette expiration qui, devant les cours et tribunaux administratifs, produit les effets que l'on vient d'indiquer.
Enfin, il convient de rappeler que le juge a toujours la possibilité, dès lors que les parties ont, l'une, présenté ses observations, l'autre, reçu notification de celles-ci, et été invitées à y répondre, de statuer immédiatement en l'état présent du dossier.

3. Clôture de l'instruction

Hormis les régimes propres à certaines procédures (référé en urgence; reconduite à la frontière), il convient de distinguer deux formes principales de clôture de l'instruction: la clôture automatique et la clôture sur ordonnance. Leur effet est, en principe, radical, mais il est certaines exceptions.

• La clôture automatique de l'instruction

212 La clôture automatique de l'instruction se réalise dans deux cas.
Au Conseil d'État, c'est l'unique forme de clôture existante: l'instruction est close soit, s'il y a des avocats, au moment où le commissaire du gouvernement se lève pour prononcer ses conclusions, soit au moment de l'appel de l'affaire lors de l'audience lorsqu'il n'y a pas d'avocat(s).
Devant les tribunaux et les cours administratifs, la clôture automatique n'a lieu qu'en l'absence d'ordonnance de clôture. L'instruction est alors close selon deux modalités. Dans le cas normal, elle est close trois jours francs avant la date de l'audience telle qu'elle figure sur l'avis d'audience adressé aux intéressés sept jours au moins avant cette date; l'avis doit expressément rappeler cette clôture (art. R. 613-2). Lorsque l'audience est prévue un jeudi, le délai limite de la clôture expire trois jours francs avant, soit le dimanche à minuit, un mémoire déposé le lundi est donc atteint de forclusion (2 avr. 2008, *Départmt du Val-d'Oise*, req. 299213) contrairement à ce qu'avaient jugé, assez logiquement d'ailleurs, certaines juridictions du fond (Nantes, 29 oct. 1997, *Delamarre*; TA Versailles, 18 déc. 1997, *Faure c./Cne de Corbeil-Essonnes*, p. 1005). En cas d'urgence, le délai de convocation étant alors ramené à deux jours, l'instruction est close soit, s'il y a eu des plaidoiries ou des observations orales, au moment où le rapporteur public se lève pour prononcer ses conclusions, soit, en l'absence d'avocat, au moment de l'appel de l'affaire.

• La clôture par ordonnance

213 La clôture par ordonnance se produit dans deux hypothèses dont on peut regretter qu'elles soient peu appliquées par les chefs de juridictions.
Tout d'abord, dès l'introduction de la requête, il est possible au président de la formation de jugement, pour assurer sa pleine maîtrise du déroulement temporel de l'instruction, de prendre une ordonnance clôturant celle-ci à une certaine date (art. R. 611-11 et R. 611-18). Contraignante pour les parties, cette solution l'est aussi pour le juge, obligé à une programmation précise des dates de l'audience et de la lecture du jugement. Ensuite, en cours d'instruction, à tout moment, lorsque la formation de jugement estime que l'affaire est en état, une ordonnance de clôture peut être prise (art. R. 613-1).
Dans tous les cas, l'ordonnance de clôture est adressée par lettre recommandée avec accusé de réception, quinze jours au moins avant la date de clôture qu'elle fixe. L'ordonnance de clôture n'est ni motivée ni susceptible de recours contentieux, car elle entre dans la catégorie juridique des « *actes d'administration de la justice* ».

• Les effets de la clôture de l'instruction

214 Les effets de la clôture de l'instruction, quelles qu'en soient les modalités, sont en théorie radicaux : « *Les mémoires produits après la clôture de l'instruction ne donnent pas lieu à communication et ne sont pas examinés par la juridiction* » (art. R. 613-3).
Toutefois, et la jurisprudence *Kress* précitée de la Cour EDH et les besoins de la pratique ont contraint à rectifier sensiblement la rigueur de la règle. Tout d'abord, la Cour EDH ayant « sauvé » les conclusions du commissaire du gouvernement, motif pris de la possibilité d'y répliquer par des notes en délibéré, il a bien fallu permettre leur dépôt après ces conclusions, donc après la clôture de l'instruction. Pareillement, il doit être fait un sort, quel qu'il soit, aux autres productions survenant après cette clôture. La réponse, dans tous les cas, résulte d'une construction purement prétorienne (Sect., 27 févr. 2004, *Préfet des Pyrénées-Orientales*, p. 94). Si le mémoire tardif remplit l'une des trois conditions ci-après, il y aura lieu de rouvrir l'instruction pour en permettre une discussion contradictoire. Il faut que le mémoire contienne :
– soit l'exposé d'une circonstance de fait dont la partie qui l'invoque n'était pas en mesure de faire état avant la clôture de l'instruction et qu'il n'est pas possible d'ignorer sans fonder le jugement sur des faits matériellement inexacts ;
– soit l'énoncé d'une circonstance de droit nouvelle ;
– soit un moyen de droit que le juge devrait relever d'office.
À défaut, le mémoire tardif ne sera pas soumis à la discussion contradictoire, il sera seulement visé mais non analysé dans le jugement (Bordeaux, 26 oct. 2004, *Min. Économie c./Centre hospitalier Félix-Guyon*) et, faute de viser un tel mémoire, le jugement serait irrégulier (18 mars 2009, *Yamina X.*, req. 308137). Cependant, si la réouverture de l'instruction est tout de même ordonnée en raison de ce mémoire tardif, solution qui n'est alors qu'une faculté pour le juge, ce dernier a l'obligation de verser au contradictoire toutes les productions des parties depuis la précédente clôture de l'instruction (27 juin 2007, *Min. Écologie, du Développement et de l'Aménagement durables*) sauf si le mémoire ne contient aucun élément de droit ou de fait nouveau (19 mars 2008, *Mme Mas*, req. 300335). Lorsque ce versement se produit après l'audience, cette réouverture de l'instruction doit être menée jusqu'à son terme, c'est-à-dire déboucher sur une nouvelle audience (4 mars 2009, *Jean X.*, req. 317473).
Enfin, nonobstant l'existence d'une clôture de l'instruction, l'exception de prescription quadriennale peut être opposée à tout moment du procès, y compris au moyen d'une note en délibéré (30 mai 2007, *Cne de St-Denis-de-la-Réunion*, req. 282619).

2 La preuve des prétentions des parties

Les faits énoncés par les parties à l'appui de leurs prétentions doivent être établis, c'est-à-dire qu'ils doivent être prouvés à l'égard du juge, dont ils doivent emporter la conviction. On présentera les conditions d'administration de la preuve (A.) et les différents modes de preuve (B.).

A. L'administration de la preuve

215 Le principe constant est que la charge de la preuve incombe à celui qui a pris l'initiative de « déclencher les hostilités » en introduisant une requête, c'est-à-dire le

demandeur, d'où le célèbre adage : « *Actori incumbit probatio* » (1.). Un tel principe, appliqué dans toute sa rigueur, ne serait guère acceptable en contentieux administratif dans la mesure où cela entraînerait le plus souvent la succombance de l'administré demandeur. La charge de la preuve tournerait à sa déroute, obligé qu'il serait de fournir une preuve au moyen d'éléments détenus par l'administration ou tirés, pour l'essentiel, de son action. C'est pour rétablir un certain équilibre entre les parties au procès administratif qu'un rôle capital a été dévolu au juge et caractérise ainsi l'aspect inquisitorial propre à ce type de procès (2.).

1. Le rôle des parties dans l'administration de la preuve

C'est tout d'abord aux parties qu'incombe la charge de la preuve ; il leur faut, à la fois, établir qu'il y a un bien-fondé à leur action et prouver les éléments qui appuient et justifient cette action. Dans ce rôle, les parties restent des parties : si elles aident le juge à remplir sa mission, elles ne peuvent en aucun cas se substituer à lui.

• La charge de la preuve

216 Le principe « *Actori...* » est logique : celui qui a pris l'initiative du procès rompt l'équilibre existant antérieurement en ouvrant les hostilités, il lui revient donc l'obligation de justifier la mise en branle de la justice. Ce principe est également juste, car il est normal que la preuve soit supportée par celui qui affirme non par celui contre qui une chose est affirmée.

Cependant, l'expression ne doit pas être prise absolument au pied de la lettre ; il ne s'agit pas d'imposer au demandeur de faire toute la preuve. En particulier, il appartient au seul défendeur de prouver ses dires. Il y a donc un certain partage de la preuve : le demandeur doit prouver ce qu'il avance et le défendeur doit faire de même pour ce qui lui est propre. La différence réside en ce que le demandeur, et lui seul, doit établir suffisamment la juste cause de son action et convaincre le juge saisi. Toutefois, *« si, en vertu des règles gouvernant l'attribution de la charge de la preuve devant le juge administratif, sauf loi contraire, il incombe en principe à chaque partie, d'établir les faits qu'elle invoque au soutien de ses prétentions, les éléments de preuve qu'une partie est seule en mesure de détenir ne sauraient être réclamés qu'à celle-ci »* (16 mai 2008, *SELAFA Geomat*). La jurisprudence utilise les formules « établir ses allégations », « établir ses prétentions » et ne fait pas montre des mêmes exigences en plein contentieux et en excès de pouvoir. En plein contentieux, où il a existé fréquemment des relations de droit et/ou de fait entre le futur demandeur et le futur défendeur antérieurement au procès, l'administration de la preuve sera souvent facilitée, car elle sera tirée de ces relations antécédentes (termes d'un contrat, réalisation d'un travail, étendue et circonstances d'un dommage, etc.). C'est pourquoi le juge se montrera plus exigeant pour le demandeur et, pareillement, sera plus réticent pour faire usage de son pouvoir d'instruction pour rétablir un équilibre qui, en réalité, n'aura pas été compromis dans le cadre d'une relation de plein contentieux. En excès de pouvoir, où il n'y a pas, ou peu, de relations antérieures au procès entre l'administration et le demandeur, le plaideur est en quelque sorte tiers par rapport à l'acte. Autant le demandeur, dans une relation de plein contentieux, a pu participer à un contrat, à une élection, à une imposition, autant il est extérieur à l'émission de l'acte administratif unilatéral qu'il argue d'illégalité par la voie du recours en excès de pouvoir. La preuve en sera rendue plus difficile, surtout concernant la légalité interne de l'acte attaqué. C'est pourquoi le juge sera plus enclin à considérer comme probatoires des éléments qui ne le seront qu'à peine, parfois même ne s'agira-t-il que de commencements de preuve. En outre, il fera jouer avec plus de facilité et de fréquence son pouvoir d'instruction pour aider le demandeur à rapporter la part de preuve qui lui incombe. Cela est normal dans la mesure où les relations d'excès de pouvoir sont celles où se manifeste à plein l'inégalité qui caractérise les situations respectives de l'administration et des particuliers (8 nov. 1993, *Richer de Forges*, p. 805).

Dans le contentieux de l'urgence, où sont instituées parfois de véritables présomptions d'urgence (permis de construire, droit de préemption), il en résulte que c'est au bénéficiaire des décisions contestées, donc au défendeur, qu'il incombe d'établir la preuve du défaut de caractère urgent de la mesure sollicitée (*cf.* § 260 *in fine*).

• L'étendue de l'obligation de prouver

217 Par l'expression « rapporter la preuve », le juge entend que le requérant apporte des éléments dont la réunion fera planer un doute sur le bien-fondé de la décision administrative. Un doute doit surgir dans l'esprit du juge. Tel est le vrai sens de la formule : « charge de la preuve ». Le surgissement de ce doute est plus ou moins aisé et décisif selon les espèces et selon les branches du contentieux. C'est dans la décision *Barel* (Ass., 28 mai 1954, p. 308, concl. M. Letourneur) que le juge a, pour la première fois avec une telle netteté, affirmé le principe qu'un commencement de preuve pouvait suffire, en raison des circonstances, à valoir preuve. La jurisprudence s'est accentuée en ce sens. Alors qu'en 1954 le Conseil d'État exigeait « *des circonstances et des faits précis constituant des présomptions sérieuses* », en 1968 il se contentera d'une « *argumentation sérieuse* » (24 janv. 1968, *Sté Maison Genestal*). À partir du moment où le doute naît dans son esprit, le juge mettra au service du requérant les moyens d'investigation dont il dispose et qui sont considérables dans une procédure inquisitoriale.

2. Le rôle du juge dans l'administration de la preuve

218 Le juge a, certes, des pouvoirs inquisitoriaux, mais il demeure néanmoins un juge tandis que les parties restent des parties. La principale limitation réside dans l'obligation faite au juge de respecter les droits de la défense, qui sont un principe général du droit. Cela impose aussi le respect du caractère contradictoire de la procédure contentieuse dans les limites qu'on a précédemment indiquées (*cf.* § 209). Cette limitation n'empêche pas l'exercice de larges prérogatives.

D'une part, le juge dispose d'une grande autonomie parce qu'il peut, on le sait, ordonner toutes mesures d'instruction utiles, spontanément ou sur demande, avec la plus grande liberté. Il doit se forger une intime conviction et, pour cela, provoquer tout débat, solliciter toute pièce, etc., de nature à lui permettre l'établissement de cette conviction. En bref, le juge vérifie, en chaque circonstance, que la preuve qu'on lui demande d'exiger de l'une des parties a bien un rapport avec l'affaire, que ce rapport est suffisamment étroit et direct et, enfin, que cette preuve, si elle est rapportée, est de nature à avoir une influence sur le jugement à rendre ; si la réponse à un seul de ces éléments est négative, la demande de preuve sera rejetée par le juge (en vertu d'une jurisprudence constante : 21 janv. 1881, *Él. de Sens*, p. 91). Il dispose des moyens de sanctionner la partie qui fait preuve d'inertie ou de mauvais-vouloir par un procédé simple et énergique : le défaut de réponse aux questions posées par le juge ou de production de pièces qu'il demande, fera *ipso facto* présumer le bien-fondé de la thèse adverse (Sect., 1er mai 1936, *Couespel du Mesnil*, p. 485 ; Ass., 28 mai 1954, *Barel et autres*, préc.).

D'autre part, s'opère un certain partage des pouvoirs du juge avec les parties, point d'intersection d'une procédure inquisitoriale et du principe du contradictoire : le juge doit respecter la libre initiative des parties de présenter et de débattre des arguments de chacune d'elles ; il ne peut ordonner de mesures inutiles à la manifestation de la vérité (dites encore « *frustratoires* » : 16 juin 1943, *Sté des cafés et brasseries*, p. 154 : solution d'autant plus remarquable que le juge écarte en l'espèce, comme frustratoire, une expertise en matière de travaux publics pourtant déclarée obligatoire par la loi du 22 juil. 1889, art. 13). Il doit aussi rejeter toutes les demandes en ce sens inopérantes ou dilatoires.

B. Les modes de preuve ou « moyens d'investigation »

219 L'établissement de la preuve des prétentions des parties s'effectue au moyen de modes de preuve autorisés que le Code de justice administrative appelle des « *moyens d'investigation* ». Aucun mode de preuve n'est obligatoire pour le juge (le contentieux administratif ignore donc le système de la « preuve légale ») et la liste du Code n'est pas, pour lui et pour lui seul, exhaustive – en dehors de la prohibition du serment (29 nov. 1851, *Pélissier*, p. 720 ; voir aussi : art. 56 de la loi du 16 sept. 1807) –, alors qu'elle l'est pour les parties puisque le contentieux administratif est fondé sur le système de l'intime conviction. Il n'existe pas non plus de hiérarchie entre les différents modes de preuve. Le principal d'entre eux et le plus connu est l'expertise (1.), les autres modes étant moins utilisés (2. à 4. inclus).

1. L'expertise (R. 621-1 à R. 621-14)

220 Le juge, spécialiste du droit, n'est pas spécialiste dans toutes les autres disciplines. Dans ces dernières, soit spontanément, soit sur demande des parties acceptée par lui, il fera appel à des experts (R. 621-1). L'expertise ne peut être ordonnée que si elle présente quelque utilité pour la solution du litige (Bordeaux, 13 déc. 2006, *Laumond*), à défaut, elle serait frustratoire et la décision l'ordonnant serait nulle sur ce point. Un expert ne peut porter ses investigations que sur des éléments de fait, jamais sur des points de droit (18 févr. 1955, *Sté auxiliaire de distribution*, p. 98), c'est pourquoi la possibilité d'expertises en excès de pouvoir a été discutée ; pourtant, très logiquement, le Conseil d'État admet le recours à l'expertise en excès de pouvoir toutes les fois que la légalité d'une décision dépend d'éléments de fait de nature technique (17 déc. 1956, *Dubreuil*, p. 485). Le juge, on l'a relevé plus haut, n'est jamais tenu d'ordonner une expertise qui lui est demandée (sauf texte exprès contraire : par ex. l'art. R. 532-1), mais il doit s'expliquer sur les motifs de son refus et son jugement encourrait l'annulation pour défaut d'explication du refus d'ordonner une expertise s'il était établi qu'il ne repose sur une erreur de fait qu'à cause de l'omission d'expertise (9 nov. 1960, *Sté Comptoir T.*, p. 615). Parce qu'elle ne se fonde que sur des constatations de pur fait, l'expertise ordonnée par une autre juridiction, même judiciaire, peut être produite devant la juridiction administrative saisie du litige (13 juil. 1961, *Ville de Thuir*, p. 483). Enfin, et de manière particulièrement audacieuse, le juge peut confier à l'expert une mission de conciliation des parties et, en cas d'échec de celle-ci, une mission d'expertise (Sect., 11 févr. 2005, *OGEC du Sacré-Cœur*).

• L'expert

221 L'expert est désigné par un jugement avant dire droit rendu dans les formes ordinaires. En principe, un seul expert est désigné même si plusieurs peuvent l'être, ce qui demeure l'exception (R. 621-2). Le jugement nommant l'expert fixe le contenu de sa mission ; il lui est notifié dans les dix jours et comporte la formule du serment que l'expert doit prêter dans les trois jours par écrit (R. 621-3), cette dernière exigence constituant une formalité substantielle dont l'omission frappe l'expertise de nullité absolue (24 juin 1881, *Cne de Grimaud*, p. 655). Il fixe également la date limite pour le dépôt du rapport d'expertise au greffe de la juridiction.

Négativement, ne peut être désigné expert ou sapiteur (ou ne peut le demeurer) une personne qui se trouve dans une situation incompatible avec les obligations d'un expert (mandataire de l'une des parties, fonctionnaire ayant exprimé une opinion sur le dossier litigieux), ou qui refuse sa désignation comme expert ou qui est démis de ses fonctions d'expert pour non-accomplissement correct de celles-ci ou encore qui a été récusé. Il convient de préciser que la récusation d'expert ou de sapiteur peut avoir lieu pour les mêmes causes que la récusation des juges (R. 621-6 ; sur cette procédure et ses conditions, voir : Lyon, 5 oct. 2004, *Marque*, et § 302-303) ; elle doit être introduite dès la découverte de l'existence d'un motif de récusation, et, enfin, elle doit résulter d'un jugement motivé.

Dans tous les cas d'interruption de la mission d'expertise (décès, refus d'être désigné, démission d'office, récusation, etc.), il y a lieu à remplacement de l'expert défaillant par un nouveau jugement. Normalement, aucun recours en appel n'est possible de la part de l'expert contre le jugement lui retirant la mission précédemment confiée (10 janv. 1923, *Chervet*, p. 19).

Positivement, le président de la juridiction peut établir un tableau des experts près la juridiction qu'il préside ; ce n'est là qu'une faculté (R. 222-5). En ce cas, la juridiction choisit les experts, sans cependant y être obligée, parmi ceux figurant sur le tableau. À défaut, les experts sont désignés au sein du tableau dressé soit par une autre juridiction administrative, soit par la cour d'appel judiciaire.

• Le déroulement de l'expertise

222 L'expertise comprend deux temps : les opérations d'expertise et le rapport d'expertise.

Les opérations d'expertise, sont organisées en présence et au contradictoire des parties qui peuvent se faire assister de leurs avocats et remettre des « dires » à l'expert ; ceci impliquant qu'elles aient été avisées dans les délais (quatre jours au moins avant la date des opérations d'expertise), par lettre recommandée avec accusé de réception, des jour et heure de déroulement des opérations d'expertise. Pour effectuer ces analyses et constats, l'expert (avec l'autorisation du juge : R. 621-2, al. 2) peut se faire assister d'un (ou de plusieurs) sapiteur(s), personne(s) connaissant particulièrement bien les difficultés de la matière sur laquelle porte l'expertise. L'expertise doit demeurer dans les limites fixées par le juge ; celui-ci, s'il dispose d'une grande liberté pour déterminer l'étendue de la mission d'expertise, doit cependant le faire par rapport aux conclusions des parties. Sur cette base, il ne peut ni la restreindre excessivement ni l'étendre indéfiniment. Les experts ont toute latitude pour procéder aux investigations, études et analyses qu'appelle, selon eux, la mission qui leur a été impartie.

Le rapport d'expertise est établi à l'achèvement des opérations d'expertise ; il n'y a qu'un seul rapport même s'il y a plusieurs experts. En cas d'opinions divergentes, chacune d'elles sera consignée dans le rapport (R. 621-8) qui répond à chacune des questions posées. Il est déposé au greffe de la juridiction et mis à la disposition des parties, qui ont ensuite un mois pour formuler leurs observations sur ledit rapport, mais une prorogation de délai peut être accordée (R. 621-9).

Le juge peut décider un supplément d'instruction ou la comparution personnelle de l'expert s'il ne trouve pas dans le rapport les éclaircissements suffisants : cette décision est soumise au principe du contradictoire (R. 621-10).

Les parties peuvent discuter les résultats ou les conditions de déroulement de l'expertise (par ex. les hypothèses de travail retenues par l'expert et celles exclues par lui) et le juge n'est nullement tenu de suivre les conclusions de l'expertise (24 oct. 2008, *Mme X.*, req. n° 305622). Une *nouvelle expertise* peut être ordonnée : elle portera sur des points de fait nouveaux différents de ceux soumis à la première expertise. Le juge peut également, d'office, ordonner une *contre-expertise*, véritable réexamen de la première expertise, qui, à la différence de la nouvelle expertise, ne peut jamais être sollicitée par les parties (31 juil. 1948, *Payet*, p. 380).

• Les frais d'expertise

223 L'expert (et le sapiteur, le cas échéant) a droit à des honoraires et au remboursement de ses frais : ces honoraires et frais sont taxés par le chef de juridiction statuant seul (après consultation du président de la formation de jugement : R. 621-11). Une allocation provisionnelle (R. 621-12) peut lui être allouée soit dès sa désignation soit au cours du déroulement de l'expertise. L'ordonnance de taxe ayant la nature d'un acte administratif (Sect., 17 juin 1983, *Lassalette*, p. 260), non d'un acte juridictionnel, la juridiction saisie est compétente pour juger les contestations relatives à la fixation de ces honoraires et frais.

L'expert, comme le sapiteur, ne peut percevoir aucune somme en sus de ce qui est arrêté ou liquidé par la juridiction (R. 621-14).

2. L'enquête par témoins (R. 623-1 à R. 623-8)

224 À la différence de l'expertise, ce mode de preuve ne consiste pas à obvier les insuffisances des connaissances techniques du juge mais à combler les lacunes de son information. Par l'enquête, le juge va recueillir des témoignages portant sur des faits (art. R. 623-1). En ce sens, l'enquête par témoins est plus intimement liée à la procédure juridictionnelle que l'expertise puisqu'elle pénètre au cœur même de la formation de la conviction du juge (16 févr. 2001, *Centre du Château de Gleteins et autres*).

• Procédure de l'enquête par témoins

225 L'enquête peut être ordonnée soit d'office par le juge, soit à la demande des parties ; en ce second cas, elle n'est, comme les autres modes d'investigation, jamais obligatoire pour le juge (voir art. R. 623-1 et 26 avr. 1912, *Biskra*, p. 459).

L'enquête intervient pour combler les lacunes du dossier d'instruction (3 juin 1994, *Thibaut*).

Elle est décidée par un jugement avant dire droit qui doit préciser sur quels faits elle portera et si elle aura lieu devant la formation de jugement tenant une audience publique ou seulement devant un membre de cette formation. Ce jugement est notifié aux parties qui sont invitées à présenter leurs témoins au jour fixé par ce jugement. Les témoins peuvent être assignés par les parties aux frais de ces dernières par acte d'huissier de justice (R. 623-3). Ne peuvent être témoins : les parents ou alliés ainsi que les conjoints des parties ; les personnes incapables de témoigner en justice (mineurs, majeurs interdits, indignes, personnes privées de leurs droits civiques, etc.), les personnes en relation d'affaires, d'intérêts ou de conflits ou autres avec l'une des parties, etc. Les témoins sont entendus à la barre du tribunal ou sur place lorsque l'enquête est confiée à un membre de la juridiction : dans les deux cas, les témoins sont entendus séparément, en présence des parties (R. 623-5). Chaque témoin doit, sous peine de nullité de la procédure (20 mars 1905, *Él. de Megevette*, p. 291), prêter serment de dire la vérité (art. R. 623-5). Le nombre de témoins n'est pas limité. Les mineurs peuvent être entendus à titre de renseignement quel que soit leur âge, toutefois, s'ils ont 15 ans révolus, ils ont l'obligation de prêter serment à peine de nullité du jugement subséquent (8 mars 1963, *Ackermann*, p. 156).

• Procès-verbal de l'enquête par témoins

226 Si l'enquête a lieu à l'audience, son contenu est retranscrit par un greffier et signé par le président de la formation juridictionnelle compétente. Si l'enquête s'effectue sur place, le conseiller délégué à cet effet rédige le procès-verbal d'enquête qui comporte un certain nombre de mentions obligatoires (identité des témoins, présence ou absence des parties, prestation de serment ou non, etc.). Quelle que soit la modalité retenue, le procès-verbal est versé au dossier de la procédure contentieuse (art. R. 623-6). Il est donné lecture à chaque témoin de sa déposition, celui-ci signe ensuite. Les parties sont alors avisées spécialement qu'elles peuvent prendre connaissance du procès-verbal au greffe dans le délai fixé par le juge. Cette précision est d'importance, car elle permet de rendre effectif le caractère contradictoire de la procédure ; c'est pourquoi elle est, classiquement, prescrite à peine de nullité (10 janv. 1930, *Él. de Montagnac*, p. 35 ; 23 mars 1945, *Ville de Paris*, p. 62), du moins quand les parties n'ont pas assisté à l'enquête.

• Frais de l'enquête par témoins

227 Les témoins sont indemnisés selon un barème commun aux deux ordres de juridiction : c'est au chef de la juridiction (au Conseil d'État, le président de la section du contentieux) qu'incombe le pouvoir de fixer ces sommes. Elles font partie des dépens et sont mises à la charge de la partie qui succombe (14 mai 1948, *Jaquin*, 213). En contentieux électoral, les frais d'enquête sont à la charge de l'État.

3. La visite des lieux (R. 622-1)

228 La visite des lieux est un moyen d'investigation par lequel la formation de jugement en son entier ou tel(s) de ses membres désigné(s) à cet effet opère sur place certaines constatations et/ou vérifications telles que prévues dans le jugement avant dire droit ordonnant cette forme d'enquête. Longtemps peu usité, il est devenu un mode d'enquête assez prisé des juges. En effet, cette procédure est très souple, étant peu réglementée, elle est aussi peu coûteuse et rapide. Les parties doivent être avisées du jour et de l'heure de la visite des lieux, ce qui leur permet d'y assister, assurant ainsi le caractère contradictoire de cette procédure (21 janv. 1881, *Chemin de fer d'Orléans*, p. 100). Les juges peuvent, au cours de la visite, entendre, à titre de renseignements, toute personne qu'ils désignent et faire effectuer en présence des parties toutes opérations qu'ils estiment utiles.

Un procès-verbal de visite des lieux est dressé au terme de celle-ci : il décrit ce qui s'y est passé, y compris les déclarations éventuelles des personnes interrogées, sans dévoiler l'opinion du juge. S'il prouve la réalité de la visite des lieux, le procès-verbal n'est pas soumis au principe du contradictoire, car il n'est pas discuté par les parties.

4. La vérification d'écriture (R. 624-1 et R. 624-2)

229 Par cette forme d'investigation, la juridiction confie, d'office ou sur demande des parties acceptée par elle, à un ou plusieurs experts, le soin de vérifier des pièces de pro-

cédure. Un membre de la juridiction peut assister à l'opération de vérification d'écriture effectuée par les spécialistes en graphologie.
C'est une procédure rarissime, car ce genre de questions se pose exceptionnellement devant le juge administratif en raison de la nature des documents que celui-ci utilise. Au terme des investigations, il est dressé un procès-verbal de vérification d'écriture auquel est joint le rapport graphologique.

3 Les incidents de l'instruction

Les éléments qui précèdent constituent le cadre normal dans lequel s'effectue l'instruction de requêtes. Il est toutefois des hypothèses où surviennent des incidents qui en modifient le déroulement comme les interruptions d'instance (A.) ou les extinctions anticipées de l'instance (B.).

A. Les interruptions d'instance

Il est des circonstances qui imposent au juge d'interrompre l'instance et de surseoir à statuer, elles sont nombreuses et les plus importantes d'entre elles sont exposées ci-après : les questions préjudicielles (1.), la litispendance (2.), la reprise d'instance (3.), la suppression des passages injurieux, outrageants ou diffamatoires contenus dans les mémoires (4.), l'inscription de faux (5.) ainsi que le cas particulier du non-lieu en l'état (6.).

1. Les questions préjudicielles

Il y a question préjudicielle au cours d'un procès quand la solution que le juge saisi de l'affaire doit donner à cette affaire dépend de la réponse qui doit être préalablement donnée à une question par une autre juridiction. On comprend que l'existence d'une telle « *question* » suppose réunies de rigoureuses conditions, car les effets en sont très importants.

• Conditions d'existence de la question préjudicielle

230 La question préjudicielle doit être soigneusement distinguée de la *question préalable* : celle-ci, comme la précédente, doit être résolue avant l'examen du litige pour permettre sa résolution, mais sa connaissance appartient au juge saisi du principal. Elle ne pose donc qu'une exigence de respect de la chronologie, car il suffit que le juge saisi de l'affaire l'examine et la résolve avant de passer à l'étude de cette affaire au fond.
Au contraire, la réponse à la question préjudicielle appartient à une autre juridiction que celle saisie de l'affaire. Ainsi, se contredisent deux grands principes de procédure : celui selon lequel le juge de l'action est juge de l'exception et celui de la séparation entre la compétence du juge administratif et celle du juge judiciaire issue de la loi des 16-24 août 1790. La résolution de cette contradiction s'effectue ainsi.
Tout d'abord, il doit y avoir réellement « *question* », c'est-à-dire un acte non clair présentant de sérieuses difficultés d'interprétation alors que cette interprétation a un rôle déterminant pour la solution du litige (17 janv. 2007, *Banque fédérative du Crédit mutuel*, req.

262967: à propos d'un renvoi préjudiciel à la CJCE; 21 janv. 2008, *Cie nat. navigation*, req. 277303). Ensuite, le juge saisi du principal doit fixer aux parties le délai au terme duquel elles devront avoir saisi le juge compétent qu'il ne peut ni désigner ni, *a fortiori*, saisir lui-même. Il surseoit alors à statuer jusqu'à ce que lui soit communiquée la réponse du juge compétent. Le renvoi pourra être fait, selon la question posée, soit à une juridiction de l'ordre judiciaire (cas le plus fréquent, par exemple pour les questions d'état-civil, de nationalité des personnes physiques, de propriété, de validité d'actes de commerce, de régimes successoraux ou matrimoniaux, etc.), soit à un tribunal étranger à l'ordre français (juridiction étrangère: 4 mai 1934, *Vecchini*, p. 530, juridiction à compétence régionale, comme la CJCE, la CEDH par exemple, ou internationale comme la Cour pénale internationale ou la Cour internationale de Justice).

• Effets de la question préjudicielle

231 Le premier effet du renvoi préjudiciel est d'obliger la juridiction administrative saisie à surseoir à statuer jusqu'à la réponse de la juridiction à laquelle il est préjudiciellement renvoyé. Aucun délai n'étant fixé à cette dernière, le juge primitivement saisi doit attendre cette réponse pour reprendre l'examen de l'affaire, car s'il peut sanctionner la négligence des parties à saisir la juridiction de renvoi (14 avr. 1948, *Huisman*, p. 663), il n'a aucun pouvoir sur une juridiction. Il attend donc un délai raisonnable… Encore que l'on ait vu le Conseil d'État attendre vingt ans la réponse du juge judiciaire (décision de renvoi le 9 nov. 1937, *Époux Guillerat*, p. 914, réponse donnée en 1957 et décision finale le 1er oct. 1958, *Époux Guillerat*). Toutefois, lorsqu'une juridiction judiciaire a répondu à la question préjudicielle, la circonstance d'un pourvoi en cassation contre cette réponse ne fait pas obstacle à ce que le juge administratif statue en retenant la réponse donnée par les premiers juges, le pourvoi en cassation n'étant pas suspensif (16 nov. 1923, *Iholdy*, p. 732). La solution est rigoureusement inverse lorsque le jugement judiciaire statuant sur la question préjudicielle est frappé d'appel, celui-ci étant normalement suspensif devant le juge civil: le juge administratif doit, en ce cas, attendre le résultat de l'appel (27 avr. 2007, *Cne de Bailleval*, req. 288979). Cependant, le juge administratif n'est pas tenu d'attendre la réponse à la question posée lorsqu'il se propose de statuer en utilisant un moyen de droit qui ne soulève pas de question préjudicielle.

Le jugement rendu sur renvoi a l'autorité de chose jugée et l'interprétation ou réponse qu'il contient s'impose donc absolument au juge administratif (27 janv. 1922, *Cie des tramways de Shanghaï*, p. 87; 2 avr. 2008, *Féd. franç. des sociétés d'assurance*, req. 198564). Il en va ainsi même lorsque la juridiction de renvoi (ici le Tribunal des conflits) réinterprète en réalité la question qui lui a été posée (10 janv. 2007, *SCP de médecins Reichheld et Sturtzer*).

Dans le cas des renvois préjudiciels du juge administratif à la CJCE, la jurisprudence a évolué. À l'origine, (Sect. 26 juill. 1985, *ONIC*, AJDA 1985 p. 615), le Conseil d'État ne s'estimait lié par la réponse à la question préjudicielle qu'en tant qu'elle se bornait à répondre à ce qui était demandé et non au-delà. Désormais, l'interprétation donnée par la CJCE, même sur ce qui ne lui était pas demandé par le jugement de renvoi, s'impose néanmoins au juge administratif français (Ass. 11 déc. 2006, *Sté De Groot en slot allium B.V et autre*, req. 234560).

Dans tous les cas, la juridiction de renvoi ne peut répondre à la question préjudicielle, d'une part, que si celle-ci entre dans sa compétence matérielle (pour un refus du juge administratif de répondre à une telle question en raison de son incompétence, voir: 26 juill. 2006, *Sté Brasserie Heineken*), et d'autre part, que dans la stricte limite de la question qui lui est posée ; elle ne peut accepter de répondre à des questions supplémentaires, même d'ordre public, que le demandeur lui poserait (26 mars 2008, *Cne de Saint-Denis de la Réunion*, req. 298033).

2. La litispendance

232 Il y a litispendance lorsque deux juridictions sont saisies du même litige, c'est-à-dire qu'une identique demande est formulée simultanément devant deux juridictions différentes et qu'il y a identité de cause, de parties et d'objet (6 sept. 2006, *France Télécom*, req. 289822: absence d'identité d'objet). Le juge administratif apprécie l'existence d'un cas de litispendance en se fondant sur les dispositions de l'art. 100 Cpc (même arrêt). Les règles de répartition des compétences à l'intérieur de l'ordre administratif de juridiction sont telles que l'on ne devrait pas y rencontrer des situations de litispendance et le fait est que cette hypothèse est très rarement rencontrée (TA Nice, 24 nov. 1961, *Bonifassi*, *D.* 1961, p. 746, note C. Debbasch). D'ailleurs, d'une part avec la théorie de l'exception de recours parallèle, d'autre part, avec les dispositions du Code de justice administrative permettant de régler ce genre de difficultés, on constate une quasi-disparition de la litispendance.

3. La reprise d'instance

233 La reprise d'instance est la situation dans laquelle, au requérant initial se substitue un « repreneur » d'instance. Cette hypothèse se rencontre dans deux types de situations très différentes.

En premier lieu, il se produit un transfert vers une seconde personne de l'intérêt que détenait le requérant primitif, celle-ci se trouvant alors investie du droit de reprendre l'instance que son prédécesseur, qui n'y a plus intérêt, ne peut plus poursuivre. Ainsi en va-t-il tout particulièrement en cas de transfert d'un intérêt ou d'un droit patrimonial. Ceci ne se réalise qu'en présence de droits subjectifs détenus par les individus (personnes morales ou personnes physiques), c'est-à-dire presque exclusivement dans le contentieux de pleine juridiction (3 nov. 2006, *Csorts Soria et Sté Betom Ingénierie*, AJDA 2007 p. 270) et pas dans le contentieux de l'excès de pouvoir (Versailles, 5 févr. 2008, *Sté Gadea Restaura*, req. 06VE00207) sauf le cas particulier de la contestation des décisions dans le cadre du remembrement rural où se produit une succession dans la propriété des parcelles remembrées (19 déc. 1955, *Broquard*, Rec. 598; 15 nov. 1995, *Catheline*, req. 122180).

En second lieu, et ceci vaut aussi bien dans le contentieux de la pleine juridiction que dans celui de l'excès de pouvoir, la mort d'une personne physique ou la dissolution d'une personne morale en cours d'instance constitue souvent, mais pas toujours, un motif d'interruption de l'instance. Pour déterminer ce que devient alors cette instance, il faut savoir à quel stade elle était parvenue au moment de la survenance du décès ou de la dissolution et quelles sont les conditions d'une éventuelle reprise d'instance.

• Stade de l'instruction

Deux cas sont à distinguer selon que l'affaire est en état d'être jugée, ou non, au moment du décès ou de la dissolution.

234 *Si l'affaire n'est pas en état d'être jugée* au moment du décès du requérant, la notification régulière de ce décès au juge interrompt toute procédure (22 janv. 1930, *Paris*, p. 90;

Ass., 4 janv. 1957, *Blang*, A.J. 1957.II.107) et cette interruption se transforme en non-lieu si les héritiers s'abstiennent de reprendre l'instance ou déclarent expressément y renoncer (5 déc. 1930, *X.*, p. 1034). En revanche, si l'affaire n'est pas en état d'être jugée au moment de la dissolution de la personne morale, la notification de cette dissolution au juge n'interrompt pas l'instance (6 mai 1970, *SCI « Résidence Reine Mathilde »*, p. 308).

235 *Si l'affaire est en état d'être jugée* au moment du décès du requérant, cet événement n'interrompt pas la procédure et le juge peut parfaitement statuer (17 déc. 1954, *Serre*, p. 869) et il n'y a donc pas de possibilité de non-lieu (21 mai 2008, *Patrick X.*, n° 281878). En cas de pluralité de requérants, le décès de l'un d'eux n'interrompt pas l'instance qui se poursuit à l'égard des autres. Si l'affaire est en état d'être jugée au moment de la dissolution de la personne morale, il convient de distinguer entre le cas où la dissolution est volontaire, celle-ci n'interrompant pas l'instance (6 mai 1970, *SCI « Résidence Reine Mathilde »*, préc.), et le cas où la dissolution est forcée (prononcée judiciairement ou par l'autorité gouvernementale), celle-ci ayant pour effet d'interrompre l'instance (26 mars 1964, *L.V.F.*, p. 191).

Le juge, dans chaque cas, apprécie seul si l'affaire est réellement en état d'être jugée.

• Procédure de reprise d'instance

236 La procédure de reprise d'instance est, normalement, impossible en excès de pouvoir (Versailles 5 févr. 2008, *Sté Gadea Restaura*). Lorsque, au décès, l'affaire n'était pas en état d'être jugée ou lorsqu'au moment de la dissolution forcée l'affaire était en état d'être jugée, la juridiction, avertie du décès ou de la dissolution, adresse soit aux héritiers, soit aux anciens associés une mise en demeure en vue de reprendre l'instance et leur fixe un délai pour ce faire. Si, à l'expiration du délai, les intéressés se sont abstenus de toute action, le juge prononce un non-lieu en l'état qui peut être interrompu si les parties désirent reprendre l'instance et adressent, pour cela, au juge un mémoire selon le mode habituel. Si les intéressés ont expressément déclaré vouloir renoncer à reprendre l'instance, le juge constate le désistement pur et simple. Si, enfin, ils déclarent vouloir reprendre l'instance, celle-ci reprend à nouveau son cours à partir du point où elle avait été interrompue (28 févr. 2007, *C. et B.*, reprise d'une instance disciplinaire par les héritiers d'une personne après le décès de laquelle a été rendu l'arrêt qu'ils entendent frapper d'un recours en cassation).

4. Suppression des passages injurieux, outrageants ou diffamatoires contenus dans les mémoires

237 Parfois le débat judiciaire s'écarte de la sérénité qui devrait être la sienne et il peut arriver que les mémoires contiennent, à l'égard de l'autre partie ou de tiers (Lyon, 27 juil. 2004, *Assoc. Vellave environnement respect des sites et de l'eau (AVERSE)*, des propos outrageants, injurieux ou diffamatoires (23 févr. 2009, *Pierre X.*, req. 321011).

Lorsqu'ils sont étrangers à la cause, ils sont réservés par le juge du fond en vue d'une éventuelle action en diffamation devant le juge pénal.

Les parties, ou les tiers qui y ont intérêt, peuvent aussi demander au juge la suppression desdits passages, par voie de requête habituelle adressée au juge saisi du principal (15 juil. 1958, *Limouzin*). Le juge a le pouvoir de vérifier la réalité du caractère diffamatoire de l'écrit contesté (13 janv. 1967, *Gaudal*, *AJDA* 1968, p. 312), en revanche il refusera de supprimer les passages qui, quelque peu amènes qu'ils soient, ne sont pas pour autant véritablement injurieux, outrageants ou diffamatoires (7 nov. 1928, *Cléonie*, p. 1133). Le juge peut aussi ordonner d'office la suppression desdits passages lorsque l'atteinte est dirigée contre une autorité administrative (13 juin 1958, *Castang*, p. 351).

5. L'inscription de faux (ou « faux incident »)

238 L'écrit joue un rôle très important en contentieux administratif et il est donc essentiel de s'assurer de la véracité de son contenu. La valeur qui s'attache aux écrits produits devant le juge administratif et les moyens de contester leur valeur probatoire sont donc fondamentaux. La distinction est entre les actes privés et les actes administratifs.

En matière d'acte privé (art. R. 633-1 CJA), lorsqu'un tel acte est argué de faux devant le juge administratif, ce dernier ordonne à la partie qui a produit l'acte de dire, dans un certain délai, si elle entend s'en prévaloir. Si la partie interrogée répond négativement ou ne répond pas, l'incident est clos et l'affaire se poursuit normalement. Si la partie déclare qu'elle entend se prévaloir de cette pièce, le juge doit surseoir à statuer jusqu'au jugement définitif du faux par la juridiction judiciaire et ce sursis dure jusqu'à la réponse de celle-ci, à condition toutefois, comme en matière de question préjudicielle, que la partie concernée ait fait toute diligence pour saisir le juge compétent. Il en va différemment quand le juge administratif estime pouvoir statuer au fond parce que la décision à rendre ne dépend pas de la pièce arguée de faux (29 janv. 1875, *Riverain-Collin*, p. 78).

En matière d'acte administratif, la jurisprudence, après y avoir vu un acte authentique, avait fini par y renoncer (Ass., 1er mars 1955, *Athias*, p. 129 ; Sect., 1er avr. 1955, *Delarue*, p. 195 ; Sect., 20 sept. 1955, *Leroux*, p. 455). L'acte administratif faisait foi jusqu'à la preuve du contraire. Il n'y avait pas d'inscription de faux possible contre un tel acte ; en pratique, la contestation de la véracité d'une pièce ou d'un acte administratif était aussi difficile qu'une véritable inscription de faux. Le juge administratif voulait ainsi échapper aux inconvénients d'une compétence exclusive du juge judiciaire en matière de faux appliqué à un acte administratif. Opérant un renversement de jurisprudence, il décide désormais être compétent pour connaître même des inscriptions de faux, si elles portent sur des actes ou documents administratifs (Section, 30 nov. 2007, *Pucci*).

la jurisprudence a évolué quant à la nature d'un tel acte : après y avoir vu un acte authentique, elle a fini par y renoncer (Ass., 1er mars 1955, *Athias*, p. 129 ; Sect., 1er avr. 1955, *Delarue*, p. 195 ; Sect., 20 sept. 1955, *Leroux*, p. 455) et désormais l'acte administratif fait foi jusqu'à la preuve du contraire. Ainsi, il n'y a pas d'inscription de faux possible contre un acte administratif, même si la contestation de la véracité d'une pièce ou d'un acte administratif est, en pratique, aussi difficile qu'une véritable inscription de faux : ce n'est pas tout à fait une inscription de faux, mais c'est tout de même beaucoup plus que la preuve au sens ordinaire du contentieux administratif. En adoptant cette solution en 1955, le juge administratif a voulu mettre fin aux inconvénients que comportait la compétence exclusive du juge judiciaire en matière de faux appliquée à un acte administratif et il s'est, par là, assuré la pleine maîtrise de l'examen des actes et pièces administratifs.

6. Le cas particulier du non-lieu en l'état

239 L'expression signifie en réalité « *non-lieu en l'état actuel du dossier contentieux* ». Le juge constate qu'il n'y a pas lieu de statuer sur une requête dont il a été saisi parce qu'un élément essentiel du dossier fait défaut ou disparaît. Ainsi, la mort du demandeur, la perte d'un dossier, l'existence de certains cas de dissolution des personnes morales conduisent le juge à constater qu'en l'état actuel il n'est plus possible de rendre la justice dans cette affaire. Or, à la différence des autres cas de non-lieu (voir § 237 et suiv.), ces situations entraînent plutôt une interruption qu'une extinction de l'instance, dans la mesure où celle-ci peut être reprise à certaines conditions, comme le fait de retrouver un dossier ou la reprise du procès soit par les héritiers du demandeur défunt soit par la volonté des anciens associés de la personne morale.

B. Les extinctions anticipées de l'instance

Le principe capital qui domine ici est que le procès doit être mené à son terme. Le justiciable a droit à ce que justice lui soit rendue. Le droit à un recours effectif à un juge comporte nécessairement l'épuisement de sa tâche par ce juge. C'est pourquoi l'article 4 du Code civil interdit au juge de refuser de statuer: une fois saisi, le juge doit statuer, ne serait-ce que pour dire qu'il n'y a pas lieu à statuer. Pour cela, il appartient au juge, lorsqu'il s'estime suffisamment informé, de clore l'instruction, d'appeler l'affaire au rôle et, après l'audience, de statuer. Alors qu'existe en procédure civile une procédure de péremption d'instance pour surmonter le désintérêt des parties, une telle possibilité est inconnue en procédure administrative contentieuse, toutefois, le *désistement d'office* ou *désistement automatique* produit bien les effets d'une véritable péremption d'instance.

L'extinction anticipée de l'instance caractérise une instance qui ne va pas jusqu'à son terme. Trois modes principaux d'extinction anticipée de l'instance se rencontrent: le non-lieu (1.), le désistement (2.) et l'acquiescement (3.).

1. Le non-lieu

240 Le juge clôt l'instance de manière anticipée en prononçant un non-lieu à statuer quand certains éléments fondamentaux de celle-ci disparaissent après son introduction. Il existe deux sortes de non-lieux véritables: le non-lieu législatif et le non-lieu proprement dit. Nous avons vu plus haut (§ 239) que le non-lieu en l'état ne correspond pas vraiment à l'idée d'une extinction prématurée de l'instance puisque, au contraire, en cette hypothèse, elle est susceptible à tout moment d'être rouverte. Enfin, il faudra présenter les « faux non-lieux » qui résultent d'une erreur d'appréciation du requérant et emportent de graves conséquences procédurales.

On signalera le cas, très spécifique, du non lieu à statuer sur un moyen soulevé devant le juge (30 mai 2007, *Van Camelbeke*, AJDA 2007 p. 1490, concl. M. Guyomar).

• Le non-lieu législatif

241 Il arrive souvent que l'administration obtienne du législateur la validation de certains de ses actes frappés d'un recours contentieux dans le but d'échapper à leur censure par le juge. Cela a été longtemps le cas avec les lois de validation. Celles-ci ne sont plus aujourd'hui possibles que dans des hypothèses très limitées, ayant été fortement encadrées par les jurisprudences combinées de la Cour EDH et des juridictions internes françaises (Conseil constitutionnel, Cour de cassation et Conseil d'État), en ce que, d'une part, elles portent atteinte au principe de non-rétroactivité des lois, et d'autre part, elles privent le requérant (réel ou potentiel) de son droit au juge, en empêchant que sa cause soit entendue et jugée. Lorsque intervient une telle loi, le juge, qui n'est pas juge de la loi, sauf pour assurer le respect du droit international et de la chose jugée constitutionnelle, ne peut que constater qu'il ne lui est pas possible de statuer sur la demande, l'objet du litige

ayant été en quelque sorte « sanctuarisé » par la loi. Le juge n'apprécie guère ce genre d'attitude législative même s'il est, quelquefois mais quelquefois seulement, de bonnes raisons de voter de telles lois ; c'est pourquoi il considère comme sans effet toute loi de cette nature intervenue après que le jugement a été rendu. Pareillement, s'il peut y avoir des validations explicites ou implicites, il faut, pour ces dernières, que la volonté du législateur soit certaine. Ainsi, l'inclusion d'une cotisation dans la liste des taxes parafiscales établie dans une loi de finances ne peut pas être considérée avec certitude comme validant les textes réglementaires créant cette cotisation (28 févr. 1958, *Denier*, p. 135).

Le non-lieu peut également résulter, de façon moins polémique, de ce que la législation applicable a changé faisant ainsi perdre au litige son objet, ce qu'il incombe au juge saisi, le cas échéant, de relever d'office (13 juil. 2007, *Sylvain X.*, req. 280775).

• Le non-lieu proprement dit

242 Cette forme de non-lieu, que l'on dira « normale », résulte de la disparition de l'objet du litige par suite de diverses circonstances.

Dans le cas des lois d'amnistie, le recours contre une sanction amnistiée perd son objet et le non-lieu est prononcé (8 nov. 1967, *Briant*, p. 894). On peut cependant critiquer cette solution, car l'amnistie ne retire pas la décision attaquée et n'efface pas la faute. Elle n'entraîne qu'une dispense d'exécuter la peine.

Le désistement du demandeur postérieurement au renvoi de l'affaire au Tribunal des conflits entraîne le prononcé d'un non-lieu par ce tribunal (TC 18 juin 2007, *X. c/ France Télécom*).

Il peut arriver que le requérant reçoive satisfaction après l'introduction de son recours, en ce cas le non-lieu est prononcé puisqu'il n'y a plus de litige à juger (2 févr. 2007, *Min. État, min. Int. c/ Toskic*).

Dans les litiges de plein contentieux, le juge ne prononce le non-lieu qu'après avoir constaté – lorsqu'il est nécessaire – l'accord des parties sur ce point. Ainsi, l'intervention de nouvelles élections postérieurement à l'introduction d'un recours contre d'identiques élections antérieures entraîne le non-lieu à statuer (19 mai 1939, *Cornet*, p. 330), de même une transaction intervenue entre les parties (21 mai 1913, *Cne de Comblanchien*, p. 553). Cependant, l'intervention d'un accord compromissoire avec l'administration n'entraîne pas le prononcé du non-lieu lorsque celle-ci ne se trouve pas dans un cas où, par dérogation au principe d'interdiction de compromettre, il lui est permis de transiger (8 juil. 1959, *Secr. d'État aux Forces armées c./Houseaux*, p. 438). En matière d'installations classées pour la protection de l'environnement, il n'y a pas lieu de statuer sur une requête lorsque l'administration a rapporté la mesure contestée avant que le juge n'ait statué (5 juil. 2006, *SARL Entreprise H. Olivo*). Il est possible, en plein contentieux, d'obtenir un non-lieu partiel lorsque le demandeur a reçu satisfaction sur certains des points de sa réclamation.

Dans les litiges d'excès de pouvoir, le retrait rétroactif de l'acte attaqué entraîne le prononcé du non-lieu (20 janv. 1956, *Piette*, p. 26). Il en va également ainsi quand l'acte a été annulé soit par l'autorité de tutelle, soit par un jugement (5 mars 1954, *Koechlin*, p. 145), ou quand l'acte contesté (ici une circulaire) a été pris en exécution d'un décret lui-même annulé entre-temps (18 oct. 2006, *Section franç. de l'Observatoire international des prisons*). Il en va de même quand la décision est entièrement exécutée au moment où le juge statue ou quand la décision, au fond, a été déclarée régulière par un jugement. Semblablement, le non-lieu est prononcé à l'encontre :

– d'un recours pour excès de pouvoir dirigé contre le refus de prendre le décret d'exécution d'une loi quand intervient le décret d'application de cette loi (27 juil. 2005, *Assoc. Bretagne ateliers*, ce qui constitue un abandon de : 30 juil. 1997, *Daubernard* et de 27 juil. 2001, *SGEN-CFDT*) ;

– du pourvoi en cassation dirigé contre une ordonnance de référé-provision alors que le jugement sur le principal a été rendu (4 avr. 2005, *Cne de Ste Geneviève-des-Bois* ; solution comparable : Marseille, 21 sept. : 2006, *Centre hospitalier de Draguignan*) ou contre une ordonnance de référé suspendant un arrêté préfectoral à durée limitée lorsque cette durée est expirée le jour où statue le juge de cassation (27 avr. 2007, *Min. d'État, Min. de l'Intérieur*, req. 301363). En revanche, quand la décision est entièrement exécutée avant même la saisine du juge, il n'y aura pas non-lieu à statuer mais irrecevabilité de la requête (Sect., 16 déc. 1977, *Lehodey*, *AJDA* 1978, p. 514, note J.-P. Machelon ; 17 janv. 2007, *Min. de l'Intérieur*, req. 294789).

En matière de refus, explicite ou implicite, d'abrogation, les solutions sont nuancées et assez subtiles. Si l'administration refuse d'abroger l'acte, le non-lieu est néanmoins prononcé si l'acte cesse de produire effet durant le cours de l'instance, à la condition que le requérant n'ait contesté devant le juge que le refus d'abrogation, il en irait autrement s'il entendait contester l'acte lui-même (11 janv. 2006, *Lellouche*, req. 274282 ; 11 janv. 2008, *Ville de Nîmes*, dans le cas de l'expiration, en cours d'instance, de la durée de validité d'une déclaration d'utilité publique), en ce dernier cas le non-lieu ne serait pas prononcé. Si l'administration procède à une abrogation pure et simple de l'acte en cours d'instance, il y a non-lieu à statuer (27 juil. 2001, *CAMIF*, p. 401). En revanche, si cette abrogation est suivie de la reprise de l'acte sous une forme peu différente de l'acte primitif, le non-lieu est refusé (Section, 5 oct. 2007, *Ordre des avocats au barreau d'Évreux*). Enfin, si l'administration se borne à modifier l'acte dont le refus d'abrogation est contesté devant le juge, au regard des moyens d'annulation soulevés, le non-lieu ne peut être accordé (24 janv. 2007, *GISTI*, AJDA 2007 p. 653).

• Les faux « non-lieux »

243 Dans des cas trop fréquents, une partie demande au juge de dire qu'il n'y a plus lieu de statuer sur sa demande parce que, selon elle, il ne resterait plus rien à juger, mais en réalité cette demande sera interprétée comme un désistement pur et simple du demandeur (27 juin 2007, *Olivier X.*, req. 277827).

Il en va ainsi dans le contentieux de l'excès de pouvoir quand le requérant sollicite le prononcé d'un non-lieu alors que l'acte lui a fait grief, car l'administration ne l'a pas retiré pour le passé, au sens technique du mot, mais l'a simplement abrogé pour l'avenir. Il y a ainsi eu un temps pendant lequel cet acte a été appliqué : ce n'est donc pas un non-lieu qui est sollicité mais en réalité un désistement (7 avr. 1967, *Monschein*, *RDP* 1967, p. 1234). La solution est la même devant la juridiction des référés (21 mars 2006, *Backenstrass et autres*). De même, en plein contentieux, quand une personne sollicite le non-lieu alors qu'elle a obtenu satisfaction par un moyen quelconque autre que le recours contentieux introduit, sa demande est en réalité un désistement (16 nov. 1951, *Morand*, p. 802) et sera traitée comme telle. En bref, dans tous les contentieux, une demande de non-lieu dans un litige qui n'est pas devenu sans objet est un désistement (1er mars 1957, *Standard française des pétroles*, p. 132 ; 25 avr. 2007, *Préfet du Gard*, req. 259857).

Lorsque le non-lieu est sollicité par le défendeur au motif qu'il a été donné satisfaction au demandeur encore faut-il qu'il établisse avoir effectivement accordé ce qui lui était demandé ; à défaut, les conclusions à fin de non-lieu seront rejetées (2 mars 2007, *Tahir A. c/ Ministre des Aff. étr.*, req. 285331). Enfin, lorsque l'administration exécute une injonction du juge du référé en renonçant à exiger l'exécution d'une décision administrative ayant produit certains effets mais ne l'a pas, au sens technique du mot, « retirée », c'est à tort que le juge du fond oppose pour ce motif le non-lieu à un recours en annulation de cette décision, lequel garde tout son intérêt (Bordeaux, 27 déc. 2006, *Assoc. Comité Action Palestine*).

• Les effets du jugement de non-lieu

244 Les jugements de non-lieu sont de simples constats et n'ont donc pas l'autorité de chose jugée.

Les dépens d'une procédure de non-lieu sont à la charge du défendeur et ne sont donc pas dus par le requérant (20 janv. 1960, *Min. de la Santé publique*, p. 1095). Dans le cas du non-lieu législatif, les dépens sont à la charge du demandeur à moins que le juge n'use de son pouvoir de dispense des frais de justice, ce qui arrive fréquemment en ce cas.

2. Le désistement

Le désistement est l'acte par lequel un requérant renonce, en tout ou en partie, à une action ou à une procédure déjà engagée. Le désistement est possible dans les instances se déroulant devant le Tribunal des conflits (21 mai 2007, *Cie d'aménagement des Coteaux de Gascogne*, req. 3595). S'il revêt des formes diverses et peut connaître des accidents, le désistement produit des effets assez homogènes.

• Formes du désistement

245 La distinction essentielle est entre le *désistement d'instance* et le *désistement d'action*. Il y a désistement d'instance quand un requérant renonce à poursuivre une action qu'il estime mal engagée (par ex. devant une juridiction incompétente) mais n'exclut nullement de la reprendre. Il y a désistement d'action quand le requérant renonce définitivement à poursuivre plus avant toute instance sur le sujet parce qu'il estime, par exemple, que ses prétentions ne sont pas fondées. Il est essentiel de bien distinguer entre les deux formes de désistement. Le désistement d'instance n'a d'effets que sur le procès en cours et n'empêche nullement la reprise ultérieure d'une autre instance fondée sur la même prétention. Avec le désistement d'action, aucune autre instance ne peut plus être formée sur la même prétention, car cette forme de désistement éteint tout droit. En bref, l'effet du désistement d'instance est relatif, celui du désistement d'action est absolu. Dans le silence du requérant sur ce point, il est présumé que tout désistement est un désistement d'action (Sect., 24 mai 1957, *Caffot*, p. 341), sauf s'il résulte des circonstances de l'affaire que le requérant a mal ou insuffisamment formulé sa demande, auquel cas une reprise d'instance sera, exceptionnellement, possible (29 janv. 1932, *Vve Janson*, p. 128, concl. R. Latournerie). En pratique, et pour éviter tout malentendu, il est prudent pour celui qui n'entend se désister que d'une instance de le dire expressément, par exemple en déclarant se réserver le droit de reprendre ultérieurement l'instance (20 janv. 1950, *Trantan*).

Une seconde distinction existe entre le désistement pur et simple, le désistement sous réserve et le désistement conditionnel. Le désistement est pur et simple lorsqu'il se réduit à n'être que cela sans aucun autre élément, le juge se borne alors à donner acte du désistement. Quand le désistement est fait sous réserve, le juge, qui ne peut donner acte d'un tel désistement, n'en tient pas compte et statue néanmoins. Enfin, quand le désistement est conditionnel, si le juge constate la réalisation de la (des) condition(s), il donne acte du désistement. Au contraire, en cas de non-réalisation de la (des) condition(s) ou de réalisation seulement partielle, le juge ne tient pas compte de la demande de désistement (26 oct. 1938, *Meunier*, p. 792).

• Les désistements involontaires : désistement d'office et désistement accidentel

246 Si, normalement, le désistement est le fruit d'une décision réfléchie du justiciable, il peut arriver que celui-ci se voie, involontairement, réputé s'être désisté, dans deux cas principalement, que l'on a déjà rencontrés.

Le désistement d'office (R. 611-22, pour le Conseil d'État ; R. 612-5, pour les cours et tribunaux), décrit plus haut (§ 211), résulte du défaut de production par le demandeur d'un mémoire ampliatif ou du défaut de rétablissement du dossier qui est automatiquement interprété comme un désistement. Ce désistement d'office ne peut être prononcé que si l'abstention du demandeur prive le juge des éléments d'information suffisants pour lui permettre de statuer. En revanche, et malgré le silence du demandeur, le juge ne peut pas le réputer s'être désisté si les éléments d'information en sa possession lui permettent de statuer (19 oct. 1962, *Demoncheaux*, p. 557). De ce que ce désistement est automatique il ne s'ensuit pas qu'il constitue toujours un désistement d'action ; selon les circonstances l'entourant, il peut être un désistement d'instance (19 oct. 2007, *Paris et autre*).

Le désistement accidentel se produit dans le cas, exposé ci-dessus, où une partie déclare renoncer à poursuivre une action parce qu'elle estime avoir obtenu satisfaction alors que tel n'est pas le cas ; ses conclusions à fin de non-lieu ne pourraient aboutir qu'en l'absence de commencement d'exécution de la décision contestée. En revanche, si la décision contestée a été suivie d'effets, la demande de non-lieu sera interprétée comme une demande de désistement (Sect., 7 avr. 1967, *Monschein*, p. 152). Le désistement accidentel peut résulter de l'attitude adoptée antérieurement : ainsi l'acceptation d'une offre d'indemnisation faite par le Fonds de garantie des victimes de l'amiante vaut désistement d'action (27 avr. 2007, *D.*).

• Conditions du désistement

247 Le désistement n'est soumis à aucune condition de forme ; il doit seulement être écrit (ou, s'il est oral, il doit être accompagné d'une confirmation écrite : 21 janvier 1876, *Ville de Lyon*, p. 51). Il peut émaner d'une personne qui a reçu délégation du droit d'ester en justice (Lyon, 6 nov. 2003, *Ville de Grenoble*). Il n'est pas nécessaire qu'il soit demandé par mémoire spécial ; il peut même résulter du contenu d'ensemble d'un mémoire, à condition qu'il puisse en être déduit aisément et que le point de savoir s'il y a bien, en fait, désistement, ne prête pas à discussion. Lorsqu'il y a pluralité de demandeurs, le désistement ne vaut que pour celui (ou ceux) d'entre eux qui l'a (l'ont) demandé (21 févr. 1951, *Gaubert et SCI de l'immeuble, 30, rue de la Pompe*, p. 100). En revanche, en cas d'action collective, en raison de la communauté d'intérêts qui lie les demandeurs, le désistement ne peut être accordé que si toutes les parties sont d'accord (Lyon, 5 avr. 2005, *Pinget et autres*).

Le désistement peut être déclaré à tout moment de la procédure jusqu'à la date de clôture de l'instruction (5 nov. 1984, *Lefèvre*).

Il convient d'opérer une distinction entre le plein contentieux et le contentieux de l'excès de pouvoir. Dans le premier cas, qui est un contentieux souvent subjectif, où les parties sont liées par une communauté de litige, il est normal que le désistement soit soumis à l'acceptation de l'autre partie. Dans le contentieux de l'excès de pou-

voir, contentieux assez largement objectif, le désistement vaut de plein droit et n'est pas soumis à acceptation (Ass., 21 avr. 1944, *Sté Dockès frères*, p. 120; 13 avr. 1950, *De Villèle et autres*, p. 214), et cela malgré les termes incertains de l'article R. 636-1 qui ne font aucune distinction entre les deux sortes de contentieux.
L'instruction d'une requête en désistement s'effectue comme celle de la requête introductive d'instance (*cf.* R. 636-1).
Certains incidents peuvent se produire. Tout d'abord, existe celui constitué par le désistement unilatéral: le juge peut décider que le refus du défendeur de l'accepter n'est pas fondé, car il n'a plus d'intérêt propre à la poursuite du procès. Il accueillera la demande de désistement et ne tiendra pas compte de la volonté éventuellement opposée du défendeur (29 nov. 1937, *X.*, p. 973). Ensuite, se présente le cas du désistement par erreur dans lequel le juge ne tiendra pas compte du désistement sollicité, car celui qui le sollicite le fait par erreur en se fondant sur une inexacte appréciation de sa situation; parfois la limite est très ténue entre ce désistement et le désistement involontaire. Également, se pose la question de la rétractation du désistement. En plein contentieux, après acceptation du désistement par l'autre partie, la rétractation du désistement n'est plus possible, car celui-ci est devenu, de ce fait, irrévocable et il ne pourrait même pas être rétracté avec l'accord de l'acceptant. En excès de pouvoir, le désistement est rétractable tant qu'il n'en a pas été donné acte (17 oct. 1997, *Cne de Jeancourt*); il en va de même dans les instances de référé (26 oct. 1988, *Jeanmaire*).

• Effets du désistement

248 Le désistement se juge au cours d'une audience à laquelle il n'est pas obligatoire de convoquer les parties (dans le silence, sur ce point, de R. 636-1). Le jugement est rendu dans les formes habituelles et il est revêtu de l'autorité de chose jugée, il est donc justiciable des voies de recours ordinaires. Comme on l'a relevé, le jugement rendu sur désistement d'instance a un effet relatif et celui rendu sur un désistement d'action a un effet absolu entre les parties; en revanche, le désistement n'a pas d'effet sur les parties jointes à une même instance. Les intervenants en défense doivent ainsi expressément accepter le désistement du demandeur pour que celui-ci leur soit opposable. À défaut de cette acceptation, l'instance se poursuivrait entre le demandeur et le tiers intervenant. On sait que la solution est inverse lorsque le désistement est le fait du demandeur et qu'il s'agit d'une intervention en demande (*cf.* § 165).
Une fois prononcé par le juge, le désistement met un terme au litige. Les dépens du procès sont à la charge de celui qui s'est désisté sauf si ce désistement est la conséquence de la modification de l'acte attaqué, survenue postérieurement à l'introduction de la requête, ou s'il résulte, en plein contentieux, de ce que satisfaction a été donné au requérant (Lyon, 18 oct. 2005, *Préfet du Rhône*).
Par ailleurs, le désistement de l'appelant, auquel il en a été donné acte, ne prive pas le juge d'appel de son pouvoir d'assurer l'exécution du jugement de première instance sur le fondement de l'article L. 911-4 (Paris, 4 nov. 2004, *Jerent* et § 372).

3. L'acquiescement

L'acquiescement est *l'acte* ou le *comportement* par lequel une partie (ce sera le plus souvent le défendeur), accepte soit les prétentions du demandeur, soit les énonciations contenues dans un jugement. Ce n'est pas un désistement, d'abord parce que, à la différence de celui-ci, il peut intervenir après un jugement, ensuite parce qu'il est toujours unilatéral, car il n'a pas besoin, à la différence du désistement, d'être accepté par l'autre partie.

• Champ d'application de l'acquiescement

249 L'acquiescement peut être dit d'office ou automatique lorsque le défendeur, mis en demeure de répondre, n'a pas répondu dans le délai imparti. Il est regardé comme ayant acquiescé à la description des faits contenue dans la requête (R. 612-6). Cependant, s'il y a pluralité de requérants, le fait qu'un seul ait répondu et que les autres se soient abstenus ne vaut pas acquiescement.

L'acquiescement est possible après le jugement. Il prend la forme d'une abstention : la partie qui le pourrait s'abstient d'user des voies de recours contre le jugement. Parce que les effets de l'acquiescement sont très importants, le juge essaie de limiter les cas d'acquiescement et la portée de l'acquiescement.

Tout d'abord, l'exécution d'un jugement frappé d'appel ne vaut jamais acquiescement par elle-même, car l'appel, on le verra (§ 387), n'est pas suspensif, cette exécution ne résulte donc pas d'un choix mais d'une d'obligation. Ensuite, l'acquiescement n'est possible que de la part de celui qui a capacité et qualité pour agir. Par ailleurs, il est impossible à l'administration d'acquiescer lorsque cela emporte renonciation à l'exercice d'une compétence, car la compétence est d'ordre public. Également, l'acquiescement peut n'être que partiel pourvu que cette limitation soit clairement indiquée par l'auteur de l'acquiescement. Enfin, il ne peut être acquiescé qu'à bon escient ; en particulier, l'acquiescement ne vaut que pour ce sur quoi il a porté. Dans le cas d'un acquiescement à une décision accompagnée de certains motifs, il ne vaut qu'en présence de ces motifs. Si la décision repose en réalité sur d'autres motifs non exprimés, très différents ou complémentaires, l'acquiescement ne vaut pas à leur égard.

Il y a, enfin, des cas où l'acquiescement est impossible. Il est impossible d'acquiescer à une décision administrative non juridictionnelle dans le contentieux de l'annulation, car ceci reviendrait à renoncer à se prévaloir d'une illégalité (Ass., 19 nov. 1955, *Andréani*, p. 551, abandon d'une jurisprudence très ancienne en sens contraire). Il est également impossible d'acquiescer expressément à une décision administrative déjà prise (13 févr. 1948, *Louarn*, p. 79) même si l'acquiescement implicite est toujours possible, car il résulte de l'abstention de saisir le juge d'un recours contre cette décision.

• Effets de l'acquiescement

250 Ces effets sont particulièrement brutaux : l'acquiescement fait obstacle de façon absolue à ce que la partie qui l'a émis puisse continuer à intervenir dans l'instance au cours de laquelle l'acquiescement s'est produit. Il entraîne l'impossibilité de toute voie de recours contre ledit jugement quand il se produit après le jugement, qui revêt ainsi l'autorité absolue de chose jugée.

• L'acquiescement d'office (renvoi)

251 On a déjà indiqué que le défendeur qui, dans certaines conditions, n'a pas produit de défense à l'expiration du délai imparti est réputé avoir acquiescé aux faits décrits par le demandeur. On sait aussi que cet acquiescement d'office n'a d'effets que dans le cadre de l'instance au cours de laquelle il s'est produit.

Conseils bibliographiques

OUVRAGES ET ARTICLES DE RÉFÉRENCE

M. COMBARNOUS, « L'expertise et le juge administratif », *Rev. Justices* 1998, n° 9 p. 77.

C. Eude, « Le désistement dans la procédure administrative contentieuse », *AJDA* 1984, p. 3.

J.-M. LE GARS, « Les méthodes d'instruction et d'examen des moyens des requêtes. Aspects français », *Rev. adm.* 2000, n° spécial, p. 109.

« La contradiction en droit public français et l'art. 6 § 1 de la convention EDH », *RFDA* 2001, n° 1 et n° 2.

P. PACTET, *Essai d'une théorie de la preuve devant la juridiction administrative,* Pedone, 1952.

J.-P. PASTOREL, « Injure, outrage, diffamation en droit administratif », *Petites Affiches* 1989, p. 7.

J. SOULIÉ, « Essai de définition du non-lieu à statuer dans le contentieux administratif », *AJDA* 2003, p. 418.

R. VANDERMEEREN, « La procédure contentieuse administrative et les secrets de l'administration », *AJDA* 1999, n° spécial, p. 61.

6

Les procédures d'urgence et procédures accélérées

Le temps exerce un empire souverain sur les activités humaines, comme le remarquait poétiquement Lamartine. Le contentieux administratif n'échappe pas à cette loi inexorable de l'espèce. Cet aspect est d'autant plus important en procédure administrative que les recours contre les décisions de l'administration ne sont pas, normalement, suspensifs. C'est pourquoi il a fallu y prévoir des procédures d'urgence, c'est-à-dire commandées par la nécessité d'aller vite, sans quoi la justice serait inutile (1.), et des procédures accélérées, c'est-à-dire rapides, car il n'est nul besoin, dans certains cas, de disposer de plus de temps pour rendre la justice (2.).

1 Le constat

On l'avait donné pour mort mais il est toujours là : le « constat d'urgence » a fait place au « constat » depuis que, par la loi du 30 juin 2000, a été supprimée la condition d'urgence qu'avait instituée l'article 24 de la loi du 22 juillet 1889. Il s'apparente à une sorte de « référé-constat » ainsi qu'on le vérifie en examinant ses conditions d'octroi (A.) et ses effets (B.).

A. Conditions du constat

252 La juridiction administrative compétente pour examiner la demande de constat est celle dans le ressort de laquelle sont survenus les faits invoqués dès lors que ceux-ci seraient susceptibles de donner lieu à un litige devant une juridiction administrative. Le constat est demandé par requête adressée au président de la juridiction. En principe, le constat doit être fait contradictoirement. La partie adverse doit être avisée des conditions dans lesquelles le constat sera effectué : elle pourra ainsi y assister ou s'y faire représenter. À défaut, les résultats du constat ne lui seraient pas opposables (18 nov. 1959, *Dpt de Constantine*, p. 610) et le juge du fond ne pourrait en tenir compte qu'à titre d'information. C'est pourquoi, lorsque l'administration n'a pas été mise en cause au cours d'une procédure en constat, elle peut contester la décision rendue à la suite de ce constat, non par la voie de l'appel mais par celle de la tierce opposition (16 mars 1977, *Min. de la Défense c./époux Maffey*, *RDP* 1978, p. 292).

La requête en demande de constat est dispensée du ministère d'un avocat (art. R. 521-1 et R. 521-2). Aucune décision administrative préalable n'est exigée sur l'objet de la requête. En revanche, il importe d'indiquer avec précision ceux des faits que le demandeur veut faire constater. Le président de la juridiction ou de la formation de jugement ou le conseiller qu'il délègue peut désigner un expert pour constater sans délai les faits survenus. Le juge examine avec une certaine sévérité si les conditions requises sont remplies et se refuse à ordonner le constat si les parties demandent des mesures qui dépassent la simple constatation de faits (1er avr. 1977, *Pradines*, *RDP* 1978, p. 291) ou si la mesure demandée n'a pas de caractère utile (7 janv. 1983, *MAAF*).

B. Effets du constat ordonné

253 L'ordonnance de constat se borne à faire opérer la constatation matérielle d'un ou de plusieurs faits et ne peut pas porter sur eux des appréciations d'ordre juridique (*Pradines*, préc.). Cette ordonnance, qu'elle autorise ou qu'elle refuse le constat, n'a pas l'autorité de chose jugée puisqu'elle ne tranche aucun différend et qu'en réalité, par suite, elle n'a pas une nature réellement contentieuse. Il peut être interjeté appel par le demandeur d'un jugement rendu en matière de constat soit parce que le constat lui a été refusé, soit parce qu'il ne lui a été donné qu'une satisfaction partielle. En revanche, l'appel du « défendeur » à la demande de constat est plus difficilement admis, car celui-ci n'est pas véritablement une « partie » au sens usuel du terme, dans la mesure où, par la demande de constat, n'est formulée aucune revendication à son égard. L'appel n'est pas suspensif.

2 Le référé

Si le mot « référé » évoque génériquement (A.) l'urgence à juger et donc la célérité à le faire (B. et C.), il n'en va pas toujours ainsi et il existe des référés non commandés par l'existence d'une situation d'urgence (D.). Par ailleurs, se rencontrent des hypothèses particulières de référés (E. à H.).

A. Le juge des référés, juge unique

254 La fonction de ce juge a été profondément remaniée dans sa philosophie comme dans ses prérogatives par la grande loi n° 2000-597 du 30 juin 2000 relative au référé. Le juge des référés est un juge unique à la fois parce que c'est l'unique organe de jugement compétent pour se prononcer sur toutes les formes de référés (urgents, non urgents ou spéciaux) et parce que c'est un juge statuant seul. Ce juge du référé ne statue, normalement, qu'à titre provisoire, ce qui est le propre du référé, par voie d'ordonnance. Il peut ordonner des mesures d'instruction, telle une expertise, ou des mesures provisoires ou conservatoires. Comme la rapidité de jugement accroît les risques d'erreur, seuls peuvent exercer cette fonction les juges ayant une certaine expérience. Au Conseil d'État, ce pouvoir appartient au président de la section du contentieux et à ceux des conseillers d'État qu'il désigne. Dans les cours et tribunaux administratifs peuvent être juges du référé : le président ou les magistrats qu'il désigne à cet effet à condition, d'une part, qu'ils aient une ancienneté minimale de deux ans dans le corps, d'autre part, qu'ils aient atteint, au moins, le grade de premier conseiller.

La compétence *ratione materiae* du juge administratif des référés est tout d'abord celle des juridictions de l'ordre administratif (TC, 14 janv. 1880, *Frères des écoles chrétiennes*, p. 19; TC, 23 janv. 1888, *Serra et d'Ortoli*, p. 952; TC, 25 mars 1957, *Hospices civils du Puy*; TC, 19 févr. 1996, *Consorts Rattagi*, *RFDA* 1997, p. 185) : les juridictions administratives s'interdisent donc de connaître en référé d'affaires relevant des juridictions de l'ordre judiciaire (13 févr. 1959, *Établissements Dubonnet*, *RPDA* 1959, p. 46). Cependant, un litige relatif à une demande de communication de documents auprès d'un organisme de droit privé chargé d'une mission de service public administratif relève des juridictions administratives (Sect., 9 juil. 1997, *Agence nationale pour la participation des employeurs à l'effort de construction*, *AJDA* 1997, p. 701, concl. J. Arrighi de Casanova). Cette compétence *ratione materiae* joue également à l'intérieur de l'ordre juridictionnel administratif : la compétence du juge administratif des référés est limitée aux litiges dont le principal relève de sa compétence (solution constante depuis Sect., 15 juil. 1957, *Ville de Royan*, *RDP* 1958, p. 109 concl. C. Lasry; Lyon, 22 oct. 1991, *Bloch*, *AJDA* 1992, p. 168; 28 sept. 2007, *Romain X.*, req. 309663).

La compétence *ratione loci* du juge administratif du référé ne s'étend qu'aux mesures se rapportant à un éventuel litige relevant de sa compétence territoriale (3 juin 1988, *Diallo*, p. 228).

B. La procédure de droit commun du référé

Cette procédure concerne à la fois tous les référés ordinaires (tels le référé-provision et le référé-instruction) et tous les référés urgents (référé-liberté, référé-suspension et référé conservatoire) ainsi que, en partie seulement, les référés spéciaux (tels le référé exercé dans le cadre du déféré préfectoral, le référé audiovisuel, le référé en l'absence d'étude d'impact, le référé contre les arrêtés de reconduite des étrangers à la frontière, le référé faisant suite aux conclusions défavorables du commissaire-enquêteur dans le cadre des enquêtes publiques ou le référé précontractuel, etc.).

On étudiera en premier lieu l'introduction, l'instruction et les conditions des demandes de référé (1.), puis le jugement, le réexamen des mesures et les voies de recours (2.).

1. Introduction, instruction et conditions des demandes de référé

• L'introduction des demandes de référé

255 L'introduction des demandes de référé s'effectue par le moyen d'une requête présentée dans les formes ordinaires (caractère écrit, identification du demandeur et du défendeur, objet de la demande, conclusions). L'intervention est possible devant la juridiction des référés (3 janv. 2003, *Belminar*, *AJDA* 2003, p. 953), mais l'intervention principale étant irrecevable (*cf.* § 166), l'intervenant ne peut pas interjeter appel en tant que l'ordonnance de référé s'est prononcée sur les conclusions de l'une des parties (même décision).

Dans la plupart des référés, la requête peut être formée « *même en l'absence d'une décision préalable* », ainsi le demandeur ne sera pas paralysé durant deux mois par le silence éventuel de l'administration sur sa demande. Cependant, l'exigence de décision préalable demeure pour certains référés (*cf.* art. L. 521-1, à propos du référé-suspension). Le juge considère, libéralement, que la seule réalisation de travaux, en l'absence de décision existant matériellement, suffit à elle seule à révéler l'existence nécessaire d'une décision dont la suspension peut être demandée en référé (12 mars 1986, *Min. Culture c./Cusenier et autres*, *AJDA* 1986, p. 258, concl. J. Massot).

À la différence du constat, le référé ne connaît pas de dispense générale du ministère d'avocat, tout dépend du fond du litige : si le litige porte sur une matière dispensée du ministère d'avocat, il en ira de même pour le recours en référé (application constante de : 12 oct. 1956, *Saporta*, p. 366 ; *cf.* aussi, 10 mai 1957, *Secr. d'État à la Marine marchande c./Cne de St-Brévin-les-Pins*, p. 306), et inversement.

256 Pour éviter le risque d'un encombrement du prétoire consécutif à un engouement du public pour ces procédures rapides, il a été institué un filtrage des requêtes en référé (art. L. 522-3 : 5 juil. 2007, *René X.*, req. 307069 ; 31 janv. 2008, *Emmanuel X.*,n° 312554). Toute requête peut être rejetée dès son introduction par une ordonnance motivée rendue sans instruction contradictoire et sans audience publique si l'on se trouve dans l'un des deux cas suivants : 1) absence d'urgence alors qu'il s'agit d'une requête en référé d'urgence ; 2) requête manifestement irrecevable, mal fondée ou hors du champ de compétence de la juridiction administrative. En ce deuxième cas, le juge n'a d'ailleurs pas l'obligation de communiquer au défendeur les conclusions du demandeur en référé (par transposition de : 29 janv. 1993, *Assoc. des riverains de l'Herrengrie*, p. 21). Pour décider de ces rejets, le juge des référés pourra, outre les éléments contenus dans la requête, solliciter des explications de la part de l'intéressé, exiger la production de documents, ordonner une visite des lieux, etc. L'ordonnance de rejet sans instruction, quel que soit le référé en cause, ne peut faire l'objet que d'un recours en cassation devant le Conseil d'État (Sect., 28 févr. 2001, *Casanovas*, *RFDA* 2001, p. 399, concl. P. Fombeur). Toutefois, le juge qui a entamé une procédure contradictoire et convoqué une audience sur le fondement de l'article L. 522-1, ne peut plus, ensuite, la rejeter en se fondant sur la procédure expéditive que l'on vient de décrire, celle de l'article L. 522-3 (Sect., 26 févr. 2003, *Sté « Les Belles demeures du Cap-Ferrat »*, p. 65).

Le juge des référés peut sanctionner un recours abusif même s'il n'a pas usé de la procédure de tri (23 janv. 2008, *Mazo*).

• L'instruction des requêtes en référé

L'instruction des requêtes en référé est dominée par deux traits.

257 En premier lieu, le juge des référés statue au terme d'une procédure qui est toujours contradictoire, qu'elle soit orale (ce qui est une innovation culturelle considérable dans la mentalité du juge administratif ; pour un bon exemple d'application du principe du contradictoire à l'audience de référé, voir : 31 janv. 2007, *Cne du Luc-en-Provence*, req. 292260) ou écrite : ainsi la procédure pourra être soit entièrement écrite ou entièrement orale, soit mixte, pour partie écrite et pour partie orale. Le législateur fait obligation au juge, dans deux des trois procédures de référé urgent (le référé-liberté et le référé-suspension), de convoquer les parties à l'audience publique. Le contradictoire est assuré aussi par l'obligation de notifier la requête en référé au défendeur et de lui fixer, éventuellement, un délai de réponse. Ainsi, lorsque les observations d'une partie sont produites au cours de l'audience elle-même, il incombe au juge des référés de décider soit la suspension de l'audience, soit le report de la clôture de l'instruction à une date retardée, soit de décider qu'il n'y a pas lieu à décider cela (18 oct. 2006, *Synd. copropr. de l'immeuble « Les jardins d'Arago »*, AJDA 2007 p. 46, concl. C. Devys). Ainsi, une procédure contradictoire est aménagée pour protéger les droits et intérêts de la partie adverse (Sect., 28 juil. 1989, *Ville de Lyon c./Rives et autres*, p. 174 : non respect par un tribunal du délai fixé par lui pour produire une défense), mais elle est très peu formaliste (10 nov. 1972, *Sté des grands travaux alpins* ; Sect., 5 avr. 1996, *Syndicat des avocats de France*, préc.). Cependant, et malgré les dispositions de l'art. L. 5 CJA qui prévoient un aménagement du principe du contradictoire en cas d'urgence, le juge ne peut être dispensé, même en cette hypothèse, de son obligation de ne statuer que sur des pièces et documents contradictoirement discutés par les parties (18 juin 2007, *M. et Mme Claude X.*, req. 301568). Semblablement, un délai de 18 heures laissé à une commune pour présenter ses conclusions dans une affaire où est en cause une liberté fondamentale, la liberté syndicale, concilie bien les exigences de l'urgence et celles du contradictoire (9 juil. 2007, *Cne du Port*, req. 307046).

C'est ce qui explique également que la communication aux parties, dans le cadre d'une instance en référé, de notes en délibéré, avec invitation à produire leurs observations, s'analyse en une décision de différer la clôture de l'instruction (5 déc. 2007, *Assoc. Transparence*).

258 En deuxième lieu, la loi a voulu une procédure rapide, d'où l'obligation pour le juge d'informer sans délai les parties de la date et de l'heure de l'audience publique en ce qui concerne deux des trois référés urgents (référé-liberté et référé-suspension), ce qui est une transposition *mutatis mutandis* des solutions retenues en procédure civile (art. 485 Cpc) sous les noms d'« *assignation à jour fixe* » ou d'« *assignation d'heure à heure* ». Le juge administratif peut donc désormais planifier les procédures d'urgence, le schéma d'une procédure profondément inquisitoire s'éloignant quelque peu au profit d'une procédure fondée sur une véritable coopération des parties et du juge dans la construction d'un scénario procédural de l'urgence. Ce souci de célérité est la raison principale de la dispense générale de conclusions du rapporteur public pour tous les référés (L. 522-1, al. 3). Il n'en va autrement que dans le cas, exceptionnel, où le jugement du référé est renvoyé en formation collégiale.

• Les conditions des demandes de référé

Les conditions des demandes de référé qui doivent être réunies pour que le juge accepte d'examiner ces demandes et, éventuellement, de les satisfaire sont, pour trois d'entre elles, communes à tous les référés la quatrième est propre aux référés urgents.

259 *Toutes les demandes de référé* doivent satisfaire à trois conditions.

Tout d'abord, doit exister une décision ou un comportement (actif ou passif) de l'administration faisant grief à l'intéressé ou lésant un de ses droits, cette première condition se réalise en réalité au travers de l'accomplissement de la deuxième condition, qui est celle selon laquelle doit exister une situation contentieuse ou pré-contentieuse. Bien que non exprimée par le Code de justice administrative, cette condition est d'évidence : l'intervention du juge des référés suppose, préalablement, l'existence d'un litige entre deux personnes au moins, que ce litige revête les formes d'un différend contentieux ou, plus simplement, d'un différend social (on lira sur ce point les conclusions de C. Lasry précitées sur Sect., 15 juil. 1957, *Ville de Royan*). Il suffit qu'il existe un litige né et actuel, c'est-à-dire des difficultés sérieuses entre un demandeur (actuel, futur ou possible) et un défendeur (actuel, futur ou possible) susceptibles de donner lieu devant le juge du fond à une instance contentieuse que l'action en référé a précisément pour objet « *de préparer ou, éventuellement, de prévenir* » (C. Lasry, concl. précitées, *RDP* 1958, p. 112 ; *cf.* aussi : Sect. 13 juil. 1956, *Secr. d'État à la Reconstruction c./consorts Guibout*, p. 338; Sect. 12 oct. 1956, *Saporta*, AJ. 1956.II.410, concl. M. Long; 26 mars 1982, *Min. de l'Intérieur c./Aboudou Mzé*, p. 137 : afin d'obtenir la communication d'un dossier ayant servi à prendre une décision administrative que l'intéressé souhaite contester par un recours pour excès de pouvoir). Ainsi donc, l'exigence qu'existe une situation contentieuse ou précontentieuse permet de satisfaire aussi à la première condition (existence d'un fait ou d'une décision émanant de l'administration). C'est d'ailleurs cette liaison entre les deux premières conditions qui explique que la mesure sollicitée en référé ne peut pas être accordée si elle se rattache à un litige né ou à naître manifestement insusceptible de relever de la compétence d'une juridiction administrative de droit commun (16 oct. 1981, *Min. de la Défense c./Lassus*, p. 374, concl. O. Dutheillet de Lamothe). Naturellement, et *a fortiori*, le juge déjà saisi d'une demande principale peut être, par la suite, saisi d'une demande de référé relative au même dossier : les deux instances ne se confondent pas, car la première cherche à mettre fin au litige tandis que la seconde tente d'obvier les conséquences inéluctables de la fuite du temps. Enfin, et c'est la troisième condition, les mesures sollicitées par voie de référé doivent être des « *mesures utiles* » (selon l'expression de l'art. R. 531-3 ; sur le sens de cette expression, *cf.* concl. M.-A. Latournerie sur Ass., 17 déc. 1976, *Ferignac*, p. 553). Ainsi, est utile la mesure qui est de nature à sauvegarder ou à protéger un droit du demandeur (Sect., 14 mars 1958, *Garnier*, p. 170 ; *Ferignac*, préc.) et ne l'est pas celle qui ne tend qu'à obtenir des informations complémentaires mais non nécessaires compte tenu des indications déjà fournies à l'intéressé (Ass., 16 janv. 1981, *Sté « Les câbles de Lyon »*, p. 21) ou si d'autres procédures spécifiques sont possibles (13 déc. 1995, *Ville d'Aulnay-sous-Bois*). Parfois c'est l'urgence à décider qui révélera l'utilité d'une mesure d'instruction (Ord. réf. 15 mai 1991, *Sté Sepanso*, JCP.G. 1992.II.21910, note F. Fines).

260 *Les demandes de référé urgent*, outre les trois conditions précédentes, doivent satisfaire à une quatrième condition qui est précisément l'existence d'une urgence à décider. Cette urgence doit être constatée par le juge lui-même (21 juil. 1970, *Robine*, p. 1148), dont l'appréciation en la matière est souveraine (17 janv. 1996, *SARL « Le Jardin des Pyrénées »* ; 22 août 2002, *Syndicat des pharmaciens du Lot et autres*, *AJDA* 2002, p. 1190). Seule l'existence d'une urgence justifie le recours à ces types de référés (référé-suspension, référé-liberté et référé conservatoire) et il doit exister un lien direct entre l'urgence et la mesure dont l'octroi est sollicité en référé. L'urgence s'apprécie le jour où le juge statue et non au jour d'introduction du recours contentieux (24 nov. 2006, *O'DRU*, req 277981). Cette urgence se démontre par le fait que la situation présente va, très vite, se modifier et, au point de vue des intérêts du demandeur, revêtir un caractère difficilement réversible. C'est pourquoi le juge du référé se déclarera incompétent pour ordonner la constatation d'un état de fait insusceptible de se modifier alors que, dans le même litige, d'autres mesures seraient susceptibles d'être ordonnées. Les mesures – toujours provisoires – ordonnées en référé ne peuvent l'être que si, pour reprendre les expressions de certains commissaires du gouvernement, l'on se trouve en présence d'une « *situation risquant de devenir irréparable* » (concl. Grévisse sur Sect., 14 mars 1958, *Secr. d'État à la Reconstruction et au Logement c/consorts Hué*, p. 174) telle « *la disparition ou la dénaturation des faits ayant causé un dommage* » (concl M.-A. Latournerie sur Ass., 17 déc. 1976, *Ferignac*, préc.). L'urgence peut, en particulier, résulter de la nécessité d'assurer le bon fonctionnement du service public (1er oct. 2007, *AFTRP*, req. 299464) ou de ce qu'un fonctionnaire subit un préjudice moral du fait d'attaques dont il est l'objet (14 déc. 2007, *Michel X.*, req. 307950). En revanche, et contrairement à ce qui aurait pu être prévu, le caractère irrégulier de la situation dans laquelle se trouve le requérant n'exclut pas nécessairement qu'il y ait urgence (24 oct. 2007, *Sté Conforama*). Le Conseil d'État s'est essayé, dans le cadre de la mise en œuvre de la loi du 30 juin 2000, à une définition de l'urgence ; celle-ci étant réalisée « *lorsque la décision administrative contestée préjudicie de manière suffisamment grave et immédiate à un intérêt public, à la situation du requérant ou aux intérêts qu'il entend défendre* » (Sect., 19 janv. 2001, *Confédération des radios libres*, AJDA 2001 p. 150). Cette conception constitue un progrès par rapport à l'ancienne exigence que le préjudice fût « *irréparable ou difficilement réparable* » ; elle est plus souple, moins sévère et d'une mise en œuvre plus aisée : la considération de la proximité du risque de dommage sera plus importante que la détermination de son degré de gravité, ce qui est une bonne chose (1er févr. 2001, *Combret et autres*). Dans le cadre du référé-suspension, l'appréciation de la condition d'urgence doit se fonder sur toutes les circonstances de l'espèce (14 nov. 2003, *Colladant*) et ressortir de la requête elle-même (réponse négative à une demande de suspension de l'extension d'un complexe cinématographique : 22 janv. 2007, *Sté Leaurel*, req. 300488).

Par ailleurs,le juge a institué, dans certains contentieux, de véritables présomptions d'urgence, dont certaines sont irréfragables. Ainsi, en matière de permis de construire, la condition d'urgence doit, en principe, sauf circonstances particulières, être considérée comme satisfaite lorsque les travaux vont commencer ou ont déjà commencé sans être pour autant achevés (18 oct. 2006, *Syndic. des copropriétaires de l'immeuble « Les jardins d'Arago » à Paris*) en raison du caractère difficilement réversible d'une construction (15 juin 2007, *Arnaud*; 29 janv. 2008, *Sté EDF Energies nouvelles France*, req. 307870), une solution identique vaut pour un arrêté d'expulsion (26 sept. 2001, *Min. Intérieur*; 18 févr. 2008, *Min. Intérieur*), mais, en ce dernier cas, cette présomption tombe lorsque l'étranger fait l'objet d'une mesure d'assignation à résidence. Il en va de même pour les décisions de préemption qui revêtent toujours un caractère d'urgence sauf circonstances particulières (23 juin 2006, *Sté Actibor*, RFDA 2006 p. 878). Ceci explique qu'en ces cas, malgré l'exigence que l'urgence soit établie par le demandeur en référé, c'est au bénéficiaire de la décision contestée qu'il appartient de démontrer l'absence d'urgence en raison de circonstances particulières (15 juin 2007, *Charles X.*, req. 300208). D'autres présomptions d'urgence sont des présomptions simples (7 févr. 2007, *Cne de Laval-du-Tarn* : urgence à suspendre la délibération de vente d'un terrain sectionnal). Il existe aussi de véritables présomptions de non-urgence à l'égard de certaines catégories de décisions, comme, par exemple, le refus de délivrance d'un visa d'entrée sur le territoire français (25 mars 2008, *Mehdi X.*, req. 314451).

Cette urgence doit être établie par le demandeur en référé, ce qui est la logique même (Ass., 3 mars 1978, *Lecoq*, p. 116; art. R. 522-1 : « *La requête visant au prononcé de mesures d'urgence doit [...] justifier de l'urgence de l'affaire* »).

261 Ainsi, il y a urgence à :

– constater un dommage datant de plusieurs mois, « *l'intéressé ne pouvant reprendre l'exercice normal de son commerce sans recourir à une mesure conservatoire des preuves, à le supposer existant, du dommage allégué* »(cité par H. Bonneau, « Contribution jurisprudentielle à l'essor du référé », RPDA 1957, p. 142) ;

– constater l'état d'une marchandise bloquée en douane, celle-ci, très périssable, subissant de graves détériorations (TA Alger, 26 mars 1957, *Bourma*, p. 739) ;

– assurer un service de remontées mécaniques, l'hiver, dans une station de sports d'hiver (9 déc. 1988, *Sté des téléphériques du massif du Mont-Blanc*, p. 438) ;

– expulser l'ex-pensionnaire d'une maison de retraite, afin de rétablir le fonctionnement normal du service public (17 mars 1992, *Tortajada*, p. 71) ;

– statuer, le 28 février, sur une décision mettant en cause un bail expirant le 1er mars (Sect. 28 févr. 2001, *Philippart et Lesage*, RFDA 2001, p. 390, concl. D. Chauvaux) ;
– convoquer, dans certaines circonstances de droit et de fait, le comité central d'entreprise de la Banque de France (Paris, 11 mai 2000, *Habif*, RFDA 2000, p. 870, concl. C. Lambert) ;
– suspendre le refus d'échanger des permis de conduire étrangers contre des permis de conduire français (7 juil. 2004, *Boga*) ;
– à clôturer la période de chasse aux grives et aux merles noirs au 31 janvier et non au 20 février (8 févr. 2006, *Assoc. Vie et nature pour une écologie radicale et autre*) ;
– suspendre la création d'une communauté de communes (5 juil. 2004, *Cne de Ria-Sirach*) ;
– à prescrire la communication de documents ou d'informations nécessaires à la formation d'un recours contentieux (3 mars 2008, *Min. Défense*, req. 308280) ou à la présentation et à la défense de ses intérêts en justice (21 janv. 2008, *Sté Schüco International*, 299399).

262 Il n'y a pas urgence :
– à rechercher, en l'absence de toute précision de la part du requérant, s'il existe des instructions en application desquelles des installations d'écoutes téléphoniques auraient été placées sur sa ligne (25 juin 1952, *Fousse et Ewald*, RDP 1953, p. 297, note R. Drago) ;
– à suspendre un arrêté préfectoral alors que cette suspension aurait d'importants effets sur les conditions d'élimination des déchets dans un département (Sect., 28 févr. 2001, *Préfet des Alpes-Maritimes et Sté Sud-Est Assainissement, RFDA* 2001, p. 407) ;
– quand la situation d'urgence résulte de la négligence du requérant (13 oct. 2003, *Sté Ekima international*; 6 nov. 2003, *Assoc. AC! et autres*; 28 mars 2008, *Cne du Raincy*, req. 314368) ou de son imprudence (23 janv. 2008, *Cne de Puget-sur-Argens*, req. 307939) ou encore de sa négligence (26 juin 2008, *X.* n° 316499) ;
– à statuer sur la perte du « sur-salaire » versé aux fonctionnaires en poste outre-mer (4 oct. 2004, *Garde des Sceaux c./Ginoux*) ;
– à suspendre un arrêté de cessibilité dans le cadre de la réalisation du TGV-Est (3 avr. 2006, *Sté Ano. Placoplâtre*) ;
– à suspendre une ordonnance de l'art. 38 de la Constitution alors qu'a débuté la procédure de sa ratification législative (9 nov. 2006, *Birk-Lévy*) ;
– à suspendre le refus opposé à un couple de 42 ans d'adopter un enfant (12 juil. 2004, *Dpt des Yvelines*), solution que l'on peut regretter ;
– à suspendre la décision de relever la vitesse maximale autorisé sur une voie routière (27 oct. 2006, *Département des Bouches-du-Rhône*).

2. Jugement, réexamen des mesures et voies de recours

• L'impératif de célérité

263 Le jugement en matière de référé est tout entier dominé par la nécessité de célérité. En particulier, le référé-liberté doit être jugé dans les 48 heures même si ce délai n'est pas prescrit à peine de dessaisissement de la juridiction. Quant aux deux autres référés urgents (référé-suspension et référé-conservatoire), la loi décide qu'ils doivent être jugés « *dans les meilleurs délais* », la volonté du législateur est ainsi on ne peut plus claire. Outre la dispense générale de conclusions du rapporteur public, le souci d'aller vite se manifeste aussi par la possibilité de présenter oralement des conclusions et moyens à l'audience publique dès lors qu'est respecté le principe du contradictoire.

Pareillement, va dans le sens de la célérité la disposition législative selon laquelle le jugement prononcé sur référé urgent pourra (ce n'est qu'une faculté pour le juge, non une obligation) être rendu exécutoire dès sa lecture et non à compter de sa notification : c'est l'article 489 du Code proc. civ. qui, ici encore, a inspiré les auteurs de la réforme du 30 juin 2000. Si le législateur n'a pas supprimé, dans les procédures de référés urgents, l'obligation de communication préalable du moyen d'ordre public (*cf.* § 199), il va de soi que cette exigence sera considérée comme satisfaite, même si un tel moyen est soulevé au cours de l'audience publique, dès lors que les parties auront été invitées à se prononcer sur ce moyen. C'est l'existence de cette urgence qui permet de passer outre à certaines conditions de saisine du juge : ainsi le maire d'une commune, agissant par voie de référé, n'a pas à solliciter, préalablement à l'introduction de son action, l'autorisation du conseil municipal (28 nov. 1980, *Ville de Paris c/Établissements Roth, AJDA* 1981, p. 95). Dans tous les cas, même d'urgence, le juge des référés est tenu de citer tous les textes qui fondent sa décision (19 févr. 2007, *Priolo*) que ce soit dans les visas, dans l'analyse qu'il fait des mémoires ou, encore, dans les motifs de son ordonnance (18 févr. 2009, *Hervé-Louis X.*, req. 322274).

264 La variété des mesures que le juge des référés peut ordonner est plus grande que dans le cadre du constat (*cf.* § 252-253).

Les mesures que le juge sera amené à prendre ne sont, par suite, destinées qu'à régler la situation urgente jusqu'au jugement définitif, elles n'ont ainsi, nécessairement, qu'un caractère provisoire. C'est pourquoi l'ordonnance qui les prononce n'est pas revêtue de l'autorité de chose jugée, n'étant rendue qu'en l'état de l'instruction à la date à laquelle elle intervient (Solutions classiques aussi bien pour le juge judiciaire : Req. 24 nov. 1863, D.P. 1864.I.35 ; Civ. 10 janv. 1939, Sir. 1939.I.93, que pour le juge administratif : Sect., 3 oct. 1958, *Sté des autocars garonnais*, p. 468, où on lit : « [...] *l'autorité de chose jugée ne peut s'attacher à une ordonnance de référé ou à l'arrêt rendu sur un appel dirigé contre une telle ordonnance, lesdites décisions ayant un caractère provisoire et ne faisant aucun préjudice au principal* » ; Sect., 9 déc. 1983, *Ville de Paris et Sté des mobiliers urbains pour la publicité et l'information*, p. 481, concl. B. Genevois). Ceci explique que le juge des référés ne peut ordonner par voie d'injonction que des mesures provisoires, non des mesures à caractère définitif (13 févr. 2006, *Cne de Fontenay-le-Comte*). Cependant, *« il en va autrement pour les mesures qui sont seules de nature à faire disparaître une atteinte grave et immédiate à une liberté fondamentale, telle la liberté syndicale »* (9 juil. 2007, *Cne du Port*, préc., où le juge accorde un mois pour qu'un local soit mis à disposition d'un syndicat). C'est encore ce caractère provisoire qui explique les solutions suivantes : le juge des référés ayant statué sur une affaire peut y statuer de nouveau et cela sans que soit atteinte la règle d'impartialité (17 avr. 2008, *Caisse des Dépôts et Consignations gérant la CNRACL*) ; lorsqu'un recours contentieux doit être obligatoirement précédé d'un recours administratif, une requête en référé-suspension peut être introduite dès la formation de ce recours préalable et sans attendre le résultat de celui-ci dès lors qu'il est démontré par le demandeur que l'urgence justifie cette attitude (23 mai 2008, *Norma X.*, n° 315795). L'ordonnance de référé ne peut, pas davantage, faire l'objet d'une opposition, car elle n'a qu'un caractère provisoire. Elle produit cependant l'interruption du délai de la garantie décennale (Sect., Avis, 22 juil. 1992, *Cne de Marcilly-sur-Eure*, p. 305, et Sect., 22 juil. 1992, *Dpt du Var c./Sté Socea Balency*, p. 306). Les ordonnances de référé doivent être suffisamment motivées à peine d'irrégularité (26 janv. 2005, *SCI Chopin-Leturc et autre*). Le juge des référés peut pratiquer, comme le juge saisi du principal du litige, une substitution de motifs, cette faculté faisant partie de son office (15 mars 2004, *Cne de Villasavary*).

Pour déterminer le caractère provisoire des mesures décidées par le juge des référés est retenue leur réversibilité (Ainsi, en matière de référé-liberté : 31 mai 2007, *Synd. CFDT Interco*).

On observera que le juge ne peut rétracter son ordonnance de référé que si des faits nouveaux surviennent (la décision de principe émane du juge judiciaire : Civ., 10 janv. 1939, préc.).

La requête en référé ne prolonge pas le délai du recours contentieux (27 sept. 1989, *Guerreiro*, p. 175).

Enfin, lorsque le requérant se heurte à l'inexécution, par l'administration, d'une mesure ordonnée par le juge du référé, ici par exemple l'annulation d'une décision de reconduite à la frontière, c'est le juge de l'exécution (L. 911-4) ou celui du référé-suspension (L. 521-1) qu'il faut saisir non le juge des libertés qui a rendu l'ordonnance de référé inexécutée (16 févr. 2004, *Rkia Bousbaa*).

265 De ce que le juge du référé est, normalement, un juge du provisoire, découlent ces conséquences, qui peuvent surprendre, que n'ont qu'un caractère provisoire la délivrance d'un permis de construire (13 juil. 2007, *Cne de Sanary-sur-Mer*) ou la modification d'une pension (21 mars 2008, *Juan*, req. 281995) intervenues en exécution d'une ordonnance de référé.

Par ailleurs, c'est toujours à la partie condamnée qu'incombe la charge de prouver qu'elle a exécuté correctement l'ordonnance de référé (27 juin 2007, *Hougesen*).

• Le réexamen du jugement de référé

266 Le réexamen du jugement de référé rendu dans le cadre d'un référé urgent est une originalité particulièrement bien venue de la loi du 30 juin 2000. À tout moment, le juge pourra être saisi par une partie de la survenance d'un fait nouveau et il pourra lui être demandé de modifier (pour les restreindre ou, au contraire, les étendre), voire d'abroger les mesures prises dans l'ordonnance primitive de référé (2 juil. 2008, *Syndic. des copropriétaires de la résidence du Rond-point des pistes et autre*). Cette possibilité de réexamen n'existe que si le juge des référés a, au moins partiellement, accueilli la demande de référé ; en cas de rejet pur et simple de celle-ci, il ne saurait y avoir lieu à réexamen (9 juil. 2007, *Dominique X.*, req. 307054). Ce réexamen s'effectue en audience publique avec respect du contradictoire ; l'ordonnance modificative peut être motivée par référence à la précédente ordonnance (2 juil. 2008, *Synd. des copropr. de la résidence du Rond-point des pistes et autre*).

• Les voies de recours contre les jugements de référé

Les nécessités de la célérité ne dispensent point le juge de l'urgence de satisfaire aux exigences inhérentes à tout procès et les juges, d'appel comme de cassation, veillent à leur respect scrupuleux (sanction de l'omission de mentionner un moyen dans le visa d'une ordonnance de référé : 6 juil. 2007, *Mohamed X.*, req. 301469 ; obligation de vérifier l'authenticité d'un document privé tel la délibération d'une association décidant d'engager une action en justice : 27 juin 2007, *Cne de Pluneret*, req. 297938). Les voies de recours contre les jugements de référé ne sont pas la chose la mieux réussie de la réforme du 30 juin 2000 en raison de leur organisation complexe, car elles ne sont pas les mêmes pour les référés non urgents et pour les référés urgents et, au sein de ces derniers, les solutions ne sont pas, non plus, identiques.

267 Les voies de recours contre les jugements intervenus dans le cadre de référés ordinaires, c'est-à-dire non soumis à la condition d'urgence (référé-provision, référé-constatation et référé-instruction), sont celles existant jusqu'alors avec quelques

modifications. Tout d'abord, l'appel est porté devant un juge unique dans les quinze jours du jugement de première instance. L'appel n'est pas suspensif de l'exécution, sauf si le président de la cour administrative d'appel saisie décide de suspendre immédiatement, à titre provisoire, l'exécution de l'ordonnance de référé.
Ensuite, le recours en cassation devant le Conseil d'État doit être formé dans les quinze jours de l'ordonnance rendue sur appel.

268 Les voies de recours contre les jugements intervenus dans le cadre de référés urgents sont différentes selon les référés (L. 523-1, R. 523-1, R. 523-3). Pour le référé-suspension et le référé conservatoire, il n'y a pas d'appel, seul un recours en cassation est possible devant le Conseil d'État, dans les quinze jours de la notification, voire de la lecture, de l'ordonnance. Pour le référé-liberté, l'appel est possible mais il est porté directement au Conseil d'État devant un juge unique (président de la section du contentieux ou magistrat délégué par lui). La juridiction d'appel a, dans tous les cas, le même pouvoir de réexamen que la juridiction de première instance.
Cependant, il n'y a pas d'appel possible, dans le cas du référé-liberté, contre la décision de tri ou de sélection de la requête ou contre le jugement de réexamen (ou de refus de réexamen) des mesures ordonnées. Il suit de là qu'en matière de référé-liberté, la contestation d'un jugement rejetant une demande pour défaut d'urgence ou en raison de son caractère manifestement irrecevable (28 sept. 2007, *Rashid X.*, req. 299732), ou la contestation d'un jugement de réexamen des mesures ordonnées ne relève que de la procédure du recours en cassation devant le Conseil d'État, à l'instar de ce qui existe pour les deux autres référés urgents (Sect., 28 févr. 2001, *Casanovas*, préc.), seuls sont donc susceptibles de relever du Conseil d'État par la voie de l'appel les jugements de première instance recevant favorablement une demande de référé-liberté et prononçant à ce titre des mesures provisoires. Par ailleurs, il convient de rappeler (*cf.* § 165), en cas d'intervention à l'instance de référé, que cette intervention conférant la qualité de partie à l'instance, l'intervenant peut interjeter appel, à condition que cet appel porte sur ce qui faisait l'objet de son intervention en première instance (3 janv. 2003, *Belminar*, préc.).
Dans tous les cas, référés ordinaires ou référés urgents, le juge de cassation exercera un contrôle normal, notamment celui de la réalité de l'existence d'une obligation non sérieusement contestable en matière de référé-provision (29 juil. 1994, *Sté des travaux publics et industriels d'Île-de-France*, p. 113). Le Conseil d'État pourra également décider de régler l'affaire au fond (14 nov. 1997, *Cnauté urbaine de Lyon*, *AJDA* 1998, p. 60, concl. J. Arrighi de Casanova).
La tierce opposition est recevable contre les ordonnances de référé préjudiciant aux droits d'un tiers (Sect. 18 juin 1982, *SA Bureau Veritas*, p. 240, concl. J. Biancarelli; Paris, 3 avr. 1990, *Établissement public Opéra de la Bastille*).

C. Les différents référés d'urgence

269 On sait que depuis la réforme du 30 juin 2000, ces référés sont au nombre de trois: le référé-suspension (1.), le référé-liberté (2.) et le référé conservatoire (3.). Il est toujours possible au demandeur, dans le cadre d'une même affaire, d'user en même temps de plusieurs procédures de référé pour avoir plus de chances de succès dans son action, mais il doit le faire au moyen d'autant de requêtes distinctes qu'il utilise de référés différents, à peine d'irrecevabilité de l'une (ou plusieurs) d'entre elles, la priorité étant donnée au référé-liberté (Sect. 28 févr. 2001, *Philippart et Lesage*, préc.). Ceci explique également qu'il est impossible au juge de statuer par une même décision simultanément sur le fondement de l'art. L. 521-3 (référé conservatoire, cf. § 279) et sur le fondement de l'art. R. 541-1 (référé provision), ce cumul de l'urgence et de la provision est contraire à l'office du juge des référés (17 mars 2008, *Najjar*).

En effet, on l'a déjà relevé, les conditions dans lesquelles doivent être instruits et jugés les divers référés, ainsi que les voies de recours contre les ordonnances les accordant ou les refusant, sont trop différentes les unes des autres pour qu'il puisse être procéduralement acceptable de les voir figurer dans une même requête (En ce sens, concl. D. Chauvaux sur *Philippart et Lesage*, préc.).

1. Référé-suspension (L. 521-1)

270 Selon l'article L. 521-1 : « *Quand une décision administrative, même de rejet, fait l'objet d'une requête en annulation ou en réformation, le juge des référés, saisi d'une demande en ce sens, peut ordonner la suspension de l'exécution de cette décision, ou de certains de ses effets, lorsque l'urgence le justifie et qu'il est fait état d'un moyen propre à créer, en l'état de l'instruction, un doute sérieux quant à la légalité de la décision.* » Ce référé est l'héritier du défunt, et peu regretté, sursis à l'exécution des décisions administratives dont il a gardé certains traits comme l'obligation que toute requête en référé soit jointe à une requête principale « *en annulation ou en réformation* » de la mesure dont l'urgente suspension est demandée, sauf l'exception rappelée au § 264 lorsqu'existe une obligation de recours administratif préalable. Ainsi, comme l'ancien sursis à exécution, le référé-suspension est la procédure complémentaire d'une procédure principale tendant à voir annuler une décision administrative. La demande de référé-suspension non accompagnée d'une requête distincte en annulation ou en réformation est manifestement irrecevable (17 juin 2008, *Alaatlin X.*, req. 316649 ; 15 avril 2009, *Gertrude X.*, req. 324318). Toutefois, il n'est pas nécessaire que le recours à fin d'annulation existe avant le dépôt de la demande en référé ; il suffit qu'il ait été introduit avant que le juge des référés ne statue (15 oct. 2004, *Cne d'Andeville*) et, naturellement et en toute hypothèse, avant l'expiration du délai de recours en annulation (26 janv. 2007, *Cne de Neuville-sur-Escaut*). Cependant, le juge des référés ne peut ordonner la mesure de suspension sollicitée lorsque la requête en annulation qui accompagne la demande de suspension est elle-même irrecevable (4 févr. 2008, *Cne du Lamentin*; 12 septembre 2008, *Joseph X.*, 315544). Par ailleurs, lorsque le juge constate que la requête en référé-suspension n'est pas accompagnée de la requête au fond mais que celle-ci a cependant bien été déposée au greffe, il ne peut ne pas opposer l'irrecevabilité de la demande de référé à condition de respecter le contradictoire en versant lui-même la requête au fond au dossier de l'instance en référé (26 nov. 2008, *Sté la Foncière du Dauphiné*).

Malgré l'emploi du mot « décision » par l'art. L. 521-1, le référé-suspension peut être introduit contre un avis ou une proposition lorsqu'un tel acte, par ses effets, affecte le pouvoir de décision de l'autorité compétente (9 juil. 2007, *Centre hospitalier G. Claudinon*, req. 305923, à propos du Conseil supérieur de la fonction publique hospitalière).

Un tel référé tendant à la suspension d'une décision administrative est donc irrecevable dans toutes les matières où la formation d'un recours (administratif ou contentieux) entraîne automatiquement la suspension de la décision critiquée (18 août 2006, *Bénassy*). Pour cette même raison, il est impossible de solliciter la suspension de l'exécution d'un acte de gouvernement (telle la décision du président de la République de soumettre un projet de révision constitutionnelle au Congrès du parlement: 18 juil. 2008, *X.*, n° 318567) ou d'une loi (26 nov. 2008, *Assoc. des victimes du Crédit mutuel*).

La Cour EDH a cru pouvoir décider que le référé-suspension n'était pas un « recours effectif » car la saisine du juge des référés n'a pas un effet suspensif de plein droit de la décision contestée (CEDH 26 avr. 2007, *G.*); ce jugeant, elle oublie que les actes de la puissance publique bénéficient d'une présomption de régularité que seule la preuve du contraire peut renverser sauf à décider que la simple affirmation d'un administré suffit à opérer ce renversement...

• Référé-suspension et décision de rejet

271 Depuis la réforme de 2000, peut être sollicitée la suspension même d'une mesure de rejet, ce qu'avait toujours refusé la jurisprudence antérieure sauf exceptions très limitées (Sect. 20 nov. 1959, *Jaouen*, p. 618; Ass., 23 janv. 1970, *Amoros*, p. 51; 1er juil. 1977, *M'Sirdi*, p. 927; 31 mai 1978, *Fourquet*, p. 912; Ass., 11 juil. 1980, *Montcho*, p. 315; Sect., 13 nov. 1987, *Min. Intérieur c./Tang Kam Keung*, *RFDA* 1988, p. 45, concl. O. Schrameck). En effet, suspendre un refus s'analyse en un ordre donné à l'Administration de décider dans un certain sens, et cela semblait incompatible avec l'interdiction faite au juge administratif d'adresser des injonctions directes à l'administration. Désormais, la chose est possible: le juge, en suspendant une mesure négative, met à la charge de l'administration une véritable obligation de faire (accorder un visa, délivrer une autorisation, rouvrir un établissement fermé par décision administrative, reconnaître une qualité, etc.); la suspension du rejet vaut injonction de faire ou de cesser de faire. Toutefois, en matière contractuelle, après le terme d'un contrat à durée déterminée, le juge des référés ne peut pas suspendre la décision de ne pas renouveler ce contrat; il ne peut pas davantage imposer aux parties le maintien provisoire des relations contractuelles au-delà de ce terme. Il en va de même à l'égard de la décision de ne pas renouveler un contrat, normalement renouvelable par tacite reconduction (12 septembre 2008, *SELARL Michel Gozy*).

Cependant, la suspension de la mesure de rejet ne peut produire d'effet que si elle est accompagnée des précisions suffisantes pour déterminer quel comportement le juge attend de l'administration; en d'autres termes, l'octroi de la suspension d'une décision de rejet doit comporter en même temps les injonctions nécessaires pour orienter son exécution par l'administration dans un certain sens (*cf.* concl. Fr. Lamy sur Sect., 20 déc. 2000, *Ouatah*, *RFDA* 2001, p. 371). Cela entre dans l'office du juge du référé-suspension qui doit indiquer à l'administration dont la décision de rejet est suspendue, les obligations en découlant pour elle, notamment le réexamen, dans un délai déterminé, de la décision ou la prise de toute autre mesure conservatoire utile (13 juil. 2007, *Départ. de l'Yonne*, req. 294099). En outre, cette exécution s'effectue selon une gradation qui va, au minimum, de l'obligation pour l'administration de réexaminer la demande rejetée jusqu'à un maximum où l'administration est tenue d'agir positivement dans un sens complètement déterminé: le juge choisit entre ces options en fonction des données de l'affaire et de l'intérêt du requérant (Sect. 28 févr. 2001, *Philippart et Lesage*, préc.). Il peut cependant arriver, dans certaines matières, comme les autorisations d'urbanisme, que la suspension d'une décision en référé ne soit pas accompagnée de l'indication à l'administration de ce qu'elle doit faire (14 oct. 2002, *Cne du Lavandou*, *AJDA* 2003, p. 40, note J.-P. Markus). Enfin, il tombe sous le sens que le refus de renouveler un contrat ne peut être suspendu après le terme d'un contrat à durée déterminée (10 juil. 2006, *Région Guadeloupe*).

En revanche, la suspension en référé de l'absence de décret d'application d'une loi entraîne automatiquement l'obligation de prendre ce décret (ici dans un délai maximal de quatre mois : 20 juin 2008, *UNAPEI*).

Petit clin d'œil au législateur qu'il faut ici signaler. Après le vote de la loi du 30 juin 2000 et avant son entrée en vigueur, le 1er janvier 2001, le Conseil d'État a renversé sa jurisprudence antérieure en admettant le sursis à exécution, qui existait jusqu'au 31 décembre 2000, contre une décision de rejet (Sect., 20 déc. 2000, *Ouatah*, préc.).

• Les conditions d'octroi du référé-suspension

272 Les conditions d'octroi du référé-suspension sont en partie, mais en partie seulement, reprises de celles existant pour l'ancien sursis à exécution. Tout d'abord, son champ d'application est plus vaste que celui du sursis à exécution pour deux raisons au moins. Il porte aussi bien sur le contentieux de l'excès de pouvoir que sur celui de la pleine juridiction, conformément à l'évolution jurisprudentielle récente. Il concerne également les décisions à caractère pécuniaire et les décisions fiscales, qui étaient traditionnellement exclues du domaine du sursis à exécution, et qui sont désormais susceptibles de faire l'objet d'un référé-suspension, tout comme les décisions entachées d'inexistence (26 janv. 2007, *Cne de Neuville-sur-Escaut*). Ensuite, il doit exister une « *urgence* » et non plus « *des conséquences difficilement réparables* » et cette urgence doit subsister pendant tout le cours de l'instance. En particulier, cette urgence est toujours réalisée lorsque la mesure dont la suspension est demandée est susceptible d'avoir des effets irréversibles (ainsi d'une décision de préemption : 14 nov. 2007, *SCI du Marais*). En revanche, une véritable présomption d'absence d'urgence caractérise les demandes de suspension de décisions prises pour satisfaire des « exigences de sécurité publique » (Ass. 14 déc. 2007, *Payet*). Ainsi, il n'y a pas urgence à suspendre un décret substituant à la catégorie « vins de table » celle de « vins de Pays Vignobles de France » compte tenu de « l'inertie des consommateurs » et de la « lenteur inhérente à la réorientation de leurs habitudes » (Ord. réf. 6 juil. 2007, *Synd. des vignerons de l'Hérault vinifiant en cave particulière et autres*, req. 307055). Par ailleurs, on a vu plus haut (§ 266) qu'en cas de disparition de l'urgence, un réexamen de l'ordonnance de référé peut être sollicité. De plus, la demande de suspension n'est pas possible contre une décision qui a entièrement épuisé ses effets (22 nov. 2004, *France Télécom*) ou qui est entièrement exécutée au moment de la saisine du juge des référés (27 juin 2005, *Assoc. Établ. régional Léo Lagrange de Rhône-Alpes-Auvergne*). C'est l'urgence qui explique et justifie qu'en cas de recours préalable obligatoire une requête en référé suspension peut être présentée dès la formation de ce recours sans attendre la saisine du juge par voie de requête principale en annulation (3 avr. 2008, *Gladstone et autres*, req. 314202, cf. § 145).

Également, il faut désormais faire naître dans l'esprit du juge un « *doute sérieux* », ce qui est moins contraignant que l'ancien « *moyen sérieux* » (Lyon, 30 janv. 2001, *Féd. professionnelle indépendante de la police, AJDA* 2001, p. 304, note J. Berthoud), même si l'on eût souhaité plus d'audace de la part du législateur et l'abandon pur et simple de cette condition. Le juge a l'obligation d'indiquer dans son jugement l'élément de « doute sérieux » qui sert de fondement au prononcé de la suspension (la solution donnée dans le cadre de l'ancien sursis à exécution par : Sect., 5 nov. 1993, *Cne de Saint-Quay-Portrieux*, p. 306, étant pleinement transposable au référé-suspension selon les indications contenues dans Sect., 20 déc. 2000, *Ouatah*, préc.). Enfin, maintenant contre vents et marées la très critiquée jurisprudence *Association de sauvegarde du quartier Notre-Dame à Versailles* (Ass., 13 févr. 1976, *AJDA* 1976, p. 326 ; réaffirmée vigoureusement dans : Ass., 2 juil. 1982, C. *Huglo et C. Lepage-Jessua*,

p. 258), le juge administratif continue à se reconnaître un pouvoir pleinement discrétionnaire pour accorder ou refuser la suspension demandée quand sont remplies toutes les conditions exigées pour son octroi parce qu'il considère que cette procédure est une exception, et n'est qu'une exception, au principe de l'effet immédiat des décisions administratives (selon la « doctrine » contenue dans Sect., 29 juil. 1983, *Cne de Roquevaire*, p. 353, et malgré : 16 avr. 1982, *Min. de l'Industrie c./Cne d'Aubagne*, p. 715).

• Procédure et effets du référé-suspension

273 L'audience de référé-suspension est, comme pour tout référé, dispensée de conclusions du rapporteur public, sauf renvoi à la formation collégiale (art. L. 522-1, al. 3). Lorsque la suspension est accordée, elle a pour effet d'interdire provisoirement l'exécution de l'acte administratif litigieux, ce serait une voie de fait pour l'administration d'en poursuivre néanmoins l'exécution (TC, 10 déc. 1956, *Guyard c./Tégny*, p. 590). La suspension ordonnée « *prend fin au plus tard lorsqu'il est statué sur la requête en annulation ou en réformation de la décision.* » (art. L. 521-1, al. 2).

Lorsqu'il refuse la suspension sollicitée, le juge a l'obligation d'analyser chacun des moyens invoqués au soutien de la demande de suspension, mais il peut le faire en groupant certains moyens et il peut les analyser selon la modalité qu'il choisit librement (22 nov. 2002, *Cne de Beaulieu-sur-Mer et Cne de St-Jean-Cap-Ferrat*, *AJDA* 2003, p. 735, notes de Fr. Sempé et de J.-P. Markus).

De ce que la requête en suspension est l'accessoire d'une requête principale en annulation, il en résulte, d'une part, qu'elle devient sans objet lorsque le juge du principal rejette la prétention du demandeur (16 janv. 2008, *Cne de Tredez-Locquemau*, req. 303720), d'autre part, que l'irrecevabilité de la requête principale entraîne toujours le rejet de la requête en référé-suspension (4 févr. 2008, *Cne du Lamentin*, req. 304807).

Enfin, la réversibilité de la décision rendue sur référé-suspension est une importante nouveauté procédurale. C'est cette réversibilité qui explique que si les mesures doivent en principe présenter un caractère provisoire, il en va différemment lorsqu'aucune mesure de cette nature n'est susceptible de produire un effet utile et qu'il convient de prendre une mesure a effet (provisoirement) définitif ; en ce cas, c'est la réversibilité de cette dernière qui, seule, assurera la compatibilité entre effet utile et effet provisoire (dans le cas d'un référé liberté : 31 mai 2007, *Synd. CFDT INTERCO*). Le juge peut aussi n'octroyer qu'une suspension partielle de la décision (ici pour sauvegarder les obligations de service public pendant l'exercice du droit de grève : 11 févr. 2008, *Synd. SUD-RATP*, req. 312330), ce qui est de nature à la rendre plus facile à obtenir. Il peut aussi moduler les différentes composantes de la suspension. Une fois la suspension, totale ou partielle, prononcée, celle-ci est toujours susceptible d'être révisée en vue de son extension, de sa réduction ou de son abrogation. De plus, celui qui a introduit, en vain, une première demande en référé-suspension, peut en formuler une deuxième même s'il a formé un recours en cassation contre le rejet de la première demande de suspension (10 oct. 2007, *Barbero*) ou, également, s'il invoque un fait nouveau (29 déc. 2004, *Min. de l'Intérieur c./Chahbasian*).

2. Référé-liberté (L. 521-2)

274 C'est la grande innovation de la loi du 30 juin 2000. L'article L. 521-2 décrit ainsi ce référé : « *Saisi d'une demande en ce sens justifiée par l'urgence, le juge des référés peut ordonner toutes mesures nécessaires à la sauvegarde d'une liberté fondamentale à laquelle une personne morale de droit public ou un organisme de droit privé chargé de la gestion d'un service*

public aurait porté, dans l'exercice d'un de ses pouvoirs, une atteinte grave et manifestement illégale. Le juge des référés se prononce dans un délai de quarante-huit heures.» Ce référé est une synthèse de plusieurs procédures régies par le Code de procédure civile, notamment l'article 809.

Ce référé peut être introduit de façon autonome sans qu'un recours ait été déposé au fond contre un acte administratif, ce qui permet au juge d'utiliser son pouvoir d'injonction en dehors de tout recours au fond et même avant que le litige ne soit vidé au fond. Le juge du référé-liberté peut prendre des mesures qui ne sont pas provisoires, par ex. pour mettre fin à une interdiction limitée dans le temps (30 mars 2007, *Ville de Lyon*). L'article L. 521-2 subordonne la faculté de mise en œuvre de cette procédure à la réunion de quatre conditions.

• La condition d'urgence

275 La condition d'urgence sera examinée en elle-même puisque ce référé n'est pas joint à une action principale ; c'est en réalité une action principale en forme de référé vue l'urgence. Cette urgence justifie le bref délai accordé au juge pour statuer. Elle doit d'ailleurs s'apprécier au regard de ce délai de quarante-huit heures imparti au juge du référé-liberté pour statuer (28 févr. 2003, *Cne de Pertuis, AJDA* 2003, p. 1172, note P. Cassia et A. Béal). Ainsi, il y a présomption urgence à statuer sur un recours introduit par un demandeur d'asile retenu en zone d'attente et dont le renvoi est difficilement admissible dans un pays autre que celui qu'il fuit (24 oct. 2005, *Min. de l'Intérieur c./M.*). Par ailleurs, il ne saurait y avoir urgence lorsque le demandeur est à l'origine de la situation d'urgence, par exemple pour avoir acquis en connaissance de cause un immeuble occupé par des squatters (3 janv. 2003, *Min. de l'Intérieur c./Sté Kerry, AJDA* 2003, p. 343, note J.-P. Gilli). C'est d'ailleurs l'urgence qui justifie cette solution audacieuse par laquelle le juge du référé-liberté se reconnaît le pouvoir d'interpréter à titre provisoire une disposition du droit communautaire, en matière de demande d'asile, en attendant que la CJCE se sait prononcée sur la question préjudicielle qui lui a été posée (ord. réf., 18 oct. 2006, *Mme Djabraïlova épouse Mutsulkhanova, AJDA* 2006 p. 2352, note M. Gautier).

• L'auteur de l'atteinte à une « liberté fondamentale »

276 L'auteur de l'atteinte portée à une liberté fondamentale peut être toute personne morale de droit public ou une personne privée chargée de gérer un service public, administratif ou industriel et commercial. Lorsque l'atteinte résulte d'une faute personnelle à l'agent d'une personne publique, détachable par conséquent de ses fonctions, cette procédure ne joue pas car la compétence, en ce cas, appartient au juge judiciaire.

Naturellement, l'atteinte doit être portée dans le cadre de l'exercice de cette mission, même si ce n'est pas nécessairement au moyen des prérogatives détenues par cette personne pour assurer la mission de service public.

• La notion de « liberté fondamentale »

277 La notion de « liberté fondamentale » est une notion sur laquelle la doctrine s'est beaucoup interrogée, car elle est assez floue dans la mesure où elle n'existe pas en droit positif.

Si cette notion comprend la plupart des libertés constitutionnellement (la Constitution de 1958 et son préambule tels qu'ils sont interprétés par le Conseil constitutionnel) ou conventionnellement (CEDH, traité de Rome créant la Cour pénale internationale, Pactes des Nations unies sur les droits civils et politiques, etc.) proclamées et garanties, d'une part, il n'est pas sûr qu'aux yeux du juge administratif, ces libertés, constitutionnelles ou conventionnelles, soient toutes des libertés « fondamentales », d'autre part, cette notion inclut aussi des libertés qui n'ont pas leur source dans ces catégories de textes. En réalité, le juge, au moyen de ses jugements et arrêts, ne cherche jamais à définir en soi et abstraitement la catégorie « libertés fondamentales », il cherche seulement – dans le cadre du litige particulier qui lui est soumis – à délimiter sa compétence *ratione materiae* dans le cadre et pour l'exercice de ses pouvoirs de juge du référé-liberté. Il faut reconnaître qu'il a une conception large de cette notion, ce qui a pour résultat d'étendre la compétence de la juridiction administrative, en particulier dans les litiges relatifs à la propriété privée ou aux libertés individuelles.

Ainsi sont, par exemple, considérés comme fondamentales les libertés suivantes: le droit d'aller et de venir (8 janv. 2001, *Deperthes*, p. 1) le droit d'asile et donc le droit d'obtenir le statut de réfugié (12 janv. 2001, *Hyacinthe*, p. 12) la libre administration des collectivités territoriales du moins dans leurs rapports avec l'État (Sect., 18 janv. 2001, *Cne de Venelles, M. Morbelli*, p. 18, concl. L. Touvet) ; la libre expression du suffrage (7 févr. 2001, *Cne de Pointe-à-Pitre*, p. 1126) ; le droit de réunion (19 août 2002, *Front national, Institut de formation des élus locaux*, p. 311) ; la liberté d'accès aux documents administratifs (29 avr. 2002, *Ullmann*) ; le droit pour un bachelier d'accéder à un premier cycle de l'enseignement supérieur (18 oct. 2002, *Caunes-Rey*) ; le droit de propriété (29 mars 2002, *SCI Stephaur et autres*, p. 117) ; certaines décisions relatives au déroulement de la carrière des agents publics (Sect., 28 févr. 2001, *Casanovas*, préc.) ; la liberté de culte (à laquelle porte atteinte l'utilisation par une commune d'un édifice religieux sans l'autorisation de son desservant: ord. réf. 25 août 2005, *Cne de Massat*) ; la liberté d'entreprendre (26 mai 2006, ord. réf., *Sté du Yacht Club International de Marina Baie-des-Anges (SYCIM)*, p. 265) ; la libre disposition de son bien par un propriétaire (même décision), la liberté syndicale (31 mai 2007, *Synd. CFDT INTERCO*), le droit au respect de la vie privée (Ord. réf. 25 oct. 2007, *Y.*), le respect du caractère pluraliste des courants de pensée et d'opinion à la radio et à la télévision (ord. réf. 11 janv. 2007, *C. Lepage*, req. 300428) ; etc.

À l'inverse, n'ont pas été considérés comme constituant des libertés fondamentales ou des atteintes à de telles libertés: la possibilité d'accéder à une formation déterminée de troisième cycle de l'enseignement supérieur (24 janv. 2001, *Université de Paris-VIII*, p. 37) ; le transfert d'un cabinet médical (Ord. réf. 9 févr. 2001, *Philippart et Lesage*, préc.) ; l'égalité devant le service public et la continuité des services publics (31 janv. 2001, *Cne de Saint-Laurent-du-Var*, p. 1129) ; le droit au logement (3 mai 2002, *Assoc. de réinsertion sociale du Limousin et autres*) ; la possibilité, pour un restaurateur, d'installer une terrasse sur le domaine public (16 sept. 2002, *EURL « La Cour des miracles »*) ; le droit d'un fonctionnaire à un emploi (27 juin 2002, *Centre hospitalier général de Troyes*, p. 228) ; le refus d'autoriser le licenciement d'un délégué du personnel, celui-ci ne portant pas atteinte à la liberté d'entreprendre compte tenu des limitations déjà apportées à cette liberté (4 oct. 2004, *Sté Mona Lisa Investissements*) ; le droit à la santé (Ord. réf. 8 sept. 2005, *Garde des Sceaux*) ; etc.

Par souci de réalisme, on le voit par les exemples qui précèdent, le juge n'hésite donc pas à qualifier de fondamentales des libertés non constitutionnellement ou non conventionnellement proclamées et à refuser cette qualification à des libertés constitutionnelles ou conventionnelles.

• La notion d'atteinte à une « liberté fondamentale »

278 Une dernière condition est celle relative aux caractéristiques de l'atteinte portée à une liberté fondamentale. Cette atteinte doit être, à la fois, *grave* et *manifestement illégale*. En utilisant successivement et ensemble de fortes expressions, le législateur a voulu indiquer nettement au juge qu'il ne peut déclarer recevable et examiner au fond qu'une requête relatant une atteinte revêtant tous les caractères de la flagrance et de l'évidence. Certes, à littéralement parler, ce ne sera pas une voie de fait puisque le législateur exige que les actes en cause aient été commis par l'administration « *dans l'exercice de ses pouvoirs* » (*cf.* 2 févr. 2004, *Époux Abdallah*, à propos d'une atteinte au droit de propriété ; 9 avr. 2004, *Vast*, dans le cas d'atteintes à la liberté des correspondances postales et à la liberté d'exercice des mandats électifs locaux), ce qui est une manière de dire qu'il n'a pas voulu tuer la voie de fait dont on sait que la première caractéristique est précisément, d'être un acte manifestement insusceptible de se rattacher à l'exercice d'un pouvoir appartenant à l'administration, même si l'on doit regretter l'attachement des parlementaires à la voie de fait, véritable défi au bon sens juridique (pour une application après la loi du 30 juin 2000, *cf.* TC, 23 oct. 2000, *Boussadar c./Min. des Aff. étrangères*, p. 775). Sur cette condition d'atteinte à une liberté fondamentale règne en jurisprudence une réelle confusion. Au lieu d'exiger, outre les conditions précédentes, d'être en présence d'une atteinte *et* grave *et* manifestement illégale, il arrive souvent au juge de considérer, tantôt, qu'une atteinte, parce qu'elle est portée à une liberté fondamentale, est forcément une atteinte grave, tantôt, qu'une atteinte grave à une liberté fondamentale est nécessairement « *manifestement illégale* » : tout ceci fait un peu désordre.

Lorsque sont réunies ces diverses conditions, la loi donne au juge le pouvoir de prendre « *toutes les mesures nécessaires* », formule particulièrement large qui éclaire bien la conception que le législateur se fait du rôle du juge dans la défense des libertés quand elles sont menacées. C'est ce qui explique qu'il peut se prononcer sur une demande d'injonction sur le fondement des art. L. 911-1 et L. 911-2 (19 févr. 2009, *Synd. auton. de la fonct. publ. territ. de la Réunion*).

3. Référé conservatoire (L. 521-3)

279 Le référé conservatoire est sans doute le moins réussi des référés créés ou remaniés par la réforme de 2000. Celle-ci, tout en l'instituant, s'en est finalement assez peu soucié. L'évolution jurisprudentielle postérieure a pris le relais du droit positif pour donner à ce référé un rôle plus étendu et une efficacité plus grande (*cf.* en ce sens, C. Landais et F. Lenica, *Chron. de jurispr. adm. franç.* sous Sect., 18 juil. 2006, *Mme Elissondo Labat*, *AJDA* 2006, p. 1839-1843).

Ce référé, demeuré cependant très subsidiaire, permet au juge « *d'ordonner toutes mesures utiles sans faire obstacle à l'exécution d'aucune décision administrative* » (art. L. 521-3). Ce n'est donc qu'une mesure conservatoire – c'est-à-dire qui ne préjuge ni de l'avenir ni du fond du dossier – et provisoire, ainsi qu'il en va le plus souvent en référé (*cf.* en particulier : 29 avr. 2002, *Capellari*, p. 876). Dans tous les cas, le juge du référé conservatoire doit expliquer l'utilité de la (des) mesure(s) accordée(s) (22 févr. 2007, *Sté d'ingénierie et de réalisation de constructions*). Par ailleurs, si, normalement, il n'y a pas d'obligation de tenir une audience publique dans un tel référé, il en va autrement lorsque la mesure sollicitée présente, par exception au droit commun, un caractère irréversible (24 nov. 2006, *Wuister*).

S'il n'est pas soumis à une condition d'irréversibilité de la situation (26 oct. 2005, *Sté des crématoriums de France*), en revanche, ce référé ne peut être utilisé que s'il y a urgence à statuer, cette condition revêtant les mêmes caractères que dans le cadre des autres référés urgents (sur l'urgence, *cf.* § 260-262, 272).

Le juge ne peut, par ce référé, ordonner la cessation des effets d'une décision ou de certains d'entre eux, c'est le sens de l'expression « *faire obstacle à l'exécution d'une décision administrative* » (sur la portée de cette expression : Sect., 6 févr. 2004, *Masier*, p. 45). Cependant, la jurisprudence permet au juge du référé conservatoire d'user de ses prérogatives d'injonction : il peut donc enjoindre à l'administration de faire, de ne pas faire, de faire cesser, etc. (Sect., 18 juil. 2006, *Labat préc.*). Il peut aussi, par ce référé, faire cesser les dommages imputables à des travaux publics ou à un ouvrage public et ordonner à cet effet des mesures concervatoires immédiates (Sect. 18 juill. 2006, *Mme Labat*, préc., RFDA 2006 p. 1087) ; cette dernière décision marque une évolution jurisprudentielle certaine en vue de sortir le référé conservatoire de sa "torpeur".

A été supprimée l'interdiction, traditionnelle jusqu'à la loi du 30 juin 2000, de ne pas « *préjudicier au principal* », ce qui rapproche davantage le référé conservatoire de son proche parent, le référé de l'article 809 du Code de procédure civile. Enfin, l'introduction d'une requête en référé conservatoire n'est plus subordonnée à l'existence et à la fourniture au juge d'une décision administrative préalable.

D. Les référés non soumis à la condition d'urgence

Ils sont désormais au nombre de deux : ce sont le référé-instruction (1.) et le référé-provision (2.).

1. Référé-instruction (R. 532-1)

280 Par ce référé, une personne sollicite du juge toutes mesures utiles d'expertise ou d'instruction ; elle n'a pas à invoquer l'urgence. Il suffit d'établir voire d'alléguer, l'« utilité » de la mesure demandée. Le juge ne peut donc ordonner que des mesures utiles, c'est-à-dire qui sont de nature à apporter quelque chose de neuf aux termes du débat en lui donnant une plus grande précision, en permettant une délimitation plus claire de celui-ci, etc. Au contraire, ne serait pas utile une mesure qui ne pourrait déboucher que sur l'établissement de faits ou de certaines caractéristiques de ces faits qui sont, les uns et les autres, déjà connus ou qui ne faciliterait nullement la résolution d'un éventuel litige. Par l'expression « toutes mesures » il convient d'entendre non pas n'importe quelles mesures mais celles qu'aurait pu ou que pourra ordonner le juge saisi du litige au principal : expertise, visite des lieux, communications de documents, etc. Ainsi, ce référé peut être utilisé par une personne qui désire obtenir communication de documents administratifs dont elle estime qu'ils lui sont nécessaires pour pouvoir former un recours contentieux (Ord. réf. 9 avr. 1998, *Crédit commercial de France*, p. 176) ou pour en obtenir la communication de documents estimés utiles dans le cadre d'un litige (21 janv. 2008, *Sté Schüco international*). Nonobstant le caractère provisoire des mesures susceptibles d'être ordonnées par voie de référé-instruction, le juge peut, par ce référé, prescrire une injonction à des fins conservatoires (Sect., 6 févr. 2004, *Masier*).

A été abandonnée en 1996 (11 mars 1996, *SCI du Domaine des Figuières*) une autre condition, que la jurisprudence avait cru bon d'ajouter, de 1988 à 1996 : celle selon laquelle la mesure accordée par le juge ne devait pas, en outre, préjudicier au principal.

Le juge administratif du référé-instruction n'est compétent pour connaître d'une telle action que si le litige relève en son principal, au moins en partie, de la juridiction

administrative (concl. J. Arrighi de Casanova sur TC, 5 juil. 1999, *Préfet de Seine-et-Marne*, *D.* 2000.J.73) ou du juge administratif saisi (Marseille, 5 juil. 2004, *SNCF*).
Le juge n'est pas tenu d'organiser une audience publique (combinaison des articles L. 521-3 et L. 522-1). Toutefois, le Conseil d'État considère qu'il en va différemment et qu'une telle audience publique doit être organisée à peine de nullité de l'ordonnance de référé lorsque la mesure envisagée aurait des effets irréversibles sur les personnes concernées (24 nov. 2006, *Wuister*, à propos d'expulsions d'occupants du domaine public ; 2 mai 2007, *Cne de Cormeilles-en-Parisis*, n° 297239).

2. Référé-provision (R. 541 à R. 541-6)

281 Le référé-provision permet à une personne, qui se prétend créancière d'une autre, de demander au juge de reconnaître que sa créance n'est pas sérieusement contestable et, en conséquence, de lui allouer à titre provisionnel une certaine somme, égale, au maximum, à la partie incontestable de sa créance.
Ce référé n'a fait son apparition en droit positif qu'avec le décret du 2 septembre 1988 : c'était un progrès considérable. La loi du 30 juin 2000 l'a conservé en l'améliorant et en le simplifiant. En effet, à l'origine, la requête en référé-provision devait être accompagnée, comme nombre d'autres référés ou sursis, d'une requête portant sur le principal du litige. Cette condition a été, fort heureusement, supprimée, de sorte qu'après une ordonnance rendue en référé-provision, il ne restera, fréquemment, plus rien à juger.
Pareillement, ce référé peut être introduit à titre principal sans être assorti d'une demande préalable adressée à l'administration, sauf lorsqu'une telle demande préalable est rendue obligatoire par un texte exprès (Bordeaux, plénière, 18 nov. 2003, *Consorts Ribot*). Il n'est soumis ni à la condition d'urgence (20 déc. 2006, *SNC Cannes Estérel*) ni à la démonstration qu'il y a nécessité, pour le demandeur, d'obtenir la provision sollicitée (20 déc. 2006, *SNC Cannes Estérel et autres*, req. 283352).
Il faut donc que la créance réclamée « *ne soit pas sérieusement contestable* », notion parfois délicate à utiliser (on lira sur ce point les concl. de D. Tabuteau sur Sect., 10 avr. 1992, *CHG d'Hyères*, *RFDA* 1993, p. 88) mais le plus souvent assez simple à appréhender (2 juin 2004, *Cne de Cluny* ; Sect., 16 déc. 2005, *Lacroix*, n'est pas « *sérieusement contestable* » une obligation fondée sur un texte illégal, du moins tant que cette illégalité n'a pas été déclarée par le juge). Ainsi n'est pas « non sérieusement contestable » la créance née de l'annulation d'un acte pour vice de forme que son auteur peut donc corriger (26 févr. 2007, *R.*), la créance qu'une requérante prétend avoir du chef d'une décision administrative prétendue illégale dont la demande d'annulation a été rejetée antérieurement par un arrêt du Conseil d'État (28 juin 2007, *Mlle X.*, req. 300308) ou celle qui implique, pour être reconnue, que le juge tranche préalablement une question de droit (22 oct. 2008, *Cne de Plestin-les-Grèves*). Le juge saisi a l'obligation de constater l'accomplissement de cette condition (*cf.* s'agissant de déterminer si une personne est atteinte de l'hépatite C du fait d'une transfusion sanguine, la possibilité reconnue au juge du référé-provision, de recourir aux modes de preuve fixés à l'art. 102 de la loi du 4 mars 2002 : 5 déc. 2005, *Établ. franç. du sang*). Il a été jugé qu'il n'y a pas incompatibilité à saisir le juge du référé à la fois d'une demande de provision sur le montant de la réparation d'un préjudice subi et d'une demande en désignation d'expert afin de déterminer la cause de ce préjudice lorsque la responsabilité en question est soumise à un régime de présomption (Versailles, 8 févr. 2007, *C.*).
La procédure en référé-provision est soumise au respect du principe du contradictoire (15 nov. 2004, *Sté Téléservice santé*).

Le juge compétent est, au Conseil d'État, le président de la section du contentieux ou le conseiller d'État qu'il délègue à cet effet, dans les cours et tribunaux, le président de la juridiction ou de la formation de jugement.

Il dispose de pouvoirs assez larges : aucune disposition ne lui impose la tenue d'une audience publique (25 oct. 2002, *Centre hospitalier de Colson*, *AJDA* 2003, p. 183, concl. C. Maugüé) ; il peut limiter les exigences du caractère contradictoire de la procédure lorsque cela permet un gain de temps, par exemple en s'abstenant de communiquer la notification de la requête introductive (22 mars 1999, *Soudain*, p. 87) ; il peut encore décider soit à la demande de l'administration défenderesse, soit – ce qui est assez spectaculaire – d'office, de subordonner le versement de la provision à la constitution, par le demandeur, d'une garantie pour le cas où, à la fin de la procédure, il serait dans l'obligation de rembourser la provision allouée (ord. réf., 20 déc. 2006, *Bes*, req. 293399). Lorsque l'indemnité provisionnelle n'a pas été contestée par le débiteur, devant le juge du fond, dans les deux mois de la notification de l'ordonnance de référé provision, elle devient définitive (même décision). Par ailleurs, le juge qui fixe la constitution de la garantie n'est pas tenu d'indiquer le terme de cette obligation, celle-ci expirant soit à l'issue du deuxième mois suivant la notification de l'ordonnance, si aucun recours au fond n'est intenté, soit lors de la notification du jugement au fond si une action a été introduite avant l'expiration de ce délai de deux mois (même décision).

Le référé-provision peut être utilisé pour le paiement de frais d'expertise (Versailles, 30 mai 2006, *Maison de retraite intercommunale « La Seigneurie »*).

Dans tous les cas où sont réunies les conditions permettant l'octroi d'une provision, le juge saisi est tenu de l'accorder (Bordeaux, plénière, 18 nov. 2003, *Cie Gle Maritime Antilles-Guyane*). En revanche, il n'est pas possible de solliciter du juge du référé provision ce qui ne peut l'être que du juge chargé de l'exécution (Marseille ord. réf. 17 juin 2008, *Cmnté des communes du Briançonnais*).

Le juge de cassation exerce un contrôle étendu sur les décisions rendues par voie de référé-provision (Sect., 16 déc. 2005, *Lacroix*).

E. Les référés et suspensions spéciaux

282 Ces référés (ou suspensions) sont très nombreux et obéissent à des logiques très différentes les unes des autres. Leurs régimes juridiques ne sont pas uniformes même si une certaine harmonisation s'est fait jour : ainsi dans tous les textes, au mot « *sursis* » a été substitué le terme « *suspension* », l'expression « *doute sérieux* » remplace partout celle de « *moyen sérieux* » et le juge du référé est toujours désormais un juge unique. On aura une idée de ce foisonnement des « *référés spéciaux* » dans la liste incomplète ci-après : référé précontractuel ; référé en matière de communication audiovisuelle ; référé reconduite à la frontière ; référé relatif aux décisions des fédérations sportives habilitées ; référé contre les sanctions pécuniaires prononcées par l'Autorité de régulation des télécommunications devenue, par la loi du 9 juillet 2004, l'Autorité de régulation des télécommunications électroniques et des postes ; le référé protection de l'environnement ; le référé de l'article L. 714-10 du Code de la santé publique ; le sursis en l'absence d'étude d'impact ou en cas d'avis défavorable du commissaire enquêteur, etc. On peut se demander si, dans la plupart de ces cas et dans un souci de simplification, il n'aurait pas été plus judicieux de les soumettre aux procédures habituelles de référés (2.). Certains d'entre eux ont d'ailleurs un caractère définitif accentuant par là leur originalité (1.).

1. Les référés et suspensions à caractère définitif (L. 551-1 et L. 551-2)

Nonobstant leur appellation de « référés » qui évoque leur caractère normalement provisoire, il s'agit de voies de droit dont les effets revêtent un caractère définitif. On en décrit trois ci-après à titre d'exemples.

• Le référé en matière précontractuelle

283 Le référé en matière précontractuelle a été introduit en droit interne français par la loi du 4 janvier 1992 qui tire les conséquences de la transposition de directives communautaires. Destiné à constituer une pièce maîtresse des obligations européennes de transparence, de concurrence et d'égalité entre opérateurs, ce référé se voit donner par le juge un large champ d'application (Sect., 20 mai 1998, *Cnauté de communes du Piémont-de-Barr, Service des eaux et de l'assainissement du Bas-Rhin*, p. 201) sans pouvoir, toutefois, s'appliquer en dehors des marchés publics, des délégations de service public et des contrats de partenariat public-privé (29 mai 2000, *SCP d'architectes Legleye*, p. 190) ni, non plus, à ceux des contrats conclus par une personne publique française à l'étranger ou devant y être exécutés (7 mai 2008, *Jacques X.*). C'est pourquoi, conformément à la philosophie qui est à la base de l'instauration de ce référé, le juge y admet largement la recevabilité des recours (11 mai 2007, *région Guadeloupe*).
Toute personne s'estimant lésée – et seulement en ce cas (Sect. 3 oct. 2008, *SMIRGEOMES*, mettant un frein à un certain laxisme dans l'acceptation de recours formés par des requérants non véritablement lésés ; 1er avr. 2009, *Min. d'État, Min. Écologie, Énergie, Développement durable et Aménagement du territ.*) – par la violation des règles communautaires commise dans le cadre de la conclusion d'un contrat administratif, peut saisir par voie de référé le président du tribunal administratif. Celui-ci doit statuer, en premier et dernier ressort, dans les vingt jours de la saisine, toutefois ce délai n'est pas prescrit à peine de dessaisissement du juge des référés et son non-respect n'a aucune incidence sur la régularité de la procédure (2 juil. 1999, *SA Bouygues et autres*, p. 265). Seul un recours en cassation est ensuite possible, dans les quinze jours de la notification de l'ordonnance de référé. Ce référé est dit « *précontractuel* », car il doit être introduit avant la conclusion du contrat, définie comme la date de « l'acte d'engagement » dans le cas d'un marché public (Sect., 3 nov. 1995, *Chambre de commerce et d'industrie de Tarbes et des Hautes-Pyrénées*, p. 394, à propos de l'art. L. 22 de ce qui fut le CTACAA; 22 janv. 1997, *Sté Biwater*, *RFDA* 1997, p. 421, à propos de l'art. L. 23 du feu CTACAA). C'est pourquoi il est souvent insisté sur le caractère « préventif » de ce référé. D'où la nullité de la procédure de conclusion d'un contrat dans la publicité de laquelle l'administration omet de préciser aux futurs candidats le délai d'introduction du référé précontractuel (8 févr. 2008, *Cne de Toulouse*, req. 303748 et, 8 févr. 2008, *Départ. de l'Essonne*, req. 300275). Cette conception a été quelque peu aggravée par une jurisprudence sévère qui estime que non seulement le juge doit, à peine d'irrecevabilité du recours en référé, avoir été saisi avant la conclusion du contrat mais encore qu'il doit également avoir statué avant cette même date butoir. De plus, de ce que le référé précontractuel ne peut être dirigé contre un contrat déjà conclu il s'ensuit, logiquement, qu'en cas d'indivisibilité entre deux contrats, la signature du premier contrat empêche la formation d'un référé précontractuel, à la fois contre le premier contrat et contre le second (13 juil. 2007, *SIPPEREC*, req. 299417).

284 *Lorsque le juge intervient dans le cadre de l'article L. 551-1 (ex-L. 22 du CTACAA) il peut* :
– enjoindre de différer la signature du contrat jusqu'au terme de la procédure du référé et pour une durée maximum de vingt jours ;
– ordonner à l'auteur du manquement aux règles communautaires transposées de se conformer à ses obligations ;

– suspendre soit la passation, soit l'exécution du contrat litigieux ;
– annuler toute décision d'exécution du contrat ;
– annuler celles des clauses contractuelles qui méconnaissent lesdites obligations communautaires.

Lorsque le juge intervient dans le cadre de l'article L. 551-2 (ex-L. 23 du CTACAA), il peut seulement :
– ordonner à l'auteur du manquement aux règles communautaires transposées de se conformer à ses obligations ;
– prononcer une astreinte provisoire, si ses conséquences négatives n'excèdent pas ses avantages (30 juin 2004, *SNCF*, p. 814).

285 Compte tenu du bref délai imparti au juge, on comprend certaines limitations imposées au principe du contradictoire dans le cadre du référé précontractuel (8 mars 1996, *Sté CGC Entreprise c./CCI de Pointe-à-Pitre, D.* 1997.5., p. 113, obs. Ph. Terneyre ; 11 mai 2007, *Région Guadeloupe*, req. 298863) : possibilité de prendre connaissance du mémoire adverse au cours de l'audience publique, dispense de lecture de l'ordonnance en séance publique, dispense de conclusions du rapporteur public mais obligation d'une audience publique (Ass., 10 juin 1994, *Cne de Cabourg*, p. 300, concl. S. Lasvignes), sauf si l'ordonnance est rendue après la signature du contrat et que, par suite, elle se borne à prononcer le non lieu la requête étant, dès lors, devenue sans objet (7 mars 2005, *Sté Grandjouan-Saco*, p. 96).

L'étendue considérable du contrôle du juge doit être comprise dans le cadre de l'objet poursuivi par l'institution de ce référé : assurer le respect des règles communautaires de libre et égale concurrence, de transparence et de clarté des offres, et rien d'autre (28 avr. 2006, *SABTP, Collectivité territ. de Saint-Pierre-et-Miquelon*). Par exemple, le juge n'a pas le pouvoir de se prononcer sur l'irrégularité de la signature du contrat litigieux (30 juin 1999, *Sté Ano. Demathieu et Bard*, p. 949) ou sur la manière dont ont été évalués les mérites des candidats (29 juil. 1998, *Syndicat mixte des transports en commun de l'agglomération clermontoise et autres*, p. 1098 ; *cf.* aussi, sur les limites du pouvoir de contrôle du juge : 16 oct. 2000, *Cie méditerranéenne d'exploitation des services d'eau*, p. 422). En revanche, le juge a le pouvoir de contrôler les capacités d'un candidat à une délégation de service public (6 oct. 2004, *Sté La Communication hospitalière*), de se prononcer sur l'élimination d'un candidat (3 févr. 2004, *Cne de Châteaudun*) ou de rechercher si l'un des candidats, même une personne publique, n'est pas placé, irrégulièrement, dans une situation avantageuse (*cf.* concl. C. Bergeal sur 2 juil. 1999, *Sté Ano. Bouygues et autres, BJDCP* 1999, p. 620). Sur l'ampleur du contrôle exercé par le juge du référé précontractuel et sur l'étendue de ses pouvoirs, on lira la décision de Section du 15 déc. 2006, *Sté Corsica Ferries*, req 298618, ainsi que l'arrêt du 20 oct. 2006, *Cne d'Andeville*, AJDA 2006 p. 2340, concl. D. Casas.

Il faut compter aussi avec le respect du principe de continuité du service public qui explique cette solution : l'administration, dont le contrat a été suspendu dans le cadre d'un référé précontractuel, peut – sans contrevenir à l'ordonnance de suspension – conclure à titre provisoire un contrat lui permettant d'assurer cette continuité en attendant la finalisation du nouveau processus contractuel (21 juin 2000, *Syndicat intercommunal de la Côte d'Amour et de la presqu'île guérandaise*, p. 283).

• Le référé en matière de communication audiovisuelle (L. 553-1)

286 Ce « référé » a été institué par la loi du 30 septembre 1986. Il est mis en œuvre à l'initiative du président du Conseil supérieur de l'audiovisuel (CSA). Ce dernier sollicite du président de la section du contentieux du Conseil d'État le prononcé d'injonctions de faire, de ne pas faire ou de s'abstenir, éventuellement assorti d'astreintes à l'encontre de tout intervenant en matière audiovisuelle, notamment les sociétés titulaires du droit d'émettre.

Cette voie de droit est assez fréquemment exercée par le président du CSA et elle est d'une grande rapidité, le Conseil d'État statuant parfois le jour même de sa saisine. De plus, une fois saisi, le président de la section du contentieux peut ordonner d'office certaines mesures. Il doit, selon la jurisprudence, organiser une audience publique (25 nov. 1994, *Sté « La Cinq »*, p. 511). Ses pouvoirs sont particulièrement diversifiés et énergiques (Ord. réf. 20 août 2004, *CSA*, p. 357; 13 déc. 2004, *Président du CSA*, p. 456, où il est ordonné à la Sté Eutelsat de faire cesser, sous quarante-huit heures, la diffusion *via* son réseau des services de la chaîne Al-Manar).

• Le recours tendant à l'annulation d'un arrêté de reconduite d'un étranger à la frontière (L. 776-1 et s. R. 776-1 et s.)

287 C'est une création de la loi du 10 janvier 1990.

Cet arrêté doit être distingué de l'arrêté de reconduite dit « d'office » pris en exécution de la convention de Schengen, du 19 juin 1990 (Avis, 22 mai 1996, *Lautaru*, AJDA 1996 p. 703, note M. Denis-Linton), à la suite d'un refus d'admission déjà opposé par un autre État partie à cette convention. Cet arrêté fait d'ailleurs l'objet des voies ordinaires de recours (recours pour excès de pouvoir, référé-suspension et référé-liberté) exercées dans les conditions habituelles.

Le préfet peut prendre un arrêté de reconduite à la frontière de tout étranger convaincu d'être entré irrégulièrement sur le territoire français. Il appartient au préfet de prouver l'irrégularité de la situation de l'étranger. L'étranger qui fait l'objet d'un tel arrêté dispose, pour le contester devant le président du tribunal administratif, à condition que la notification soit régulière, soit de quarante-huit heures s'il lui a été notifié directement, c'est-à-dire par voie administrative, soit de sept jours s'il lui a été notifié par voie postale: ce délai, de caractère non franc, est insusceptible de prorogation sauf pour cause de jour férié, il expire en ce cas le premier jour ouvrable suivant (Ord. réf., 15 mai 1991, *Mbala*, p. 192; ord. réf. 26 juil. 1991, *Siby*, p. 1097). Est donc recevable le recours formé au cours du septième jour suivant la notification postale (7 mars 2008, *Pratimabahen X.*, req. 294611). Le recours est porté devant le tribunal administratif dans le ressort duquel siège le préfet auteur de l'arrêté ou, si l'étranger se trouve dans un centre de rétention, devant le tribunal dans le ressort duquel est situé ce centre: il doit être parvenu au greffe au plus tard avant l'expiration de la dernière heure du second ou du septième jour suivant la notification de l'arrêté de reconduite.

288 Une fois saisi, le juge dispose de soixante-douze heures pour rendre son jugement qui n'est pas, à proprement parler, une ordonnance de référé. La procédure est largement dérogatoire au droit commun aussi bien en ce qui concerne l'arrêté que pour ce qui regarde la procédure juridictionnelle:

– l'arrêté de reconduite ne peut pas être exécuté tant que court le délai de recours et, en cas de saisine du juge, tant que celui-ci n'a pas statué, il s'agit d'une suspension automatique des effets de la décision;

– l'audience publique ne comporte pas de conclusions du rapporteur public, celles-ci étant considérées incompatibles avec la brièveté du délai imparti pour statuer;

– le jugement est prononcé à l'audience avec communication, sur-le-champ, de son dispositif aux parties présentes (30 déc. 2002, *Makhlouq*, p. 506) et notification sans délai aux parties non présentes (art. R. 776-14 et R. 776-17) ;
– l'appel est possible (depuis le 1er janvier 2005) devant le président de la cour administrative d'appel (ou le conseiller délégué à cet effet) dans le délai d'un mois à compter de la notification régulière – par tous moyens (y compris donc la télécopie : 22 mars 2000, *Bouchalta*, p. 1149) – du jugement du tribunal administratif.

Il s'agit d'une procédure exclusive et autonome étant la seule à permettre de contester un arrêté de reconduite, aucun autre référé ne pouvant être utilisé contre un tel arrêté (4 juin 2007, *Cigdem X.*, req. 306136). Il n'en va autrement que dans le cas où l'arrêté de reconduite excéderait le champ légal et, en ce cas, seulement pour cette part excédentaire : le référé-liberté ou le référé-instruction sont alors possibles.

Il convient toutefois de rappeler qu'une distinction doit être opérée entre la décision ordonnant la reconduite à la frontière et la décision fixant le pays de renvoi : ce sont là deux décisions distinctes même si elles sont très souvent concomitantes et figurent dans le même jugement. Si l'intéressé conteste en même temps les deux décisions au moyen de conclusions distinctes, celles-ci seront jugées selon le régime exorbitant qui vient d'être décrit, à défaut, le recours dirigé contre la fixation du pays de renvoi est soumis aux procédures et voies de recours de droit commun (Avis, 26 mai 1995, *Botos*, p. 218 ; ord. réf. 6 nov. 2002, *Markarov*, p. 777).

2. Exemples d'autres cas de référés ou de suspension spéciaux

On se bornera à présenter sommairement certains d'entre eux.

• La suspension des décisions administratives prises en l'absence d'étude d'impact (L. 554-11)

289 La suspension des décisions administratives prises en l'absence d'étude d'impact résulte de la loi du 10 juillet 1976 relative à la protection de la nature et de son décret d'application du 12 octobre 1977 ; elle joue lorsqu'une opération d'urbanisme est menée sans avoir été précédée de l'étude d'impact que la réglementation impose de réaliser préalablement à celle-ci. Cette suspension revêt un caractère automatique : elle est de droit dès qu'elle est sollicitée. À cette demande de suspension doit être jointe une demande d'annulation au fond, présentée dès la première instance et portant sur des travaux ou opérations encore en cours et non achevés à la date de la saisine du juge. Celui-ci, constatant l'omission pure et simple de l'étude d'impact obligatoire ou l'existence d'une étude d'impact dans laquelle fait défaut un élément essentiel, a l'obligation d'ordonner la suspension de ces travaux ou opérations sans exiger aucune des autres conditions nécessaires ordinairement pour l'obtention d'un référé-suspension (Sect., 29 juil. 1983, *Cne de Roquevaire*, *AJDA* 1981, p. 551 ; *cf.* aussi : 26 juillet 1978, *Sellin et autres*, *JCP*, G., 1979.II.19137, note D. Linotte). Cependant, dans un souci de réalisme notamment, le juge n'annule pas la procédure à laquelle n'est pas jointe une étude d'impact qui, par ailleurs, existe bien matériellement (13 juil. 2007, *SIETOM*, req. 294603).

• La suspension après conclusions défavorables du commissaire-enquêteur (L. 554-12)

290 La suspension après conclusions défavorables du commissaire-enquêteur est organisée par la loi du 12 juillet 1983 (art. 6, al. 1 et 2, modifié) relative à la démocratisation des enquêtes publiques.

C'est un régime particulier de suspension de toute décision administrative d'aménagement prise après la formulation de conclusions défavorables du commissaire-enquêteur, il en va de même lorsque les conclusions de l'enquête sont favorables sous condition, quand la condition n'est pas réalisée. La suspension sollicitée est de droit s'il existe un doute sérieux quant à la légalité de cette décision administrative (29 mars 2004, *Cne de Soignolles-en-Brie*). La suspension est également de droit lorsqu'il n'y a pas eu d'enquête du tout alors qu'une telle enquête est obligatoire (art. L. 554-12). La demande de suspension doit être jointe à une demande d'annulation de la décision.

• La suspension de certaines décisions en matière de communications électroniques

291 La suspension de certaines décisions en matière de communications électroniques, primitivement prévue par la loi du 27 juillet 1996, est aujourd'hui organisée par la loi du 9 juillet 2004 (art. 17.II, 7°).

Cette suspension peut être demandée par le président de l'Autorité de régulation des communications électroniques et des postes au président de la section du contentieux du Conseil d'État dans tous les cas de manquements – de la part des bénéficiaires d'autorisations d'usage de fréquences dans le domaine des communications électroniques – susceptibles d'entraîner un préjudice grave pour un opérateur ou pour l'ensemble du marché. Ce recours est possible dans des conditions identiques à celles ouvertes au président du CSA en matière de communication audiovisuelle, que l'on a indiquées plus haut et auxquelles on renvoie (*cf.* § 286).

Les opérateurs de communications électroniques peuvent demander l'annulation des sanctions pécuniaires prononcées contre eux par l'Autorité de régulation, ce recours entraînant automatiquement un effet suspensif de ces sanctions.

Enfin, un recours en suspension est ouvert à ces mêmes opérateurs contre les décisions tarifaires prises par l'Autorité de régulation. Ce référé-suspension – car c'est bien de cela qu'il s'agit – doit être jugé dans les quinze jours par la juridiction saisie à cet effet.

• Le référé en matière d'informatique et de libertés

292 Lorsque le juge administratif est saisi par le président de la Commission nationale de l'informatique et des libertés (art. 45-III de la loi n° 78-17 du 6 janv. 1978 relative à l'informatique, aux fichiers et aux libertés) d'une demande en référé concernant la mise en œuvre d'un traitement ou l'exploitation de données à caractère personnel par l'État, une collectivité territoriale, toute autre personne publique ainsi que toute personne privée chargée d'une mission de service public, il est statué suivant la procédure du référé-liberté (art. L. 521-2).

• L'octroi en urgence d'un logement décent aux personnes qui en sont dépourvues

293 La loi n° 2007-290 du 5 mars 2007, qui a institué au profit des personnes qui en sont dépourvues, un droit au logement opposable à l'État, en confie le contentieux au juge administratif. Celui-ci statue en urgence, dans le délai maximum de deux mois, normalement sans audience publique et sans conclusions du rapporteur public sauf si l'affaire est renvoyée à une formation collégiale (*cf.* art. 9 de la loi, art. L. 441-2-3-1, I du Code de la construction et de l'habitation et art. L. 778-1 CJA). L'intéressé ne peut saisir la juridiction administrative qu'après avoir obtenu un avis favorable de la commission de médiation instituée par la loi dans chaque département (cf § 143).

F. Référé et décisions des collectivités territoriales

294 La loi de décentralisation du 2 mars 1982 et les lois subséquentes, telles qu'interprétées par la jurisprudence du Conseil constitutionnel, ont renforcé la perception et le rôle du préfet comme représentant de l'État et garant, à ce titre, du respect des grands intérêts nationaux par des collectivités territoriales désormais dotées de puissants moyens juridiques d'action.

À cette fin, les textes ont réservé au préfet le monopole de trois sortes de référés : en vue de la suspension d'actes irréguliers des collectivités territoriales (1.), pour la suspension d'actes de ces collectivités susceptibles de porter atteinte à une liberté publique ou individuelle (2.) ainsi que de ceux risquant de porter atteinte à un ouvrage ou à une installation intéressant la défense (3.).

1. La suspension d'un acte local illégal (L. 554-1 et L. 554-2)

295 La suspension d'un acte local illégal relève d'une procédure qu'a imaginée la loi précitée de 1982 dans la mesure où elle supprimait la tutelle préventive du préfet sur ces actes. Le préfet peut saisir le juge administratif d'un recours (appelé « déféré ») contre l'acte (unilatéral ou contractuel), qu'il estime illégal, pris par une collectivité territoriale et assortir sa demande d'annulation de conclusions à fin de suspension de cet acte.

Cette demande de suspension doit être adressée par le préfet dans les dix jours de la réception de l'acte en préfecture ou du jour où le préfet en a eu connaissance. En ce cas, le juge est tenu d'accorder la suspension de l'acte dès lors qu'il constate l'existence d'un « *moyen propre à créer, en l'état de l'instruction, un doute sérieux quant à la légalité de l'acte* » Il dispose d'un mois pour statuer (art. L. 2131-6, al. 3 du CGCT). Cette suspension de droit connaît deux limites : 1) étant dérogatoire au droit commun, elle est d'interprétation étroite (29 mai 1983, *Cons. gén. de Lozère*) ; 2) le président de la section du contentieux du Conseil d'État a le pouvoir de mettre fin, à titre provisoire, à la décision de justice ordonnant la suspension de l'acte. Seul un recours en cassation peut être formé contre l'ordonnance rejetant le déféré lorsqu'il porte sur une matière exclue du double degré de juridiction (6 avr. 2007, *Min. de l'Intérieur et de l'Aménagement du territoire*).

Lorsque le déféré préfectoral à fin de sursis porte sur certaines matières « sensibles » (marchés publics, délégations de service public, contrats de partenariat) ou sur certaines demandes relatives aux permis de construire déposés par l'État, une commune ou un établissement public de coopération intercommunale, et que la demande à cet effet est présentée au juge dans les dix jours de la réception de l'acte en cause, elle a pour effet d'entraîner automatiquement, sans décision du juge, la suspension pour un mois de la mesure déférée, celle-ci redevenant exécutoire si, à l'expiration du délai d'un mois, le juge des référés n'a pas statué (art. L. 2131-6, al. 4 du CGCT).

2. La suspension d'un acte local portant atteinte à une liberté publique (L. 554-3)

296 La suspension d'un acte local portant atteinte à une liberté est possible sur demande du préfet adressée au juge administratif. Le préfet a le pouvoir exclusif (Ord. réf. 22 nov. 1984, *Allain*, p. 382 ; 8 juin 1995, *Hoarau*, p. 232) de demander la suspension d'extrême urgence d'actes locaux qu'il estime dangereux pour les libertés parce qu'ils sont « *de nature à compromettre l'exercice d'une liberté publique ou individuelle* » (3 juil. 1998, *Cne de la Bruguière*,

p. 286). Il lui faut donc faire naître un doute dans l'esprit du juge (Ord. réf., 15 déc. 1982, *Cne de Garches*, p. 417). L'instruction de cette demande de sursis est soumise au respect du principe du contradictoire malgré le bref délai imparti au juge pour statuer (Ord. réf., 13 juil. 1999, *Cne de Monétier-les-Bains*, p. 246). Le juge doit être saisi, à la fois, d'une requête en annulation et d'une demande corrélative de suspension immédiate de l'acte litigieux, cette dernière doit être jugée par le président du tribunal administratif ou de la formation de jugement ou par le magistrat délégué à cet effet, dans le délai maximum de quarante-huit heures à compter de l'enregistrement au greffe de la saisine préfectorale. L'appel est porté directement devant le Conseil d'État dans les quinze jours de la notification de l'ordonnance rendue en première instance; il est jugé par le président de la section du contentieux statuant seul ou par un conseiller d'État à ce délégué. Lorsque le juge estime que ne sont pas réunies les conditions légales pour un tel référé, celui-ci se transforme en un référé ordinaire.

3. La suspension d'un acte local portant atteinte à la défense (L. 554-4)

297 La suspension d'un acte local portant atteinte à la défense est possible sur demande du préfet (art. L. 554-4) lorsqu'un tel acte est « *de nature à compromettre de manière grave le fonctionnement ou l'intégrité d'une installation ou d'un ouvrage intéressant la défense* ». La compétence appartient, en premier et dernier ressort, au président de la section du contentieux du Conseil d'État qui dispose, comme dans le référé-liberté de droit commun, d'un délai maximum de quarante-huit heures pour statuer. L'unique condition étant celle qu'énonce le texte précité, le juge accordera le sursis dès que la condition lui semblera réalisée sans s'arrêter aux points de savoir s'il y a urgence, illégalité ou doute sérieux (15 mars 1996, *Cne de Busy*, p. 81).

G. Le référé fiscal (ou sursis de paiement) (L. 551-1 et L. 551-2)

298 Malgré son nom, le référé fiscal (loi du 28 déc. 1959, puis décret du 30 juil. 1963, art. 54, modifié) est plus proprement un sursis accordé au contribuable pour le paiement d'impôts litigieux (art. L. 552-1 et L. 552-2 CJA; art. L. 277 à L. 280 et R. 277 et suiv. du Livre des procédures fiscales). Le référé fiscal connaît la plupart des règles applicables aux procédures en suspension d'actes administratifs tout en constituant une procédure spéciale (Sect., 13 juin 1984, *Min. du Budget c./Masse*, p. 209, concl. O. Fouquet). Il revêt deux formes selon que le contribuable, tout en sollicitant un sursis au paiement d'impôts litigieux, offre des garanties de paiement (1.) ou n'en offre pas, ou de manière insuffisante (2.).

1. L'offre de garanties de paiement par le contribuable

299 Le contribuable qui, d'une part, conteste le montant de l'imposition mise à sa charge et, d'autre part, estime que son paiement immédiat pèserait trop lourdement sur sa trésorerie, peut solliciter qu'il soit sursis au paiement de sa dette fiscale. À cette fin, il adresse une réclamation écrite au directeur des services fiscaux en lui offrant des garanties de paiement. À cet égard, il est jugé qu'il n'est pas nécessaire que le teneur du compte – sur lequel figurent les sommes offertes en garantie – soit établi en France (8 juin 2007, *Isabelle X.*, req. 286101 : compte de garantie se trouvant dans une banque suisse). En cas de rejet de sa demande, il peut saisir, dans les quinze jours francs de la notification du refus, le conseiller du tribunal administratif juge des référés fiscaux d'une requête à fin de sursis de paiement en l'accompagnant de la consignation d'un dixième au moins du montant total de l'imposition due. Celui-ci dispose, à peine de dessaisissement, d'un mois pour statuer sur le caractère suffisant de la garantie offerte, son silence valant rejet du recours contentieux. S'il statue, il le fait par ordonnance de référé fiscal. Appel peut être interjeté de cette ordonnance ou du silence, dans les huit jours francs de la notification de l'ordonnance, soit par le contribuable soit par l'administration fiscale, devant le tribunal administratif qui statue ainsi en appel d'une décision rendue par l'un de ses membres (18 nov. 1991, *Perochon*, p. 824). Le tribunal dispose d'un mois pour statuer, à peine de dessaisissement; un recours en cassation peut être formé, dans les deux mois (Sect., 9 févr. 1979, *Godard*, p. 51; Sect., 17 mars 1997, *Dubois*, p. 88), contre la décision, expresse ou tacite, rendue sur appel (21 déc. 1962, *Min. des Finances c./X.*, p. 704). À la suite de la réforme générale du référé entreprise par la loi du 30 juin 2000, le Conseil d'État juge que tout contribuable peut utiliser la voie du référé-suspension de l'article L. 521-1 pour obtenir le sursis au paiement des impôts litigieux s'il existe un doute sérieux sur leur légalité et si le contribuable apporte la preuve que même des mesures conservatoires auraient des conséquences graves et immédiates pour lui. Il faut, pour être recevable, saisir en même temps le juge de l'impôt d'une action en décharge de l'impôt (25 avr. 2001, *Min. de l'Économie, des Finances et de l'Industrie c./SARL Janfin*; 13 juin 2007, *Michel X.*, req. 306252).

Dans le cas où le comptable du Trésor demeure silencieux pendant deux mois sur l'offre de garanties, le contribuable peut, à sa convenance, soit saisir le juge du référé suspension de la décision implicite de rejet née de ce silence, soit proposer spontanément au comptable du Trésor des garanties à due concurrence des sommes appréhendées et, ensuite, saisir le juge du référé fiscal du refus résultant du silence gardé pendant deux mois, soit, enfin, saisir le juge du référé liberté, aux conditions ordinaires, s'il estime que ce silence porte atteinte à son droit de propriété (Ord. réf. 13 juin 2007, *Soppelsa*).

2. L'absence d'offre de garanties de paiement (ou l'offre de garanties insuffisantes) par le contribuable

300 L'article L. 277, al. 4 du Livre des procédures fiscales institue un second référé en matière fiscale. Il concerne les mesures conservatoires prises par le comptable public à défaut de constitution, par le contribuable, de garanties jugées suffisantes pour pouvoir obtenir un sursis de paiement. En ce cas, le contribuable peut solliciter du juge administratif, par voie de référé, l'abandon ou la limitation de ces mesures si elles sont de nature à avoir des conséquences difficilement réparables pour lui. Sur ce point, la jurisprudence s'emploie à renforcer les garanties accordées au contribuable (25 avr. 2001, *Sté Parfival*), par exemple en prenant en compte les sommes qu'il a déjà versées au fisc du fait de mesures d'exécution exercées sur le contribuable antérieurement à sa demande de sursis de paiement (Ord. réf. 13 juin 2007, *Michel X.*, req. 306252). Ces sommes seront retenues dans le calcul pour apprécier s'il a satisfait aux exigences de consignation.

H. La suspension des actes nationaux et le droit communautaire

301 La CJCE a jugé que la juridiction nationale avait l'obligation de prononcer des mesures provisoires de suspension afin de protéger un droit garanti par l'ordre juridique communautaire (CJCE, 19 juin 1990, *Factortame*, *RFDA* 1990, p. 312, communic. J.-C. Bonichot), même dans le cas où le droit national prohiberait de telles mesures de suspension : cet obstacle national doit être écarté au profit de la prééminence du droit communautaire. Ainsi est institué un véritable « sursis » ou « suspension » automatique des actes nationaux (dont la « doctrine » a été complètement exposée dans : CJCE, 21 févr. 1991, *Zückerfabrik*, *AJDA* 1991, p. 237, note P. Le Mire). La Cour a également jugé que les juridictions nationales ont le pouvoir d'ordonner le sursis à l'exécution d'un acte administratif national pris sur la base d'un règlement communautaire dont la légalité apparaît si sérieusement douteuse qu'un renvoi préjudiciel à la CJCE en appréciation de validité a eu lieu.

Dans le souci d'éviter des pratiques jurisprudentielles divergentes nuisibles à l'égalité fondamentale des justiciables communautaires, la CJCE impose à toutes les juridictions nationales d'appliquer les règles qui gouvernent le référé devant la Cour : existence d'une urgence, sauvegarde de l'intérêt communautaire, appréciation du risque financier encouru par l'Union du fait de la suspension, préjudice irréparable (CJCE, 9 nov. 1995, *Atlanta*).

Conseils bibliographiques

OUVRAGES ET ARTICLES DE RÉFÉRENCE

P. Cassia, *Les Référés administratifs d'urgence*, LGDJ, coll. « Systèmes », 2003.
R. Chapus, « Le juge administratif face à l'urgence », *Gaz. Pal.* 1985, Doctr., p. 317.
C. Clément, « Le juge administratif des référés : un véritable juge de l'urgence après la loi du 30 juin 2000 », *Petites Affiches* 2000, n° 15.
O. Dugrip, *L'Urgence contentieuse devant les juridictions administratives*, PUF, 1991.
P.-L. Frier, *L'Urgence*, LGDJ, 1987.
D. Labetoulle, « Le référé nouveau est arrivé », *AJDA* 2001, p. 211.
J.-C. Ricci, « Quels référés pour quels pouvoirs ? », *RRJ*, 2003, n° spécial, p. 3089.

POUR ALLER PLUS LOIN

« La réforme des procédures d'urgence : le nouveau référé administratif », *RFDA* 2000 n° 5, p. 941 et s. : rapport du groupe de travail du Conseil d'État et contributions de B. Pacteau et de M. Fouletier.
P. Cassia, « Le juge administratif des référés et le principe d'impartialité », *D.* 2005, p. 1 182 (I) et 1 252 (II).
R. Denoix de Saint Marc, « Les procédures d'urgence : premier bilan », *AJDA* 2002, p. 1.
R. Mehdi, « Le droit communautaire et les pouvoirs du juge national de l'urgence », *RTDE* 1996, p. 177.

7

Le jugement

L'instruction achevée, l'instance se poursuit et va culminer avec le sommet de l'ontologie processuelle que constitue la décision de justice – jugement ou arrêt – que, par commodité de langage, nous appellerons « jugement ». Trois questions, d'importance et de difficulté inégales, doivent, à ce titre, être examinées : celles de l'audience et du délibéré qui entourent en quelque sorte la décision de justice (1.), celle des différentes formes et du contenu du jugement (2.) et celle, enfin, très importante, des effets attachés au jugement (3.).

1 Audience et délibéré

Avant même que ne se déroule l'audience, la juridiction est amenée à prendre un certain nombre de mesures (A.). L'audience, entièrement orale, est la seule partie publique de l'instance (B.), tandis que le délibéré, qui suit l'audience, est secret et constitue le cadre du mûrissement de ce qui va devenir le jugement (C.).

A. Les mesures normalement antérieures à l'audience

Ce sont celles des mesures qui précèdent l'audience tantôt de façon exceptionnelle (1.), tantôt de façon habituelle et normale (2. à 4.). Il peut cependant arriver que, en raison de la découverte tardive de certains faits, quelques-unes des mesures exceptionnelles soient prises après le commencement de l'audience, voire même après son achèvement.

1. La mise à l'écart du juge : l'exigence d'impartialité subjective

302 Un acte grave peut tout d'abord se produire : l'un des requérants conteste à un juge, (récusation) ou à une formation juridictionnelle en son entier (renvoi pour cause de suspicion légitime) le droit de juger une affaire à laquelle il est partie en raison de la partialité de ce juge ou de cette juridiction. Il peut aussi y avoir retrait spontané d'un juge (déport) ou collectif d'une juridiction (sur l'impartialité objective, voir § 40).
Ces diverses hypothèses ne doivent pas être confondues avec l'irrégularité dans la composition de la juridiction, ce dernier motif constituant, à la différence de la récusation par exemple, un moyen d'ordre public (Sect., 5 juil. 2000, *Rochard*, *AJDA* 2000, p. 613).

• La récusation des juges

303 La récusation tend à faire écarter un juge dont la partialité est prétendue dans une affaire donnée (sur la question de l'impartialité des juridictions, on lira les concl. de R. Schwartz sur 7 janv. 1998, *Trany*, *AJDA* 1998, p. 445).

Les causes de récusation sont résumées par le Code de justice administrative (art. L. 721-1 et R. 721-2 et suiv.) en une formule synthétique ; il s'agit pour la partie qui sollicite la récusation d'un juge administratif d'établir l'existence « *d'une raison sérieuse de mettre en doute son impartialité* ».

Cette formule contraste avec la technique de l'énumération détaillée des causes de récusation, à laquelle recourt le Code de procédure civile (art. 341), auquel renvoyait jusqu'à une date récente le Code de justice administrative, et que, d'ailleurs, le juge administratif considérait comme limitative (Sect., 24 juil. 1934, *Ducos*, p. 882). En bref, il s'agit de tirer argument soit des relations conflictuelles ou de coloration négative existant entre la partie requérante et un juge, soit des relations trop étroites (parenté, alliance, relations d'affaires, lien de subordination etc.) existant entre ce juge et la partie adverse. Il est remarquable que le demandeur n'ait pas à prouver formellement cette partialité mais seulement à montrer que, en raison d'un élément de fait objectif, il est fondé à avoir un doute sérieux sur l'impartialité de son juge.

Au plan procédural, la récusation peut être demandée par toute partie au procès et même par plusieurs parties ensemble. Elle peut être dirigée contre n'importe lequel des membres de la juridiction, même un rapporteur public (10 juin 1921, *Élect mun de Basse-Terre*, p. 556) ou un juge qui n'a participé qu'à l'instruction non à l'audience (Lyon, 12 juil. 2005, *Frugier*). La récusation peut aussi être décidée spontanément par la formation de jugement à l'encontre de l'un de ses membres (11 févr. 1953, *Sté industrielle de produits chimiques Bozel Malétrat*, p. 62).

Cette demande de récusation doit, en principe, impérativement, à peine d'irrecevabilité (9 janv. 1952, *Sanisart*, p. 21 ; 19 oct. 1979, *Darlet*, p. 380), être formée dès l'apparition de la cause, ou de la connaissance du motif, de la récusation et en tout cas avant l'appel de l'affaire au rôle.

Lorsque, cependant, cette connaissance n'a lieu qu'après la fin de l'instruction, voire après le jugement, la demande de récusation est formée devant la juridiction d'appel (2 nov. 2005, *Caduc*, p. 1044) ou celle de cassation (30 nov. 1994, *SARL Étude, Ravalement, Construction*, p. 1150). La demande de récusation, qui est toujours soumise à l'obligation du ministère d'avocat (11 déc. 1985, *Bertin*, p. 374), est présentée par mémoire écrit et signé indiquant le(s) motif(s) de récusation ; ce mémoire n'est pas adressé à la partie adverse, car celle-ci n'est pas défenderesse à l'instance en récusation. Le président de la juridiction ou de la formation de jugement adresse cette requête au membre de la juridiction concerné par la demande de récusation et recueille son opinion dans les huit jours. Toutefois, lorsque la demande de récusation apparaît totalement irrecevable, voire inadmissible, le président ne la transmet pas à l'intéressé et la rejette *proprio motu*. Si le conseiller concerné admet la demande de récusation, il est aussitôt remplacé et la procédure reprend son cours. S'il refuse la demande de récusation, la juridiction statue sur cette demande et le fait hors la présence du conseiller concerné (30 juin 2003, *Murciano*, p. 937) : si la demande de récusation est rejetée, le juge reprend aussitôt sa place au sein de la juridiction et l'instance se poursuit ; si la récusation est admise, le juge est définitivement écarté de la suite de cette instance.

Il est possible d'interjeter appel ou de se pourvoir en cassation contre le jugement ou l'arrêt refusant de récuser un juge, cet appel ou ce pourvoi ne pourra être formé qu'à l'occasion de l'appel ou du pourvoi contre le jugement rendu sur le fond.

• Le renvoi pour cause de suspicion légitime

304 Le renvoi pour cause de suspicion légitime est un cas de récusation collective de tous les membres d'une juridiction et pas seulement d'une formation de jugement au sein de cette juridiction (11 déc. 1985, *Bertin*, p. 374). Cette procédure dérogatoire a été instituée par l'article 65 de la Constitution du 22 frimaire an VIII. Cependant, elle n'a été admise en contentieux administratif, de façon prétorienne, qu'en 1957 (Sect., 3 mai 1957, *Nemegyei*, p. 279). Étant une règle générale de procédure, elle est ouverte même sans texte, ce qui est la situation de toutes les juridictions administratives, et ne peut être écartée que par une loi expresse (8 janv. 1959, *Commissaire du gouvernement près le Conseil supérieur de l'ordre des experts comptables*, p. 15), encore que l'on puisse trouver contestable une solution qui paraît faire bon marché du droit conventionnel au procès équitable (§ 6-7).

La demande, obligatoirement présentée par le ministère d'avocat (malgré le mutisme des textes, mais par analogie avec ce que ces textes décident pour la requête en récusation), doit être portée devant la juridiction immédiatement supérieure à celle dont la partialité est alléguée, c'est-à-dire soit une cour administrative d'appel, soit le Conseil d'État, soit, dans le cas des chambres régionales des comptes, la Cour des comptes. C'est pourquoi il n'est pas possible de demander le renvoi pour suspicion légitime des affaires du Conseil d'État puisqu'il n'y aurait pas de juridiction supérieure pour juger la demande de renvoi (16 avr. 2004, *Marc-Antoine*; 16 juin 2004, *Lacau*, p. 832; Ord. réf., 11 janv. 2007, *C. Lepage*). Il en va de même pour toutes les juridictions qui n'ont pas d'équivalent, ainsi le Conseil national de l'ordre des médecins siégeant en formation disciplinaire ou la Cour des comptes, puisqu'il est alors impossible de renvoyer à une autre juridiction de mêmes nature et degré. La demande doit être déposée avant que la juridiction concernée ne statue sur le litige principal (30 mars 1979, *Jeault*, p. 146). Il appartient au demandeur du renvoi de justifier sa demande (11 juin 2007, *René X.*, req. 290564; 22 oct. 2008, *SCI Gambrinus*). Il incombe à celui qui demande le renvoi de justifier les raisons de sa demande, celles-ci étant appréciées restrictivement (3 avr. 2009, *Serge X.*, req. 323993). En cas d'acceptation de la demande de récusation (27 nov. 1981, *Olech et Maurin*, p. 872; 29 juil. 1998, *Lacolle*, p. 907), il appartient à la juridiction supérieure de désigner celle qui, de même nature et de même degré que la précédente, devra connaître de l'affaire. La demande d'un tel renvoi ne peut jamais émaner d'un intervenant (*C. Lepage*, préc.).

• Le déport individuel ou le retrait collectif

305 Lorsqu'un juge « *suppose en sa personne une cause de récusation ou estime en conscience devoir s'abstenir, [il] se fait remplacer par un autre [juge] que désigne le président de la juridiction à laquelle il appartient ou, au Conseil d'État, le président de la section du contentieux* » (art. R. 721-1). En ce cas, spontanément, un juge déclare se retirer de la formation de jugement dont il fait partie, car celle-ci doit connaître d'un dossier dans lequel sa partialité pourrait être invoquée, il s'agit d'une sorte de récusation d'office ou autorécusation, qui porte techniquement le nom de *déport*. Le juge concerné adresse à son chef de juridiction la demande et le motif de son déport. Celui-ci est apprécié librement par la juridiction qui accorde ou refuse l'autorisation de se « déporter ».

Par ailleurs, devant les tribunaux et les cours administratifs (art. R. 312-5 et R. 322-3), existe une procédure particulière lorsqu'une telle juridiction est saisie d'une affaire dans laquelle l'un des membres de la juridiction est en cause de manière telle, ou lorsque l'affaire se présente d'une manière telle, qu'est susceptible d'être objectivement entachée l'impartialité de l'ensemble de la juridiction (15 mai 1996, *Bondarenko*,

p. 1101). Le président de la juridiction transmet l'entier dossier au président de la section du contentieux qui désignera une autre juridiction pour en connaître.

2. L'appel au rôle

306 Le président de la juridiction ou de la formation de jugement fixe souverainement le rôle de chaque audience, c'est-à-dire la liste des affaires qui, au cours d'une même audience, seront appelées (et dont on dit dans le jargon du palais qu'elles sont désormais « enrôlées »). Devant les cours d'appel, le rôle est préparé par le rapporteur public et arrêté par le président de la cour. En principe, cette inscription au rôle se fait sans condition de délai et la juridiction ne peut voir ses décisions à cet égard contestées parce que trop précitées ou trop lentes. Il existe cependant des cas où un délai préfix pour statuer est institué, cela a une incidence sur l'enrôlement des affaires. Il en va ainsi lorsque le défaut de statuer dans ce délai entraîne le dessaisissement de la juridiction (élections municipales ou cantonales par exemple), le jugement rendu hors délai est nul ; au contraire, lorsque le dépassement du délai n'est pas sanctionné (par ex. : pensions militaires d'invalidité, établissements dangereux, incommodes ou insalubres), le jugement rendu hors délai demeure valable (28 oct. 1936, *Durastanti*, p. 927). Par ailleurs, il est loisible au président de fixer le nombre d'affaires qu'il lui semble opportun de porter au rôle d'une même audience ; il doit cependant demeurer dans les limites du raisonnable, ce qui est plutôt une directive qu'un ordre. Une affaire inscrite au rôle peut en être radiée, soit spontanément par le juge de façon discrétionnaire, soit sur demande d'une partie pour motif jugé sérieux (tel n'est pas le cas, à vrai dire limite, de l'indisponibilité prouvée d'un avocat ce jour-là dès lors que l'intéressé – qui, de toutes façons, avait produit à la procédure écrite –, ou un nouvel avocat désigné par lui, aurait pu participer à l'audience et s'y exprimer : 7 mars 2008, *Jean-Rémy X.*, req. 298767).

Enfin, le juge peut ordonner souverainement, sur demande ou spontanément, la jonction des requêtes. Deux ou plusieurs requêtes sont alors réunies dans une même procédure et il y est statué par une seule décision juridictionnelle. La jonction n'est pas toujours possible et cette impossibilité est d'ordre public, par ex., entre deux requêtes présentées par des contribuables partiellement différents relativement à des impôts différents (6 oct. 2008, *min. Écon., Fin. et Industr.*).

3. Le rapport et le « réviseur »

307 Le conseiller désigné pour être rapporteur doit rappeler les éléments essentiels de l'affaire aux membres de la formation de jugement. Il indique dans son rapport, qui est obligatoirement écrit, les principaux points de droit et de fait ainsi que les diverses solutions qui paraissent possibles (c'est ce que l'on appelle la « note »). Ce rapport peut comprendre, ce sera souvent le cas au Conseil d'État, une série de questions par lesquelles il s'achève, questions communiquées aux avocats des parties. Le rapport est un élément substantiel de la procédure et son omission entraîne la nullité de la décision (R. 731-3).

Il est possible, mais ni obligatoire ni réglementé, que le rapporteur prépare un projet de jugement ou d'arrêt. Cela ne signifie pas que l'affaire est d'ores et déjà jugée mais ce projet sera un document de travail commode. En effet, aucun principe général de procédure n'interdit d'établir un tel projet de jugement avant la tenue de l'audience, dès lors que le texte définitif du jugement doit tenir compte des éléments de fait et/ou de droit développés ou apparus au cours de l'audience (Paris, 26 oct. 2005, *Ashraf*).

Le rapport est soumis à un conseiller ayant une expérience plus ancienne que celle du rapporteur qui vérifiera son travail : examen des questions posées et des solutions proposées, caractère complet et correct des visas, éventuellement appréciation du projet proposé par le rapporteur, d'où le nom de « réviseur » donné à ce conseiller.
On mesure combien est essentiel le travail du rapporteur, pourtant obscur aux yeux du grand public et même des parties au procès, car, d'une certaine manière, il fixe très largement la façon dont les autres membres de la formation vont aborder le dossier contentieux et le résoudre, fut-ce en prenant son contre-pied.

4. La convocation à l'audience

308 La convocation à l'audience joue un rôle important, car elle a pour objet de faire connaître aux parties et à leurs avocats le jour et l'heure où leur affaire sera appelée en audience. Elle leur permet de se rendre libres ce jour-là, de préparer leurs ultimes demande et défense, de venir à la barre y prendre la parole. C'est pourquoi est irrégulière l'audience à laquelle une partie a été empêchée d'assister du fait de l'administration (Versailles, 5 juil. 2005, *Atek*, p. 915). Cette convocation est toujours obligatoire (R. 711-2), même à l'égard des parties qui ont déclaré se désister (4 février 1981, *Abramoff*, p. 875) ; elle prend la forme d'un « avis d'audience » adressé aux parties et, quand elles ont constitué avocat, uniquement à ce dernier (R. 431-1, R. 811-13 et R. 751-3) : c'est d'ailleurs une irrégularité procédurale d'adresser l'avis d'audience à un requérant alors que celui-ci a constitué avocat, car cet avis est adressé afin de préparer d'éventuelles observations orales à la barre, fonction que l'avocat est le plus qualifié pour assumer (7 nov. 1969, *Vidal*; 7 juil. 2006, *Pinto*, *AJDA* 2006, p. 2031). Toutefois, dans l'impossibilité de joindre l'avocat, l'avis d'audience est valablement adressé au requérant (15 juil. 2004, *Mayne*, p. 835). Au Conseil d'État sont avisés, d'une part, seuls les avocats, lorsque leur ministère est obligatoire ou, s'il est facultatif, lorsqu'il y en a effectivement un ; d'autre part, les parties, dans les matières où il y a dispense d'avocat et effectivement où aucun avocat n'a été constitué (7 juil. 2004, *Assoc. de défense des intérêts du sport*, p. 324).
Cette convocation est assurée par le greffe de la juridiction (ou, au Conseil d'État, le secrétariat du contentieux), normalement par lettre recommandée avec accusé de réception (R. 611-3). Toutefois, si les circonstances le justifient, le juge peut – et même, doit – user d'autres modes de convocation (18 mars 1981, *Sté fermière et de participations*, p. 149; 21 juin 1996, *Ville de Marseille c./Caroubi*, p. 241). La convocation, quelle qu'en soit la forme, doit être adressée sept jours francs au minimum avant la date de l'audience (quatre jours au Conseil d'État), ce délai étant ramené à deux jours francs en cas d'urgence constatée par décision du président. Le jugement rendu à la suite d'une audience où l'une des parties n'a pas été régulièrement convoquée soit parce que le délai de convocation n'a pas été respecté, soit même parce qu'il n'y a pas eu de convocation, est vicié (6 mai 1936, *Ribeil*, p. 506; 18 janv. 1957, *Mantéga*, p. 47; Sect., 13 juil. 1979, *Melki*, *AJDA* 1980, p. 193 ; 10 avr. 2009, *Jean X.*, req. 289795). Il en va de même lorsque l'audience fait suite à une dispense d'instruction : la convocation y est obligatoire à peine de nullité (11 oct. 1961, *Mangin*, p. 1141). Toutefois, il y a exception à cette règle, d'une part lorsque la partie a refusé que lui soit remise la lettre comportant convocation à l'audience, d'autre part, lorsque, malgré le caractère irrégulier de la convocation, l'intéressé s'est rendu à l'audience et y a présenté ou fait présenter des observations orales.
La convocation doit comporter les mentions relatives à l'affaire qui sera appelée à l'audience afin d'en permettre l'identification, ceci valant surtout pour les avocats.

Le jugement doit en principe mentionner que les parties ont été convoquées ainsi que leur présence ou absence à l'audience. Toutefois, l'absence de mention de cette convocation dans un jugement, n'entache pas celui-ci d'irrégularité dès lors qu'il n'est pas contesté que l'audience a réellement eu lieu (6 avr. 2007, *CCAS de Chaville*).

B. L'audience

L'audience est constituée, dans chaque affaire, de l'ensemble des débats oraux relatifs à cette affaire. Il existe une véritable organisation de l'audience (1.) et celle-ci se déroule selon un ordre largement invariable (2.).

1. L'organisation de l'audience

L'audience, ensemble de débats oraux, est publique et, d'une certaine manière, policée.

• La publicité des débats

309 Le principe de la publicité des débats existe au Conseil d'État depuis l'ordonnance royale du 2 février 1831 et devant les conseils de préfecture, ancêtres des actuels tribunaux administratifs, depuis le décret impérial du 31 décembre 1862. Cette publicité est largement entendue : avant l'audience, par la règle de publicité du rôle, lequel est obligatoirement affiché (R. 711-3), pendant l'audience, par la publicité des débats devant le juge, après l'audience, par la publicité du jugement lequel doit être lu en audience publique. Le *huis clos* constitue une exception notable à ce principe de publicité : en ce cas l'audience n'est pas publique, seules les parties pouvant y assister, à condition d'avoir demandé à être entendues. Le Conseil d'État a d'abord reconnu à ce principe de publicité la valeur d'un principe général du droit devant les seules juridictions judiciaires (Ass., 4 oct. 1974, *David*, p. 464, concl. M. Gentot). Puis, sous la pression de la Cour EDH, et bien que les audiences devant le juge administratif ne portent pas sur des accusations en matière pénale ou sur des droits ou obligations à caractère civil, pour reprendre la terminologie de l'article 6 de la Convention EDH, il a décidé qu'il était applicable devant toutes les juridictions (Ass., 14 févr. 1996, *Maubleu*, p. 34, concl. M. Sanson) sans en faire un principe universel : ainsi il n'est pas applicable au jugement des comptes des comptables publics par la Cour des comptes (3 avr. 1998, *Barthélémy* et, 16 nov. 1998, *SARL Deltana et Perrin*, *RFDA* 1999, p. 1022, note H. Surrel ; 30 mai 2007, *Pierre X.*, req. 270410).

• La police des débats

310 Il convient d'assurer, à la fois l'ordre des débats et l'ordre dans les débats, c'est le double objet de la police des débats. Celle-ci appartient au président de la juridiction ou de la formation de jugement.

C'est au titre de cette police de *l'ordre des débats* qu'il fixe les jour, heure et durée des audiences ; tenu par aucune règle, il peut organiser une audience un jour férié (27 mars 1885, *Cne d'Aïr Tinn*, p. 371, sans que cette jurisprudence puisse être considérée comme démentie par : 23 févr. 2000, *Esposito*, p. 992 ; 29 janv. 2001, *Bensabat*), à l'heure qu'il veut et pour la durée qu'il détermine librement. Il peut aussi radier une affaire du rôle soit spontanément, soit, mais en ce cas discrétionnairement, à la demande de l'une des parties. Il dispose du pouvoir d'ajourner les débats, de joindre les affaires pour qu'il y soit statué par une seule et même décision, à la suite d'une unique et commune audience, etc.

Il veille au respect du scénario immuable des audiences : rappel du numéro de l'affaire et des noms des parties par le secrétaire-greffier, rapport du rapporteur, audition des parties et/ou de leurs avocats – on entendra normalement d'abord le demandeur puis le défendeur –, prononcé des conclusions du rapporteur public et mise en délibéré.
En tant qu'autorité de police chargée du maintien de *l'ordre dans les débats*, il lui revient de faire taire une prise de parole intempestive, de faire évacuer, le cas échéant, la salle des audiences au besoin en requérant la force publique, de rappeler à l'ordre toute personne, de retirer la parole, de renvoyer les avocats indisciplinés devant les juridictions compétentes, etc. C'est au titre de cette police qu'il peut ordonner la suppression des mémoires de ceux des passages qui sont injurieux, outrageants ou diffamatoires (§ 237).
Il exerce ses pouvoirs de police des audiences soit spontanément, ce qui est le cas le plus fréquent, soit à la demande de l'une des parties.

2. Le déroulement de l'audience

311 Le jour et à l'heure fixés, l'audience s'ouvre par l'entrée, plus ou moins solennelle, des membres de la juridiction (ou de la formation de jugement) dans la salle des audiences qui, pendant que le public demeure debout par déférence pour le peuple français au nom de qui la justice va être rendue, prennent place à leurs sièges respectifs en fonction de leur rang et de leur rôle. Trois règles essentielles doivent, à cet égard être rigoureusement observées. Tout d'abord, seuls peuvent siéger ceux des juges effectivement installés dans leurs fonctions, au sens donné à cette expression dans le droit des agents publics. Ensuite, doit être respecté le quorum, c'est-à-dire le nombre minimum de juges qui doivent être présents pour que la formation de jugement puisse valablement siéger puis délibérer et enfin décider. Enfin, la formation doit demeurer strictement composée de la même manière de l'appel de la cause, le jour de l'audience, jusqu'à ce que soit « vidé » (c'est le terme consacré) le délibéré. Toute modification de la composition intervenue dans cet intervalle frapperait irrémissiblement le jugement de nullité (20 juin 1913, *Téry*, p. 736, concl. L. Corneille). En revanche, le jour de la lecture du jugement, peu importe la composition de la formation, car ce n'est pas la lecture en audience publique qui fait le jugement mais le délibéré et lui seul parce qu'une fois celui-ci vidé, la décision est acquise en tous points ; par suite, la lecture de la décision n'est qu'un acte purement mécanique.
Les juges sont assistés du greffier (au Conseil d'État, d'un membre du secrétariat du Conseil) qui doit obligatoirement participer à l'ensemble de l'audience. Celle-ci se déroule alors en trois temps.
On signalera la possibilité ouverte aux tribunaux d'outre-mer par l'article L. 781-1, en raison de leur éloignement les uns des autres et alors qu'ils ont souvent des membres communs, de tenir des audiences « *à l'aide d'un moyen de communication audiovisuelle* » : c'est la visio-conférence appliquée aux audiences.

• Audition du rapporteur

312 À l'audience le rôle, déjà trop méconnu, du rapporteur apparaît peu compréhensible aux yeux du public. Celui-ci se borne à un résumé oral des visas que devra comporter le jugement. Pourtant, on l'a indiqué (§ 307), le rapport est une pièce maîtresse dans la construction du jugement qui va être rendu.
Après lecture des visas par le rapporteur, la parole est donnée aux parties.

• Audition des parties : les observations orales

313 L'expression « observations orales » a été choisie et non le mot « plaidoiries » pour dénommer cette partie de l'audience ; ce choix est significatif de la modestie du rôle dévolu, au cours de l'audience, aux parties et à leurs conseils.

Si, habituellement – et logiquement – c'est au demandeur d'intervenir en premier, le juge peut inverser l'ordre des prises de parole. L'essentiel est qu'aucune partie ne soit privée de son droit à formuler des observations orales ; ainsi lorsque le défendeur a été invité à prendre la parole le premier, il a le droit de répliquer aux propos du demandeur (1er déc. 1993, *Cne de Saint-Cyprien*, p. 393).

Les parties interviennent elles-mêmes et/ou par le moyen de leurs avocats. Même dans les affaires où le ministère d'avocat est obligatoire, les parties peuvent présenter des observations orales à l'audience. Ces observations ne peuvent contenir que des éléments (faits, moyens et conclusions) figurant déjà dans un mémoire écrit antérieurement produit.

Aucun moyen nouveau et encore moins aucune demande nouvelle ne peut être présenté à l'audience sauf les moyens d'ordre public selon ce qui a déjà été exposé (§ 135, 156, 199, 203).

Par ailleurs, il est toujours possible aux avocats de demander au rapporteur public – et d'obtenir de lui – le sens général de ses conclusions.

• Conclusions du rapporteur public et notes en délibéré

314 1) Pour le grand public, c'est le moment le plus original du déroulement d'une audience devant le juge administratif. On ne reviendra pas sur la question délicate déjà examinée qui est celle de la possibilité de répliquer aux conclusions du rapporteur public (§ 202). Une seconde question va être examinée ci-après, celle de la participation (active ou passive ?) du rapporteur public au délibéré (§ 316). Ces questions sont l'illustration de l'exigence d'impartialité objective du juge.

L'appellation, controversée, de « commissaire du gouvernement », qui a longtemps très mal dit ce qu'elle désignait, a été remplacée à compter du 1er février 2009 (décr. 2009-14 du 7 janv. 2009) par celle, peu engageante, de *rapporteur public*.

Le rapporteur public est un membre à part entière de la juridiction qui est nommé à cette fonction par décret du chef de l'État. Il « *a pour mission d'exposer les questions que présente à juger chaque recours contentieux et de faire connaître, en formulant en toute indépendance ses conclusions, son appréciation, qui doit être impartiale, sur les circonstances de fait de l'espèce et les règles de droit applicables, ainsi que son opinion sur les solutions qu'appelle, suivant sa conscience, le litige soumis à la juridiction à laquelle il appartient* » (formule extraite du célèbre : Sect., 10 juil. 1957, *Gervaise*, p. 466 ; reprise à l'identique dans : 29 juil. 1998, *Esclatine*, p. 320, concl. D. Chauvaux).

Les conclusions du rapporteur public sont soumises au principe du contradictoire. Si, en tant que telles, elles ne sont pas communicables (20 janv. 2005, *Hoffer* ; ce qu'admet fort bien la Cour EDH, 7 juin 2001, *Kress c./France*, *D.* 2001, p. 2619, note R. Drago ; 1er avr. 2009, *Lyliane X.*, req. 317322), leur auteur est cependant tenu, à la demande des parties, de communiquer leur sens général et cela à peine d'irrégularité du jugement (Versailles, 28 mars 2006, *Schrempp*). Il en résulte qu'en cas de modification de ce sens général postérieurement à cette communication, il doit en aviser à nouveau les parties, sinon le principe du contradictoire ne serait pas respecté (5 mai 2006, *Sté Müllerhof*, p. 232).

Il est obligatoire qu'il y ait un tel rapporteur public faute de quoi le jugement rendu serait nul (5 mars 1868, *Donny*, p. 252), sauf dispense légale expresse qui n'existe, pour l'essentiel, que dans les procédures où le jugement est rendu par voie d'ordonnances (*cf.* art. R. 122-12 et R. 222-1). Il est également nécessaire que le rapporteur public conclue, d'où le choix de l'impératif « *prononce* » dans la disposition pertinente du CJA (R. 731-3). Il ne peut s'en remettre à la sagesse du tribunal (Sect., 13 juin 1975, *Adrassé*, p. 356, concl. S. Grévisse). Même si ses conclusions peuvent se borner à être succinctes, elles ne peuvent pas être inexistantes (11 févr. 2004, *Pepiot*, p. 836). C'est pourquoi l'existence d'un tel rapporteur public et celle de ses conclusions sont obligatoires même dans les procédures sans instruction ou dans celles où le président de la juridiction (ou de la formation de jugement) statue seul, procédures dites encore « à juge unique ».

Le rapporteur public parle en dernier et se lève pour prononcer ses conclusions debout par déférence envers les autres membres de la juridiction. Il peut, sans y être obligé, s'appuyer sur des notes écrites; en ce cas, celles-ci seront versées au dossier de la procédure.

315 2) Après ces conclusions, la phase orale de l'audience cesse, car il ne sera plus possible d'y répliquer que par voie écrite, sous la forme d'une « note en délibéré » qu'une jurisprudence inattendue de la Cour EDH a promu à un rôle qui n'a jamais été le sien (*cf.* § 202; 12 juil. 2002, *Leniau*, p. 278), d'où l'apparition d'un véritable statut pour cette note. Tout d'abord, la survenue d'une telle « note en délibéré » oblige dans tous les cas le juge à en prendre connaissance et à la viser dans sa décision, à peine de nullité de celle-ci (22 févr. 2008, *OPAC Habitat Drouais*, req. 255677; 29 oct. 2008, *Anne X.*, req. n° 304606). Ensuite, en cas de réception par le juge d'une note en délibéré après la clôture de l'instruction, le juge est obligé de rouvrir l'instruction dans trois situations, et c'est pour lui, alors, un pouvoir lié: 1) lorsque la note contient l'exposé d'un moyen de fait que la partie qui le soulève ne pouvait pas invoquer avant la clôture de l'instruction et que le juge ne pourrait ignorer sans fonder sa décision sur des faits matériellement inexacts; 2) lorsqu'elle comporte un moyen d'ordre public; 3) lorsqu'elle invoque une circonstance de droit nouvelle dont l'ignorance par le juge pourrait le conduire à une décision erronée en droit. Dans tous les autres cas, le juge a la faculté –, ce n'est alors qu'une faculté purement discrétionnaire –, au vu de la note, de rouvrir les débats dans le souci d'une bonne administration de la justice. La non communication d'une note en délibéré déposée après la clôture de l'instruction, qui n'entre dans aucune des trois exceptions ci-dessus ne porte pas atteinte au principe du contradictoire (29 oct. 2008, *Havard, Cne d'Angers*).

Enfin, la réouverture de l'instruction, qu'elle relève de son pouvoir lié ou de son pouvoir discrétionnaire, oblige le juge à organiser à nouveau un débat contradictoire (21 nov. 2003, *Biord-Genest*, p. 936).

C. Le délibéré

316 Le délibéré est obligatoire: il n'y a pas de jugement sans un délibéré plus ou moins long. Il peut même intervenir « sur le siège ». C'est le cas en matière de contestation des arrêtés de reconduite à la frontière puisque les articles R. 776-14 et R. 776-17 imposent que le jugement soit rendu à l'audience et que le dispositif de celui-ci soit communiqué sur place aux parties. Ces deux formalités ont un caractère substantiel et le jugement rendu, par exemple, une semaine après l'audience est nul (30 déc. 2002, *Préfet des Hauts-de-Seine c./Makhlouq*, *AJDA* 2003, p. 743, note O. Lecucq).

Tous les membres de la juridiction doivent participer au délibéré et doivent y opiner, c'est-à-dire prendre position : l'abstention est impossible aux membres d'une juridiction (5 févr. 1915, *Emoy*, p. 10). Seuls peuvent prendre part au délibéré les juges qui ont assisté à toutes les audiences : c'est une conséquence du principe du contradictoire. Les audiences servent à informer les juges des points de vue respectifs des parties et de leurs arguments ; être absent à une seule audience restreint leur information et, du même coup, la réalité de la contradiction. C'est pourquoi cette double règle de présence continue des juges de l'audience au délibéré et de composition identique de la formation de jugement durant ce temps, assortie de l'obligation de vote, constitue un principe général du droit applicable même sans texte à toutes les juridictions administratives. La présence du rapporteur public au délibéré a fait difficulté devant la Cour EDH. La question ici posée est celle de savoir si sa participation et/ou sa présence au délibéré contrevient aux exigences d'une procédure impartiale. Les effets dévastateurs de la « théorie des apparences » ont naturellement conduit la Cour EDH à donner une réponse positive (d'abord de manière équivoque : 7 juin 2001, *Kress* préc. [points 77 et 87] ; 10 oct. 2002, *Théraube c./France*, puis très clairement : 5 juil. 2005, *Loyen c./France*). Le pouvoir réglementaire a cru s'en tirer par une esquive plus acrobatique que convaincante en décidant (art. R. 731-7) que : « *Le commissaire du gouvernement assiste au délibéré mais n'y participe pas.* » La Cour EDH, à nouveau saisie, a condamné la présence, même muette, du rapporteur public (CEDH, grande chambre, 12 avr. 2006, *Martinie c./France*). D'où la solution transactionnelle – et curieuse – retenue finalement par le décret du 1er août 2006. Désormais, depuis le 1er septembre 2006, devant les cours et tribunaux administratifs, le délibéré se déroule hors la présence du rapporteur public (R. 732-2) ; devant le Conseil d'État, le rapporteur public assiste au délibéré sans y prendre part, sauf demande écrite contraire de l'une des parties, parvenue avant le délibéré (R. 733-3 : sur ce point, voir, 25 mai 2007, *Roland X.*, req. 296327). Ce décret a été jugé conforme aux exigences de l'art. 6 § 1 CEDH (25 mai 2007, *Courty*). On ne peut que regretter et cette dichotomie de statut qui rompt l'unité profonde et très réelle de la fonction, et une solution d'ensemble qui risque de ne pas satisfaire la Cour EDH (alors que c'est là le seul but recherché), laquelle est enfermée dans une conception du procès radicalement différente de la conception française et voit, abusivement, dans ces différences culturelles une anomalie juridique. Elle a d'ailleurs – comme cela était prévisible – étendu sa jurisprudence *Martinie* aux chambres régionales des comptes (CEDH 10 mai 2007, *Tedesco c./ France*).

Les juges doivent siéger en nombre impair afin d'éviter un partage égal des voix, mais l'imparité n'est pas un principe général de procédure applicable sans texte (Sect., 1er déc. 1972, *Fouche*, p. 708) ; au reste, si la règle d'imparité est expressément formulée pour les cours et tribunaux administratifs et pour certaines formations contentieuses du Conseil d'État, il est des exceptions remarquables : l'assemblée du contentieux du Conseil d'État (R. 122-20) ou les chambres réunies de la Cour des comptes (R. 112-18, code des jurid. fin.) siègent en nombre pair. Le délibéré est secret depuis l'article 208 de la Constitution du V fructidor an III (qui a tiré sur ce point les leçons de la désastreuse expérience du délibéré public instauré durant les premières années de la Révolution par le décret du 26 juin 1793), afin de sauvegarder l'impartialité et l'indépendance des décisions de justice ainsi que leur autorité morale (17 nov. 1922, *Légillon*, p. 849). C'est un principe général du droit applicable même sans texte (30 déc. 1996, *Él. mun. de Chantilly*, *Pet. Aff.* 1997 n° 32, concl. C. Maugüé) que rappelle avec une élégante sobriété l'article 8 du titre préliminaire du CJA et qu'explicite, l'article R. 741-1.

Il n'est pas nécessaire que le jour du jugement la formation soit composée des mêmes juges que durant le délibéré. La décision est acquise à la fin du délibéré et ne peut plus changer par la suite. C'est le rapporteur qui prépare un projet de jugement conforme au contenu du délibéré du moins lorsque la solution arrêtée lors de l'établissement du rapport (§ 307) diffère de celle retenue au cours du délibéré.

2 Contenu du jugement

Avant d'exposer les règles applicables à la lecture du jugement (B.) puis de décrire le contenu du jugement (C.), il importe, pour permettre une bonne compréhension des choses, de formuler un certain nombre d'observations préliminaires indispensables (A.).

A. Observations générales

Il convient d'indiquer ici, tout d'abord, quelques règles qui commandent l'organisation et le cadre du travail du juge au moment où il exerce proprement sa fonction de juger (1.) puis de donner un aperçu des différentes variétés de décisions que recouvre l'appellation générique de « jugement » (2.).

1. Sur quatre précisions liminaires

Si ces précisions sont « liminaires » en ce qu'elles précèdent l'exposé plus précis et technique des questions, elles n'en revêtent pas moins une grande importance.

• L'ordre des questions à trancher par le juge

317 Tout jugement comporte trois ordres de questions à résoudre : la compétence du juge saisi, la recevabilité de la requête et l'examen du fond de celle-ci. C'est à peu près toujours dans cet ordre que statue le juge puisque c'est là le schéma logique : la compétence prime la recevabilité et la recevabilité prime le fond. Toutefois, ce schéma connaît deux exceptions principales qu'il importe de signaler. La première concerne la primauté de la compétence sur la recevabilité, la seconde, la primauté de la question de recevabilité sur celle de l'examen au fond.

Tout d'abord, l'incompétence de la juridiction, c'est-à-dire son inaptitude à statuer sur un litige déterminé, n'empêche pas toujours celle-ci de prononcer une irrecevabilité – comme cela devrait pourtant être le cas –.

Si, normalement, une juridiction incompétente pour connaître d'une requête doit le constater et rejeter cette requête sans autre forme de procès, si l'on peut dire, même au cas où cette requête est irrecevable, il convient cependant de distinguer deux hypothèses.

Première hypothèse : l'incompétence du juge administratif résulte de ce que c'est une juridiction d'un autre ordre juridictionnel qui est compétente. La règle selon laquelle la compétence prime la recevabilité s'applique alors dans toute sa rigueur : l'incompétence sera proclamée sans examen de la question de recevabilité.

Seconde hypothèse : le juge administratif saisi n'est incompétent qu'en raison de la compétence matérielle appartenant à une autre juridiction administrative pour connaître de la requête. L'irrecevabilité, si elle est à la fois manifeste et insusceptible de régularisation, sera relevée par le juge incompétemment saisi (11 janv. 2008, *Assoc. Les parentèles*, rejet nonobstant les règles de partage des compétences entre les juridictions administratives de droit commun et les autres juridictions administratives). Il faut cependant que les deux conditions soient réunies ; à défaut de l'une d'entre elles au moins, le principe de primauté de la compétence sur la recevabilité reprendra tout son empire et le rejet de la requête sera prononcé sans examen de sa recevabilité.

Ensuite, l'irrecevabilité de la requête n'empêche pas toujours son rejet au fond. Si, en principe, la requête irrecevable ne peut être examinée au fond, il est un tempérament à celui-ci lorsque le juge saisi estime qu'en toute hypothèse la requête devra être rejetée sur le fond : dans ce cas, nonobstant l'irrecevabilité, il prononcera le rejet (29 juil. 1950, *Aouizerat*, p. 488 ; 27 janv. 1997, *Comité de Vaucluse de la Fédérat. franç. de pétanque*, *AJDA* 1997, p. 387, concl. R. Abraham ; 19 nov. 2008, *Jean-Louis X.*, req. 294076). Ainsi, le requérant est immédiatement fixé sur le sort de sa requête alors que le prononcé de l'irrecevabilité l'aurait laissé incertain sur le sort de celle-ci et il aurait pu ainsi être incité, après régularisation de l'irrecevabilité (et encore à condition que cette régularisation soit possible), à recommencer un procès, en réalité perdu d'avance. C'est pourquoi le Conseil d'État accueille avec faveur les rejets au fond des requêtes irrecevables (pour un exemple : 18 juil. 1973, *Monus*, p. 527).

• Les régularisations

318 En principe, le non-respect des règles relatives à la recevabilité, ou le non-accomplissement de certaines formalités qu'elle requiert, entraîne l'irrecevabilité du recours ainsi formé irrégulièrement et il en va d'autant plus ainsi que ces règles sont d'ordre public. C'est donc à coup sûr que le recours sera rejeté pour ce motif. Il est cependant des irrecevabilités susceptibles de régularisation, ces cas ayant tendance à se multiplier et à être libéralement appliqués par le juge.

Sont tout d'abord, toujours non susceptibles de régularisation les irrecevabilités : pour forclusion, car celles-ci sont toujours insurmontables, ou celles tirées de ce que la décision attaquée ne peut faire l'objet de recours, ou celles résultant de ce que la demande en référé d'urgence n'est pas présentée par le moyen d'une requête distincte de la requête à fin d'annulation ou de réformation (26 janv. 2007, *Assoc. La Providence*), ou celles découlant de la non transmission préalable au préfet d'un acte local (25 juil. 2008, *Cne de Rougon*), ou encore les irrecevabilités fondées sur l'absence de formation, avant le recours contentieux, d'un recours administratif préalable lorsque celui-ci est déclaré obligatoire (6 mai 1977, *Garrigues*, p. 208).

Ne sont pas, non plus, régularisables, en appel, celles des irrégularités qui entachent la requête de première instance et ont, pour ce motif, entraîné son rejet (ainsi, le défaut de moyen de la requête de première instance ne peut pas être régularisé en appel : 25 juin 2007, *Sarl de gestion immobilière de la Fontaine Gravoure*, req. 288944).

Sont, ensuite, susceptibles de régularisation un certain nombre d'irrecevabilités.

Parmi les irrecevabilités susceptibles de régularisation, certaines, peu nombreuses à vrai dire, ne sont régularisables que jusqu'à l'expiration du délai de recours, ainsi celles résultant de l'absence de moyens ou de conclusions dans une requête ou celles tenant à un vice substantiel entachant celle-ci.

Les autres irrecevabilités, les plus fréquentes, sont régularisables même après l'expiration du délai du recours contentieux. Elles se rangent en deux groupes.

Dans un premier groupe se rencontrent celles de ces irrecevabilités qui ne sont opposables au requérant que si celui-ci a impérativement (22 juin 1988, *SCI Ponderosa*; 25 oct. 1997, *Syndicat d'exploitants agricoles d'Annequin*, p. 355) fait l'objet, de la part du juge saisi, d'une invitation expresse à régulariser dans un délai raisonnable (qui ne peut être inférieur à quinze jours) et s'il a été informé clairement – et « en des termes dépourvus d'ambiguïté » (25 juin 2007, *Jean X.*, req. 279437) – des conséquences de sa négligence à régulariser (R. 612-1 et R. 612-2), le simple rappel ou résumé des dispositions du CJA ne suffisant pas (ici, celles de R. 811-7, même arrêt) : ne pourra donc être sanctionné pour l'irrecevabilité de sa requête que celui qui, invité à régulariser, se sera abstenu de le faire. Entrent dans ce premier groupe : le défaut de constitution d'avocat, l'incapacité du requérant (par ex. un mineur : Sect., 9 juil. 1997, *Kang*, *AJDA* 1997, p. 906, concl. M. Denis-Linton), les requêtes formées collectivement à tort, la désignation d'un mandataire auquel n'a pas été donné mandat pour agir en justice, etc.

Dans un second groupe se rangent les irrecevabilités régularisables qui n'ont pas à être précédées d'une invitation à régulariser : défaut de décision préalable, absence d'intérêt à agir, car l'intérêt invoqué n'ouvre pas qualité pour agir.

Enfin, on signalera le cas particulier des régularisations dans le cadre des recours contentieux en matière de travaux publics. De tels recours n'étant soumis à aucune condition de délai (R. 421-1 et R. 411-1), les régularisations qui les concernent sont, elles aussi, possibles à tout moment ; aucune irrecevabilité ne peut donc être opposée à ces demandes de régularisation (Versailles, 29 sept. 2006, *Mme Maillard*).

• La portée de l'obligation de juger

319 L'office du juge est de rendre la justice car le justiciable a un véritable droit à ce que sa cause soit jugée, c'est-à-dire, tout à la fois, qu'elle doit être examinée, recevoir une réponse, dont on a vu plus haut (§ 37-42) qu'elle doit l'être au terme d'un procès équitable que domine l'impartialité du juge. Le terme normal de toute instance est donc le prononcé d'un jugement. Ceci implique plusieurs conséquences. Tout d'abord, le juge ne peut pas refuser de juger sous peine de la sanction encourue pour *déni de justice* ; sur ce point, le Code civil contient en son article 4 une disposition qui ne fait qu'exprimer un principe général du droit probablement de nature constitutionnelle. Ensuite, le juge doit remplir complètement sa mission, c'est-à-dire répondre à tous les chefs de demande utilement développés (17 nov. 1982, *Karenga*, p. 385).

Également, le juge saisi a l'obligation d'épuiser sa compétence à l'égard du recours dont il est saisi. Ainsi, ayant reconnu l'existence d'un préjudice, il doit impérativement statuer sur le montant de son indemnisation même dans le cas où l'expertise ordonnée à ce titre n'a pas été menée à bien à cause du demandeur en indemnisation (Marseille, 29 juin 2006, *Clinique Vert-Côteau*).

Enfin, le juge ne peut rendre des jugements implicites : son silence ne peut, en principe, avoir aucune signification de nature juridictionnelle. Il n'y a de jugement qu'explicite. Lorsqu'un texte impartissant au juge un délai pour statuer n'est assorti d'aucune sanction en cas de non respect, l'expiration de ce délai n'a aucun effet et le juge, ce nonobstant, est quand même tenu de statuer par un jugement effectif.

Il existe cependant des exceptions ou dérogations à ce principe. Dans certains cas, le législateur attribue, par exception, un sens au silence du juge lorsqu'il a duré un certain temps, ce sera généralement le rejet de la prétention du requérant (par ex. le silence d'un mois sur une demande de référé fiscal [§ 298 et suiv.] vaut rejet de celle-ci ; le silence d'un mois [trois mois si c'est le Conseil d'État qui est saisi] sur une demande relative à une assignation à résidence ou à une interdiction de séjour prononcée en période d'état d'urgence vaut caducité de la mesure; le silence gardé durant trois jours sur le déféré préfectoral refusant d'enregistrer une candidature à une élection entraîne l'obligation de l'enregistrer). Dans d'autres cas, le législateur décide que le juge demeuré silencieux un certain temps est dessaisi du dossier lequel sera alors transmis à une juridiction supérieure (c'est le cas en matière d'élections municipales ou cantonales) : en cette occurrence, le jugement rendu hors délai est nul (6 nov. 1963, *Élect. mun. de Bellerive-sur-Allier*, p. 525). Enfin, se rencontre la situation du juge qui décide soit de retarder le cours du procès, par ex. en prononçant un sursis à statuer dans le cadre d'une procédure de renvoi préjudiciel ou en rouvrant l'instruction, soit d'en suspendre le cours, par exemple en prononçant un non lieu en l'état (§ 239).

• L'office du juge

320 Par cette expression « office du juge » on désigne tout simplement l'idée que se fait le juge de la manière dont il doit exercer sa fonction de juge. Cette conception est essentielle, car elle gouverne entièrement la façon dont le juge rend la justice. Il ne s'agit plus ici de l'autonomie procédurale dont il dispose à l'égard des parties, ni non plus de sa dépendance envers leurs conclusions, ni même du contenu de ce qu'il a à dire en droit. L'office du juge détermine absolument comment il rend la décision qu'il a décidé de rendre. Ceci n'est pas nouveau, car l'office du juge est consubstantiel à l'acte de juger et il est donc aussi ancien que la fonction juridictionnelle elle-même. Ce qui est nouveau, surtout sous la plume du juge administratif, c'est l'invocation explicite de cet office pour justifier la portée ou la nature des solutions qu'il arrête. Ainsi, alors qu'un acte déclaré illégal est nul et doit donc être annulé depuis son origine, c'est-à-dire rétroactivement, l'office du juge peut l'amener à ne donner qu'une portée restreinte, pour le futur seulement, à son annulation (Ass., 11 mai 2004, *Assoc. AC! et autres*, p. 197, concl. C. Devys; Sect., 25 févr. 2005, *France télécom*, *RFDA* 2005, p. 802, concl. S. Prada-Bordenave; 25 juin 2007, *Syndicat CFDT du ministère des Affaires étrangères*, req. 304888. *Cf. La modulation des effets dans le temps d'une annulation contentieuse*, *RFDA* 2004, dossier, p. 437-474) ou, plus significativement encore, à une décision de rejet (Sect., 27 oct. 2006, *Sté Techna*, AJDA 2006 p. 2385, chron. C. Landais et F. Lenica). Pareillement, le juge recourt à son office s'agissant de déterminer les cas dans lesquels, nonobstant le principe d'impartialité, un juge peut être amené à connaître d'une affaire dont il a déjà connu en une autre qualité juridictionnelle (Sect., Avis, 12 mai 2004, *Cne de Rogerville*, p. 223; du même jour, *Hakkar*, p. 224). Encore, relèvent de son office, la décision par laquelle le juge use de son pouvoir de substitution de base légale (Sect., 3 déc. 2003, *El Bahi*, p. 479, concl. J.-H. Stahl. *cf. La substitution dans le contentieux de l'excès de pouvoir*, *RFDA* 2004 p. 733-756, diverses contributions), inverse les résultats d'une élection plutôt que de les annuler purement et simplement (Ass., 13 janv. 1967, *Él. mun. d'Aix-en-Provence*, p. 16), annule également le 2e tour d'une élection alors que seule lui est demandée l'annulation du 1er tour (14 nov. 2008, *R.*, req. 317174), choisit librement la sanction disciplinaire à infliger à un médecin parmi celles énumérées dans la loi (17 mai 2006, *Médecin conseil chef de l'échelon local du service médical près la CPAM de Seine-Saint-Denis*, *AJDA* 2006, p. 1806), donne, à la place de la CJCE qui, vu l'urgence, ne peut être saisie à cet effet, une interprétation provisoire du mot « fuite » contenu dans un règlement communautaire (Ord. réf., 18 oct. 2006, *Milana A. épouse Khizir*) ou celle par laquelle le juge du référé précontractuel prononce l'annulation d'une procédure contractuelle au lieu de la suspension de celle-ci qui était, seule, demandée (20 oct. 2006, *Cne d'Andeville*, *AJDA* 2006, p. 1983). De la même manière, méconnaît son office le juge qui renvoie un requérant devant l'administration pour qu'elle statue sur ses prétentions sans fixer à cette dernière les éléments nécessaires pour y procéder (2 juil. 2007, *SEITA*, req . 283456). En revanche, il n'entre pas dans l'office du juge des référés d'examiner l'éventuelle contrariété d'une loi à des engagements internationnaux sauf dans le cas où, antérieurement, une décision définitive aurait statué sur cette question (Ord. 9 août 2006, *Cne de Groslay, Assoc. « Ville et Aéroport »*).

Ainsi, l'office du juge revêt des aspects multiformes et il convient de ne pas dilater à l'extrême cette notion et son rôle en voyant de l'office du juge sous toutes les décisions rendues; à cet égard, on peut regretter son usage parfois surabondant dans la jurisprudence récente. C'est pourquoi doit être saluée la position ferme adoptée en la matière par la Cour de cassation qui cantonne clairement l'obligation s'imposant au juge du chef de l'exercice de son office (Plén. 7 juil. 2006, *D.* 2006 p. 2135, note L. Weiller; et, surtout: Plén. 21 déc. 2007, *D.* 2008, p. 1102, note. O. Deshayes).

2. Les différentes espèces de jugements

Sous le terme unique de « jugement » existent diverses espèces de décisions de justice.

• Jugement avant dire droit et jugement sur le principal; le jugement mixte

321 *Les jugements avant dire droit* sont rendus au cours du procès mais avant le jugement définitif que, normalement, ils préparent et permettent de rendre.

Ils ordonnent des mesures provisoires, telles l'octroi de la suspension d'une décision, ou des mesures d'instruction, telles une expertise ou une visite des lieux. Ils ont donc pour objet d'éclairer le juge lorsqu'il aura à examiner le litige au fond. Les *jugements sur le principal* ont pour but de trancher définitivement et complètement le litige même qui les fait exister. Dans une même affaire, il peut y avoir plusieurs jugements avant dire droit et plusieurs jugements sur le principal, chacun portant sur l'un des aspects du litige. Les ordonnances de référé sont normalement des décisions statuant sur le principal et sont traitées comme telles à l'exception des référés-suspension qui, n'ayant qu'un caractère provisoire, sont donc des décisions d'avant dire droit. Dans tous les cas, la différence essentielle entre les deux sortes de jugements concerne l'épuisement du litige et donc le dessaisissement du juge: ceux-ci n'existent que dans le cas des jugements sur le principal jamais dans un jugement d'avant dire droit.

Les jugements mixtes sont pour partie d'avant dire droit et pour partie rendus sur le principal. Ainsi, un jugement rendu en matière de responsabilité extra-contractuelle qui ordonne une expertise pour évaluer le dommage et son montant, est un jugement mixte: il est avant dire droit en tant qu'il porte sur l'expertise et il est définitif en tant qu'il juge qu'il y a bien responsabilité (ici, de la puissance publique) et que se pose seulement la question du montant de la réparation. Toutefois, le caractère incomplet de l'examen du principal fait ranger les jugements mixtes, pour l'essentiel, dans la catégorie des jugements d'avant dire droit; il est, en particulier, significatif que le délai d'appel contre un tel jugement ne court qu'à compter de l'épuisement du principal et non de la notification du jugement mixte (Ass., 18 déc. 1998, *Gaz de France*, p. 508; mais voir cependant, en sens contraire: Douai, 13 avr. 2006, *Cne de Verneuil-en-Halatte.* et surtout, 25 oct. 2006, *Sté Sud-Est réalisations,* req. 264334: lorsque le jugement d'avant dire droit se prononce sur le principe d'une responsabilité et ordonne une expertise, il est définitif sur la question de la responsabilité et doit donc, sur ce point, être frappé d'appel dans les deux mois de sa notification).

• Jugement contradictoire et jugement par défaut

322 Le jugement est contradictoire ou réputé contradictoire quand il a été rendu après la présentation par les parties d'observations écrites, accompagnées éventuellement de l'audition de leurs thèses respectives à l'audience. Il est rendu par défaut quand le défendeur n'a pas été entendu parce qu'il s'est abstenu de produire une défense ou l'a fait dans des conditions irrégulières (par ex. défaut de mémoire écrit). En ce cas, il est possible de former opposition (§ 415-418) contre un jugement par défaut, du moins quand le jugement n'a pas été rendu par un tribunal administratif, car il n'existe pas d'opposition contre un tel jugement, seul l'appel est alors possible.

• Jugement déclaratif et jugement constitutif

323 Le jugement est déclaratif quand il se borne à reconnaître une situation antérieure existant au moment de l'ouverture de l'instance et à la prendre telle quelle. Le juge demeure passif, il subit et ne construit pas l'objet ou la situation qu'il utilise. Il est dit constitutif quand le juge crée lui-même par sa décision une situation juridique nouvelle, inexistante donc jusqu'alors.

• Jugement en premier ressort et jugement en dernier ressort

324 Le jugement en premier ressort est susceptible d'appel, il est soumis au principe du double degré de juridiction. Le jugement en dernier ressort n'est pas susceptible d'appel; il peut relever d'un recours en cassation. Les décisions du Conseil d'État sont toujours rendues en dernier ressort et sont toujours insusceptibles de faire l'objet d'un recours en cassation alors que ceux de la Cour des comptes, également rendus en dernier ressort, peuvent faire l'objet d'un tel recours.

• Jugement doté de l'autorité de chose jugée et jugement passé en force de chose jugée

325 *Le jugement a l'autorité de chose jugée* à l'égard des parties en cause, relativement à l'objet du procès et aux moyens qu'elles y ont développés et qui ont été retenus par le juge au soutien nécessaire de sa décision. Il s'agit de l'autorité de chose jugée visée par l'article 1351 du Code civil: elle joue pour tous les jugements. C'est à ce type de jugement que s'applique l'adage « *Res judicata pro veritate habetur* ».

Le jugement est passé en force de chose jugée dans trois séries de cas:

– soit il s'agit d'un jugement en premier ressort contre lequel aucun appel n'a été interjeté, ou bien, si un appel a été formé, il a été rejeté;

– soit il s'agit d'un arrêt rendu en dernier ressort (cour administrative d'appel, Cour des comptes, Cour de discipline budgétaire et financière, etc.) qui ne peut encore faire l'objet que d'un recours en cassation (Ass., 27 oct. 1995, *Mattio*, p. 359, concl. J. Arrighi de Casanova); il convient de relever l'importance de ce cas: lorsqu'une loi valide des mesures annulées par une décision de justice, elle ne peut plus le faire après que l'arrêt d'appel a été rendu. Est donc finie l'époque où le pouvoir exécutif attendait parfois jusqu'au prononcé des conclusions du commissaire du gouvernement devant le Conseil d'État pour saisir, en catastrophe, le législateur d'un projet de loi de validation de la disposition promise à une censure certaine;

– soit il s'agit d'une décision du Conseil d'État: elle a toujours ce caractère.

La notion de jugement passé en force de chose jugée est importante pour l'application d'un grand nombre de textes qui subordonnent le facteur déclenchant des mécanismes qu'ils instituent ou des conséquences qu'ils tirent à ce que le jugement soit « passé en force de chose jugée ».

B. La lecture du jugement et le dessaisissement du juge

Le jugement est « lu » et cette lecture, outre ses caractères propres (1.) a un effet décisif en ce que, normalement, elle dessaisit le juge (2.).

1. Le régime de la lecture du jugement

326 Le code de justice administrative est formel lorsqu'il indique que les jugements et arrêts sont lus en audience publique (art. R. 741-1). Cette lecture, lorsqu'elle est prévue – ce qui est le cas le plus fréquent –, est obligatoire, d'une part, parce que son omission entache de nullité la procédure (8 janv. 1982, *Serban*, p. 8, concl. B. Genevois; 27 sept. 2006, *Laurent C. et autres*, req. 281690, où cette obligation de lecture publique est imposée à la chambre supérieure de discipline du Conseil supérieur de l'ordre des vétérinaires), d'autre part, parce que c'est à partir de la date de cette lecture que se calcule le délai d'appel ou de recours en cassation. Il est significatif de noter que c'est bien cette lecture et non la signature de la minute du jugement qui « fait » la décision puisqu'il n'y a pas d'autre publicité pour un jugement que sa lecture publique (Ass., 7 nov. 1947, *Alexis et Wolff*, p. 416), hormis, mais *a posteriori*, l'affichage du texte de celui-ci dans les locaux du tribunal.

Cependant, contre toute attente, le Conseil d'État ne fait pas de cette exigence une règle générale de procédure et refuse de la consacrer en l'absence de texte : on ne voit pas ce qui justifie le maintien de cette jurisprudence.

La lecture n'a pas à être intégrale, il suffit que le dispositif le soit et c'est bien ce qui se produit le plus souvent, cette partie du jugement étant la plus directement accessible au public non averti et, de toute façon, celle qui contient la décision. Naturellement, cette lecture doit être conforme au texte même de la minute. Par ailleurs, il n'est pas obligatoire que les parties soient avisées de l'audience de lecture et, *a fortiori*, qu'elles y soient convoquées (Sect., 13 nov. 1985, *Prempeh*, p. 677; Sect., 13 nov. 1996, *Synd. des avocats de France*, p. 118; 22 nov. 2004, *Min. Jeunesse, Éduc. nat. et Recherche*).

Outre le dessaisissement du juge, exposé ci-après, la lecture du jugement produit d'importantes conséquences : c'est à la date de sa lecture, non de sa notification, qu'un jugement acquiert autorité de la chose jugée ; c'est encore cette date qui détermine les voies de recours possibles contre la décision lue, toute modification des possibilités de recours intervenant postérieurement à la lecture et même antérieurement à la notification est sans effets ; c'est également la date de sa lecture qui sera retenue pour apprécier la régularité procédurale d'une décision de justice administrative. C'est pourquoi des indications contradictoires entre la date du jugement et celle de sa lecture entraînent toujours l'annulation de celui-ci (27 juin 2008, *Cne d'Ensuès-la-Redonne*).

2. Les effets de la lecture du jugement : le dessaisissement du juge

Si le principe du dessaisissement du juge dès le prononcé du jugement est une conséquence certaine, il n'en connaît pas moins des inflexions.

• L'affirmation du principe

327 L'effet le plus radical de la lecture du jugement est d'emporter dessaisissement de la juridiction ; ce qu'exprime l'adage illustre : « *Lata sententia judex desinit esse judex* ». Une fois le jugement lu, le juge n'a plus aucun pouvoir juridictionnel sur celui-ci, ni de le réviser, ni de le modifier, à la demande des parties ; seul un appel serait possible. Il n'en va autrement que si le précédent recours avait été rejeté pour vice de forme ;

quand celui-ci est régularisé, le premier juge peut être saisi à nouveau de la même affaire mais il statue en réalité pour la première fois sur elle puisqu'il s'agit pour lui d'un premier examen du principal (5 janv. 1868, *Baruzzi*, p. 11 ; 15 déc. 1900, *Le Pelletier de Glatigny*, p. 774).

Le juge ne peut pas revenir sur sa décision même quand il s'aperçoit avoir commis une erreur d'application d'un texte légal, sauf quand la tierce opposition est possible, et à condition qu'elle ait été formée. Il ne peut pas davantage revenir sur un litige lorsqu'il s'aperçoit avoir omis de statuer sur une partie des conclusions (11 mai 1906, *Féraud*, p. 419) ou prétendre rectifier une erreur de procédure (27 juil. 1928, *Les rizières françaises*, p. 960).

• Les inflexions et exception

328 Le recours en interprétation formé devant la juridiction qui a rendu une décision passée en force de chose jugée oblige cette juridiction à interpréter ladite décision sans pouvoir opposer son dessaisissement. Cela est normal, car elle intervient alors non pour juger à nouveau mais pour dire quel est le sens exact de ce qu'elle a jugé en vertu du principe « *Ejus est legem interpretari cujus est condere* ». Le juge, on le sait (§ 46), peut d'ailleurs relever que sa décision étant claire, il n'est nul besoin, pour lui, de l'interpréter.

La demande nouvelle formée dans le délai du recours contentieux et fondée sur un autre cause juridique que celle sur laquelle s'appuyait une requête précédente, rejetée, peut parfaitement être introduite devant la même juridiction : celle-ci, en rendant sa décision sur cette seconde demande, ne remet pas en cause son dessaisissement à l'égard de la première.

Lorsque, après annulation d'un jugement, notamment pour incompétence, le Conseil d'État renvoie les parties devant la juridiction dont la décision a été annulée, celle-ci va statuer à nouveau sans que le principe du dessaisissement y fasse obstacle. Cela résulte de ce que le premier jugement est censé n'avoir jamais existé (solution constante au moins depuis 16 juin 1950, *Sté des Établ. Batte*, p. 370, concl. F. Gazier).

Enfin, lorsque le président d'un tribunal administratif, et seulement lui, constate que la minute d'un jugement comporte une erreur ou une omission matérielle, il peut y apporter, par ordonnance rendue dans le délai de deux mois à compter de la lecture du jugement, les « *corrections que la raison commande* ». Cette ordonnance rectificative fait courir le délai d'appel contre ce jugement (R. 741-11).

C. La structure du jugement

Toutes les décisions de justice se présentent, formellement, suivant un certain ordre qui est immuable : visas et mentions (1.), motifs (2.) et dispositif (3.) assorti de la formule exécutoire (4.). Enfin sera présentée la notification des jugements (5.).

1. Visas et mentions

329 C'est par ces éléments que débute le texte de toute décision de justice. Ceux-ci sont prescrits afin de permettre à la juridiction supérieure, éventuellement saisie, d'exercer son contrôle sur la manière dont le juge a compris et a accompli sa mission. Pour cela vont être vérifiés les *visas* des textes sur lesquels le juge entend se fonder et des mémoires produits dans l'instance, ainsi que les *mentions* des différents éléments de

procédure à caractère le plus souvent substantiel. Les mentions et les visas portés sur la minute du jugement font foi jusqu'à la preuve du contraire (4 mai 2007, *Syndicat intercommunal de la région des Yvelines pour l'adduction d'eau*, req. 268103).

• Les visas

330 Ils ont normalement été rédigés par le rapporteur avec les éventuelles corrections du réviseur. C'est par eux que débute, après la formule d'envoi, le texte proprement dit du jugement. Doivent d'abord être visés les requêtes et les mémoires déposés par les parties, et cela à peine de nullité du jugement; leur substance doit être rappelée au moins sommairement. Le fait de ne pas viser un mémoire ou de ne pas analyser l'un des moyens qu'il contient, entache de nullité le jugement (14 janv. 2008, *Sté Cluzet*, req. 297221; 30 avr. 2008, *Sté Lanvin*, req. 304345), la juridiction n'étant dispensée de viser que ceux des mémoires qui ne contiennent aucun moyen ou élément nouveau et qui, comme tels, n'ont pas été communiqués à l'autre partie (30 nov. 1910, *Départ. de Seine-Inférieure*, p. 855; 19 mars 2008, *Simone X.*, req. 300335). Lorsqu'un mémoire parvient à la juridiction après clôture de l'instruction (que celle-ci résulte d'une ordonnance de clôture ou, en l'absence d'une telle ordonnance, se produise trois jours francs avant la date d'audience mentionnée sur l'avis d'audience, cf. § 212-214), le juge a deux possibilités. Soit il ne le communique pas aux parties, se borne à en prendre connaissance et à le viser dans son jugement sans analyser son contenu, soit il choisit de le communiquer aux parties et, en ce cas, il doit le viser et l'analyser; il n'est jamais obligé de le communiquer sauf s'il se trouve dans l'une des trois hypothèses énumérées au § 214 (4 févr. 2008, *Pascal X.*, req. 292956).

En revanche, le Conseil d'État admet que, par un même visa, le juge vise tous les mémoires produits pourvu qu'il analyse au moins succinctement chacun d'eux, de même, il admet un visa par référence quand tous ces mémoires ont été produits dans une instance précédente et visés dans le jugement qui a suivi. Enfin, il accepte que le visa ne reproduise pas la date d'enregistrement des mémoires au greffe.

Doivent également les pièces jointes: leur visa n'est cependant obligatoire que si le tribunal se fonde, en tout ou en partie, sur elles pour rendre sa décision (9 janv. 1961, *Sté de vente U...*, p. 15). Dans le cas contraire, leur visa n'est pas obligatoire. Dans tous les cas, le visa ne peut concerner que des pièces produites avant la clôture de l'instruction.

Doivent également être visées les conclusions des parties. Celles-ci seront analysées par le juge lorsqu'elles contiennent des éléments nouveaux. Le jugement rendu sur le seul visa des conclusions sans en faire l'analyse est nul (26 oct. 1945, *Min. des Communications*, p. 216). En revanche, l'analyse des mémoires par la juridiction couvre le défaut de visa (7 nov. 1958, *Sté d'électricité et des eaux de Madagascar*, p. 530). La raison de cette jurisprudence est de s'assurer que le juge a réellement tenu compte des points de vue développés respectivement par chaque partie, satisfaisant ainsi aux exigences du principe du contradictoire. Ceci explique par exemple que l'inexacte analyse d'un mémoire n'entraîne pas la nullité du jugement quand cette inexactitude n'a pas influé sur le sens de la décision. Si l'article R. 741-2 parle de « *conclusions* », on doit entendre cependant par là non seulement les conclusions au sens strict mais encore l'ensemble du contenu des mémoires (faits, moyens et, naturellement, conclusions).

Une différence existe entre le contentieux de la pleine juridiction, dans lequel l'analyse des mémoires commence normalement par les mots « *ce faisant, attendu que...* » suivis d'une demande: « *modifier en conséquence... (ou autre chose)* », et le contentieux de l'excès de pouvoir, où l'analyse des mémoires débute par les mots « *ce faire, attendu que...* » sans autre formule de conclusion. La différence de ces formulations traduit la différence des pouvoirs du juge selon les branches du contentieux : en excès de pouvoir ne lui est demandée qu'une annulation, en plein contentieux est sollicitée une annulation et, en conséquence, la modification ou la rectification d'une situation de droit.

Doivent encore être visées en vertu d'une règle générale de procédure (18 févr. 2009, *Djelloul X.*, req. 313343) les dispositions de droit positif applicables à l'affaire (Constitution, traités, lois, règlements, etc.). Il n'y a pas d'importance à ce que le jugement vise des textes périmés ou inapplicables en l'espèce dès lors que, parmi eux, il cite un texte applicable qui fonde correctement sa décision. En revanche, l'omission de viser le texte sur lequel il s'appuie pour statuer vicie intégralement le jugement sauf si ce texte est évoqué dans les motifs, ce qui couvrirait le vice de défaut de visa (9 mars 2007, *Nadine A.*, req. 267635 ; 25 juil. 2008, *Cne de Rougon*). Ainsi, l'ordonnance de référé qui ne mentionne pas dans ses visas, ni d'ailleurs dans ses motifs, le texte dont elle fait application est irrégulière et doit être annulée (22 août 2002, *Assoc. Elisa*, *AJDA* 2002, p. 1190 ; 6 févr. 2008, *Jean X.*, req. 265595).

• Les mentions

331 Le jugement comprend ensuite, immédiatement après les visas, un certain nombre de mentions. Celles-ci font foi jusqu'à la preuve du contraire (4 févr. 2008, *Marilyne X.*, req. 295727). Il s'agit notamment de :

– celle portant que les parties ont été convoquées à l'audience ; toutefois, l'absence de mention de cette convocation, n'entache pas le jugement d'irrégularité s'il n'est pas contesté que l'audience a réellement eu lieu (6 avr. 2007, *CCAS de Chaville*) ;

– celle indiquant que le jugement a été (ou pas) rendu en audience publique ; l'omission de cette mention est une cause de nullité si elle n'est pas couverte par d'autres mentions contenues dans la minute du jugement et révélant la réalité de la tenue d'une audience (27 avril 2007, *Michel A.*, req. 295771) ;

– celle relative aux noms des parties (ce qui signifie les noms de toutes les parties même si celles-ci sont nombreuses : 2 févr. 2009, *Pierre X.*, req. 308585) et au contenu de leurs conclusions ; les parties doivent être clairement dénommées afin que leur identification soit aisée ;

– celle portant que le rapporteur a été entendu (ou plutôt « ouï », pour reprendre un bel archaïsme de la langue judiciaire) mais cela n'est pas exigé à peine de nullité (R. 741-2) semble-t-il, et c'est pourtant un excellent moyen de vérifier l'existence du rapport, car le défaut de rapport, on le sait, vicie totalement le jugement (*cf.* § 307) ;

– celle relative à l'audition des parties et/ou de leurs mandataires. Le CJA spécifie l'obligation (R. 741-2) d'indiquer que les parties ont été entendues ou, si elles étaient absentes, qu'elles avaient été régulièrement convoquées ; l'inexactitude des mentions sur ce point conduit à l'annulation du jugement (26 nov. 2008, *Synd. mixte de la vallée de l'Oise* : omission de mentionner l'existence d'observations orales à l'audience). La contradiction aux énonciations du jugement à cet égard peut être apportée par toute preuve contraire, à défaut le contenu du jugement l'emportera ;

– celle précisant l'audition des conclusions du rapporteur public, le défaut ou l'inexactitude d'une telle mention entraîne (1er cas) ou peut entraîner (2e cas) la nullité du jugement ;

– celle relative, le cas échéant, au dépôt d'une (ou plusieurs) note(s) en délibéré (30 mai 2007, *Copede*), l'omission de cette mention entraînant l'annulation du jugement ;

– celle relative aux juges, mention particulièrement importante qui doit : 1) préciser les noms de tous les juges qui ont participé au prononcé du jugement ; 2) indiquer l'existence d'empêchement(s) de(s) juge(s) titulaire(s) avec justification du motif et des modalités de désignation du juge suppléant ; 3) donner les noms des juges qui ont été présents, à la fois, à toutes les audiences et à l'entier délibéré, tout défaut ou toute insuffisance à cet égard entraînerait la nullité du jugement ; le Conseil d'État exerce un contrôle étroit de cet aspect ;
– celle relative à la date du jugement. Si la date du délibéré n'est pas requise à peine de nullité, en revanche le fait qu'elle ne coïncide pas avec les autres éléments de date du jugement, ferait encourir l'annulation à ce dernier ; au contraire, la date de la lecture en audience publique est requise, elle, à peine de nullité. Ainsi, la discordance entre la première et la dernière pages d'une ordonnance de référé quant à la date à laquelle celle-ci a été rendue, l'entache d'irrégularité (13 juil. 2007, *Michelle X.*, req. 294369) ;
– celle concernant les signatures ; le jugement est obligatoirement signé (R. 741-7) par le président de la formation qui a rendu la décision, par le secrétaire-greffier d'audience et par le rapporteur, lorsque celui-ci n'est pas, en même temps, le président. Ces signatures confèrent à la minute du jugement son authenticité, d'où l'étroit contrôle exercé par le Conseil d'État sur le respect de ces formalités (22 janv. 2007, *Sté GPV*) par l'examen de la minute elle-même (24 janv. 2008, *Jean-Paul X.*, req. 294799).

2. Les motifs

332 Le principe est clair, le juge est obligé de motiver ses décisions. Ainsi que le prescrit solennellement l'article L. 9 du titre préliminaire du CJA, reprenant la formulation de l'article 208 de la Constitution de l'an III : « *Les jugements sont motivés.* » C'est sur la motivation du jugement que, le plus souvent, les parties se fondent pour exercer leurs éventuels recours contre ce jugement. Le principe de motivation est d'ordre public (au moins depuis : 12 déc. 1818, *Fouquet et consorts c./Grasleuil*, t. II p. 434). Plus tard, le Conseil d'État trouvera un fondement écrit à cette exigence dans la loi du 20 avril 1810, article 7 (19 juil. 1889, *Romefort*, p. 877). Enfin, dans une dernière étape, le Conseil d'État y voit un principe général de procédure (5 déc. 1924, *Légillon*, p. 985) applicable même sans texte devant « *toutes les juridictions* » (23 nov. 1979, *Landsmann*, p. 430).
L'exigence de motivation s'exprime par un triple caractère : le caractère obligatoire de la motivation, son caractère suffisant et son caractère cohérent.

• Existence d'une motivation

333 Le dispositif doit apparaître comme la suite logique et le dernier maillon d'un raisonnement rigoureusement conduit et non comme l'expression de ce qui ne serait que l'arbitraire du juge. D'où la prohibition du jugement par référence ; en revanche, sont admis l'appropriation par un jugement des termes d'un autre jugement ou arrêt tout comme le renvoi à des pièces du dossier quand l'identité des situations est tout à fait complète. Pourtant, bien souvent, les jugements administratifs sont réputés être très laconiques, la concision des décisions du Conseil d'État est souvent opposée à certains développements doctrinaux contenus dans les jugements judiciaires, particulièrement les arrêts de la Cour de cassation. En réalité, les décisions des juges du fond, tribunaux et cours administratifs, sont assez circonstanciés et développés dans leur motivation afin de satisfaire au contrôle de régularité exercé par le Conseil d'État.

• Caractère suffisant de la motivation

334 L'existence formelle et matérielle de motifs dans un jugement ne suffit pas, car pour permettre de comprendre le raisonnement suivi, encore faut-il que les raisons en soient explicitées, en d'autres termes que la motivation soit « suffisante ». Cette expression doit être comprise en un triple sens d'ailleurs cumulatif.

La motivation doit, tout d'abord, être suffisante pour permettre son contrôle par le juge d'appel ou de cassation, éventuellement appelé à vérifier la pertinence de la motivation ou son degré d'adéquation aux questions juridiques posées qui constituent le fond de l'affaire. D'où la vérification minutieuse que les motifs et le dispositif s'enchaînent très logiquement. La motivation doit encore être suffisante à l'égard des parties pour permettre leur compréhension des raisons qui ont conduit le juge à se déterminer dans le sens retenu par sa décision. La motivation exerce ici un rôle pleinement pédagogique. En effet, au plan psycho-administratif, la compréhension du jugement en facilitera grandement l'acceptation : il en paraîtra d'autant plus « juste ». Enfin, l'exigence d'une motivation suffisante oblige le juge à répondre à tous les moyens soulevés par les parties et, éventuellement, à ceux soulevés d'office. Cette obligation a sa double limite : d'une part, le juge n'est tenu de répondre qu'à de véritables moyens non à de simples allégations (sur cette distinction, *cf.* concl. Jacomet sur 3 nov. 1947, *X.*, G. P. 1947.2.239), d'autre part, il ne doit répondre qu'à ceux des moyens régulièrement formulés. Par ailleurs, il est admis qu'une juridiction réponde implicitement à une fin de non-recevoir (28 déc. 2005, *Ville de Dôle c./Rigaud*, p. 1041).

• Caractère cohérent de la motivation

335 C'est là une exigence délicate et pourtant capitale. Il ne suffit pas de donner les raisons d'un jugement, encore faut-il que ces raisons aillent dans le même sens pour concourir à la formation d'une unique chaîne explicative. C'est pourquoi l'exigence de cohérence de la motivation est très forte : il s'agit, à la fois, de la cohérence de chacune des composantes de la motivation les unes par rapport aux autres, et de la cohérence globale de l'ensemble indivis de toute la motivation avec le dispositif qui en est, en quelque sorte, la conséquence dernière.

Le défaut de cohérence, c'est la « contrariété des motifs », c'est-à-dire des motifs contradictoires, et la sanction, inéluctable et logique, c'est l'annulation du jugement. À bon droit, la jurisprudence assimile la contradiction des motifs à l'absence de motifs (23 déc. 1927, *Decauville et autres*, p. 1256 où l'on trouve cette formule : « *La contrariété des motifs équivaut à un défaut de motifs* »). En effet, des motifs contraires entre eux rendent le jugement incompréhensible ou « illisible » tout comme le ferait l'absence de motifs (Pour un exemple en matière de référé : 5 janv. 2007, *Min. Int. c/Associat. « Solidarité des Français »*, où est relevée une contradiction entre, d'une part, l'affirmation du caractère disciminatoire d'une manifestation sur la voie publique et, d'autre part, la constatation de l'illégalité de l'arrêté de police qui interdit cette manifestation). De la même manière, on conçoit sans peine que sera annulée la décision juridictionnelle qui introduit une contradiction entre ses motifs et son dispositif (5 mai 1954, *Synd. des marais mouillés des Deux-Sèvres*, p. 870, où le juge, après avoir nié, dans les motifs, l'existence d'un préjudice, avait pourtant, dans son dispositif, accordé des dommages-intérêts pour le réparer... ; 7 août 2008, *Charles X.*, n° 288407).

3. Le dispositif

336 Le dispositif dit, en quelques mots, ce qu'a décidé la juridiction et c'est bien évidemment ce qui intéresse au plus haut point les parties, notamment le demandeur. Le dis-

positif est l'ensemble de la partie finale d'un jugement qui est rédigée en articles (en nombre variable) et contient, proprement, la décision du juge, c'est-à-dire ce qu'il « dispose » à l'égard du litige dont il avait été saisi, d'où le nom de « dispositif ». C'est la partie la plus importante du jugement, la seule à posséder toujours l'autorité de chose jugée. S'il peut arriver, comme on le verra ci-après, que les motifs possèdent cette autorité, c'est sous des conditions très strictes rigoureusement interprétées. Le dispositif est évidemment essentiel et son absence ou la contradiction entre des articles du dispositif, entraîne sans échappatoire possible l'annulation du jugement (14 févr. 1962, *Sté Laiterie de Craon*, p. 1073).

Il ne doit pas exister de contradiction entre les motifs et le dispositif à peine de nullité du jugement, mais cette nullité n'est pas d'ordre public, elle doit être expressément soulevée par les parties (9 févr. 2004, *Préfet de police c./Chaouche*, p. 727; 3 sept. 2008, *Min. Éco. , Fin. et Industr.*, n° 277755).

Le dispositif s'achève par un article qui contient la désignation de la ou des personnes ou autorité(s) chargée(s) d'exécuter le jugement; c'est à elles qu'est spécialement destinée la formule exécutoire.

Le jugement doit, à peine d'irrégularité, être daté (2 févr. 2005, *Raymond X.*, req. 255309).

Si la notion de dispositif se perçoit aisément, en revanche la limitation de la liberté du juge dans l'établissement du dispositif soulève de délicates questions comme aussi l'interdiction pour le juge de faire acte d'administrateur.

• Les limites à la liberté du juge dans l'établissement du dispositif

Les limites à la liberté du juge dans l'établissement du dispositif sont, principalement, au nombre de quatre.

337 *La première limitation* est constituée par les moyens d'ordre public (sur les moyens d'ordre public, *cf.* § 135, 156, 199, 203) que révèle souvent l'incise: *« sans qu'il soit besoin d'examiner les moyens de la requête »* (par ex.: 26 nov. 2008, *Emmanuel X.*, req. 300118). Le juge a l'obligation de les soulever d'office même si les parties ne l'ont pas fait ou si elles déclarent expressément renoncer à se prévaloir de ces motifs (29 avr. 1957, *Sté commerciale de l'ouest africain*, p. 271) et même si ces motifs ne sont découverts qu'après l'expiration du délai de recours ou la clôture de l'instruction.

338 *La deuxième limitation* tient aux personnes en cause. Le jugement, dans son dispositif, ne peut statuer qu'entre les seules parties au procès; il ne peut statuer ni à l'égard d'une personne qui n'a pas été mise en cause au cours des débats antérieurs (15 nov. 1889, *Guigoz*, p. 1042) ni à l'égard d'une personne qui a perdu en cours d'instance sa qualité de partie si ce n'est pour lui donner acte de son désistement quand, par exemple, elle s'est désistée.

339 *La troisième limitation* concerne les moyens développés et les conclusions prises par les parties. À cet égard, la limitation des pouvoirs du juge dans la rédaction du dispositif tient en deux propositions: 1) il a, positivement, l'obligation de répondre à ces moyens et conclusions, c'est l'obligation de statuer *omnia petita* (qu'on peut aussi appeler interdiction de statuer *infra petita*); 2) il a, négativement, l'obligation de ne répondre qu'à ces seuls moyens et conclusions, c'est l'interdiction de statuer *ultra petita*.

340 L'obligation de statuer *omnia petita* signifie que le juge doit, dans son dispositif, trancher à l'égard de tous les moyens dont il a été saisi et décider sur tous les chefs de conclusions présentés par les parties. L'*omission de réponse à moyen* peut entraîner, le plus sou-

vent, l'annulation de la décision de justice (7 nov. 2008, *Jean-Marie X.*, n° 291188 ; 27 mars 2009, *Claude X.*, req. 301468). En particulier, il doit répondre aux fins de non-recevoir (7 mars 2008, *Min. Éco, Fin., Emploi*, req. 299311). Mais il n'a pas à répondre aux moyens inopérants (§ 153 et 13 juin 2007, *Clotilde X.*, req. 288640) ou à ceux irrégulièrement présentés. Pareillement, lorsqu'un moyen permet de satisfaire la demande du requérant, le juge peut parfaitement se limiter à l'examen de ce seul moyen (ce qui se traduira dans la rédaction du jugement par l'incise suivante placée en tête du considérant concerné : « *sans qu'il soit besoin de statuer sur les autres moyens de la requête* »). Il est toutefois parfois fait échec à ce principe dit de « l'économie des moyens », par exemple en droit de l'urbanisme, où l'article L. 600-4-1 du Code de l'urbanisme fait obligation au juge de répondre à tous les moyens pour dissuader les individus par trop procéduriers (28 mai 2001, *Cne de Bohars, Sarl Minoterie Francis*, *AJDA* 2001, p. 655 ; 25 juil. 2008, *Cne de Rougon*).
En résumé : 1) quand il y a rejet de la requête au fond, le juge répond à tous les moyens sauf ceux irrecevables ou inopérants ; 2) quand il y a gain de cause du demandeur, un seul moyen, même d'ordre public non soulevé, suffit. Par ailleurs, le juge d'appel, même quand il confirme la décision des premiers juges, a l'obligation de répondre aux moyens tirés des irrégularités procédurales de première instance.

341 L'interdiction de statuer *ultra petita* résulte de ce que le juge ne doit statuer que sur les seuls moyens et conclusions qui lui sont présentés. Il ne peut pas accorder aux parties plus qu'elles ne demandent : par exemple un montant de dommages-intérêts plus élevé que celui réclamé, une annulation qui n'a pas été sollicitée (26 mars 2008, *CCI du Var*, req. 275011), etc. Le jugement ou l'arrêt rendu en contravention à cette exigence est frappé de nullité (11 juil. 2007, *Min. Défense*, req. 283162, à propos d'une décision d'une cour régionale des pensions). Cependant le Conseil d'État reconnaît au juge un pouvoir général d'interprétation du sens de la requête quand ce sens n'est pas évident. Dans le cas du référé précontractuel, le juge saisi a l'obligation, en vertu de son office, d'utiliser tous les pouvoirs qui sont les siens et, en particulier, il doit, le cas échéant, annuler une procédure dont seule la suspension lui est demandée (20 oct. 2006, *Cne d'Andeville*, *AJDA* 2006, p. 1983) – car ce référé a été institué pour assurer le respect des principes supérieurs de transparence, d'égalité et de concurrence en matière de contrats publics.
Mais la question le plus difficile posée par l'interdiction de l'*ultra petita* est celle des demandes d'annulation partielle. Un requérant ne sollicite l'annulation que d'une partie d'un acte que le juge considère comme formant un ensemble indivisible avec le reste de l'acte. Dans cette hypothèse, l'annulation demandée sera refusée, car, l'acte étant indivisible, seule une annulation totale serait possible en cas d'illégalité, or le requérant ne désire qu'une annulation partielle. Cette annulation partielle est ici impossible et l'annulation totale reviendrait à statuer *ultra petita*. Il en résulte que les requêtes en annulation partielle d'actes indivisibles sont frappées d'irrecevabilité (Sect. 12 oct. 1962, *Min. de la Construction c./Cie immobilière de la région parisienne*, p. 536 ; 5 nov. 1975, *Sté Pavita*, p. 544 ; 22 avr. 1988, *Michault*, p. 969 ; 24 mai 2006, *Assoc. pour la promotion des Soyfoods [SOJAXA]*, p. 261 ; 21 juill. 2006, *Ichard*, req. 267853 ; 12 mars 2007, *Syndicat des casinos modernes de France* ; 9 juil. 2007, *X.*, req. 297795, cas de la décision d'un jury). Cette hypothèse revêt une grande importance pratique, car elle recouvre un nombre considérable de cas. Sont ainsi considérés comme indivisibles : les dispositions financières ou certaines clauses réglementaires (Marseille, 18 déc. 2006, *Cie méditerr. d'exploit. des services d'eau*) d'un contrat, les délibérations des jurys de concours, des arrêtés d'extension de conventions collectives, les décisions ou autorisations conditionnelles – c'est-à-dire l'autorisation ou la décision plus la (les) condition(s) –, les notations d'agents publics (note chiffrée et

appréciation littérale), etc. (Ass., 3 juil. 1998, *Synd. des médecins de l'Ain et autres*, p. 277, où les art. 19 à 26, 32 et 32 *bis* ont été déclarés indivisibles des autres stipulations de la convention nationale des médecins généralistes). C'est pourquoi il est toujours conseillé aux requérants désireux de ne demander qu'une annulation partielle mais éprouvant des doutes sur la divisibilité ou non de ce qui est attaqué, de formuler des conclusions principales en annulation partielle et des conclusions subsidiaires à fin d'annulation totale au cas d'indivisibilité ; cependant, cette stratégie n'est possible que si le requérant ne tient pas à celles des dispositions dont il n'avait pas l'intention de demander l'annulation. Très souvent, en effet, les conclusions à fin d'annulation ne sont que partielles car le requérant veut pouvoir conserver le bénéfice des autres dispositions du texte, non attaquées par lui. Il n'en va autrement que dans le cas où une disposition législative expresse autorise la demande d'annulation partielle (par exemple, loi du 13 juil. 2006, art. L. 600-5 code urb., pour les demandes d'annulation partielle d'un permis de construire : TA Amiens, 29 déc. 2006, *Barres*).

Des difficultés du même ordre se présentent lorsqu'est attaquée une clause d'un contrat. Tout d'abord, il convient de déceler si cette clause est, ou non, divisible du contrat, ce qui, à la fois, relève de l'office du juge et du pouvoir souverain d'appréciation des juges du fond (21 juin 1999, *SEM intercommunale des pays de France et de l'Aulnoye*, p. 892). En particulier, dans le cas des clauses « réglementaires » d'un contrat, la jurisprudence considère en principe de telles clauses comme étant, par nature, divisibles du contrat (en ce sens, les observ. de D. Chauvaux et T.-X. Girardot sous : Ass. 30 oct. 1996, *Wajs et Monnier*, AJDA 1996, p. 1001), ce qui explique qu'elles puissent faire l'objet d'un recours pour excès de pouvoir de la part des tiers (Ass. 10 juil. 1996, *Cayzeele*, p. 274). Cependant, cette divisibilité des clauses réglementaires par rapport au contrat n'est pas absolue et il se rencontre, parfois et de façon limitée, des clauses réglementaires non divisibles du contrat (Marseille, 18 déc. 2006, *Cie méditerranéenne d'exploitation des services d'eau*). Ensuite, est irrecevable toute demande tendant à l'annulation d'une clause elle-même indivisible du reste du contrat (Sect. 4 mars 1960, *Féd. nat. des industries chimiques et parties similaires*, p. 169).

La solution est la même lorsqu'est demandée l'annulation d'un acte administratif qui forme, avec une loi, un ensemble indivisible : cette demande d'annulation est toujours irrecevable (29 oct. 2003, *Hervouet*, p. 946).

Des problèmes analogues se posent, on le verra plus loin, dans les cas de substitution de motifs ou de base légale (§ 345-346).

342 *La quatrième limitation* est relative aux pouvoirs du juge. Celui-ci ne dispose d'un pouvoir d'injonction qu'à l'égard des personnes privées et point à l'égard des personnes publiques. Ce pouvoir d'injonction lui est refusé par la jurisprudence en vertu du principe de séparation de l'administration active et de l'administration contentieuse. La seule exception est législative, elle donne au juge un pouvoir d'injonction afin d'assurer l'exécution de la chose jugée (*cf.* ci-après § 370-371). Envers les personnes privées, le pouvoir d'injonction se manifeste à des degrés variés : il est, par exemple, très fort en matière de contravention de grande voirie. Le juge a aussi la faculté de renvoyer les particuliers devant l'administration pour « faire ce que de droit » lorsque lui-même ne possède pas tous les éléments nécessaires pour lui permettre de statuer : calcul d'une indemnité, conditions techniques de la remise en état d'un bien, reconstitution de carrière, etc.

Ce faisant, le juge peut donner à l'administration des bases de calcul ou de décision mais non lui adresser des directives empiétant sur les pouvoirs administratifs.

En revanche, on le sait, le juge administratif n'admet pas les recours ayant pour objet principal de lui demander d'ordonner à une personne publique ou à une personne privée gérant un service public et dotée à cet effet de prérogatives de la puissance publique, de faire ou de ne pas faire quelque chose. De telles conclusions sont irrecevables et cette irrecevabilité est d'ordre public. En bref, un recours contentieux ne peut pas avoir pour objet direct et exclusif le prononcé d'une injonction.
Toutefois, la loi du 8 février 1995 a apporté une très importante dérogation sur ce point (*cf.* L. 911-1 et L. 911-2) en instituant un pouvoir d'injonction au service du respect de la chose jugée (§ 370-371).
Enfin, une jurisprudence hardie décide que le juge peut moduler dans le temps les effets d'une annulation contentieuse (Ass., 11 mai 2004, *Assoc. AC! et autres*, p. 197; Sect., 25 févr. 2005, *France Télécom*, p. 86), même de nature individuelle (12 déc. 2007, *Sire*), ou du rejet de la demande d'annulation d'un acte dont l'exécution a été suspendue par le juge des référés (Sect., 27 oct. 2006, *Sté Techna*) en ne faisant produire d'effets au jugement qu'à compter d'une certaine date (5 mars 2008, *Sté TF1 et autres*, à propos d'une décision du CSA) ou en ne lui faisant produire que des effets partiels.

• L'interdiction pour le juge de faire acte d'administrateur

343 Le juge, par ses décisions, ne peut que trancher des litiges et non administrer l'intérêt général en lieu et place de l'administration. Ainsi, après l'annulation d'un décret, il ne peut pas prendre lui-même le nouveau décret à la place du président de la République ou du Premier ministre; après avoir condamné l'administration au paiement d'une somme d'argent, il ne peut pas établir un ordonnancement adressé au comptable public afin qu'il paye ou, pareillement, après annulation d'une épreuve, il ne peut pas corriger une copie de concours ou d'examen à la place du correcteur, etc. C'est là un principe de bon sens. Il se traduit de différentes façons selon la branche du contentieux considérée.

344 *En excès de pouvoir,* le juge n'a, en principe, on le sait, que des pouvoirs limités, soit il annule la décision déférée soit il rejette la requête. Cependant il dispose de plusieurs correctifs ou palliatifs à cette rigidité de principe, quatre sont exposés ici.

345 *La substitution de base légale* a lieu quand l'administration a fondé sa décision sur un texte qui n'est pas le bon (car il n'est plus en vigueur ou bien il est illégal ou encore il ne concerne pas la matière). Le juge, en ce cas, au lieu d'annuler purement et simplement la décision mal fondée, peut substituer – même spontanément –, s'il en existe un, le fondement correct au fondement irrégulier et ainsi ne prononce pas l'annulation de la décision (Sect., 3 déc. 2003, *Préfet de la Seine-Maritime c/El Bahi*, p. 479, concl. J.-H. Stahl: dans le cas de reconduite à la frontière). Toutefois, lorsque l'administration demande au juge de procéder à une substitution de base légale, celle-ci n'est possible que si, d'une part, la substitution n'a pas pour effet de priver le requérant de garanties de procédure qui lui sont offertes par la loi et si, d'autre part, l'administration a le même pouvoir d'appréciation pour appliquer l'une ou l'autre des deux dispositions présentées par elle devant le juge (9 mai 2007, *Dorothée X.*, req. 274733). Par ailleurs, encore faut-il que le texte de substitution concerne bien le domaine dans lequel est intervenue la décision primitive; ainsi ne sera pas possible la substitution d'un texte régissant une police spéciale à un texte relatif à la police générale (30 nov. 2007, *Luneaut*).

346 *La substitution de motif* consiste, pour le juge, à remplacer le motif juridiquement erroné invoqué par l'administration, dans une décision, ou par le juge, dans un jugement ou arrêt, par un motif juridiquement correct (sur les conditions de la substitution de motif devant le juge de cassation, *cf.* 19 juin 2006, *Assoc. « Mission du plein évangile – La porte ouverte chrétienne »*, p. 299 ; 7 mars 2008, *M. et Mme Martial X.*, req. 301719). Cette substitution, dans les cas où elle est possible, fait échapper la décision de l'administration ou celle du juge à l'annulation. On sait (*cf.* § 59) que le Conseil d'État considère désormais que l'administration peut invoquer devant le juge de l'excès de pouvoir, en première instance comme en appel, de nouveaux motifs au soutien de la décision attaquée et il revient au juge, en ce cas, d'apprécier, d'une part, si le nouveau motif est de nature à fonder validement la décision, d'autre part, si la décision administrative eût été la même en présence de ce motif s'il avait été le motif initial (Sect., 6 févr. 2004, *Hallal*, p. 48, concl. I. de Silva ; 9 juin 2004, *Lefebvre*, p. 248 ; 13 mars 2006, *SARL Marseille diffusion*, dans le cas du CSA). Cette substitution ne peut, en outre, avoir lieu que si elle ne prive pas le requérant d'une garantie procédurale liée au motif substitué (12 janv. 2004, *SARL Bar Brasserie du Parvis et autre*). Par ailleurs, cette dernière jurisprudence implique, dans le cas où le motif substitué est pris en considération de la personne, que la décision litigieuse soit intervenue après communication à l'intéressé de son dossier ; à défaut, la substitution ne sera pas effectuée (Bordeaux, 24 avr. 2006, *Centre hospitalier d'Arcachon*).

Toutefois la substitution de motif est impossible lorsque la décision est entachée d'une insuffisance de motivation (25 avr. 2007, *Rosenthal*) ou lorsque l'autorité compétente a décliné à tort sa compétence (Ord. réf. 16 mai 2007, *Joseph*) car de tels vices ne sont pas régularisables.

Enfin, proche du régime de la substitution de motif est celui de la *régularisation de l'omission de motif* que le juge décrit ainsi : « *Lorsque la légalité d'une décision administrative est subordonnée à la satisfaction de plusieurs conditions et que l'administration a omis d'examiner l'une de ces conditions au cours de la procédure administrative, elle peut faire valoir pour la première fois devant le juge de l'excès de pouvoir le motif tiré de ce que cette condition était, en réalité, remplie à la date de la décision attaquée ; qu'il appartient alors au juge, après avoir mis l'auteur du recours à même de présenter ses observations sur ce nouveau motif, de rechercher si celui-ci, combiné à celui qui avait été retenu initialement, est de nature à fonder légalement la décision ; que dans l'affirmative, le juge peut écarter le moyen tiré de l'erreur de droit qu'aurait commise l'administration en s'abstenant d'examiner l'une des conditions légales de la décision, sous réserve que le défaut d'examen de cette condition n'ait pas privé l'intéressé d'une garantie procédurale.* » (27 sept. 2006, *Christine B.*, req. 278563)

347 *La pluralité des motifs et les effets des annulations*

Lorsqu'une décision administrative repose sur plusieurs motifs dont certains seulement sont annulés par le juge de l'excès de pouvoir et que celui-ci affirme qu'il ne résulte pas de l'instruction que l'administration aurait pris la même décision si elle ne s'était fondée que sur le(s) motif(s) non censuré(s), cela n'oblige l'administration qu'à un réexamen de la demande dont elle avait été primitivement saisie, non à accorder *ipso facto* l'autorisation sollicitée (27 oct. 2008, *Min. Santé et Solidarités*).

348 *La théorie des motifs déterminants* est appliquée lorsque l'acte administratif attaqué repose sur plusieurs motifs dont les uns sont légaux et les autres irréguliers. Le juge ne prononcera l'annulation de l'acte que dans le cas où le(s) motif(s) déterminant(s) est (sont) illégal (aux). Sera dit déterminant le motif sans lequel la décision n'aurait pas été la même (Ass., 13 janv. 1968, *Perrot*, p. 39). Cette technique sauve bien des décisions administratives de l'annulation.

L'annulation partielle est plus radicale dans la mesure où le juge réforme en réalité une décision en lui conférant une physionomie nouvelle, différente de celle voulue par son auteur. Elle se produit soit lorsque le requérant n'a sollicité que l'annulation partielle d'un acte divisible soit qu'il en ait sollicité l'annulation totale mais que celle-ci ne lui a été accordée qu'en partie (Sect., 13 mars 1998, *Féd. nat. des sociétés d'économie mixte* (2 esp.), AJDA 1998 p. 514, concl. C. Bergeal).

349 *En plein contentieux*, le juge peut accorder des choses que l'administration avait refusées (une remise en état des lieux, une indemnisation, une restitution, etc.), il peut inverser les résultats d'une élection, suspendre le mandat d'un élu local nonobstant appel, il peut réduire ou augmenter le montant d'une imposition, etc. En matière contractuelle, il ne peut cependant prononcer l'annulation des décisions illégales prises par le contractant public envers ses cocontractants (résiliation d'un marché, mise en régie, etc.), cela se résolvant par l'octroi d'une indemnisation en réparation du préjudice causé par cette illégalité, sauf dans certains contrats : concession de service public ou de travail public (20 janv. 1905, *Cie départementale des eaux*, p. 56, concl. J. Romieu ; 9 juil. 1997, *Sté des eaux de Luxeuil-les-Bains et ville de Cannes* [2 esp.], *RFDA* 1998, p. 535, concl. C. Bergeal) ; contrats de longue durée imposant de gros investissements ; clauses réglementaires d'un contrat ; contrats conclus entre personnes publiques (Sect. 31 mars 1989, *Dpt de la Moselle*, p. 105).

• Les pouvoirs nouveaux que se reconnaît le juge dans l'établissement du dispositif

Une série de décisions a, ces dernières années, bouleversé la donne car le juge s'est octroyé une souplesse technique presque infinie pour « coller » au plus près de chaque réalité révélée par les différents cas qu'il doit trancher. Ceci constitue une manifestation éloquente du pouvoir normatif du juge (en ce sens, note sous CE 16 mai 2008, *Départmt du Val-de-Marne et autres*, AJDA 2008 p. 1504).

350 *En premier lieu*, il s'est reconnu un *vaste pouvoir de modulation* qui, dans un souci de sécurité juridique, aboutit à priver d'effet rétroactif ses décisions. Ce fut d'abord la *modulation des effets dans le temps des annulations qu'il prononce* (Ass. 11 mai 2004, *Assoc. AC ! et autres* ; 12 déc. 2007, *Sire* ou, s'agissant de l'annulation de décisions du CSA délivrant des autorisations d'émettre par voie hertzienne terrestre en mode numérique (TNT) à certains opérateurs : 5 mars 2008, *Sté TF1 et autres, Sté NRJ 12 et Société TF1*, 2 espèces) y compris de certains jugements de rejet (27 oct. 2006, *Sté Techna*). Cette jurisprudence a été étendue à la *modulation dans le temps des effets d'une exception d'illégalité invoquée contre certains actes* lorsqu'il en résulterait une atteinte excessive à l'intérêt général et au respect du droit de propriété privée des intéressés (13 juil. 2007, *Min. Agric. et Pêche*, req. 266670, à propos d'une opération d'aménagement foncier). Ensuite, a été adoptée la *modulation dans le moment de la saisine* : lorsque, à un certain moment, cela porterait une « atteinte excessive » à l'intérêt général comme aux droits fondamentaux de certains administrés, le juge décide de limiter dans le temps la faculté d'exercer son pouvoir d'annulation (6 avr. 2007, *Blondeau*) ou le droit pour un requérant de le saisir d'un recours en illégalité (16 janv. 2008, *Hahn*, dans le droit du remembrement). Accentuant son pouvoir, il décide la *modulation dans le temps des effets d'une décision réglementaire* modifiant en février 2007 la nature d'une épreuve d'un concours se déroulant en octobre 2007 (25 juin 2007, *Syndicat CFDT du Ministère des Affaires étrangères*). Cependant, la modulation n'est pas automatique, encore faut-il la « mériter » (11 juil. 2008, *Syndicat de l'industrie des matériels audiovisuels électroniques*).

351 *En deuxième lieu*, le juge prononce des *annulations « en tant que ne pas »*. L'annulation d'une décision sera décidée non point à raison de ce qu'elle contient ou de la manière dont elle a été prise mais du fait qu'elle omet de régir une situation ou un fait. L'annulation « en tant que ne pas » est, au fond, l'annulation d'un acte pour ce qu'il ne contient pas – et qu'il devrait contenir –, l'annulation pour « non inclusion ». (Ass. 16 février 2005, *Groupement forestier des ventes de Nonant*, à propos d'un décret de classement d'une zone en tant qu'il n'inclut pas dans celle-ci toutes les parcelles qui devraient l'être au regard de l'objet et du but de ce classement; 13 juil. 2007, *Coulomb et a.* : annulation d'une exclusion; 25 juil. 2007, *Assoc. d'accueil aux médecins et personnels de santé réfugiés en France*; 5 mars 2008, *Centre hospitalier Georges Claudinon*, req. 305922 : illégalité de l'avis rendu par la Commission des recours du Conseil supérieur de la fonction publique hospitalière, en tant qu'il n'a pas retenu un second motif pour proposer une sanction disciplinaire). Ce contrôle est vite devenu banal (13 oct. 2008, *X. et autres*, n° 292486).

352 *En troisième lieu*, le juge administratif recourt désormais à la technique des *réserves d'interprétation* bien connue dans la jurisprudence du Conseil constitutionnel (6 déc. 2006, *Association des utilisateurs et distributeurs de l'agrochimie européenne*, AJ 2007, p. 607).

353 *Enfin*, le Conseil d'État a consacré le principe des *revirements de jurisprudence pour l'avenir seulement* (Ass. 16 juil. 2007, *Sté Tropic, Travaux Signalisation*). Cette décision apporte une pièce majeure à l'édifice en décidant de ne pas donner, dans certains cas, une portée rétroactive aux revirements de jurisprudence, consacrant, à la suite de la Cour de cassation (Plén. 21 déc. 2006), les revirements pour l'avenir. Il s'agit par là d'échapper aux inconvénients d'une jurisprudence traditionnellement rétroactive qui aboutissait à censurer des actes accomplis à une époque où cette jurisprudence n'existait pas en leur reprochant de n'avoir pas été conformes, par anticipation, à ce qu'allait être la jurisprudence nouvelle et future.
Cependant, l'ampleur des pouvoirs que se reconnaît le juge administratif comme l'extrême raffinement de sa technique, ont peut-être aujourd'hui tendance à aller trop dans le sens des situations subjectives au détriment de l'État de droit.

4. La formule exécutoire

354 La formule exécutoire est la disposition sacramentelle rendant obligatoire l'exécution de la décision de justice qui, parce qu'elle a été « *rendue au nom du peuple français* », pourra recevoir exécution au besoin par l'intervention de la force publique. Selon l'article R. 751-1, elle est la suivante : « *La République mande et ordonne (au ministre, préfet, maire, etc.) en ce qui le concerne et à tous huissiers de justice à ce requis en ce qui concerne les voies de droit commun contre les parties privées, de pourvoir à l'exécution de la présente décision* ».

5. Notification des jugements

355 Le jugement est notifié en même temps à toutes les parties identifiées par le juge dans l'article terminal du dispositif de son jugement (R. 751-3). Chacune d'elles en recevra un exemplaire authentifié par le greffe de la juridiction et comportant le texte de la formule exécutoire. Cette notification (appelée techniquement « expédition ») est adressée – normalement par lettre recommandée avec accusé postal de réception (mais d'autres moyens sont possibles) – au domicile réel, tel qu'il a été indiqué au greffe par les soins de la personne concernée. Il en va ainsi même en cas de représentation des parties par un mandataire (par combinaison de R. 431-1 [TA], R. 811-13 [CAA],

R. 431-2, R. 431-3 et R. 751-3). La notification faite non à la personne concernée mais à une dénomination commerciale qu'elle a elle-même utilisée dans ses écritures et qui est domiciliée à la même adresse que cette personne fait courir valablement le délai d'appel (27 sept. 2006, *Franck*). La notification faite au conjoint non séparé de corps et vivant dans un domicile commun avec la personne concernée est faite valablement (7 août 2008, *Ville de Libourne*). Lorsque la notification d'un jugement doit être faite à l'État (art. R. 751-8 et R. 811-2, et sauf les cas mentionnés à R. 811-10-1), l'expédition est adressée au ministre dont relève l'administration intéressée au litige même si c'est une autre autorité administrative (par ex. un préfet), qui représentait, régulièrement, l'État dans cette instance ; faute de notification régulière le délai de recours ne court pas (25 mai 2007, *Min. Transports*, req. 298093). Par ailleurs, en matière de contravention de grande voirie, il incombe à l'État non à l'établissement public substitué à l'État pour l'exercice de la police domaniale (ici Voies navigables de France) d'opérer les notifications des arrêts d'appel (5 oct. 2007, *Voies navigables de France*).

Lorsque l'une des parties réside à l'étranger, le jugement ou l'arrêt doit être notifié à son domicile réel (30 janv. 2008, *Costalla*).

Lorsqu'un même requérant dépose plusieurs requêtes en donnant des adresses différentes et que le tribunal statue par une seule décision sur ces requêtes ainsi jointes, la notification doit être faite soit à la dernière des adresses communiquées soit à chacune d'elles (16 avr. 2008, *Nathalie X.*, req. 304909).

Cette notification doit comporter plusieurs indications lorsqu'il s'agit du jugement d'un tribunal administratif ou de l'arrêt d'une cour administrative d'appel : 1) l'indication de l'obligation (ou de la dispense) de constituer avocat en cas d'appel ou de recours en cassation ; 2) le délai de recours en appel ou en cassation, s'il est inférieur au délai de droit commun de deux mois (et uniquement en ce cas : 6 mars 1985, *Catois*, p. 729 ; Sect. 5 avril 1996, *SAF*, p. 118 ; Marseille, 17 oct. 2006, *Sté Barbès Patrimoine*) ; 3) l'obligation de joindre une copie de la décision en cas d'appel ou de recours en cassation.

Il en résulte que n'est pas tardif le recours introduit dans le délai – erroné – figurant sur la notification d'un jugement de première instance ; par suite, le rejet de l'appel, pour ce motif, repose sur une erreur matérielle (16 janv. 2006, *Touba*).

C'est à partir de la date de signature du récépissé postal accusant réception de la notification que commence à courir le délai d'appel ou de cassation. Ainsi, la défaillance du service postal dans la notification d'un jugement empêche de tenir rigueur à l'appelant du non respect par celui-ci d'une obligation figurant dans cette notification (13 déc. 2005, *SCI des Canadiens*). On signalera cette curiosité juridique qui veut que, à l'égard de l'administration, le délai d'appel des jugements rendus en matière de contravention de grande voirie court à compter de sa lecture (art. L. 774-7).

Par ailleurs, les recours n'ayant pas, normalement, d'effet suspensif, la notification rend exécutoire la décision qu'elle contient.

3 Effets du jugement

Le jugement produit des effets financiers plus ou moins importants selon les espèces (A.), il est revêtu de l'autorité de chose jugée (B.) et il doit recevoir pleine exécution (C.).

A. Effets financiers du jugement

Même si elle est peu onéreuse, la justice administrative n'est pas totalement gratuite, car les procès entraînent un certain nombre de dépenses : frais de reprographie, frais postaux, de déplacements, honoraires d'avocats, frais d'expertises, etc. (1., 2. et 3.)

1. Les frais

• Notion

356 Les frais sont les dépenses occasionnées aux deux parties du fait de l'organisation du procès. Ils couvrent les dépenses effectuées par le défendeur qui estime avoir été traîné à tort en justice par le demandeur qui a d'ailleurs perdu son procès. Il serait possible au défendeur de saisir le juge d'une demande reconventionnelle tendant à voir condamner son adversaire pour abus du droit d'agir en justice. Le défendeur peut saisir à cet effet soit le juge administratif et ce sera la classique demande reconventionnelle (Sect., 25 oct. 1946, *Grenier et Gaster*, p. 247), soit le juge judiciaire, après l'échec de la requête du demandeur devant le juge administratif, pour abus de droit avec demande d'allocation de dommages-intérêts (TGI Grasse, 7 févr. 1989, *AJDA* 1989, p. 549 et Aix-en-Provence, 18 déc. 1991, *Groupement de défense des propriétaires de Tourette-sur-Loup*, *RFDA* 1993, p. 149, note F. Bouyssou).

Ils sont également destinés à couvrir ceux des frais de procès engagés par le demandeur qui s'est trouvé dans l'obligation de recourir à la justice pour obtenir ce qui ne lui était refusé que par mauvaise foi.

• Frais non compris dans les dépens

357 Il s'agit des honoraires d'avocats, frais de recherche, de constitution de dossier, frais de constat ou de signification d'huissier, etc.

Le décret du 2 septembre 1988 modifié (L. 761-1), reprenant l'institution judiciaire codifiée sous le célèbre article 700 du Code de procédure civile (dit « frais irrépétibles » en procédure civile), permet à une partie à un procès d'obtenir le remboursement des frais non compris dans les dépens sous deux conditions. La première condition est alternative : cette attribution ne peut se faire 1) qu'à la partie tenue aux dépens ou 2) à la partie perdante, cette dernière notion est d'ailleurs parfois délicate à cerner (pour un exemple : 13 mars 1992, *Min. de l'Agriculture*, p. 1229) ; la partie perdante est celle qui a perdu la majeure partie de sa demande ou qui n'a pas pu empêcher son adversaire de gagner l'essentiel de la demande qu'il avait formée. La seconde condition est que le juge doit tenir compte de l'équité et de la situation économique respective des parties. Il faut voir dans ces éléments plutôt des indications ou directives offertes au juge, lequel dispose pour ce faire d'un pouvoir largement discrétionnaire.

Ce mécanisme vaut pour tous les procès (quel que soit le degré de juridiction, qu'il s'agisse d'une procédure urgente ou non, qu'il ait été, ou non, prononcé un non lieu, etc.) et pour toute partie, même celle qui s'est désistée. Cependant, l'art. L-761-1 est inapplicable aux frais consécutifs à une intervention en défense, aussi bien pour l'intervenant que pour le demandeur (Ass. 11 déc. 2006, *Sté De Groot en Slot Allium B.V, Sté Bejo Zaden B.V*). Il faut que la demande ait été présentée au cours de l'instance à laquelle elle se rattache et qu'elle ait été chiffrée. Toutefois, l'État ne peut se voir allouer l'indemnisation de frais irrépétibles du chef de mémoires en défense rédigés par ses propres agents (27 juil. 2005, *R.*). Sur la combinaison de l'art. L. 761-1 avec l'aide juridictionnelle, voir § 100.

2. Les dépens

358 Les dépens sont directement liés au procès. Il ne peut jamais y avoir exonération des dépens. Le juge liquide lui-même les dépens dans le jugement sur le fond et en attribue la charge (art. R. 761-1 à R. 761-5), le plus souvent et le plus normalement à la partie qui succombe et à proportion de sa succombance. Toutefois, à la différence des frais, le juge peut en attribuer la charge – en tout ou en partie – à la partie gagnante lorsque les circonstances le justifient. Sur la notion de « partie perdante », pour la détermination de la charge des frais et dépens, *cf.* Section, 7 avr. 2006, *CHU de Nice*.
Sont compris dans les dépens : les frais d'expertise (qui sont, de loin, les plus élevés), les frais d'enquête et, de façon générale, tous les frais liés à l'instruction du procès (autres que ceux de visite des lieux désormais pris en charge par le Trésor public).
Ils comprennent également ceux des dépens dus au titre d'une procédure devant une autre juridiction (française ou étrangère) et relative au même dossier jusqu'à la saisine du juge administratif comme, par exemple, les frais de saisine de la CJCE par voie de question préjudicielle sur renvoi d'une juridiction administrative (27 janv. 1971, *SYNACOMEX*, p. 69).

3. L'amende pour recours abusif

359 Les juridictions administratives peuvent condamner l'auteur d'une requête jugée « abusive » au paiement d'une amende d'un montant maximum de trois mille euros, ce qui est bien peu. Cette amende ne peut être infligée qu'à un demandeur ayant succombé au moins partiellement en son action (15 mars 1988, *Cne de Lompnieu*, p. 964 ; 28 juin 1993, *Padritge*, p. 969).
Le juge saisi a seul l'initiative d'infliger cette amende et dispose à cet égard d'un large pouvoir d'appréciation (25 avr. 2007, *Hoffer*, req. 295713), sous réserve du contrôle du juge de cassation sur le caractère réellement abusif du recours. Tel est le cas d'un recours manifestement irrecevable que justifie seulement *« l'acharnement de son auteur à défier la patience des membres du Conseil d'État en inculpant leur honneur et leur délicatesse par des propos outrageants »* (26 juin 2007, *Jacques X.*, req. 306691). Le juge de cassation exerce un contrôle sur la qualification du recours comme étant « abusif » (Section, 9 nov. 2007, *Pollart*). En revanche la fixation du montant de l'amende relève du pouvoir souverain d'appréciation du juge du fond (Section, 9 nov. 2007, *Claire X.*, req. 293987).
Le Conseil d'État considère que cette amende n'est ni une pénalité, ni un impôt et qu'elle ne contrevient ni à la Convention EDH, ni à la Constitution de 1958, ni au Pacte des Nations unies sur les droits civils et politiques, ni à aucun principe général du droit (25 juil. 1986, *Casanovas*, p. 669 ; 6 mai 1988, *Barque et Melki*, p. 964), position confirmée par la Commission européenne des droits de l'homme (2 juil. 1991, *Sté « Les travaux du midi »*, *AJDA* 1991, p. 809, note J.-F. Flauss et J.-P. Pietri).
L'amende peut être prononcée par n'importe quel juge administratif, à l'égard de tout requérant même personne publique (26 mars 1971, *Dpt de Seine-et-Marne*, p. 261).

B. L'autorité de chose jugée

360 Parce qu'il faut bien que, à un moment donné, le procès cesse, car il ne saurait durer éternellement, il convient de donner une justification de cet achèvement. Elle est fournie par le célèbre adage : « *Res judicata pro veritate habetur* » qui signifie non pas que la chose jugée est la vérité mais, simplement, qu'elle doit être tenue pour ou considérée comme la vérité (1., 2. et 3.).

1. Contenu de l'autorité de chose jugée

361 Ce principe signifie que le jugement rendu a force de vérité légale. Cette force qui, en droit strict, n'est qu'une présomption, s'attache seulement aux jugements rendus sur le fond ou sur le principal de la requête. Seuls ces jugements, en effet, mettent un terme au litige ou à l'un de ses aspects et épuisent à cet égard le fond du droit. Les jugements purement préparatoires (par ex. jugement d'avant dire droit, *cf.* § 321) ou provisoires (par ex. référé suspension, § 270-273), ne revêtent pas cette autorité. En revanche, les ordonnances de référé ont cette autorité. On rappelle que, dans tous les cas, cette autorité ne concerne que le dispositif puisque c'est lui qui contient et exprime la décision de justice. Toutefois, elle peut aussi s'attacher à ceux des motifs qui sont le soutien nécessaire du dispositif, c'est-à-dire sans lesquels le dispositif serait incompréhensible (application des règles de la logique) ou inapplicable (bases de références ou de calcul). (Sur la notion de « motif soutien nécessaire du dispositif » au regard de l'autorité de chose jugée, voir : 18 oct. 2006, *Vuillet*.). Dans le cas d'une décision du Conseil constitutionnel, le Conseil d'État estime que l'autorité de chose jugée s'attache à ceux des motifs qui sont le soutien nécessaire du dispositif de cette décision examinant la conformité d'une loi à la Constitution y compris les réserves d'interprétation. Ces dernières cependant ne revêtent pas une telle autorité s'agissant d'interpréter une autre loi (Section, 22 juin 2007, *Lesourd*).

Cette autorité est normalement une autorité relative car elle ne vaut que pour le litige soumis au juge. La jurisprudence administrative fait sien l'article 1351 du Code civil (au moins depuis : 26 févr. 1937, *Sté des Ciments Portland de Lorraine*, p. 254) selon lequel : « *L'autorité de la chose jugée n'a lieu qu'à l'égard de ce qui fait l'objet du jugement. Il faut que la chose demandée soit la même ; que la demande soit fondée sur la même cause ; que la demande soit entre les mêmes parties, et formée par elles et contre elles en la même qualité.* » Trois conditions sont donc nécessaires : l'autorité du jugement n'a lieu qu'entre les mêmes parties, relativement au même objet et dans une même cause (Lyon, 1er juin 2006, *Hospices civils de Lyon*, RFDA 2006, p. 851). Cette dernière condition est d'ailleurs entendue strictement par le Conseil d'État, ceci dans l'intérêt évident des parties : en restreignant le champ d'application de la chose jugée on facilite la contestation. Seule la réunion de cette triple identité d'objet, de cause et de parties, confère au jugement l'autorité de chose jugée, l'absence d'un seul de ces éléments empêchant que joue cette autorité.

Quelquefois cette autorité est absolue : tel est le cas des jugements prononçant des annulations sur recours pour excès de pouvoir (mais non les jugements de rejet ; 11 mars 2009, *M. et Mme Gérard X.*, req. 310973), des jugements en matière électorale ou de ceux rendus dans le contentieux des contraventions de grande voirie. Les décisions dotées de l'autorité absolue s'imposent à toutes les juridictions, même judiciaires (Cass. 1re civ., 2 juin 2004) ou constitutionnelle. Il est indifférent, à cet égard, qu'un fait nouveau (par ex. une décision du Conseil constitutionnel) soit intervenu postérieurement à la décision revêtue de l'autorité absolue de chose jugée ou que celle-ci concerne une autre instance que celle dont est saisi le juge civil (Cass. Soc. 23 oct. 2007, *D.* 2007 p. 2877).

2. Effet de l'autorité de chose jugée

362 En présence d'un jugement doté de l'autorité relative de chose jugée le moyen tiré de cette autorité n'est pas d'ordre public (27 oct. 1965, *Blagny*, p. 559 ; 19 mars 1971, *Devillers*, p. 259) et si aucune partie ne soulève l'exception de chose jugée, la juridiction

saisie pourra juger à nouveau l'affaire; ce n'est que dans le cas où un jugement est doté de l'autorité absolue de chose jugée que l'exception de chose jugée est d'ordre public (6 juin 1958, *Chambre de Commerce d'Orléans*, p. 315, solut. implicite; 28 juil. 2000, *Cne de Port-Vendres*, p. 360).

L'effet radical de l'autorité de chose jugée est d'épuiser le litige car il ne reste plus rien à juger, le droit ayant été dit et bien dit puisqu'il doit être, sur ce point, considéré comme la vérité (29 nov. 2006, *Marseille*, req. 273877). L'autorité de chose jugée qui s'attache à un jugement empêche ainsi la remise en cause du titre juridique qu'il attribue (ici le titre de réfugié accordé par la Commission des réfugiés) même s'il a été obtenu par fraude (Sect., 5 déc. 1997, *Ovet*, *AJDA* 1998, p. 179) sauf exercice des voies de recours. Pareillement, c'est la chose jugée qui oblige à annuler le marché conclu à la suite d'une procédure qui a méconnu cette autorité (TA Versailles, 23 oct. 1997, *Sté Plastic Omnium*, *AJDA* 1998, p. 191). Cette autorité ne dessaisit pas seulement le juge à l'égard de ce qu'il a jugé comme le fait la lecture du jugement, elle empêche radicalement qu'il puisse être saisi à nouveau de ce point. Les seules dérogations sont les voies dites de rétractation (opposition, tierce opposition, révision, rectification d'erreur matérielle; voir chapitre suivant), dont on observera que les trois premières n'existent pas contre les décisions du Tribunal des conflits.

Dans le cas de la CJCE, celle-ci considère que la chose jugée par une juridiction nationale ne peut pas être opposée à un arrêt de la CJCE (CJCE 18 juil. 2007, *Ministerio dell'Industria, del Commercio e dell'Artigianato c/ Lucchini SpA*, à propos d'un arrêt de la CJCE jugeant des aides d'État contraires au droit communautaire).

3. L'autorité de chose jugée par le juge pénal

363 Il convient de distinguer, en principe, entre les *constatations de fait* et les *qualifications juridiques* opérées par le juge pénal.

L'autorité de la chose jugée au pénal ne s'impose au juge administratif qu'en ce qui concerne les constatations de fait que les juges répressifs ont retenues et qui sont le support nécessaire de leurs décisions (13 oct. 1954, *Letourneur*; Ass., 12 avr. 2002, *Papon*; Bordeaux, 21 nov. 2006, *T.*). Cette autorité est alors absolue (Sect., 12 juil. 1929, *Vésinet*).

Les qualifications juridiques opérées par le juge pénal n'ont, en revanche, pas d'autorité de chose jugée à l'égard du juge administratif. Il en va cependant autrement lorsque la légalité d'une décision administrative est subordonnée à la condition que les faits qui lui servent de fondement constituent une infraction pénale. Dans cette dernière hypothèse, l'autorité de chose jugée s'étend exceptionnellement à la qualification juridique donnée aux faits par la juridiction répressive (Ass., 8 janv. 1971, *Min. de l'Intérieur c./Desamis*, p. 19; 10 oct. 2003, *Cne de Soisy-sous-Montmorency et autres*, p. 390; 27 juil. 2005, *Min. de la Santé c./Garcia, a contrario*, p. 348).

L'autorité de la chose jugée au pénal s'attache aux « décisions des juridictions de jugement qui statuent sur le fond de l'action publique » non, par exemple, aux ordonnances de non-lieu (30 janv. 2008, *Yves X.*, req. 279412).

4. Autorité du jugement rendu à l'étranger

364 En principe, les décisions des juridictions étrangères n'ont autorité, aux yeux du juge administratif français, que si elles sont revêtues de l'*exequatur* qui leur donne force exécutoire en France. Trois conditions cumulatives d'attribution de l'exequatur ont été posées par la Cour de cassation (Cass. civ. 1re 20 févr. 2007, *Cornelissen*, D. 2007 p. 1115, note L. d'Avout et S. Bollée, revenant partiellement sur le fondamental Cass. civ. 1re, 7 janv. 1964,

Munzer). Toutefois, des règles particulières s'appliquent s'agissant des jugements rendus par une juridiction d'un État membre de l'Union européenne (règlement Bruxelles I). Enfin, la Cour de cassation juge constamment depuis 1860 (Cass. civ. 28 févr. 1860, *Bukley*; Cass. Req. 3 mars 1930, *Hainard*, S. 1930.I.377, note J.-P. Niboyet), qu'ont pleinement effet en France, sans le besoin de la procédure d'*exequatur*, les jugements étrangers rendus en matière d'état des personnes. Le Conseil d'État fait sienne l'ensemble de cette jurisprudence. En particulier, il reconnaît un effet direct, plein et entier aux jugements étrangers statuant sur l'état et la capacité des personnes, à la triple condition qu'ils soient conformes à la conception française de l'ordre public international, qu'ils ne soient pas entachés de fraude et qu'ils n'impliquent pas des actes d'exécution matérielle sur des biens ou des actes de coercition sur des personnes (24 nov. 2006, *Bellounis*).

C. L'exécution du jugement

Revêtues de la formule exécutoire et rendues au nom du peuple français, les décisions du juge administratif doivent être exécutées en raison de leur caractère immédiatement exécutoire (1.). Toutefois, les bénéficiaires des décisions de justice, malgré la force de ces affirmations, se heurtent parfois à l'inertie voire au refus de l'administration (2.), même s'ils ont droit au concours de la force publique le cas échéant (3.).

1. Principes applicables : le caractère immédiatement exécutoire

365 Tout d'abord, le CJA énonce (en son L. 11) : « *Les jugements sont exécutoires.* » Il est certain que les jugements ou arrêts ont un caractère immédiatement exécutoire. Ce caractère, les jugements le possèdent dès leur lecture puis leur notification, cette dernière suffisant à elle seule à leur conférer cette qualité. L'appel n'étant pas suspensif, l'exécution d'un jugement, en procédure administrative, ne constitue pas un acquiescement. Il s'ensuit qu'un jugement de première instance condamnant une partie au paiement d'intérêts moratoires doit être exécuté, même si celle-ci en conteste le montant en appel et même si un arrêt avant dire droit a ordonné une expertise à cet effet (Marseille, 7 févr. 2005, *Synd. intercommunal d'électrification rurale de la Corse*).

Ensuite, il est également certain que le défaut d'exécution, l'exécution tardive ou la mauvaise exécution d'un jugement peut être sanctionné par l'utilisation des voies d'exécution ordinaires contre les parties privées.

Également, si le droit à l'exécution du jugement naît immédiatement, le juge administratif a toujours reconnu à l'administration la faculté de disposer d'un délai raisonnable pour procéder à cette exécution (remise des lieux en l'état, réintégration d'un agent public, réexamen d'une demande, nouvelle convocation d'un organisme collégial, mandatement d'une somme d'argent, etc.). Ce délai est généralement compris, selon les affaires, entre un et quatre mois au maximum. Cependant, la loi du 12 avril 2000, dans son article 17, dans le cas d'un mandatement de somme d'argent en conséquence d'une condamnation prononcée par le juge administratif (même au titre d'un référé provision), a fixé à deux mois au maximum le délai de mandatement accordé à une personne publique lorsqu'il existe des crédits disponibles dans sa caisse, à quatre mois maximum lorsque les fonds publics sont insuffisants.

Semblablement, quant à la notion même d'exécution du jugement, la jurisprudence (Sect., 10 oct. 1997, *Lugan et Sté Strasbourg FM* [2 esp.], *AJDA* 1997, p. 1014) considère que l'annulation contentieuse d'une demande adressée à l'administration oblige celle-ci à décider à nouveau, car elle demeure toujours saisie de ladite demande du fait de l'annulation prononcée. Elle est donc contrainte de statuer à nouveau, mais uniquement au vu des circonstances de droit et de fait existant au jour de la nouvelle décision, non à la date à laquelle elle avait rendu sa première décision, ceci dans un souci de sécurité juridique. Par suite, elle ne peut, à l'occasion du second examen, remettre en cause les droits acquis par certains administrés entre les dates des deux examens (mêmes décisions).

Dans le cas de l'annulation d'un titre de perception pour vice de forme, celle-ci n'a pas pour effet d'entraîner automatiquement, normalement, la restitution à l'intéressé de la somme en cause, dans la mesure où l'administration peut procéder à la régularisation en la forme du titre annulé. Lorsque le juge est saisi d'une demande d'injonction à l'administration de restituer cette somme, il doit fixer un délai à l'expiration duquel l'administration devra rembourser si elle n'a pas émis le titre de régularisation (11 déc. 2006, *Mme Mas* req. 280696).

366 Enfin, l'administration peut échapper quelquefois à son obligation d'exécuter la décision de justice ou retarder le moment de l'exécution de celle-ci.

Pour échapper à cette obligation d'exécuter, l'administration peut tenter d'obtenir du parlement le vote d'une loi de validation rétroactive de ses décisions, mesures ou autres condamnées par le juge. Cette technique, souvent déplorable, n'est cependant pas toujours injustifiée (notamment dans le cas d'annulation de concours administratifs ou de tableaux d'avancement dans la fonction publique). C'est pourquoi de telles lois, à titre de principe, ne sont pas jugées contraires à la Constitution par le Conseil constitutionnel (CC, 22 juil. 1980, *Validation d'actes administratifs*, p. 46) à trois conditions – au demeurant très strictement entendues –: 1) qu'elles ne procèdent pas à la validation d'actes annulés par le juge par une décision passée en force de chose jugée (*cf.* § 325) ou qu'elles ne fassent point obstacle à la mise en œuvre ou à l'exécution de telles décisions de justice (CC, 29 déc. 1988, *Loi de finances rectificative pour 1988*, p. 267); 2) qu'elles aient un objet et une portée strictement délimités; 3) qu'elles procèdent d'un objectif d'intérêt général comme la sauvegarde de la carrière des agents publics ou la continuité du service public (CC, 9 avr. 1996, *Dispositions d'ordre économique et financier*, p. 60). Cependant, il convient de combiner cet ensemble jurisprudentiel avec la position très ferme de la Cour EDH relativement au droit à exercer un recours effectif (*cf.* § 8), exigence à peu près toujours compromise par une loi de validation. Pour le Conseil d'État, si une loi rétroactive n'est pas de ce seul fait inconventionnelle (art. 6 § 1 CEDH) même si elle remet en cause des droits découlant de lois antérieures, c'est à la condition « de ménager un juste équilibre entre l'atteinte portée à ces droits et les motifs d'intérêt général susceptibles de justifier cette atteinte » (25 avr. 2007, *Couegnat et Hébert*, 2 espèces).

L'administration peut retarder de deux façons principales le moment où elle exécutera une décision de justice. Tout d'abord, elle peut solliciter du juge un sursis à l'exécution de cette décision (*cf.* § 374, 391) en attendant le résultat de l'appel ou du recours en cassation. Ensuite, elle peut interroger le juge sur la manière dont elle doit exécuter sa décision. Il arrive assez souvent que l'inexécution d'une décision de justice par l'administration ne procède pas d'un mauvais-vouloir mais d'un réel embarras sur la manière dont elle doit s'y prendre. En ce cas, depuis 1963 devant le Conseil d'État et depuis 1969 et 1988 devant toute juridiction administrative, l'administration a la faculté de demander à toute juridiction administrative: le sens de sa décision, sa portée, les modalités pratiques de son exécution. Cette réponse incombe, au Conseil d'État, à la section du

rapport et des études, dans les autres juridictions administratives, au Président ou à un conseiller à ce désigné par celui-ci.
Aujourd'hui, il arrive de plus en plus souvent que le juge donne à l'administration de véritables directives, des sortes de mode d'emploi, pour qu'elle procède à l'exécution de ses décisions. Déjà, en 1925, l'arrêt *Rodière* (26 déc. 1925, p. 1065) fut célèbre pour cela. À l'époque contemporaine cette tendance s'est notablement accentuée et répandue (en particulier à partir des décisions *Vassilikiotis*, Ass., 29 juin 2001, p. 303, concl. F. Lamy, et *Titran*, 27 juil. 2001, *AJDA* 2001, p. 1053). Il s'agissait d'annulations partielles et conditionnelles et le Conseil d'État impartit un délai aux autorités administratives concernées pour exécuter ces décisions conformément aux obligations contenues dans les motifs des décisions rendues et pour opérer les modifications des textes réglementaires annulés.

2. Le refus de l'administration d'exécuter ou de faire exécuter le jugement

367 Il est des hypothèses où l'administration refuse purement et simplement d'exécuter les décisions de justice ou de contribuer, par son intervention, à leur exécution. Situation conflictuelle et anormale d'autant plus difficile à résoudre que l'administration a, en même temps, la disposition de la force publique (et donc le pouvoir de refuser d'en disposer...). Sur ce point la situation, d'abord caractérisée par la mise en place de palliatifs, a très fortement évolué et dans le bon sens. Auparavant, il convient de rappeler que seules peuvent demander l'exécution des décisions de justice, les personnes qui sont des « parties intéressées » (Paris, 28 janv. 2005, *Le Métayer*: un conseiller municipal est une «*partie intéressé*» à l'égard de l'annulation d'une délibération du conseil municipal dont il est membre même s'il n'était pas partie au procès).

• Les moyens traditionnels de faire échec à l'inertie de l'administration

368 D'une part, le juge emploie des moyens détournés pour vaincre – le cas échéant – le peu d'empressement des administrations publiques à s'incliner devant certaines décisions de justice, d'autre part, le pouvoir réglementaire est venu améliorer le système mais de façon d'abord trop parcellaire.
Tout d'abord, le juge a usé de moyens indirects pour contraindre l'administration récalcitrante à s'exécuter. Le premier de ces moyens est simple et logique. Estimant que ne pas exécuter un jugement doté de l'autorité de chose jugée revient à commettre une illégalité, le juge a sanctionné l'inexécution des décisions de justice comme constituant une violation de l'autorité de chose jugée (13 juil. 1962, *Bréart de Boisanger*, D. 1962 p. 664 concl. J. Henry). Le second moyen est d'un maniement plus délicat. Le juge va, dans de rares (trop rares) cas, recevoir l'action en responsabilité formée par le justiciable qui n'arrive pas à obtenir l'exécution d'un jugement qui lui est favorable : au lieu de requérir cette exécution, le justiciable va faire constater par le juge l'inexécution du jugement et le caractère dommageable de celle-ci. La condamnation pécuniaire de l'administration, si elle ne procure pas l'exécution de la décision de justice, en assure du moins une forme de réparation (pour un exemple célèbre et caricatural où l'administration avait fait montre d'inertie pendant dix-huit ans, voir : 2 mai 1962, *Caucheteux et Desmonts*, *RDP* 1963, p. 279, note M. Waline).
Ensuite, le pouvoir réglementaire a apporté son concours à l'œuvre du juge pour moraliser le droit de l'exécution des décisions de justice administrative.

Des décrets pris à partir du 30 juillet 1963 (complétés et modifiés notamment par ceux du 28 janv. 1969, du 22 nov. 1976, du 12 mai 1981 et du 2 sept. 1988) ont permis tant aux administrations chargées d'exécuter les jugements qu'aux justiciables réclamant une telle exécution, de saisir le juge des difficultés rencontrées. Il arrive parfois que, en toute bonne foi, l'administration soit dans l'incertitude quant au sens exact de ce que le juge attend d'elle ou quant à la manière dont elle doit s'y prendre pour exécuter : il lui est possible de s'adresser au juge pour qu'il l'éclaire à ce sujet. Du côté des administrés, à l'issue d'un certain délai (trois mois) d'inexécution de la décision de justice, il leur a été permis de saisir la section du rapport et des études au sujet des difficultés rencontrées. Un dialogue s'instaure entre la section, l'administration concernée et l'intéressé pour tenter d'aboutir à une solution satisfaisante. Enfin, le Conseil d'État, dans un rapport annuel spécial, adressé au président de la République, dresse un état de l'ensemble des difficultés d'exécution des décisions juridictionnelles qui lui ont été signalées.

Le caractère parcellaire de ces réformes ne permettait cependant pas de parler d'un véritable droit, effectif, à l'exécution des jugements et arrêts. Il fallait aller plus loin.

• Les solutions modernes pour vaincre l'inertie de l'administration

369 La loi du 24 janvier 1976 donne le pouvoir au *médiateur de la République* d'adresser une injonction à l'administration, coupable d'inexécution, de se soumettre à la chose jugée. Cependant, il n'existe aucune sanction lorsque l'administration ne défère pas à cette injonction du médiateur.

370 Allant beaucoup plus loin, les lois du 16 juillet 1980 (pour le seul Conseil d'État) et du 8 févr. 1995 (pour tous les juges administratifs), permettent à tout juge administratif (et, s'il est compétent sur le fond, à tout juge judiciaire : TC 19 mars 2007, *Préfet de la Haute-Vienne c./ Madi*) de condamner l'administration à exécuter ses jugements sous peine d'une *astreinte*. Deux cas sont à distinguer. Tout d'abord, lorsque l'astreinte n'a pas été demandée au cours du procès, il est toujours possible à une partie de solliciter du juge, après écoulement d'un certain délai, le prononcé de cette astreinte afin de faire pression sur l'administration ; c'est le système institué en 1980 et complété en 1995. Ensuite, l'astreinte peut également être sollicitée pendant le cours du procès et dans le cadre de celui-ci. Le jugement statuera à la fois sur le principal de la requête et – éventuellement – sur l'astreinte. En ce dernier cas, le jugement assortira sa décision d'une obligation d'exécution dans un certain délai et cette obligation sera assortie d'une astreinte à l'expiration de ce délai d'action : c'est, proprement, l'astreinte au service de l'injonction.

L'astreinte est normalement fixée *à titre provisoire* et elle est liquidée lors de la fixation définitive de son montant, c'est-à-dire quand aura effectivement eu lieu l'exécution : c'est l'*astreinte définitive*, dont une partie seulement, en général, sera versée au demandeur (pour un exemple : 29 févr. 2008, *Alain X.*, req. 249675, où 20 % du montant définitif de l'astreinte sont attribués au demandeur et 80 % à l'État ; sur le régime de la liquidation de l'astreinte, v. 26 mars 2008, *Deprez*). L'article L. 911-7 du code de justice administrative dispose : *« En cas d'inexécution totale ou partielle ou d'exécution tardive, la juridiction procède à la liquidation de l'astreinte qu'elle avait prononcée. (...) Elle peut modérer ou supprimer l'astreinte provisoire, même en cas d'inexécution constatée »*. Toutefois, l'astreinte définitive n'est pas liquidée lorsque la chose jugée est devenue impossible à exécuter (5 mars 2008, *Wespeleare et autres*) ou lorsque l'exécution tardive ou l'inexécution n'est pas imputable à l'administration débitrice (9 avr. 2008, *Union fédérale de l'Équipement CFDT*, req. 267011).

L'astreinte ayant pour effet de sanctionner un comportement fautif, tel l'inexécution d'une prescription ordonnée par le juge, il s'ensuit que, même en référé, alors que le juge met un terme à la mesure d'exécution qu'il avait ordonnée, il est tenu de liquider l'astreinte car celle-ci garde toute sa valeur dissuasive et sanctionnatrice pour le temps qu'a duré le refus d'inexécution (27 juin 2007, *Synd. intercommunal des communes alimentées par les canaux de la Siagne et du Loup*). Par ailleurs, le Conseil d'État, et lui seul, a la faculté de prononcer d'office une astreinte en cas d'inexécution (L. 911-5 : 13 juil. 2007, *Assoc. Lancheneil*).

Le paiement tardif de l'astreinte ordonnée par le juge ne donne pas lieu au versement d'intérêts car l'astreinte n'a pas la nature d'une indemnité (Versailles, 29 sept. 2006, *Le tailleur*).

371 L'*injonction* a été instaurée par la loi du 8 février 1995 en vue de permettre l'exécution effective de la chose jugée. Cette injonction ne peut être prononcée que par une juridiction administrative de droit commun et, devant les cours et tribunaux, seulement sur demande expresse du requérant; alors que le Conseil d'État, lui, peut la décider sur demande de l'intéressé ou spontanément. Le juge administratif est compétent tant à l'égard des personnes publiques qu'envers les personnes privées chargées de la gestion d'un service public mais il ne peut ignorer, ce faisant, les règles de répartition des compétences entre les deux ordres de juridiction (Sect., Avis, 13 mars 1998, *Vindevogel*). L'injonction ne peut concerner que l'exécution de décisions rendues par le juge administratif (exclusion des actes administratifs non juridictionnels, même pris par un juge administratif : 10 avr. 1996, *Le Nestour*, ou des actes juridictionnels judiciaires : 16 oct. 1996, *Bergerioux*, p. 1111).

Il n'existe que deux hypothèses d'injonction. En premier lieu, lorsque le jugement « *implique nécessairement* » qu'une « *mesure d'exécution* » soit prise « *dans un sens déterminé* », l'article L. 911-1 permet au juge de prescrire la mesure d'exécution que l'administration doit prendre, en l'assortissant, le cas échéant, d'un délai maximum pour ce faire. Ainsi, il peut être fait injonction de régulariser une illégalité externe (11 janv. 2006, *Assoc. des familles victimes de saturnisme et autres*), de prendre, dans les trois mois, un décret en Conseil d'État (28 avr. 2006, *Dellas*) ou de procéder, dans un certain délai, à l'abrogation d'un acte administratif contraire au droit communautaire (26 sept. 2005, *Fenioux et autres*). Dans le contentieux de la fonction publique, le juge de l'injonction a ainsi le pouvoir de vérifier l'équivalence entre l'emploi dont le demandeur a été irrégulièrement évincé et l'emploi dans lequel il a été réintégré (16 févr. 2007, *Cordier*). En second lieu, il peut arriver que le jugement n'« *implique nécessairement* » qu'un nouvel examen du dossier (art. L. 911-2); dans ce cas le juge enjoindra à l'administration d'y procéder de telle sorte que sa décision soit prise dans un certain délai. Audacieusement, il est jugé (Paris, 4 juil. 2008, *Wu*, AJDA 2009 p. 171, note P. Letourneur) qu'une juridiction, alors même que la décision administrative en cause est légale et donc n'est pas annulée, peut ordonner à son auteur de procéder à son réexamen par suite de la modification des circonstances de fait au vu desquelles elle avait été prise.

La demande de prononcer une injonction ne peut jamais constituer le principal du procès (7 avr. 1995, *Surry*) et ne peut être formulée que dans les deux cas que l'on vient d'exposer. Naturellement, l'injonction peut être couplée avec une astreinte prenant effet à l'issue d'un certain délai.

Par ailleurs, le juge chargé de l'exécution d'une décision de justice ne peut, à cette occasion, rectifier ni une erreur matérielle ni une erreur de droit contenue dans le jugement à exécuter (23 nov. 2005, *Sté Eiffage*).

Dans tous les cas, le juge peut prononcer une injonction à effet différé dans le temps pour permettre à l'administration de régulariser une illégalité de forme (11 déc. 2006, *Mas*).

Le contentieux de l'injonction est classiquement présenté par la majorité de la doctrine, s'appuyant sur la jurisprudence (4 juil. 1997, *Bourezak*), comme un contentieux de la pleine juridiction. On peut douter que ce contentieux ait ainsi une nature propre, distincte de celle du contentieux principal auquel il se relie. Conçu comme étant au service de l'exécution de la chose jugée, il ne saurait avoir une nature autonome et encore moins une nature différente de celle du recours principal dont il assure l'effectivité. Lorsque le recours principal relève du contentieux de l'annulation, l'injonction a la même nature juridique. Au reste, il est jugé que des conclusions tendant, à la suite d'une annulation sur recours pour excès de pouvoir, à la mise en œuvre de l'art. L. 911-1 ne soulèvent pas un litige distinct de celui sur lequel porte la demande d'annulation (21 nov. 2008, *Emmanuel X.*, req. 302144).

372 Il convient de ne pas confondre les hypothèses visées aux art. L. 911-1 et L. 911-2 ci-dessus qui ne concernent que *l'injonction*, avec le régime institué par l'art. L. 911-4. Ce dernier est relatif aux *demandes d'exécution* adressées au juge en cas d'inexécution d'un jugement ou d'un arrêt. Cette demande est faite devant la juridiction qui a rendu la décision inexécutée (L. 911-4, al. 1) ; cependant, en cas d'appel, la demande d'exécution a lieu devant la cour administrative d'appel (L. 911-4, al. 2). Lorsque la décision juridictionnelle inexécutée n'a pas elle-même défini les mesures d'exécution, il appartient à la juridiction saisie de la demande d'exécution de les fixer en même temps qu'elle détermine, si elle le souhaite, un délai d'exécution, éventuellement assorti d'une astreinte (L. 911-4, al. 3).

Lorsque le juge de l'exécution estime que la décision juridictionnelle a été en réalité exécutée ou que la demande d'exécution n'est pas fondée, il procède au *classement administratif* de cette demande et en informe le demandeur (R. 921-5). Ce dernier dispose d'un mois à compter de la notification de la décision de classement pour saisir le juge d'une demande tendant à l'ouverture d'une procédure juridictionnelle (R. 921-6) : s'il agit dans ce délai, le juge est tenu d'ouvrir cette procédure ; s'il n'agit pas dans ce délai, il appartient au président de la juridiction de rejeter définitivement celle-ci par une décision qui, parce qu'elle est de nature juridictionnelle, est susceptible des voies de recours ordinaires, identiques à celles ouvertes contre la décision dont l'exécution est demandée (25 avr. 2007, *Guerirem*). Par ailleurs, il est toujours loisible à l'intéressé de présenter une nouvelle demande d'exécution sur le fondement de l'art. L. 911-4.

Dans tous les cas, les tribunaux et cours administratifs peuvent renvoyer directement au Conseil d'État le soin de se prononcer sur la demande d'exécution dont ils sont saisis (L. 911-4, al. 4).

Il est impossible, au stade du procès en exécution, de contester le jugement dont l'exécution est demandée (par exemple, pour l'erreur de droit qu'il contiendrait : 2 mars 2007, *Min. Écon., Fin. et Industr.*, req. 271544), seule la voie de l'appel contre ledit jugement étant ouverte (même décision).

(Sur le concours entre référé provision et juge de l'exécution, voir § 281 *in fine*)

373 Le sort des *condamnations de l'administration au paiement d'une somme d'argent* a fait l'objet de certaines dispositions de la loi du 16 juillet 1980 et de celles du 12 avr. 2000, art. 17 ; le Conseil d'État a enjoint au Premier ministre de mettre le décret d'exécution de la loi de 1980 en conformité avec les dispositions de la loi de 2000 s'agissant des délais d'ordonnancement qui y sont fixés (3 sept. 2007, *Dechelotte*). Lorsqu'une personne publique (ou une personne privée chargée de la gestion d'un service public) a été condamnée par une décision de justice au paiement d'une somme d'argent, elle dispose d'un délai de deux mois (portés à quatre mois en cas d'insuffisance manifeste des crédits), à compter de la notification de la décision, pour ordonnancer le paiement de cette somme. Si l'ordonnancement n'a pas été effectué à l'expiration de ce délai, il doit être procédé, dans le mois qui suit, au paiement par le comptable assignataire des deniers de la personne condamnée, sur présentation par le créancier de la décision de justice. À défaut, c'est le comptable qui serait poursuivi devant la Cour de discipline budgétaire et financière. Encore faut-il, pour que joue cette procédure, que la personne publique ait été réellement condamnée au paiement d'une somme d'argent; tel n'est pas le cas de l'autorisation donnée par le juge judiciaire, dans le cadre d'une procédure de redressement judiciaire ou de liquidation, de revendiquer une somme entre les mains d'une personne publique déterminée (12 déc. 2007, *Min. Éco, Fin. et Emploi et autre*).

Lorsque la créance est opposée à une collectivité territoriale ou à un établissement public, l'autorité de tutelle ou celle chargée du contrôle de légalité, saisie par le créancier à l'expiration du même délai de quatre mois, a l'obligation de procéder à un mandatement d'office ou à une mise en demeure qui précédera, éventuellement, l'inscription d'office de la dette au budget de cette personne publique. Significativement, la jurisprudence reconnaît à un préfet, dans le cas de condamnation pécuniaire d'une collectivité territoriale, la possibilité d'assurer l'exécution de la décision de justice en faisant vendre des biens de cette collectivité sauf si un motif d'intérêt général s'y oppose (Sect., 18 nov. 2005, *Sté fermière de Campoloro*).

Par ailleurs, des sanctions relativement lourdes sont prévues à l'encontre de toute personne coupable d'inexécution d'une décision de justice ayant entraîné la condamnation d'une personne morale de droit public à astreinte.

Ainsi, à l'heure actuelle, le juge administratif, et donc le justiciable, est doté de moyens énergiques lui permettant d'assurer le respect du droit à l'exécution des décisions de justice reconnu par la Cour EDH (CEDH, 31 mars 2005, *Matheus c./France*).

3. Le concours de la force publique

374 Parce que les décisions de justice sont rendues au nom du peuple français, elles doivent recevoir exécution; par ailleurs la Cour européenne des droits de l'homme juge constamment que le droit au juge oblige que ses décisions soient effectivement exécutées. C'est pourquoi, le cas échéant, la puissance publique doit prêter main-forte pour permettre l'exécution des jugements lorsque celle-ci rencontre des obstacles. À défaut, elle engagerait sa responsabilité pour faute. Cependant, une jurisprudence traditionnelle (30 nov. 1923, *Couitéas*, p. 789; Ass. 3 juin 1938, *Sté « La cartonnerie et imprimerie Saint-Charles »*, p. 521) et constante (16 avr. 2008, *Office publ. départmtal d'HLM de Seine-et-Marne*) permet à l'administration de refuser de prêter le concours de la force publique pour l'exécution de jugements lorsque cela aurait des conséquences excessives pour l'ordre public ou l'intérêt général ou même pour le sort particulier d'un individu en situation de détresse (23 avr. 2008, *Barbuto*) ; le préjudice causé par cette attitude engage, sans faute à prouver, la responsabilité de l'État.

Conseils bibliographiques

OUVRAGES ET ARTICLES DE RÉFÉRENCE

C. Broyelle, « De l'injonction légale à l'injonction prétorienne : le retour au juge administrateur », *Dr adm.* 2004, n° 6.

F. Donnat et D. Casas, « L'office du juge dans la jurisprudence récente du Conseil d'État », *Dr adm.* 2004, n° 9.

B. Genevois, « Le commissaire du gouvernement devant le Conseil d'État statuant au contentieux ou la stratégie de la persuasion », *RFDA* 2000, p. 1207.

C. Guettier, « L'administration et l'exécution des décisions de justice », *AJDA* 1999, n° spécial, p. 66.

M.-C. Ponthoreau, « Réflexions sur la motivation des décisions juridictionnelles en droit administratif français », *RDP* 1994, p. 747.

M. Staub, *L'indivisibilité en droit administratif, LGDJ,* 1999.

POUR ALLER PLUS LOIN

E. Breen, « L'autorité de chose jugée au pénal sur l'administratif », *RDP* 2004, p. 1593.

J.-P. Costa, « L'exécution des décisions de justice », *AJDA* 1995, n° spécial, p. 227.

F. Dieu, « La modulation des effets des annulations contentieuses ou comment concilier principe de légalité et principe de sécurité juridique », *AJDA* 2006, p. 2428.

O. Gabarda, « L'intérêt d'une bonne administration de la justice. Étude de droit du contentieux administratif », *RDP* 2006, p. 153.

O. Gohin, « Les principes directeurs du procès en droit administratif français », *RDP* 2005, p. 171.

H. Oberdorff, *L'exécution des décisions du juge administratif,* Thèse, Paris II, 1981.

J.-M. Peyrical, « Le juge administratif et la sauvegarde des actes de l'administration. Étude sur la neutralisation et la substitution des motifs », *AJDA* 1996, p. 22.

8

Les voies de recours contre les jugements et les arrêts

Une fois rendue, la décision de première instance, d'appel ou de cassation est susceptible, dans les deux premiers cas, de faire l'objet de l'une des deux voies de réformation que sont le recours en appel et le recours en cassation (1.), en outre, dans tel ou tel de ces cas, elle peut faire l'objet d'autres voies de recours, assez disparates (2.).

1 Les voies de réformation : les recours en appel et en cassation

Si les recours en appel (A.) et en cassation (B.) partagent en commun de constituer des voies de réformation, par le juge supérieur, d'une de décision de justice antérieure, ils diffèrent considérablement l'un de l'autre, notamment en raison des finalités dissemblables qui sont assignées à ces deux voies de recours.

A. Le recours en appel

(« L'appel en contentieux administratif », Dossier, *AJDA* 2006, p. 1307-1327)

375 Le recours en appel est une voie de réformation ouverte à toutes les parties au jugement de premier ressort, leur permettant d'obtenir un second examen de leur affaire (1. et 2.). Ceci illustre le mécanisme du *double degré de juridiction*. Celui-ci ne constitue point cependant un principe général du droit (17 déc. 2003, *Meyet et autres, AJDA* 2004, p. 714, note J.-P. Markus) ni non plus un principe constitutionnel (CC, 86-224 DC, 23 janv. 1987, *Conseil de la concurrence*; 92-316 DC, 20 janv. 1993, *Prévention de la corruption*; 2004-491 DC, 12 février 2004, *Loi complétant le statut d'autonomie de la Polynésie française*) ou même conventionnel (31 mai 2007, *Me Joss A.*, n° 268230, à propos de l'art. 6 § 1 CEDH). Il n'existe donc pas sans texte. Les textes, législatifs ou réglementaires, peuvent donc supprimer la faculté d'appel (absence d'appel contre un jugement rendu sur un litige relatif aux immeubles menaçant ruine en vertu du décret du 24 juin 2003 : Avis, 30 juin 2004, *Cmunauté urb. de Lille*). En revanche, sa prévision expresse dans un texte oblige à son strict respect : en ce cas, il est interdit de renoncer – avant le prononcé du jugement – à interjeter appel, cette renonciation étant contraire à l'ordre public.

L'appel du jugement rendu par un tribunal administratif est porté, normalement, devant une cour administrative d'appel ; par exception, il peut l'être devant le Conseil d'État.

1. Les conditions de recevabilité de l'appel

Les règles de recevabilité rencontrées en première instance (§ 75 et suiv.) se retrouvent *mutatis mutandis* en appel (par ex. l'obligation de recourir au ministère d'un avocat, les dérogations étant beaucoup moins nombreuses qu'en première instance : R. 811-7). On n'exposera ci-après que celles de ces règles de recevabilité qui sont propres à l'appel ou dérogent à celles de première instance. Ainsi, en matière de pension militaire, l'appel peut être formé par déclaration au greffe (art. 57, code des pensions militaires d'invalidité : 14 nov. 1977, *Poulet*).

• Jugements susceptibles d'appel

376 Il ne peut être formé appel que d'un jugement rendu en premier ressort ; tout jugement remplissant cette condition est « appelable » (qu'il soit d'avant dire droit, interlocutoire, contradictoire ou par défaut. L'art. L. 321-1 du CJA ne fait, sur ce point, que rappeler un principe général de procédure : Sect., 16 déc. 1977, *Lehodey et a., AJDA* 1978, p. 514, note J.-P. Machelon). Ainsi, l'introduction, en première instance, d'une requête non chiffrée dans l'attente des résultats d'une expertise, n'empêche pas le recours en appel (Sect., 5 mai 2006, *Bisson, RFDA* 2006 p. 1137, concl. D. Chauvaux). Pareillement, lorsqu'un tribunal administratif statue sur l'obligation faite aux employeurs d'embaucher une certaine proportion de travailleurs handicapés (art. L. 323-1 et suiv. c. trav.), il ne statue pas en premier et dernier ressort et ses jugements relèvent de l'appel devant une cour administrative d'appel, non d'un recours direct en cassation devant le Conseil d'État (25 juin 2007, *Ministre de l'Emploi, de la cohésion sociale et du logement*, req. 296477).

La partie qui a obtenu gain de cause en premier ressort ne peut pas, sur l'appel formé par le défendeur, renoncer au bénéfice de l'annulation prononcée par les premiers juges (Sect., 13 juil. 1967, *École privée de filles de Pradelles, RDP* 1968, p. 187, concl. M. Bernard ; 2 févr. 1972, *Min. de la Santé et de la Séc. soc. c./Minuit-Balalud de Saint-Jean, AJDA* 1973, p. 54).

On signalera le cas particulier des décisions rendues par un arbitre en matière d'opérations d'archéologie préventive ; celles-ci sont dites avoir la « valeur d'un jugement du tribunal administratif » (art. 52, décr. 3 juin 2004). Pour autant ces expertises ne sont pas des « jugements » de tribunal administratif, par suite il n'y a pas d'appel possible de ces arbitrages devant la cour administrative d'appel (28 déc. 2005, *Union syndicale des magistrats administratifs*).

Il est impératif pour l'appelant de joindre à son appel le texte du jugement attaqué ; à défaut, son appel serait irrecevable sans invitation préalable à régulariser dès lors que la notification du jugement de première instance comporte, comme cela est obligatoire, l'exigence de production dudit jugement en appel (7 mars 2008, *Sté PGA*, req. 304690 ; 22 février 2008, *Fauson*).

• Délai d'appel

377 Le délai normal pour interjeter appel est de deux mois (R. 811-2) à compter de la réception de la notification régulière du jugement de première instance, c'est-à-dire à la partie elle-même à son domicile réel et non à son mandataire (19 janv. 1998, *Sarl « Armement frigorifique martiniquais », Pet. Aff.* 1998, n° 69, p. 16, concl. J. Arrighi de Casanova). Lorsque le jugement est notifié à une personne n'ayant pas qualité pour interjeter

appel, le délai d'appel ne court pas (25 mai 2005, *Min. Défense c./Penhoat*). Dans le cas d'un appel contre une ordonnance de référé-suspension, le délai (de quinze jours) court à compter de la réception de cette ordonnance par tout ministre même si ce n'est pas celui dans la compétence matérielle duquel entre l'objet du litige (19 nov. 2003, *Min. de l'Agric. c./Assoc. Puy-de-Dôme Nature Environnement*).

Ce délai est celui de droit commun et, faute de mention, dans la notification du jugement, que le délai d'appel est plus court, c'est le délai de deux mois qui est appliqué (R. 811-3). L'appel peut être formé avant la réception du jugement attaqué. Le délai d'appel est parfois plus court (un mois en matière électorale; quinze jours contre les ordonnances de référé), parfois plus long (en matière fiscale, la notification du jugement est faite au directeur départemental des impôts qui dispose de deux mois pour le transmettre au ministre des Finances, celui-ci ayant deux mois à compter de la réception de cet envoi pour saisir la cour administrative d'appel, soit, environ, un délai d'appel de quatre mois; le délai d'appel contre les jugements rendus par les tribunaux administratifs de Mayotte, de Polynésie française (5 mai 2008, *Président de la Polynésie franç.*, req. 295242), de Nouvelle Calédonie (11 juin 2007, *Min. Éduc. Nat.*, req. 293075) et de Wallis-et-Futuna est de trois mois (R. 811-4). Ces délais sont éventuellement augmentés des délais de distance (R. 811-5; cf. § 176; 30 janv. 2008, *Franca X.*, req. 288686; 5 mai 2008, *Président de la Polynésie franç.*, préc.) ainsi que, comme on l'a indiqué plus haut, du délai nécessaire à la formation d'une demande d'aide juridictionnelle (*cf.* § 100, 138 et 178). Il n'existe aucune autre prorogation possible du délai d'appel.

Dans l'hypothèse d'un jugement avant dire droit, que ce jugement tranche ou non une question au principal, le délai d'appel court jusqu'au terme du deuxième mois suivant le jugement qui règle définitivement le fond du litige (R. 811-6).

L'appel incident peut, lui, être formé sans condition de délai pourvu qu'il soit intervenu avant le jugement de l'appel principal (9 févr. 1850, *Carnot c./Cne de Nolay*, p. 138; 16 mai 2007, *Établ. français du sang*).

Dans le cas particulier de la responsabilité médicale, où est toujours impliquée une caisse de sécurité sociale, l'article L. 376-1 du Code de la sécurité sociale institue un lien de droit et de fait indissociable entre les droits de la victime et ceux de la caisse de sécurité sociale. C'est pourquoi, il est jugé que n'est pas tardif l'appel formé hors délai par la victime ou une caisse dès lors que l'autre partie (caisse ou victime) a, elle, interjeté appel dans les délais (Sect. 1er juil. 2005, S., AJDA 2005, p. 1625, chron.: appels dans le délai de la victime mais tardif de la caisse; 16 mai 2007, L., req. 277658: appels, dans le délai, de la caisse, mais tardif de la victime). En revanche (Lyon, 25 janv. 2007, *Coste*), lorsque l'appel de l'une des parties (ici de la victime) est irrecevable, par exemple parce que tardif, cela entraîne l'irrecevabilité par voie de conséquence de l'appel formé postérieurement par l'autre partie (ici une caisse de sécurité sociale).

• L'appelant

378 Pour former appel d'un jugement il faut, d'une part, avoir intérêt pour agir, d'autre part, disposer d'une qualité pour agir. Tel n'est pas le cas de celui qui a acquiescé ou qui s'est désisté en première instance. En revanche, la personne morale mise en cause d'office en première instance, en vertu d'une disposition légale, devient une partie et il lui incombe, le cas échéant, d'interjeter appel dans le délai de deux mois (29 sept. 2003, *CPAM de la Hte-Vienne*); toutefois, si elle n'interjette pas appel dans le délai requis, elle conserve néanmoins le droit de reprendre en appel ses conclusions de première instance non en tant qu'appelante principale mais, le cas échéant, dans le cadre de l'appel formé régulièrement par la victime (Sect., 1er juil. 2005, S.). Dans le cas de la Sécurité sociale, que la loi oblige le juge à attraire dans les instances qui la concernent, faute pour une caisse, présente en première instance, d'y avoir fait valoir son droit à remboursement des frais qu'elle a exposés, celle-ci ne peut interjeter appel ou former appel incident (15 nov. 2006, *AP-Hôpitaux de Marseille*).

379 *L'intérêt pour agir en appel* ne s'apprécie que par rapport au *dispositif* du jugement de première instance. Il n'est pas possible d'interjeter appel des *motifs* d'un jugement d'abord parce qu'ils n'ont pas l'autorité de chose jugée, ensuite parce que les motifs ne font pas normalement grief. Il n'en va autrement que dans le cas, assez peu fréquent, où les motifs sont, suivant la formule utilisée par le Conseil d'État, « *le soutien nécessaire du dispositif* ». L'appel ne peut être dirigé que contre un dispositif qui rejette, en tout ou en partie, les prétentions du requérant. L'appel ne peut donc pas être dirigé contre un dispositif qui donne entière satisfaction (Sect., 28 janv. 1966, *Sté La Purfina française*, p. 68; 26 mai 2006, ord. réf., *Sté du Yacht Club International de Marina Baie-des-Anges [SYCIM]*, p. 265). Un ministre ayant le pouvoir d'opposer la prescription quadriennale à un jugement déclarant l'État débiteur d'une somme d'argent, n'a pas d'intérêt pour former appel contre ce jugement sur le seul fondement de l'exception de prescription quadriennale (Sect., 12 nov. 1971, *Min. de la Justice c./de Courrèges d'Ustou*, *AJDA* 1973, p. 36).

380 *La qualité pour agir en appel* n'appartient qu'aux personnes qui étaient parties, représentées ou appelées en cause dans l'instance frappée d'appel. Un tiers ne peut donc pas interjeter appel d'un jugement; il devra, le cas échéant, user de la voie de la tierce opposition (§ 419 et suiv.). Ceci explique que le garant de l'une des parties a qualité pour interjeter appel d'un jugement le condamnant à la garantir (9 oct. 1970, *Entr. Bourdin et Chaussé*, *AJDA* 1971, p. 317) et que le ministre des Finances est sans qualité pour faire appel d'un jugement annulant une décision du ministre de l'Intérieur si ce dernier ne s'est pas joint à lui pour former cet appel (Sect., 29 janv. 1971, *Min. de l'Écon. et des Fin. c./Gallet*, *AJDA* 1971, p. 307). Semblablement, un ministre ne peut interjeter appel d'un jugement que s'il a à l'égard de celui-ci la qualité de « *ministre intéressé* » (Bordeaux, 23 nov. 2004, *Min. de l'Int. c./Sté « Courrier français »*). Pas davantage, le Secrétaire d'État aux Universités n'a qualité pour faire appel d'un jugement annulant la décision d'un président d'université qui n'affecte pas les droits statutaires d'un agent public (Sect., 29 déc. 1978, *Secr. d'Et. Univ. c./Falc'Hun*, *AJDA* 1979, n° 7-8, p. 46, concl. M.-D. Hagelsteen). Le simple fait d'être invité par le juge de première instance à produire des observations et à le faire effectivement ne confère point la qualité de partie à l'instance si l'intéressé ne se trouve pas dans un des cas, limitativement énumérés, d'intervention volontaire ou forcée (*cf.* § 165-167), partant, il est sans qualité pour interjeter appel (10 janv. 2007, *Sté Eurovia Management CSP Est*).

Les règles sont logiquement différentes en contentieux électoral: quand les premiers juges ont annulé l'élection, tous le électeurs peuvent interjeter appel car tous subissent les effets du jugement de première instance; lorsque les premiers juges ont confirmé les résultats de l'élection, seuls peuvent interjeter appel les électeurs qui étaient protestataires en première instance.

• L'intimé

381 L'appel peut être dirigé contre toutes les personnes qui, en première instance, s'opposaient au requérant. L'intimé est celui contre lequel l'appel est formé. Il peut, à son tour, former un *appel incident* « *pur* » ou cette forme dérivée d'appel incident que constitue l'*appel d'intimé à intimé* dit encore *appel provoqué*.

382 *L'appel incident « pur »* est l'appel formé par une partie de première instance autre que l'appelant principal. Sa recevabilité est soumise au respect de trois conditions. Il doit être intenté après la formation de l'appel principal sinon il ne serait qu'un second appel principal parallèle au premier (Ass., 14 oct. 1967, *Élect. mun. de Bastia*, p. 378). Sa recevabilité est suspendue à celle de l'appel principal, l'irrecevabilité de ce dernier entraînant *ipso facto* celle de l'appel incident (26 août 1842, *Cne de Bevel*, p. 424). Enfin, il doit porter sur le même litige que celui fondant l'appel principal (7 juil. 2008, *Pujol*; 11 juil. 2008, *Sté Quillery Méditerranée*).

Il convient d'observer que le désistement de l'appelant principal est, très logiquement, sans effet sur la recevabilité de l'appel incident : le sort de ce dernier ne saurait dépendre d'un acte de volonté de l'autre partie dont le désistement n'a pour objet, très souvent, que de faire échec à l'appel incident. Il n'en va autrement que dans le cas où le désistement de l'appelant principal est intervenu avant la formation de l'appel incident (25 mai 1992, *Grand*, p. 1258). Le juge se montre généreux dans l'appréciation de la portée des conclusions incidentes (*cf.* par ex. : Sect., 4 déc. 1970, *Min. d'État chargé de la Défense nat. c./Starr et British Commonwealth Insurance Company*, *AJDA* 1972, p. 112, note Fr. Moderne).

L'appelant principal peut, à son tour, relever appel incident sur l'appel incident de l'intimé car ce dernier appel peut avoir étendu le litige à des questions non abordées dans l'appel principal (17 janv. 1958, *Raguenet*, p. 32 : où le juge, tout en rejetant l'appel principal, fait droit à la demande incidente).

L'appel incident est irrecevable dans certains contentieux : contraventions de grande voirie (5 avr. 1957, *Min. des Travaux publ.*, p. 247), contentieux électoral (16 juin 1899, *Cne de Bègles*, p. 438), contentieux des juridictions disciplinaires (Sect., 6 févr. 1981, *Lebard*, p. 74, concl. P. Dondoux).

383 *L'appel d'intimé à intimé ou « appel provoqué »* a ceci de commun avec l'appel incident qu'il est formé à la suite de l'appel principal. Il diffère cependant de l'appel incident en ce qu'il est dirigé non contre l'appelant principal mais contre une autre partie de première instance qui, soit n'a pas interjeté appel, soit est présente dans l'instance en appel. Il ne peut donc y avoir appel d'intimé à intimé que dans les situations où existent au moins trois parties. Les deux hypothèses principales où se réalise une telle situation sont celle où une partie met en cause deux autres parties et celle où une partie mise en cause par une seconde partie appelle en garantie une troisième partie. La question de la recevabilité de l'appel provoqué s'est longtemps posée parce qu'un tel appel est nécessairement formé après l'expiration du délai d'appel faute de quoi il constituerait un appel principal. C'est pourquoi, il a longtemps été jugé irrecevable car son admission aurait eu pour effet, pensait-on, de réduire à néant la condition de délai pour former un recours contentieux. Le refus de tout appel d'intimé à intimé ayant abouti à des situations gravement inéquitables, la jurisprudence administrative a fini par admettre un tel appel sous le nom, désormais, d'*« appel provoqué »*. En bref, outre les conditions auxquelles est soumis tout appel incident, l'appel provoqué doit satisfaire deux conditions originales. En premier lieu, il ne peut être interjeté que par une partie qui n'aurait pas eu intérêt à former directement un appel principal à la suite de la décision de première instance (Sect., 21 mai 1976, *Durand et Frick*, p. 272). En second lieu, la recevabilité de l'appel provoqué est subordonnée à ce que les conclusions sur l'appel principal non seulement soient recevables, comme pour tout appel incident, mais en outre à ce qu'elles soient fondées car ce n'est qu'en ce cas que la situation de l'intimé sera réellement aggravée, ce qui justifie la recevabilité de son appel (Ass., 11 juil. 1984, *Cne de Saint-Sébastien-sur-Loire*, p. 267; 4 juil. 2007, *Sté CET INGENIERIE*, dans le cas d'un recours en cassation). Ceci explique que, à la différence de ce qui se produit pour l'appel incident « pur », le désistement de l'appelant principal rend irrecevable l'appel provoqué puisque les obligations mises à la charge de leur auteur en première instance ne peuvent plus être aggravées (Sect., 6 mars 1981, *Sté Bastide et Cie*, p. 129).

Au cours d'une longue évolution jurisprudentielle (dont les trois étapes principales sont: Sect., 21 janv. 1927, *Cie Gén. eaux c./De Zuylen de Nyvelt*, p. 96; Sect., 17 nov. 1967, *Sté des ateliers de construction Nicoud*, p. 429; Ass., 9 juin 1972, *Sté d'électricité pour la lumière et la force*, *AJDA* 1972, p. 421, concl. J. Kahn), le juge n'a cessé d'élargir le nombre et l'importance des exceptions à la prohibition de principe des appels provoqués. Aujourd'hui, de tels appels sont recevables, ces « exceptions » recouvrant à peu près tous les cas de figure : tout d'abord, lorsque la victime a mis en cause en première instance deux défendeurs, si celui d'entre eux qui a été condamné interjette appel, la victime peut former appel contre l'autre défendeur, c'est *l'appel provoqué de la victime*; ensuite, lorsque le défendeur de première instance met en cause en appel le garant du demandeur, c'est *l'appel provoqué du défendeur contre le garant*; enfin, lorsque le défendeur, à la suite de l'appel de son garant condamné en première instance, forme appel contre le demandeur de première instance, c'est *l'appel provoqué du défendeur contre le demandeur*.

• Le sort des demandes nouvelles et des moyens nouveaux

384 Le principe est celui de l'irrecevabilité des *demandes nouvelles* en appel, c'est-à-dire des demandes qui portent sur un objet autre que celui présenté en première instance. L'appel est la traduction du double degré de juridiction, règle qui implique un second examen du litige. Il convient donc qu'en appel le juge connaisse du même litige qu'en première instance et non d'un litige plus étendu : c'est le *principe de l'immutabilité du litige en appel*; en revanche, le litige soumis au juge d'appel peut avoir un objet plus restreint qu'en première instance.

Des demandes (ou conclusions) présentées pour la première fois en appel sont irrecevables (19 avr. 1974, *SA des sondages, injections et forages « Entr. Bachy » et autres*, *AJDA* 1974, p. 451 ; 1er oct. 1997, *Avrilier*, *AJDA* 1997, p. 815) sous la réserve des exceptions de bon sens. Tout d'abord, la partie appelante peut augmenter ses prétentions en cas d'aggravation du préjudice dont la réparation était demandée en première instance ou en cas de découverte, postérieurement au jugement, de l'étendue réelle de ce préjudice (Sect., 8 juil. 1998, *Département de l'Isère*, p. 308). Ensuite, du chef du temps qui s'est écoulé, il peut être demandé l'octroi d'intérêts supplémentaires. Également, est, naturellement, recevable pour la première fois en appel la demande d'annulation du jugement de première instance fondée sur ce qu'il serait entaché d'irrégularité. Enfin, des conclusions nouvelles présentées en appel par l'employeur de la victime d'un dommage de travaux publics sont recevables (Bordeaux, 1er déc. 2005, *Grammontin, GMF*).

En revanche, est irrecevable en appel comme étant nouvelle la demande d'une commune fondée sur la responsabilité décennale d'entrepreneurs, qui est une responsabilité légale, alors qu'en première instance elle se fondait exclusivement sur leur responsabilité contractuelle (1er juin 1979, *Cne de Millau*). Pareillement, est nouvelle en appel la demande tendant à faire condamner une université, laquelle est un établissement public distinct de l'État, alors qu'en première instance était seule recherchée la responsabilité de l'État (5 oct. 1979, *Secr. d'État Universités c./Regnier*). Résumant excellemment la jurisprudence sur cette question, une décision du Conseil d'État énonce très pédagogiquement que *« la personne qui a demandé en première instance la réparation des conséquences dommageables d'un fait qu'elle impute à une administration est recevable à détailler ces conséquences devant le juge d'appel, en invoquant le cas échéant des chefs de préjudice dont elle n'avait pas fait état devant les premiers juges, dès lors que ces chefs de préjudice se rattachent au même fait générateur et que ses prétentions demeurent dans la limite du montant total de l'indemnité chiffrée en première instance, augmentée le cas échéant des éléments nouveaux apparus postérieurement au jugement, sous réserve des règles qui gouvernent la recevabilité des demandes fondées sur une cause juridique nouvelle. »* (31 mai 2007, *Herbeth*, req. 278905).

385 Il ne faut pas confondre les « demandes nouvelles », qui concernent l'objet du litige, c'est-à-dire le contenu de la demande adressée au juge, avec les « moyens nouveaux » qui concernent l'argumentation développée au soutien de cette demande. Normalement, sous les précisions ci-après, la juridiction d'appel a l'obligation de répondre à ces moyens nouveaux dès lors qu'ils ne relèvent pas d'une cause juridique distincte de celle sur laquelle reposait l'un des moyens soulevés en première instance, qu'ils ne constituent pas une demande nouvelle (13 juin 2007, *Marseille*, req. 284748) et qu'ils ont été développés dans le délai d'appel (13 févr. 2008, *Min. Emploi*, req . 292717). Tout d'abord, tous les moyens soumis au juge de première instance peuvent être repris devant la juridiction d'appel et seront examinés par elle. Concernant les moyens proprement « nouveaux », sont recevables sans difficulté, qu'ils émanent du demandeur ou du défendeur, d'une part, les moyens d'ordre public, d'autre part, le moyen fondé sur l'irrégularité du jugement de première instance. En revanche, pour les autres moyens nouveaux, il convient de distinguer entre le demandeur (qu'il soit appelant ou intimé) et le défendeur (qu'il soit appelant ou intimé). Les moyens nouveaux du demandeur seront restrictivement admis ; ils devront, pour cela, appartenir à la même cause juridique que celle utilisée par le demandeur en première instance (6 juil. 2007, *Muhamed X.*, req. 298339) : cette limitation est la conséquence du privilège dont il a bénéficié en prenant l'initiative du procès et de la fixation de son cadre. Les moyens nouveaux du défendeur seront, eux, au contraire, et pour des raisons inverses, largement admis pour autant qu'ils aient été formulés avant l'expiration du délai d'appel.

• L'obligation d'un mémoire particulier d'appel

386 Il est impératif pour l'appelant de produire un mémoire propre à son appel, car le fait de joindre à l'appel les requêtes de première instance ne met pas le juge d'appel en mesure de se prononcer sur les erreurs qui auraient été commises par les premiers juges (11 juin 1999, *OPHLM de Caen*, *RFDA* 2000, p. 331, concl. C. Bergeal). Le mémoire d'appel doit, à peine d'irrecevabilité, être accompagné du texte du jugement attaqué mais la jurisprudence a une appréciation souple de l'accomplissement de cette condition (Sect., 3 déc. 2004, *Cne de Rots*, *RFDA* 2005, p. 322).

Les moyens d'appel contenus dans le mémoire d'appel sont recevables s'ils reprennent en les développant et en les précisant les moyens de première instance (27 juin 2005, *Mahdi*; 13 févr. 2008, *Yvon X.*, req. 288433) ; ils ne sont pas recevables lorsqu'ils se bornent à reprendre purement et simplement ceux présentés en première instance (27 juin 2005, *Sarl « Les techniques de communication »*. Sur cette difficile distinction et sa portée, *cf.* *AJDA* 2005, p. 1959 et, aussi, 18 oct. 2006, *Sté Entr. sanitaire auboise*). Par ailleurs, lorsque ne peut être établie la date de notification du jugement de première instance, la saisine de la juridiction d'appel atteste la connaissance de ce jugement et la requête complète doit parvenir à la Cour dans les deux mois de sa saisine (Marseille, 17 oct. 2006, *Sté Barbès patrimoine*, AJDA 2006 p. 2463, concl. A. Bonnet).

2. Les effets de l'appel

L'appel produit trois effets, l'un de caractère négatif, les deux autres de nature positive.

• L'aspect négatif : le caractère non suspensif de l'appel

387 En procédure administrative, l'appel n'a pas d'effet suspensif (R. 811-14 et 31 mai 2007, *Me Joss A.* , req. 268230) et l'appelant a l'obligation d'exécuter la décision de première instance pendant tout le cours de l'instance en appel. Ceci découle du caractère de décisions que doivent revêtir les actes administratifs pour pouvoir être déférables au juge. De là s'ensuit leur exécutabilité immédiate.

Toutefois, il est possible de demander à la juridiction d'appel qu'il soit sursis, à certaines conditions, à l'exécution d'un jugement frappé d'appel (sur les conditions du sursis à exécution des jugements et arrêts : 7 mars 2008, *Sté Campastier*, req. 308107). Il en va ainsi principalement dans trois cas. 1°) Lorsqu'il est fait appel d'un jugement de tribunal administratif prononçant l'annulation, partielle ou totale, d'une décision administrative ou d'un contrat administratif (Nancy 19 mars 2008, *Cté urb. du Grand Nancy*; 11 mars 2009, *Sté Meuse Compost*), la juridiction d'appel peut, à la demande de l'appelant, ordonner qu'il soit sursis à l'exécution de ce jugement si les moyens invoqués par l'appelant paraissent, en l'état de l'instruction, sérieux et de nature à justifier, outre l'annulation ou la réformation du jugement attaqué, le rejet des conclusions à fin d'annulation qui avaient été accueillies par ce jugement. (R. 811-15). 2°) Lorsqu'il est fait appel par une personne autre que le demandeur en première instance, la juridiction peut, à la demande de l'appelant, ordonner qu'il soit sursis à l'exécution du jugement déféré si cette exécution risque d'exposer l'appelant à la perte définitive d'une somme qui ne devrait pas rester à sa charge dans le cas où ses conclusions d'appel seraient accueillies (R. 811-16). 3°) Dans les autres cas, le sursis peut être ordonné à la demande du requérant si l'exécution de la décision de première instance attaquée risque d'entraîner des conséquences difficilement réparables et si les moyens énoncés dans la requête paraissent sérieux en l'état de l'instruction (R. 811-17).

Dans ces trois cas, les conclusions à fin de sursis à l'exécution de la décision de première instance doivent être présentées par requête distincte du recours en appel et accompagnées d'une copie de ce recours. Le non respect de cette exigence entraîne l'irrecevabilité desdites conclusions (R. 811-17-1).

En principe, le sursis à l'exécution d'un jugement de rejet, qui, normalement, ne modifie pas la situation antérieure du requérant, n'est pas possible ; il en va autrement lorsque, précisément, le jugement de rejet modifie cette situation, ainsi du jugement rejetant le recours contre un arrêté de reconduite d'un étranger à la frontière (Marseille, 6 mars 2008, *Chanti*, req. 08MA000422).

La juridiction d'appel peut mettre fin à tout moment au sursis qu'elle a accordé (R. 811-18) et ses décisions ordonnant le sursis sont susceptibles d'un recours en cassation devant le Conseil d'État dans les quinze jours de leur notification (R. 811-19). Si le juge de cassation n'exerce qu'un contrôle restreint sur les motifs du rejet par la juridiction d'appel d'une demande de sursis à l'exécution d'un jugement (12 mars 2007, *Min. Équipement*), il exige, en revanche, que la juridiction motive très précisément et complètement sa décision de rejet (6 juil. 2007, *Ville de Paris*).

Par ailleurs, en certains cas, l'appel est suspensif de droit : ainsi, en matière d'élections municipales et cantonales, l'appel formé par un conseiller municipal ou général contre le jugement qui a annulé l'élection est suspensif, sauf si ce même conseiller a vu précédemment son élection annulée par une décision devenue définitive rendue par une juridiction administrative (art. L. 223 et L. 250 C. électoral).

Ce caractère non suspensif de l'appel permet de comprendre que l'exécution spontanée, par la partie perdante, du jugement de première instance ne vaut jamais acquiescement à ce jugement (Sect., 15 oct. 1982, *Époux Rode*, p. 341). Pareillement, celui qui a payé la somme mise à sa charge par un jugement et qui obtient gain de cause en appel, se verra restituer la somme indûment versée mais n'aura pas droit, de la part de son adversaire, au paiement des intérêts légaux de celle-ci pour le temps qui a couru de son versement effectif jusqu'à la demande de restitution, car ce paiement ne résulte pas de la volonté de son adversaire mais découle des termes mêmes de la loi (Sect., 4 avr. 1984, *Maternité régionale A. Pinard*, p. 165 ; Lyon, 30 janv. 1997, *Mutuelle des architectes français, Dr adm.* 1997, n° 256).

• Le premier aspect positif : l'effet toujours dévolutif de l'appel

388 Le juge d'appel est saisi de l'ensemble du litige qui a été soumis aux premiers juges, dans la limite, naturellement, des conclusions et moyens présentés en appel (28 nov. 1956, *Schuhl*, p. 450). C'est l'application des principes « *tantum* » : « *tantum devolutum quantum appellatum* » et « *tantum devolutum quantum judicatum* », qui traduisent en réalité à la fois la règle du double degré de juridiction et la délimitation du champ du litige en appel à ce que les parties ont voulu qu'il soit. Ceci se traduit, au plan pratique (art. R. 741-10) par la transmission à la juridiction d'appel de l'entier dossier de la procédure de première instance ou, en cas de perte, par sa reconstitution au moyen de copies ; il en résulte qu'est irrégulier l'arrêt d'appel qui ne satisfait pas à l'une de ces deux exigences (11 avr. 2008, *Bo*, req. 300115).

Lorsque les parties appelantes n'ont pas précisé l'étendue de l'appel, l'effet dévolutif est réputé total : la juridiction d'appel sera donc saisie de l'entier litige de première instance (16 nov. 1949, *Cne de Romainville*, p. 786) avec tous ses moyens (30 mai 2005, *S.*) et toutes ses conclusions. Le juge d'appel reprend donc l'affaire à zéro et la rejuge mais, ce faisant, il ne juge pas le jugement de première instance. Il en résulte que s'il confirme le dispositif du jugement de première instance, mais pour des motifs différents de ceux des premiers juges, il n'annulera pas ledit jugement et procédera à une substitution de motifs. Ainsi, il peut substituer un motif à celui initialement invoqué quand ce motif – de fait en l'espèce – repose sur une situation déjà existante à la date à laquelle a été prise la décision contestée (Douai, 25 mai 2004, *Cne de Vred*). Cette substitution des motifs relève de l'office du juge. De la même façon, l'annulation, par le juge d'appel, du motif surabondant d'un jugement n'entraîne pas l'annulation du jugement (27 juin 2007, *Cne d'Haisnes-Lez-La-Bassée*, req. 290597).

Parce qu'il est saisi par voie d'effet dévolutif, le juge d'appel rejuge l'affaire même sur celles des conclusions que les premiers juges avaient rejetées ou n'avaient pas prises en considération, y compris celles formées à l'origine à titre subsidiaire. Lorsque l'appel est formé par le demandeur de première instance, le juge statue sur toutes ses conclusions de première instance sauf celles auxquelles l'appelant a déclaré renoncer ou celles rejetées en première instance et non reprises expressément en appel (28 févr. 1958, *Cie Gén. Eaux*, p. 994) ; lorsque l'appel est formé par le défendeur de première instance, le juge est saisi de toutes ses conclusions de première instance même non reprises dans les écritures produites en appel, à la seule exception de celles expressément abandonnées en appel (6 oct. 2008, SCOP UTB; 19 nov. 2008, *Sté Getecom*). Il est, en effet, toujours possible de restreindre en appel le champ du litige tel qu'il se présentait en première instance. Il faut toutefois, pour qu'il en aille ainsi, que la renonciation ne porte pas sur des conclusions indivisibles par rapport à la partie de celles-ci maintenue en appel sinon cela serait interprété comme un désistement.

Le juge qui, par l'effet dévolutif, devrait se prononcer sur toutes les demandes dont il est saisi renvoie parfois les parties, pour une fraction plus ou moins importante de l'affaire, devant les premiers juges afin qu'ils règlent définitivement cette partie du litige. Il n'y a d'exception que pour le contentieux disciplinaire dans lequel l'effet dévolutif est toujours total (Sect., 23 déc. 1955, *Dellière*, p. 607).

Par ailleurs, il est de l'office du juge d'appel, constatant une erreur de droit commise par le juge de première instance, d'annuler son jugement puis de procéder, en vertu de l'effet dévolutif de l'appel, à l'examen des autres moyens soulevés en première instance mais non d'y procéder par voie d'évocation (18 juin 2007, *Delmotte*).

• Le second aspect positif : la faculté d'évocation

389 L'effet dévolutif supposait que le jugement de première instance avait statué sur le fond et qu'il y avait lieu à réexamen de l'ensemble de l'affaire par le juge d'appel. En d'autres termes, cet effet supposait un jugement de première instance régulièrement rendu. Au contraire, l'évocation suppose soit qu'aucun jugement n'a été rendu en première instance (par ex. le juge s'estimant incompétent ou non valablement saisi) alors qu'il aurait dû l'être, soit, si un jugement a été rendu, qu'il l'a été dans des conditions irrégulières (par ex. parce que la juridiction n'était pas compétente ou parce que ce jugement est affecté d'un vice de forme substantiel). On comprend que l'évocation déroge à l'ordre de marche normal du procès. En effet, constatant que les premiers juges se sont, à tort, abstenus de juger ou ont, au contraire, jugé alors qu'ils ne le devaient pas, la juridiction d'appel devrait, en bonne logique, annuler le jugement et renvoyer l'affaire devant une juridiction du premier degré pour satisfaire aux exigences du double degré de juridiction. Or, précisément, évoquer c'est, en quelque sorte, « sauter » une étape puisque l'affaire, en ce cas, n'est réellement examinée en son entier que par la juridiction d'appel, c'est-à-dire une seule fois et non deux. C'est pourquoi une autre condition doit être remplie pour que le juge d'appel puisse évoquer : il y faut la demande d'au moins l'une des parties, c'est-à-dire qu'il ne peut pas y avoir évocation d'office. Celle-ci doit être expressément demandée par l'une des parties ; cela suffit, car le juge peut passer outre le refus de certaines parties de le voir évoquer, fussent-elles l'appelant principal (18 mars 1981, *Sarl « Préfabat »*, p. 886). Cette demande d'évocation consiste à saisir le juge d'appel de conclusions au fond ; ce fait est à lui seul suffisant et vaut *ipso facto* demande d'évocation. En revanche, la jurisprudence a supprimé (Sect., 22 mai 1982, *Bloc'h*, *AJDA* 1982, p. 166, concl. J.-P. Costa) une autre condition, celle selon laquelle le juge ne pouvait évoquer que si l'affaire était « en état », c'est-à-dire « en état d'être jugée ». Désormais, le juge évoque au regard de ce que sont les « circonstances de l'affaire ». Il est des contentieux où l'évocation est obligatoire ; il en va ainsi en matière électorale (7 juil. 1967, *Él. mun. de Guagno*, p. 303), de contentieux de grande voirie (14 juin 1967, *Nouveau syndicat intercommunal de la vallée d'Orge*, p. 905) ou disciplinaire (Sect., 18 févr. 1955, *Offner*, p. 101). Dans tous les autres cas, le juge est libre d'évoquer ou non selon ce que sont, à ses yeux, les « circonstances de l'affaire ». En outre, le cas échéant, l'évocation peut n'être que partielle lorsque, à la fois, l'infirmité dont souffre le jugement de première instance n'est elle-même que partielle (par ex. omission de statuer sur une partie des chefs de demande : 18 mai 1984, *Min. de l'Environnement c./SCI « Les Hortensias »*; omission d'opposer un non lieu partiel : Sect., 7 avr. 1967, *Min. de l'Équipement c./Monschein*, p. 152 ; 9 juil. 1980, *Sarl « Le comptoir méditerranéen des viandes »*) et qu'il n'y a pas indivisibilité entre les composantes du jugement de première instance.

L'évocation est possible à l'égard de toutes les formes de jugement de première instance : référé (15 juin 1979, *Bert*), avant dire droit (Sect., 13 mai 1970, *Min. des Anc. combattants c./Augeray*, p. 334 ; 17 juin 1981, *Cne de Papeete*), etc.

Il est parfois des situations limite où la frontière entre effet dévolutif et évocation est très mince. Ainsi, lorsque le juge d'appel connaît d'un jugement ayant déclaré – à tort – un moyen irrecevable, il statue non par la voie de l'évocation mais dans le cadre de l'effet dévolutif de l'appel (Sect., 16 mai 2003, *Maltseva, AJDA* 2003, p. 1154). Sur la distinction entre effet dévolutif et effet évocatif, voir l'intéressant exemple que constitue : 18 juin 2007, *Olivier X.*, req. 279194.

B. Le recours en cassation

390 La raison de l'existence d'un recours en cassation en procédure administrative est la même qu'en procédure civile : assurer l'unité dans l'interprétation et l'application des règles de droit. Cependant, ce besoin est d'autant plus important dans l'ordre administratif qu'il y existe un grand nombre de juridictions spécialisées statuant en dernier ressort, composées en partie au moins de personnes qui ne sont ni des juristes ni, *a fortiori*, des spécialistes du droit.

Longtemps, le recours en cassation a été assimilé au recours pour excès de pouvoir dans la mesure où chacun d'eux traduit le souci de faire triompher le respect de la légalité. L'acte administratif et l'acte juridictionnel ont été souvent identifiés comme semblables l'un à l'autre. Par suite, le recours contre un acte administratif a pu se confondre avec le recours contre un acte juridictionnel. La chose était d'autant plus aisée que, jusqu'à la réforme de l'automne 1953, le Conseil d'État était l'unique juridiction préposée à l'exercice de ces deux fonctions. D'où cette survivance procédurale contemporaine qui permet, en cas de connexité entre elles, de saisir le Conseil d'État, par une même requête, à la fois de conclusions de cassation dirigées contre un jugement administratif et de conclusions d'annulation pour excès de pouvoir d'une décision administrative.

Aujourd'hui le recours en cassation est clairement identifiable et parfaitement distinct du recours pour excès de pouvoir. Pour autant, la cassation administrative a une physionomie distincte de celle de la cassation judiciaire (1., 2. et 3.).

391 *Sursis à exécution demandé en cassation*

L'auteur du recours en cassation peut demander que soit ordonné, par le Conseil d'État, le sursis à l'exécution de la décision juridictionnelle rendue en dernier ressort, d'une part, si celle-ci est susceptible d'entraîner des conséquences difficilement réparables (21 déc. 2007, *Premier Ministre c/ Garnier*, n° 308295, risque de perte définitive), d'autre part, si les moyens invoqués paraissent, en l'état de l'instruction, sérieux et de nature à justifier, outre l'annulation de la décision juridictionnelle ainsi rendue en dernier ressort, l'infirmation de la solution retenue par les juges du fond (21 déc. 2007, *Premier ministre c/ Garnier*, préc. ; 8 oct. 2008, *région Guadeloupe*). Lorsque la demande de sursis est dirigée contre l'arrêt d'un cour administrative d'appel qui a rejeté une demande d'annulation d'une décision administrative, l'octroi d'un tel sursis est subordonné à la condition que le rejet ait modifié la situation de droit ou de fait du requérant (16 juin 2008, *Kerorgant*).

Comme le juge d'appel à l'égard des demandes de sursis à exécution des jugements dont il est saisi (*cf.* § 387), le juge de cassation a la faculté de mettre fin à tout moment au sursis qu'il a accordé (art. R. 821-5).

La jurisprudence estime que, lorsque les circonstances le justifient, la juridiction de cassation a le pouvoir d'ordonner un sursis à exécution partiel d'une décision rendue en dernier ressort (28 mars 2007, *Lajoie et autres*).

1. Les conditions de recevabilité du recours en cassation

392 Le recours en cassation est un *recours de droit commun* qui existe donc même sans texte, car la faculté de le former est un principe général de procédure (Ass., 7 févr. 1947, *D'Aillières*, p. 50). Le Conseil d'État veille tout particulièrement au respect de ce principe dont le rôle est essentiel pour la protection des intérêts des parties en raison de son caractère « ultime ».

• Conditions relatives aux parties

393 Seules les personnes qui ont eu la qualité de parties ou de personnes représentées à l'instance faisant l'objet d'un recours en cassation peuvent former un tel recours (sur la qualité de partie, *cf.* 17 mai 1999, *Chéreau*, p. 152). Celui qui n'avait pas la qualité de partie en appel, ne peut former un recours en cassation contre les décisions rendues par le juge d'appel (19 mars 2003, *Cons. sup. de l'ordre des experts-comptables*, p. 959; Sect. 3 oct. 2008, *Roche*, AJDA 2009 p. 167, note N. Gabayet). Les tiers à l'instance ne peuvent se pourvoir en cassation contre elle, seule leur est ouverte la voie de la tierce opposition. Il convient de relever le cas particulier du tiers qui saisit un tribunal administratif d'une demande d'annulation d'une autorisation administrative individuelle. En ce cas, le tribunal doit appeler dans l'instance la personne qui a délivré l'autorisation attaquée ainsi que le bénéficiaire de celle-ci; cette communication confère à ces dernières la qualité de parties en défense et les rend recevables à faire appel du jugement annulant l'autorisation, alors même qu'elles n'auraient produit aucune défense en première instance. Lorsque l'une d'elles fait seule régulièrement appel dans le délai, le juge d'appel peut communiquer, pour observations, cet appel aux autres parties au litige en première instance, y compris à la personne défenderesse en première instance qui s'est abstenue de faire appel, cependant, cette communication ne confère pas à celle-ci la qualité de partie à l'instance d'appel et ne la rend par suite pas recevable à se pourvoir en cassation contre la décision rendue à l'issue de cette instance (Section, 3 oct. 2008, *Cne d'Ensuès-la-Redonne*). Celui qui prétend intervenir en cassation alors qu'il a la qualité pour être partie à l'instance de cassation, verra son intervention requalifiée en recours en cassation (12 janv. 2007, *M. et Mme X. et Cne de Carcassonne*, req. 2743362).

Toutefois, cette présence à l'instance antérieure ne suffit pas: encore faut-il avoir un intérêt à la cassation. On ne saurait, par exemple, entreprendre une telle action contre un jugement qui donne entière satisfaction (6 mars 2002, *Bureau national interprofessionnel du Cognac*, p. 899).

Enfin, le défendeur en cassation peut former un recours incident dans les conditions du droit commun examinées lors de l'étude de l'appel (*cf.* § 382-383 ; 11 juin 1999, *SCI Barateau et Sarl Barateau*, p. 983 ; 13 juil. 2007, *Min. Éco., Fin. et Industr.*, req. 282054) ; en particulier, le recours incident en cassation est irrecevable quand il soulève un litige distinct de celui qui fait l'objet du pourvoi principal en cassation (20 juin 2007, *Michel X.*, req. 256974 ; 4 févr. 2008, *Min. Éco., Fin. et Industr.*, req. 304253). Sur la distinction entre pourvoi principal, pourvoi incident et pourvoi provoqué, voir : 11 juil. 2008, *Sté NORPAC et autres.*

• Conditions relatives au jugement

394 Le recours en cassation est dirigé uniquement contre des jugements. Une difficulté se rencontre parfois dans le cas d'organismes qui agissent tantôt comme organe d'administration prenant des actes administratifs, tantôt comme juridiction. Il convient de déterminer dans chaque cas en quelle qualité ils agissent et quelle est, en conséquence, la nature de la décision prise. Ainsi, les conseils (départementaux, régionaux, nationaux) des ordres professionnels sont tantôt des juridictions, tantôt des « *administrations* » (Ass. 12 déc. 1953, *De Bayo*, p. 544).

Le jugement soumis au juge de cassation doit être un *jugement définitif.* La jurisprudence a longtemps pratiqué une distinction entre les jugements d'avant dire droit, qui n'étaient pas susceptibles de cassation, car considérés comme purement préparatoires, et les jugements définitifs, seuls susceptibles de relever du juge de cassation. Cette dichotomie a été abandonnée (Sect., 17 avr. 1964, *Guertin, D.* 1964.J.387, concl. J. Rigaud) ; tout jugement définitif, même d'avant dire droit, est susceptible de relever de la procédure de cassation. Il s'ensuit que le délai de deux mois du recours en cassation contre un jugement d'avant dire droit rendu par un tribunal administratif statuant en premier et dernier ressort court dès la notification de ce jugement et n'est pas prorogé du fait de l'intervention d'un jugement réglant le principal du litige au fond (4 août 2006, *Caisse des dépôts et consignations c./Kroes*, n° 268497). En revanche, les « arrêts provisoires » rendus par la Cour des comptes, dans le cadre de la procédure de jugement des comptes des comptables publics, n'ayant pas de caractère « définitif », ne peuvent pas être déférés au juge de cassation (R. 143-3 C. jurid. financ.) ; cependant, le moyen tiré de l'erreur de droit commise par la Cour dans son arrêt provisoire peut être invoqué à l'appui de conclusions dirigées contre son arrêt définitif (21 oct. 1983, *Simler*, p. 420).

Le jugement en cause doit avoir été *rendu en premier et dernier ressort ou en dernier ressort* (sur cette notion en droit processuel communautaire : CJCE, 4 juin 2002, *Lykeskog*, *AJDA* 2003, p. 377), c'est-à-dire qu'il ne peut plus être l'objet ni d'un appel ni d'une autre voie de recours, par exemple de rétractation.

Tout d'abord, *le jugement ne doit plus être susceptible d'appel,* soit que cette voie de droit n'existe pas, soit, si elle existe, qu'elle a été formée en vain par le requérant, lequel a été débouté. Il en résulte qu'est impossible le recours en cassation quand le délai d'appel est expiré sans qu'un appel ait été formé, car la cassation n'est pas un doublet, un substitut de l'appel, et admettre le recours en cassation en une telle hypothèse serait aller contre la chose jugée. Pareillement, le recours en cassation ne peut pas être introduit quand le délai d'appel n'est pas encore expiré (15 juil. 1954, *Montagne*, p. 484).

Ensuite, *le jugement doit également être insusceptible d'une voie de rétractation.* Ainsi, lorsqu'un jugement peut encore faire l'objet d'une opposition, il n'est pas possible de se pourvoir en cassation contre lui durant le délai d'opposition, pour faire juger le défaut susceptible de motiver le recours en opposition (16 déc. 1947, *Vailly*, p. 654). Le recours en cassation ne devient possible qu'à l'expiration du délai d'opposition même si durant ce délai aucun recours en opposition n'a été introduit, la formation d'un recours en cassation durant le délai d'opposition est toutefois régularisée par l'expiration de ce délai si un tel recours en opposition n'a pas été formé (18 févr. 2009, *Ahmed X.*, 290445). La différence de traitement procédural avec ce qui se passe pour l'appel vient de ce que l'expiration du délai d'appel rend définitif le jugement de première instance, ce qui n'est pas le cas d'un jugement frappé d'opposition. Toutefois, un pourvoi en cassation prématuré de ce chef sera régularisé du seul fait de l'écoulement du délai d'opposition sans qu'une opposition soit formée (20 nov. 1992, *Joseph*, p. 417). Les personnes condamnées par défaut et qui n'ont pas formé opposition gardent la possibilité de se pourvoir en cassation; en ce cas, le délai pour se pourvoir court à compter de l'expiration du délai d'opposition. Par ailleurs, est admis le concours entre le recours en cassation et le recours en rectification d'erreur matérielle ou le recours en révision (16 juin 1999, *Ballot*, p. 983).

• Conditions de forme

395 Le recours en cassation est toujours soumis à l'obligation du ministère d'avocat; seuls en sont dispensés, d'une part, les recours introduits par un ministre au nom de l'État (R. 432-4), et d'autre part, ceux dirigés contre les décisions définitives de la Commission centrale d'aide sociale ou des juridictions de pension (R. 821-3).

Il doit être introduit dans les deux mois de la notification du jugement ou arrêt faisant l'objet du recours en cassation; il s'agit d'un délai franc (18 oct. 2006, *Min. délégué aux Libertés locales, Cne de St Leu*; 16 avr. 2008, *Départmt de la Dordogne*, req. 305605). Ce délai peut être prorogé du temps passé devant une juridiction incompétente ou par application des délais de distance (R. 811-5; cf. § 176); en revanche, il ne peut être prorogé du temps d'attente de la réponse à un recours gracieux ou hiérarchique, un tel recours ne pouvant pas être formé à l'égard d'actes juridictionnels. Le délai du recours en cassation contre un jugement mixte qui tranche définitivement une question n'est pas prorogé jusqu'à l'expiration du délai de recours contre le jugement rendu sur le principal (4 août 2006, *Caisse des Dépôts et Consignations*), il doit être introduit dans les deux mois de la notification de ce jugement. Dans le cas, particulier, où, dans l'instance d'appel, la représentation de l'État était assurée par le préfet, il se déduit des dispositions de R. 751-8 que le délai de pourvoi en cassation court à compter de la notification de l'arrêt d'appel au préfet, non de sa notification au ministre concerné (19 mars 2008, *Min. État, Min. Int.*, req. 301797).

Lors de la réforme du contentieux administratif, en 1987, avait été créée, au sein du Conseil d'État, une procédure préalable d'admission des pourvois (décret du 2 septembre 1988) remaniée par le décret du 24 décembre 1997 qui a supprimé la commission d'admission. Désormais, le filtrage des recours est assuré par chacune des dix sous-sections composant la section du contentieux du Conseil d'État (R. 822-1).

Deux cas de refus d'admission du pourvoi en cassation peuvent se présenter.

En premier lieu, le président de la sous-section saisie de l'affaire *peut* décider par ordonnance de ne pas admettre le pourvoi lorsqu'il est irrecevable pour défaut de constitution d'avocat ou lorsqu'il est entaché d'une irrecevabilité manifeste non susceptible d'être régularisée en cours d'instance (R. 822-5, al. 3).

En second lieu, l'admission du pourvoi doit être refusée si celui-ci est irrecevable ou n'est fondé sur aucun moyen sérieux (L. 822-1) ; ce refus a lieu par une décision juridictionnelle.

Si l'admission du pourvoi paraît devoir être refusée, le président de la sous-section saisie du dossier transmet celui-ci au rapporteur public, les parties étant avisées du jour de la séance publique au cours de laquelle les conclusions seront prononcées (R. 822-2, al. 1). À l'issue de celles-ci, une décision juridictionnelle doit être prise par la sous-section et deux issues sont possibles : si la sous-section refuse d'admettre le recours, elle rend un arrêt rédigé de façon extrêmement simple qu'elle notifie à l'intéressé ; cette décision n'est susceptible que d'un recours en rectification d'erreur matérielle ou en révision (R. 822-3, al. 1) ; si la sous-section ne refuse pas l'admission du pourvoi, elle en informe le requérant et procède à l'instruction de l'affaire selon le mode accoutumé (R. 822-3, al. 2).

Enfin, si l'admission du pourvoi ne paraît pas devoir être refusée, le président de la sous-section fait procéder à l'instruction du dossier dans les conditions habituelles, le requérant étant avisé de cette décision (R. 822-2, al. 2).

L'admission du pourvoi peut n'être que partielle ; les moyens de cassation étant divisibles, les uns peuvent être jugés recevables les autres pas (16 avr. 2008, *Cne du Lavandou*, req. 307893).

Dans tous les cas, la procédure est très allégée, en particulier du fait de l'absence de communication du mémoire du défendeur et de la non-communication préalable aux parties des moyens d'ordre public soulevés d'office par le juge, ceci par dérogation aux dispositions de l'article R. 611-7 (R. 822-6).

• Moyens de cassation

396 Les moyens de cassation doivent être les mêmes que ceux déjà développés devant les juges du fond, car c'est la même instance qui continue : l'immutabilité du litige qui caractérise l'appel se poursuit en cassation. Cela signifie que les moyens doivent relever de la même cause juridique que ceux soulevés antérieurement (30 mai 2007, *Patrick X.*, req. 274724). Le recours en cassation ne peut constituer une garantie pour les parties que s'il porte sur le même litige à l'égard duquel il s'assure qu'il a été procéduralement statué de manière correcte avec application satisfaisante de la règle de droit. Il serait inutile de s'assurer de cette garantie si de nouveaux moyens pouvaient être invoqués, car, de ce fait, on ne pourrait reprocher aux juges précédents de ne pas les avoir examinés. D'où la règle de l'interdiction des moyens nouveaux, y compris les moyens de fait. En effet, l'irrecevabilité frappe tout moyen nouveau de fait parce qu'il ne peut pas être retenu par le juge de cassation. Elle s'étend également à ceux des moyens de droit qui, n'étant pas des moyens d'ordre public (20 juin 2007, *Gérard X.*, req. 285242), n'ont pas déjà été invoqués devant les juges du fond (10 juil. 1954, *Neptune*, p. 456 ; 21 juin 2006, *Min. de la Défense*, *AJDA* 2006, p. 1806 ; 25 mai 2007, *Societe FIAT Partecipazioni SPA*, req. 282049 ; 8 juin 2007, *Sté Magenta Développement*, req. 298920) ou qui, soulevés en première instance, ont été abandonnés en appel (10 déc. 1924, *Sté Dufour et Cie*, p. 993 ; 23 déc. 1987, *Onyemuwa Chikezie*, p. 891 ; 15 avr. 1996, *Devoto*, p. 1130). Cette interdiction se combine avec celle des demandes nouvelles résultant des moyens nouvellement développés. Il en va ainsi lorsque, changeant la cause juridique fondant les moyens antérieurs, le nouveau moyen déplace nécessairement le terrain sur lequel se situe la demande : ainsi le moyen invoquant l'irrégularité externe de la décision contestée ou de la composition de la juridiction qui l'a rendue ne peut pas, après l'expiration du délai de recours en cassation,

se combiner avec (ou être relayé par) le moyen critiquant la légalité interne de cette même décision. Le changement de cause juridique traduit (et trahit ?) le caractère nouveau de la demande (28 juil. 2000, *Cne de Port-Vendres*, p. 360).
Ainsi la partie qui se pourvoit en cassation après s'être abstenue de produire en appel ne peut soulever devant le juge de cassation que deux séries de moyens : l'irrégularité de l'arrêt d'appel ou l'existence d'un moyen d'ordre public (Sect., 18 mars 1994, *CNAM et Conseil départemental de l'ordre des médecins c./Gueniot*, *RFDA* 1995, p. 664, concl. D. Kessler). Par ailleurs, il est impossible de se prévaloir devant le juge de cassation de pièces qui n'ont pas été fournies devant le juge dont la décision est frappé de cassation (26 juill. 2006, *Min. de l'Intérieur*), même si ces pièces viennent à l'appui d'affirmations déjà développées devant ce juge (23 janv. 2008, *Cne de Romainville*, req. 308995).
En revanche, le moyen soulevé après l'expiration du délai de recours en cassation est recevable lorsqu'il relève de la même cause juridique que les moyens soulevés dans le délai dudit recours (30 mai 2007, *Patrick X.*, req. 274724).

397 Des exceptions existent cependant.
En premier lieu, les *moyens d'ordre public* peuvent être soulevés pour la première fois en cassation soit par les parties, soit par le juge lui-même d'office. Il doit s'agir, cependant, de moyens que les juges du fond auraient dû avoir aperçus (27 juin 1980, *Torresi*, p. 854) et qui ne supposent pas une « *appréciation de fait* » (8 janv. 1982, *Devillechaise*, p. 728 ; 19 juin 2006, *Assoc. « Mission du plein évangile – La porte ouverte chrétienne »*, p. 299). Les moyens d'ordre public dont les juges du fond n'étaient pas saisis ou qu'ils n'ont pu relever d'office ou qu'ils n'ont pu apercevoir, car ils ne ressortaient pas des éléments du dossier (1er mars 1972, *Ducreux*, p. 179 ; Sect., 26 juin 1992, *Cne de Béthoncourt*, p. 268, concl. G. Le Chatelier), ne peuvent pas être soulevés ou relevés en cassation : cette différence des solutions entre les moyens d'ordre public relevables et ceux non relevables ne doit pas surprendre, car le juge de cassation ne rejuge pas l'affaire mais juge le jugement.
En second lieu, les *moyens fondés sur l'irrégularité du jugement frappé d'un recours en cassation* peuvent être présentés pour la première fois dans le cadre de ce recours parce qu'ils n'ont pu, nécessairement, être invoqués auparavant (13 juil. 2007, *Min. Éco., Fin. et Industr.*, req. 284689 ; 11 mars 2009, *Ronan X.*, req. 291153). En outre, de tels moyens permettent au juge de cassation de vérifier la régularité des conditions dans lesquelles les jugements frappés de pourvois ont été rendus. C'est dire que l'examen de cette deuxième catégorie de moyens rentre essentiellement dans les attributions d'un juge de cassation.

2. Le contrôle exercé par le juge de cassation

398 Ce contrôle est, naturellement, un contrôle restreint, même s'il est plus étendu que celui exercé par l'homologue judiciaire du Conseil d'État qu'est la Cour de cassation. Il est une raison à cela : de nombreuses juridictions spécialisées soumises au contrôle de cassation du Conseil d'État ne présentent pas les garanties de compétence juridique, voire de sérénité, qui sont celles des cours d'appel administratives ou judiciaires. C'est pourquoi le Conseil d'État a toujours exercé sur ces juridictions un contrôle qui va plus loin qu'un contrôle normal de cassation.
Lorsque la décision juridictionnelle déférée au juge de cassation repose sur plusieurs motifs dont l'un au moins est erroné, le juge de cassation doit casser cette décision. Il n'a donc pas, normalement, à rechercher si la juridiction aurait pris la même décision en se fondant uniquement sur les autres motifs. Il en va cependant autrement dans trois cas principaux. En premier lieu, si le motif déclaré erroné est, en même temps,

surabondant, il n'y aura pas lieu à cassation. En second lieu, il en va de même lorsqu'il existe un motif d'ordre public substituable. Enfin, lorsque la décision juridictionnelle attaquée prononce l'annulation pour excès de pouvoir d'un acte administratif (et seulement lorsqu'elle prononce cette annulation, non lorsqu'elle rejette la demande d'annulation), la circonstance que l'un de ses motifs est erroné ne donnera pas lieu à cassation toutes les fois que l'un quelconque des autres moyens retenus par la décision déférée au juge de cassation aurait suffi à justifier l'annulation qu'elle a prononcée (30 mai 2007, *ONILAIT*, n° 279511 ; 17 avr. 2008, ONILAIT, req. 279509 ; 7 août 2008, *Cne de Libourne*).

Cela étant, le contrôle du juge s'exerce sur chacun des trois cas qui donne ouverture au recours en cassation. Il conviendra de mettre à part la question du contrôle des faits.

• L'incompétence

399 L'incompétence de la juridiction qui a rendu la décision contestée est un cas traditionnel d'ouverture à cassation, que cette incompétence soit territoriale ou matérielle. Un tel vice procédural est d'ailleurs, comme en première instance ou en appel, d'ordre public. Cette situation est cependant assez rare car l'incompétence d'une juridiction est le plus souvent relevée à un stade antérieur de la procédure.

• La violation de règles substantielles de forme

400 Le juge de cassation contrôle toujours la régularité externe des décisions qui lui sont déférées pour s'assurer du respect des règles de forme et de procédure essentielles ainsi que des principes généraux de procédure. Il en va ainsi : de la lecture des jugements en séance publique (Sect., 8 janv. 1982, *Serban*, p. 8), du respect du contradictoire (Sect., 14 mars 1975, *Rousseau*, p. 194), de la composition de la juridiction (28 juin 1995, *Messegue*, p. 995), de l'obligation de statuer sur tous les chefs de demande (21 oct. 1981, *CPAM de Rouen*, p. 380 ; 2 mars 1984, *Ochoantesana Badiola*, *AJDA* 1984, p. 455, concl. B. Genevois), du respect des droits de la défense (20 juin 1913, *Téry*, p. 736, concl. L. Corneille), de l'obligation de répondre aux moyens soulevés (2 mars 1984, *Badiola*, p. 92), du caractère secret du délibéré (20 nov. 2000, *Cne de Brou-sur-Chantereine*, p. 1196), de la composition identique de la formation de jugement depuis l'audience jusqu'au délibéré (*Cne de Brou-sur-Chantereine*, préc.), de l'impartialité de la juridiction (19 oct. 1979, *Darlet*, p. 380), etc.

Parmi les éléments les plus importants du contrôle exercé par le juge de cassation sur la régularité externe des jugements figure la motivation. Le juge vérifie en particulier :

– qu'il existe bien une motivation, l'absence de motivation étant toujours sanctionnée par la nullité du jugement contesté (23 nov. 1979, *Landsmann*, p. 430) (*cf.* § 333) ;

– qu'il n'y a pas de contradiction entre les motifs, cette contradiction équivalant à l'absence de motifs (8 juil. 1983, *Assoc. gestionnaire de l'école Violet*, p. 304 ; 12 déc. 1997, *CPAM de Paris*, p. 1039 ; 5 mai 1999, *Époux Gazeau*, p. 984) (*cf.* § 335),

– que la motivation est suffisante pour permettre au juge de cassation d'exercer son office (Ass., 20 févr. 1948, *Dubois*, *D.* 1948 p. 557, concl. P.-L. Josse ; 30 juin 2000, *Gosson de Varennes*, p. 1196), cette insuffisance faisant toujours encourir au jugement contesté son annulation (Sect., 5 févr. 1982, *Dauphin*, p. 50 ; 27 juin 1997, *Centre hospitalier de Lagny*, p. 266 ; 23 oct. 1998, *Elmira*, p. 1135) (*cf.* § 334).

• L'erreur de droit

401 Le juge de cassation n'est pas, normalement, juge du fait mais seulement du droit, c'est-à-dire de la bonne application de la règle de droit, ce qui comprend tout à la fois

l'utilisation de la règle réellement applicable, l'interprétation exacte de cette règle de droit et, enfin, l'analyse correcte du jugement de première instance par la juridiction d'appel. Cette fonction de contrôle de l'erreur de droit est au cœur même de la mission d'un juge de cassation, étant sa principale raison d'exister.

On relèvera tout d'abord que seules les erreurs de droit « opérantes » peuvent donner ouverture à cassation non celles portant sur des motifs surabondants (18 juin 1982, *Gouriou*, 2 esp., p. 728).

Cette erreur peut consister en une *inexacte interprétation du sens ou de la portée du texte ou du principe applicable* portant sur :

– une convention internationale (Ass., 16 janv. 1981, *Conté*, p. 19 : interprétation de la convention de Genève du 28 juil. 1951 sur les réfugiés) ;

– la notion de caractère confirmatif, ou non, d'une décision de l'administration (20 mars 2000, *Min. de l'Emploi et de la Solidarité*, p. 123) ;

– un concept utilisé par un texte (Sect., 6 mars 1981, *Pech*, p. 133 : sur la notion d'« imprudence grave » dans une profession libérale réglementée) ;

– un arrêté interministériel (7 oct. 1981, *Rispail*, p. 354) ;

– le code civil (9 févr. 2000, *Min. de l'Emploi et de la Solidarité c./Semmache*, p. 1197 : à propos de la notion de « résidence en France » d'une personne étrangère) ;

– une règle légale (25 nov. 1998, *Chèze et Cne de Bièvres*, p. 447 : le concept d'« utilité publique » ; 10 juin 1998, *S.A. Leroy-Merlin*, p. 221 : obligation de compatibilité et non de stricte conformité entre un POS et le schéma directeur ; Sect., 26 mars 1999, *Sté d'aménagement de Port Léman*, p. 111 : la notion d'« extension limitée de l'urbanisation », utilisée par l'art. L. 146-4-II du C. urb.) ;

– une notion jurisprudentielle (30 déc. 1998, *Cne de Blaye c./Maret*, p. 1136 : notion de « lien direct » entre la faute et le dommage ; 7 juil. 1999, *Sté Actek*, p. 985 : notion de « caractère certain » du préjudice) ;

L'erreur de droit résulte aussi, classiquement, de *l'application d'un texte ou d'un principe inapplicable*. Ainsi :

– l'application d'une disposition inapplicable en l'espèce (29 juin 1998, *SA des eaux minérales d'Évian*, p. 257 : mauvaise lecture d'un POS),

– une méprise sur l'étendue du pouvoir de contrôle du juge (23 juin 1999, *Abitbol*, p. 984 : celui-ci, qui doit exercer un contrôle normal, se borne au contrôle de l'erreur manifeste d'appréciation) ;

– le recours à l'exigence de faute lourde alors que doit jouer le régime de la faute simple (Ass., 9 avr. 1993, *D.*, p. 110) ;

– l'application d'un arrêté interministériel illégal (Sect., 25 juin 1999, *Hôtel « Thermes du Parc » et Sarl Laborde et fils*, p. 210).

L'erreur de droit peut aussi consister en *l'abstention des juges du fond de soulever un moyen d'ordre public* (11 janv. 1995, *Garrigos*, p. 1007 ; Sect., 25 juin 1999, *Hôtel « Thermes du Parc » et Sarl Laborde et fils*, préc.).

• Le contrôle du juge de cassation et l'erreur de fait

Il peut paraître surprenant que le juge de cassation soit juge du fait. En réalité, le Conseil d'État, s'il contrôle l'exactitude matérielle des faits ainsi que leur qualification juridique, laisse aux juges du fond un pouvoir souverain d'appréciation des faits sous réserve qu'ils ne les dénaturent pas.

402 *Le contrôle de l'exactitude matérielle des faits* est exercé par le Conseil d'État depuis 1925 (9 août 1925, *Farman*, p. 829). Positivement, il faut, pour cela, que le raisonnement des juges du fond repose réellement sur ces faits. Négativement, l'examen des faits doit pouvoir être opéré sans qu'il soit besoin d'ordonner une quelconque mesure d'instruction à cet égard. Il est donc nécessaire que cette appréciation puisse s'effectuer sur la base des seuls éléments contenus dans le dossier soumis au juge de cassation. Ce deuxième trait constitue l'une des différences les plus fondamentales entre le contrôle effectué par le juge de cassation et le contrôle exercé par le juge de l'excès de pouvoir. Enfin, le motif entaché d'inexactitude matérielle des faits ne conduit à la cassation du jugement que s'il n'est pas surabondant.

Ainsi, sont contrôlés la gravité d'une sanction disciplinaire par rapport aux fautes reprochées (30 janv. 1980, *V.*), le motif retenu pour refuser l'ouverture d'une école technique privée (23 juil. 1976, *Assoc. Maison familiale d'éducat. et d'orientat. de Craon*, p. 379), la matérialité des faits retenus pour infliger une sanction (Sect., 18 juin 1993, *Haddad*, AJDA 1993, p. 572, concl. D. Kessler) ou l'affirmation du caractère unilatéral de la rupture du contrat de travail d'un salarié protégé (18 avr. 2008, *Jacques X.*, req. 307327).

403 *La qualification juridique des faits* tombe sous le contrôle du juge de cassation. Par là, il est vérifié que les conséquences juridiques déduites par le juge de sa qualification technique des faits, c'est-à-dire leur appréciation, l'ont été correctement. C'est le contrôle du «*fait de nature à…*». Le juge de cassation retient les faits dans leur matérialité tels qu'ils ressortent du dossier qui lui est soumis et, tout en s'abstenant de les apprécier, vérifie qu'ils ont été correctement qualifiés, en droit, par la juridiction d'appel.

Ainsi, un étudiant, poursuivi pour fraude aux examens, est sanctionné par la juridiction compétente et se pourvoit en cassation. Le juge vérifiera s'il y a bien dans le dossier des éléments prouvant la matérialité des faits reprochés (posséder des notes correspondant à la matière de l'examen, avoir sur soi des fiches cachées, etc.). Il ne contrôlera pas si de tels faits constituaient bien une fraude, cette appréciation relevant du pouvoir souverain des juges du fond. En revanche, il examinera si, les faits étant tenus pour frauduleux, la sanction infligée était bien de celles qui, légalement, pouvaient être infligées en l'espèce.

Il s'agit désormais d'un contrôle plein et entier (au moins depuis: Sect., 18 févr. 1977, *Hervouet*, p. 98).

Ainsi, à ce titre, le Conseil d'État, juge de cassation, contrôle:

- l'utilité publique d'une expropriation (Sect., 3 juil. 1998, *Salva-Couderc*, p. 297; 2 juil. 1999, *Cne de Volvic*, *RFDA* 1999, p. 1185, note R. Hostiou) ;
- la disproportion entre les nécessités de l'ordre public et l'atteinte portée par l'expulsion d'un étranger à son droit au respect de sa vie privée et à une vie familiale normale (Sect., 11 juin 1999, *Min. de l'Int. c./El-Mouhaden*, p. 175) ;
- la nécessité impérieuse d'expulser un étranger au regard des besoins de la sécurité publique (Sect., 11 juin 1999, *Cheurfa*, p. 177) ;
- le caractère justifié, ou non, d'abaissements d'honoraires de la part de médecins (Sect., 20 févr. 1981, *Sevrain*, p. 101) ;
- le degré suffisant de gravité d'une faute pouvant justifier le licenciement d'un salarié protégé (Sect. 11 juin 1999, *Chicard*, p. 198) ;
- le caractère agricole d'une activité (6 mars 2000, *Cne de Thones c./Silve*, p. 1197) ;
- la réalité du motif invoqué à l'appui d'un licenciement à caractère économique (Sect., 11 juin 1999, *Prouvost*, p. 179) ;
- l'exercice par un salarié, dans son entreprise, des fonctions de nature à justifier son licenciement pour perte de confiance de la part de son employeur (Sect., 11 juin 1999, *Sté «Les grands moulins de Strasbourg»*, p. 196) ;

– le caractère d'« enseignement professionnel théorique », au sens du décret applicable, d'un enseignement dispensé par un professeur de lycée (2 avr. 2003, *Min. de la Jeun., Éd. nat. et de la Recherche c./Kusser*, p. 961) ;
– le caractère exonératoire, ou non, de la faute de la victime (20 juin 2007, *Boutin*).
On le voit au travers des exemples cités, la différence est ténue entre la qualification juridique des faits et l'appréciation des faits pour laquelle, en principe, les juges du fond disposent d'un pouvoir souverain d'appréciation.

404 *Le pouvoir souverain d'appréciation des faits par les juges du fond* est un principe essentiel du droit de la cassation, commun aux ordres judiciaire et administratif de juridiction. Il est en particulier illustré par une décision fondatrice rendue à propos de l'appréciation portée sur une méthode thérapeutique par le Conseil national de l'ordre des médecins (Sect., 2 févr. 1945, *Moineau*, p. 27 ; *cf.* aussi : 2 févr. 1957, *Jockel*, p. 82). Pour autant, la ligne de partage entre le pouvoir souverain d'appréciation des juges du fond et le contrôle, par le Conseil d'État, de la qualification juridique des faits est d'une fluidité et d'une porosité remarquables.
En réalité, il convient de distinguer selon que l'appréciation des faits par le juge du fond est une appréciation technique ou une appréciation de droit commun.
Lorsque le juge se livre à une appréciation d'ordre technique, le Conseil d'État se refuse normalement à la contrôler, dès lors qu'elle entre dans le champ de compétence de la juridiction concernée. Ainsi, de la notion de fraude à un examen, de la valeur thérapeutique d'un traitement médical, de l'aptitude d'un conscrit à accomplir ses obligations de service national, de la valeur chiffrée d'une copie d'examen ou de l'attitude d'un magistrat ayant conduit le Conseil supérieur de la magistrature à prendre à son encontre une mesure d'interdiction temporaire (15 févr. 2006, *Brieuc de Mordant de Massiac*, p. 77), etc. Un souci de réalisme pousse le juge de cassation à s'abstenir d'exercer un contrôle qui n'entre ni dans ses habitudes intellectuelles ni même dans ses connaissances pratiques. On relèvera cependant que, même dans ces hypothèses, très peu favorables à son intervention effective, le juge de cassation exerce son contrôle au moins sur deux points : il vérifie toujours la régularité externe de la décision, cette vérification pouvant s'effectuer indépendamment de l'examen des aspects purement techniques, et il contrôle, on le verra ci-après, la dénaturation des faits éventuellement commise par les premiers juges. S'agissant du premier aspect, c'est surtout sur la motivation du jugement que s'exercera le contrôle : la juridiction a-t-elle réellement motivé sa décision ? Ses motifs sont-ils suffisants pour comprendre la solution adoptée ? En d'autres termes, et selon l'expression de nombre d'arrêts, les juges du fond doivent avoir mis le juge de cassation *« en mesure d'exercer son contrôle »* (14 avr. 1982, *Ben Salah*, req. 24713 ; 23 sept. 1983, *Coco*, req. 42468 ; 23 oct. 1998, *Elmira*, p. 1135).
Au contraire, le juge de cassation retrouve tous ses pouvoirs lorsque la juridiction a effectué des analyses qui, pour être de portée technique, ne sont pas, en elles-mêmes, techniques, telles l'appréciation d'une notion légale, d'une condition réglementaire, d'un seuil quantitatif ou qualitatif, etc. Ce sont là, en définitive, des appréciations d'ordre juridique comparables à ce qu'il en est ordinairement en droit commun. Il n'y a, en ce cas, aucune raison pour que le juge de cassation abdique une quelconque parcelle de ses pouvoirs de régulateur suprême de l'ordre administratif de juridiction. C'est ainsi qu'il exerce un contrôle normal, c'est-à-dire plein et entier, sur la proportionnalité entre la sanction infligée à un professionnel et les faits qui lui sont reprochés (Sect. 22 juin 2007, *Arfi P.*).

405 *La réserve de la dénaturation des faits* est la limite la plus importante au pouvoir souverain des juges du fond (Ass., 4 janv. 1952, *Simon*, p. 13, concl. M. Letourneur, pour la décision de principe). Cette dénaturation, qui ne peut être soulevée d'office par le juge mais doit être expressément invoquée, doit ressortir des faits tels qu'ils figurent au dossier d'instruction (ainsi que dans les documents qui y sont joints) soumis au juge de cassation. Celui-ci n'ordonne pas une enquête ou une vérification afin d'opérer un examen des faits prétendus dénaturés. Parce qu'il ne « lit » pas ces faits, tels qu'ils sont dans le dossier, comme le juge du fond, le Conseil d'État en déduit la dénaturation. Cette dernière peut revêtir divers aspects :

– dénaturation des clauses d'un cahier des clauses administratives particulières, (10 mai 1995, *Centre hospitalier de Faucigny*, p. 1008) ou de celles d'un cahier des charges et des conditions dans le cadre d'une vente en l'état futur d'achèvement (5 mai 1999, *Alaoui et autres*, p. 990) ou de celles d'un contrat privé (30 janv. 1995, *Capazza*, p. 1008) ;

– déduction infondée, car ne figurant pas au dossier, que la hauteur d'un édifice à construire sera supérieure à ce que permet une disposition du POS (4 oct. 2000, *Martoglio*, p. 1200) ;

– affirmation de l'existence d'une fraude dont la réalité ne ressort pas des pièces du dossier (24 mars 1999, *Abbal*, p. 89) ;

– omission de tenir compte d'une pièce du dossier d'instruction (2 déc. 1998, *Vindu*, p. 1138, ici un jugement étranger produit par le requérant) ou affirmation de l'inexistence matérielle d'une décision qui existe bien en réalité (11 juin 2007, *Maret X.*, req. 288355).

On a beaucoup disputé du point de savoir si et jusqu'à quel point le contrôle de la dénaturation des faits entrait dans les attributions d'un juge de cassation. Il est bien certain que tout se tient et qu'il est difficile, parfois, et même souvent, que ce contrôle de la dénaturation n'aboutisse pas en pratique, fût-ce incidemment, à un examen technique des faits.

406 En conclusion, on note qu'au plan du contrôle exercé par le juge, l'utilisation en cassation a conservé certains traits de l'excès de pouvoir. Il en va tout spécialement ainsi dans les matières techniques où le juge administratif de cassation adopte la même attitude que le juge de l'excès de pouvoir : le refus d'examiner les questions de trop haute technicité. Au contraire de la Cour de cassation, qui contrôle l'entière qualification juridique des faits, le Conseil d'État s'arrête, lui, devant les dossiers trop techniques et il y a une raison à cela. La Cour de cassation ne connaît, pour l'essentiel, que de pourvois dirigés contre des arrêts rendus par des cours d'appel et, ce qu'une telle cour a fait, la Cour de cassation peut le faire. Alors que le Conseil d'État, dans ces matières techniques, juge des décisions rendues par des organismes juridictionnels très spécialisés avec lesquels il ne saurait – sur ce plan – rivaliser. En même temps, la filiation entre cassation et excès de pouvoir explique l'utilisation par le Conseil d'État, en cassation, des éléments et des moyens de contrôle qui sont habituellement ceux du juge de l'excès de pouvoir ; d'où cette conséquence que, de ce dernier point de vue, le contrôle administratif de cassation va plus loin que son homologue judiciaire : ainsi du contrôle de la dénaturation des faits qu'ignore, pour l'essentiel, la Cour de cassation.

3. Les effets de la décision rendue par le juge de cassation

(J. Charret et S. Deliancourt, *L'autorité de chose jugée s'attachant aux décisions rendues par le Conseil d'État en sa qualité de juge de cassation*, *AJDA* 2008 p. 568).

407 Les décisions rendues par le juge de cassation n'ont que *l'autorité relative de chose jugée* sauf dans deux cas où elles ont alors une autorité absolue : la cassation d'une décision juridictionnelle elle-même revêtue de l'autorité absolue de chose jugée et la confirmation d'une telle décision mais par d'autres motifs que ceux retenus par le juge d'appel (Sect., 30 sept. 2005, *Cne de Beausoleil, RFDA* 2005, p. 1141, concl. S. Verclytte).
La juridiction de cassation peut soit ordonner le sursis à exécution du jugement qui lui est déféré, soit rejeter le recours, confirmant par là la décision des juges du fond, soit admettre le bien-fondé du recours et procéder à la cassation du jugement contesté. C'est dans ce second cas que se posent les questions les plus importantes et les plus nombreuses.

• Le rejet du recours en cassation

408 En cas de rejet du recours en cassation, le jugement attaqué devient définitif et ne peut plus, normalement, être contesté sauf cas exceptionnels.
Il en va ainsi en premier lieu, lorsque ce jugement a été considéré irréprochable, en tous points, par la juridiction suprême.
Il en va de même, également, lorsque le jugement reposait sur des motifs erronés auxquels le juge de cassation a pu substituer un ou plusieurs autres motifs permettant de le fonder correctement (25 janv. 1980, *Gras*, p. 50 ; 28 juil. 2000, *Cne de Port-Vendres*, p. 360). La solution est la même en cas de substitution de base légale (Ass., 2 juil. 1993, *Milhaud*, p. 194, concl. D. Kessler), sauf si la base légale primitivement retenue n'est pas erronée mais illégale (Sect., 22 avr. 2005, *Cne de Barcarès, RFDA* 2005, p. 557, concl. J.-H. Stahl).
Il en va encore ainsi lorsque le jugement comportait des motifs illégaux mais surabondants, l'invocation de ces derniers étant même parfois qualifiée d'inopérante (30 avr. 1997, *Larcebeau*, p. 1043).
Il en va, enfin, pareillement lorsque les premiers juges ont retenu plusieurs motifs, tous déterminants, pour justifier leur décision et, qu'après annulation de ceux de ces motifs qui étaient erronés, le juge de cassation a retenu un (ou plusieurs) d'entre eux de nature à fonder validement le dispositif de cette décision (Sect., 22 avr. 2005, *Cne de Barcarès*, préc., revenant, sur ce point, sur : 30 déc. 2002, *Cne de Talloires*, p. 511).

• L'admission au fond du recours en cassation et ses conséquences

Lorsque le juge estime fondé(s) le(s) grief(s) invoqué(s) par le demandeur en cassation, il procède à la cassation du jugement querellé. Cette cassation peut être totale ou partielle.

409 *La cassation partielle* peut tout d'abord résulter de ce qu'il n'est demandé au Conseil d'État de ne prononcer que la cassation partielle de la décision déférée (14 févr. 1996, *André*, p. 42 ; 1er mars 2004, *Sté Parthena SA*, p. 850 : demande de cassation partielle d'un arrêt statuant sur l'appel incident de l'intimé). Elle peut également résulter de ce que le Conseil d'État a, d'office, décidé de ne prononcer que la cassation partielle au lieu de la cassation totale qui était demandée (Sect., 17 janv. 1992, *Université de Dijon*, p. 24). Dans tous les cas une cassation partielle ne peut être prononcée que si les éléments du jugement ou de l'arrêt déféré au juge de cassation sont divisibles (30 mars 2009, *Assistance publique de Marseille*, req. 291934). L'indivisibilité d'un jugement ou arrêt rend irrecevables les conclusions à fin d'annulation partielle dirigées contre lui.
Deux hypothèses de cassation se rencontrent (que celle-ci soit totale ou partielle) selon qu'elle a lieu sans renvoi ou avec renvoi à une juridiction pour réexamen de l'affaire.
La cassation sans renvoi revêt deux formes.

410 *La cassation sans renvoi car le renvoi est devenu sans objet.*
En premier lieu, le juge de cassation casse sans renvoyer lorsque, par l'effet même du motif retenu pour opérer la cassation, il ne reste plus rien à juger. Ainsi, le relevé d'office, en matière disciplinaire, par le juge de cassation, de ce qu'une faute disciplinaire est en réalité effacée par une loi d'amnistie, entraîne tout à la fois l'annulation du jugement qui s'est prononcé, à tort, sur cette faute et ses suites et l'absence de renvoi, celui-ci étant sans objet et sans utilité (Sect., 14 mai 1971, *Ferreux*, p. 363). Pareillement, il y a cassation sans renvoi lorsque, du fait du motif de cassation retenu (tel le défaut d'impartialité de la juridiction), il serait impossible à la juridiction de renvoi de statuer à nouveau sur la même affaire (Ass., 23 févr. 2000, *Sté Labor Métal*, p. 83, à propos de la Cour des comptes; Sect., 20 oct. 2000, *Sté Habib Bank Limited*, p. 433, à propos de la Commission bancaire). La cassation s'effectue sans renvoi lorsque, indépendamment de la cassation survenue, le litige a perdu son objet du fait d'une circonstance extérieure au procès (particulièrement topique: 31 mars 1999, *Dekhakni*, p. 990).

411 *La cassation sans renvoi, car le renvoi se voit substitué par l'intervention du Conseil d'État au fond.*
En second lieu, le juge de cassation casse sans renvoyer dans tous les cas où il estime devoir régler lui-même « *l'affaire au fond si l'intérêt d'une bonne administration de la justice le justifie* » (R. 821-2, al. 1). En ce cas le Conseil d'État règle le litige au fond. Cette solution n'est pour lui, dans tous les cas relevant de l'hypothèse présentement examinée, qu'une faculté qu'il exerce souverainement. Il statue donc en ce cas comme juge d'appel avec l'entier pouvoir dévolutif caractérisant l'appel (13 juil. 2007, *Min. Éco., Fin. et Industr.*, req. 282054). Lorsqu'en cette qualité de juge d'appel que lui confère l'art. R. 821-2, il annule le jugement de première instance car la juridiction administrative saisie n'était pas compétente, il peut soit, en vertu de l'art. R. 351-1, attribuer le jugement de l'affaire à la juridiction administrative compétente en première instance, soit évoquer et statuer immédiatement sur la demande présentée en première instance (Section, 7 févr. 2008, *Rabha X.*, req. 267744).
La pratique montre une utilisation assez fréquente de cette faculté autour de trois considérations. Tantôt le Conseil d'État statuera au fond en raison de l'urgence à juger soit parce que le litige est pendant depuis un certain temps déjà devant les différents degrés de juridiction, soit parce que la solution à lui apporter revêt, en elle-même, un caractère évident d'urgence (ainsi dans les procédures d'urgence). Tantôt le Conseil d'État juge expédient et commode de régler définitivement un dossier pour lequel il vient, dans les motifs de son arrêt, d'indiquer quelle(s) solution(s) doi(ven)t lui être apportée(s). Tantôt enfin, c'est l'importance objective de l'affaire, en droit et/ou en fait, ou sa portée symbolique, qui commandera le choix de régler celle-ci au fond. Il faut reconnaître que, ce faisant, la solution du Conseil d'État n'est plus très loin, au moins dans certains dossiers, d'un arrêt de règlement. Paradoxalement, bien que perdant sa qualité, principale jusque-là, de juridiction d'appel, jamais, dans son histoire bicentenaire, le Conseil d'État ne se sera vu reconnaître autant de pouvoirs et de puissance. Il faut voir là un hommage plus qu'un paradoxe, une reconnaissance plus qu'un privilège.

412 *La cassation avec renvoi* correspond à l'image traditionnelle que l'on a de la juridiction de cassation, présentée comme n'étant pas un troisième degré de juridiction. Pour qu'il en soit ainsi, il faut ne pas se trouver dans l'un des deux cas précédents.

Lorsque le renvoi est décidé se posent deux questions : celle de la détermination de la juridiction de renvoi et celle de ses pouvoirs.

413 *La détermination de la juridiction de renvoi* peut revêtir deux formes. En premier lieu, cette juridiction pourra être la juridiction même qui a rendu la décision cassée. Cette solution est inévitable lorsque la juridiction, telle la Cour des comptes ou la Cour de discipline budgétaire et financière, n'existe qu'en exemplaire unique. En ce cas, elle devra s'efforcer de statuer dans une autre composition que celle qu'elle avait lorsqu'elle a rendu la décision cassée : ainsi, le renvoi, après cassation d'un arrêt de la Cour des comptes, s'effectue toujours devant les chambres réunies de la Cour (R. 112-18 C. jurid. fin. et C. cptes, Ch. réunies, 29 févr. 2000, *Centre hospit. région. de Besançon*, *Rev. Trésor* 2001, n° 1, p. 17). En second lieu, lorsqu'il existe plusieurs « exemplaires » de la juridiction dont la décision a été cassée, le renvoi pourra s'effectuer à une autre juridiction de même nature et de même degré. Dans tous les cas, du fait du prononcé de l'arrêt de cassation, la juridiction de renvoi se trouve automatiquement saisie.

414 *Les pouvoirs de la juridiction de renvoi* sont entiers dans la mesure où l'arrêt de cassation a pour effet d'anéantir (totalement ou partiellement) la décision en dernier ressort, celle-ci étant en quelque sorte rayée de l'historique de l'affaire. Ceci donne à la juridiction de renvoi tous les pouvoirs qu'avait la juridiction précédemment saisie. Toutefois, il est une limite importante, qui distingue complètement la première cassation administrative de la première cassation judiciaire. Alors que dans ce dernier cas il n'est aucune chose jugée par l'arrêt de cassation qui soit opposable à la juridiction judiciaire de renvoi, il n'en va pas de même pour la juridiction administrative de renvoi. Celle-ci ne peut pas aller contre ce qui a été expressément jugé en cassation : l'autorité de chose jugée, sur ce point, est, à la fois *instantanée* et *définitive* (pour une décision particulièrement mémorable mettant un terme à un siècle de résistance, *cf.* 8 juil. 1904, *Botta*, p. 558, concl. J. Romieu ; 8 oct. 2008, *Cne de Fayet*, reconnaissance d'une illégalité fautive engageant la responsabilité d'une commune). En revanche, elle peut disposer de tous les pouvoirs que détenait, éventuellement, la juridiction premièrement saisie : ordonner de nouvelles mesures d'instruction, recevoir des moyens nouveaux ou en soulever d'office comme étant d'ordre public, etc.

La décision de la juridiction de renvoi peut être frappée, à son tour, de cassation dans les conditions déjà examinées plus haut. Lorsque le Conseil d'État est saisi pour la seconde fois du même litige, il doit régler lui-même l'affaire au fond ; ce qui n'était qu'une faculté lors du premier recours en cassation devient une obligation dans le cadre du second recours. En conséquence, on comprend qu'il n'y a pas de renvoi après le second arrêt rendu sur recours en cassation. Il est très peu – et c'est heureux – d'affaires qui connaissent deux recours en cassation (v., par ex., 11 avr. 2008, *Paul X.*, req. 291677).

2 Les autres voies de recours

Ces voies sont, principalement, au nombre de quatre : l'opposition (A.), la tierce opposition (B.), le recours en rectification d'erreur matérielle(C.), le recours en révision (D.). Il est un cinquième recours mais de nature tout à fait spécifique : le recours dans l'intérêt de la loi (E.).

A. L'opposition

415 Lorsqu'un jugement a été rendu contre un défendeur par défaut parce que celui-ci a été absent de la procédure ou a disparu de celle-ci, il est possible à ce défendeur de faire opposition à la décision rendue contre lui s'il y a intérêt (2.). Le but de l'opposition est d'obtenir la rétractation, au moins partielle, du jugement par défaut en tant qu'il lèse les intérêts de la partie défaillante (3.).
Le défaut et l'opposition ont toujours été admis par le juge administratif en dehors de tout texte les prévoyant (ce qui est le cas, depuis 1806, pour le Conseil d'État). C'est la grande loi de 1889 sur la procédure administrative contentieuse qui a, pour la première fois, reconnu expressément cette possibilité. Au reste, la faculté de former opposition a été reconnue comme un principe général de procédure par le juge administratif (Ass., 9 juin 1939, *Caubet*, p. 382; Sect., 12 oct. 1956, *Desseaux*, p. 364); elle existe donc même sans texte. Il faut un texte exprès pour l'écarter; par exemple l'article R. 831-6 l'écarte devant les tribunaux administratifs (1.).

1. La prohibition de l'opposition devant les tribunaux administratifs (R. 831-6)

416 Jusqu'en 1959, il existait une procédure d'opposition devant les tribunaux administratifs, mais elle soulevait des difficultés, car elle favorisait, en fait, les manœuvres dilatoires de certains plaideurs qui ne concluaient point, attendaient qu'un jugement par défaut soit rendu, puis formaient opposition à celui-ci. Quand le jugement sur l'opposition était rendu, restait encore la ressource d'interjeter appel. De plus, au plan procédural, n'avait jamais été correctement résolue la question de la concurrence entre l'opposition et l'appel lorsqu'il était formé appel d'un jugement encore susceptible d'opposition. L'appel était jugé irrecevable, car dirigé contre un jugement non contradictoirement rendu. Enfin, ceci était encore aggravé dans le cas où le jugement de première instance s'étant déclaré lui-même contradictoire, il était qualifié, en appel, de jugement par défaut. Aussi a-t-on supprimé, en 1959, l'opposition contre les jugements de tribunal administratif rendus par défaut. En ce cas, seule la voie de l'appel est ouverte. Toutefois, avant de rejeter une opposition, le juge doit vérifier s'il ne s'agit pas en réalité d'une demande en tierce opposition; en ce cas il doit requalifier la requête et accepter d'en connaître (16 févr. 1994, *Grandry*, p. 1154).
En revanche, l'opposition est possible contre tout arrêt du Conseil d'État (9 janv. 1991, *Aouad*, p. 9; 7 avr. 1995, *Bernard*, p. 1008) et des cours administratives d'appel, sauf dans le cas où l'arrêt a été rendu contradictoirement avec une partie ayant le même intérêt que la partie défaillante (R. 831-1; sur cette dernière notion: 20 févr. 1980, *Schwetzoff*, p. 101). L'opposition est, ou non, dispensée de ministère d'avocat selon que l'instance à laquelle elle se rapporte en était elle-même dispensée ou non.

2. La notion de « défaut »

417 Le défaut ne peut être le fait que du défendeur qui « *n'a pas produit une défense en forme régulière* » (6 mai 1949, *Vauzelle*, p. 204). Le juge administratif n'a jamais admis le défaut du demandeur. Il est d'ailleurs difficile de concevoir que celui qui a pris l'initiative d'un procès puisse se trouver en état de défaut. Même au cas où il ne répondrait pas à une mise en demeure, il serait cependant réputé s'être désisté, ceci ne constituant point l'état de défaut. La seule hypothèse concevable serait celle d'un changement d'adresse du demandeur dûment notifié au greffe de la juridiction mais dont celui-ci

omettrait de tenir compte par la suite ; encore, pourrait-il être reproché à ce demandeur de ne pas s'être inquiété du devenir de l'action qu'il a introduite.

Il ne peut y avoir défaut que s'il y a un défendeur et c'est pourquoi, selon certains auteurs, il ne devrait pas y avoir de défaut en excès de pouvoir, faute qu'y existent des « parties » au sens plein du terme. En réalité, le Conseil d'État a admis le défaut du défendeur en excès de pouvoir (Ass., 9 déc. 1932, *Ackein*, p. 1060, où le demandeur n'avait pas été appelé à formuler ses observations ; 29 juin 1956, *Corbeil*, p. 273, recours communiqué à une autorité administrative autre que celle normalement habilitée à représenter l'État).

Par « défaut », la procédure administrative n'entend que le *défaut faute de conclure*, cette procédure a toujours ignoré, en effet, l'autre forme de défaut, autrefois connue en procédure civile, le *défaut faute de comparaître* (ces deux « défauts » sont aujourd'hui réunis dans « le défaut d'accomplissement des diligences procédurales », cf. art. 383 CPC), ceci en raison de la forte prédominance du caractère écrit de celle-ci. L'absence d'observations orales à l'audience ne constitue donc pas un défaut dès lors qu'existent des conclusions écrites. Inversement, le fait de prononcer des observations orales sans avoir conclu par écrit constitue un cas de défaut faute de conclure. Il n'en va autrement que s'il existe un texte exprès en sens contraire, tel l'article L. 426 du Code de la santé publique devant le conseil régional de l'ordre des médecins (13 janv. 1993, *Baraf*, p. 989). Celui qui a produit un mémoire devant une cour administrative d'appel, laquelle a, en cours d'instance, transmis l'entier dossier de la procédure au Conseil d'État, ne peut prétendre avoir été défaillant devant ce dernier pour n'y avoir pas produit spécifiquement ; le mémoire d'appel constitue une défense devant le Conseil d'État auquel il a été transmis (28 juil. 1999, *Cne de Bonne-sur-Menoge*, p. 991). Semblablement, il n'y a pas défaut de la part de celui s'est abstenu de réclamer le courrier l'avisant de l'existence d'un recours (26 févr. 2003, *Ikkin*, p. 964).

En cas de pluralité de défendeurs dont les uns sont présents à la procédure et dont les autres y font défaut, le juge doit mettre les défaillants en demeure de produire ; en cas de silence de leur part, il statuera valablement.

3. Les effets du « défaut »

418 Lorsqu'un arrêt (de cour administrative d'appel ou du Conseil d'État) est rendu par défaut, le défaillant dispose d'un délai de deux mois, à compter de la notification de celui-ci, pour y former opposition. Le recours en opposition n'a pas de caractère suspensif, sauf s'il en est ordonné autrement par le juge saisi (R. 831-2, al. 1).

L'absence d'opposition contre les jugements des tribunaux administratifs ne prive pas les requérants de moyen d'action puisque ceux-ci peuvent former appel de tous les jugements rendus par défaut.

La décision qui admet l'opposition remet les parties dans l'état qui était le leur avant que ne soit rendue la décision frappée d'opposition (R. 831-5), au besoin en déclarant cette dernière nulle et non avenue (7 avr. 1995, *Bernard*, préc.).

L'appel peut être interjeté indifféremment par le demandeur ou par le défendeur et, en cas de pluralité de défendeurs, par n'importe lequel d'entre eux, même non défaillant, pourvu qu'il ait été réellement appelé dans l'instance, faute de quoi il devrait former tierce opposition. De manière assez inhabituelle, le juge administratif admet en effet de requalifier en tierce opposition ce qui a été présenté par le demandeur – à tort – comme étant une opposition (16 févr. 1994, *Grandry*, préc.).

Il est impossible, à la faveur d'un recours en opposition, de formuler des conclusions à fin de capitalisation des intérêts, cette question n'entrant point dans l'objet d'un tel recours (30 juin 1993, *Synd. des copropriétaires du 67 rue de la Convention à Paris XV*[e], p. 990).

B. La tierce opposition

419 La tierce opposition est une voie de droit ouverte aux seules personnes qui n'ont été ni parties, ni régulièrement représentées, ni mises en cause dans une instance dont le résultat se révèle préjudiciable à leurs intérêts (21 mai 2008, *S.E.D.R.E.*). En bref, il s'agit d'un recours ouvert aux tiers, d'où son nom. (Sur la distinction de l'opposition et de la tierce opposition, *cf.* 11 mai 2001, *Sté Télé Caraïbes international Guadeloupe et autre,* p. 1163.)

1. Le champ d'application de la tierce opposition

420 La tierce opposition existe même sans texte devant toute juridiction administrative. Selon le Conseil d'État : « *Cette voie de recours est ouverte, conformément à la règle générale posée par l'*(ancien) *article 474 du Code de procédure civile, à ceux qui se prévalent d'un droit auquel la décision entreprise aurait préjudicié.* » (Sect., 2 juin 1933, *Duez,* p. 605) La tierce opposition constitue donc un principe général de procédure (20 nov. 1931, *Franc,* D.H. 1932.J.10 ; 3 nov. 1972, *De Talleyrand-Périgord,* p. 707).

L'admission de principe de la tierce opposition dans tous les contentieux a soulevé des difficultés doctrinales et théoriques dans le cas du contentieux de l'excès de pouvoir (*cf.* § 62), notamment en raison des effets absolus, et non relatifs, des décisions d'annulation qui y sont rendues. D'une longue hésitation jurisprudentielle (28 avr. 1882, *Ville de Cannes,* p. 387 ; 8 déc. 1899, *Ville d'Avignon,* p. 719, concl. Jagerschmidt), il résulte finalement l'admission de la tierce opposition en excès de pouvoir (29 nov. 1912, *Boussuge,* p. 1128, concl. L. Blum). Il y a cependant des contentieux où la tierce opposition est interdite : contentieux électoral (23 déc. 1946, *Él. de Roissy,* p. 318), contentieux de l'impôt sur le revenu, contentieux des installations classées en ce qui concerne la tierce opposition de la commune (Nancy 10 déc. 2007, *Cne de Servigny-les-Raville*).

La tierce opposition est possible à l'égard de toutes les catégories de procédures contentieuses, y compris les procédures d'urgence telles un référé constat (18 juin 1982, *SA bureau Veritas,* p. 240, concl. J. Biancarelli) ou un constat d'urgence (16 mars 1977, *Min. de la Défense c./Époux Maffey,* p. 152) ou encore un référé suspension (17 avr. 2008, *Banque de France,* req. 301751).

Il est impossible de former tierce opposition à une décision du Tribunal des conflits (TC, 3 juin 1996, *SNC « Baie de Saint-Tropez »,* p. 542).

2. Les conditions de recevabilité du recours en tierce opposition

La tierce opposition se forme par le moyen d'une requête selon les formes habituelles régissant les requêtes introductives d'instance.

• Forme et délai du recours en tierce opposition

421 Le principe devrait être l'absence de délai pour agir en raison du caractère de tiers par rapport au procès de celui qui forme tierce opposition. Les résultats de ce procès ne lui sont pas, normalement, communiqués. Cependant, le risque permanent d'une action contentieuse est nuisible pour la vie juridique des parties. Aussi est-il pratiqué une distinction. Lorsque la décision de justice a été notifiée ou signifiée dans des conditions régulières au tiers, celui-ci dispose de deux mois (trois mois devant certains tribunaux administratifs d'outre-mer) pour y faire tierce opposition (R. 832-2) ; à défaut le délai d'action est indéfini, pouvant même excéder trente ans, étant observé que ne saurait lui être opposée l'exception de connaissance acquise de ladite décision (8 janv. 1958, *De Batz de Tranquelléon,* p. 18). Ces délais, comme pour l'opposition, sont augmentés des délais de distance (R. 832-4).

Lorsque, par erreur, il a été indiqué à l'intéressé qu'il peut former appel de cette décision (au lieu de la tierce opposition), le délai de deux mois pour former tierce opposition ne court qu'à compter de l'arrêt d'appel qui rejette l'appel pour irrecevabilité, l'intéressé n'ayant été ni partie ni représenté dans l'instance frappée d'appel (Paris, plén., 11 déc. 1997, *Iggui, AJDA* 1998, p. 275).

Le recours en tierce opposition est introduit au moyen d'une requête soumise aux règles habituelles. La tierce opposition ne peut être formée au nom de l'État que par un ministre (Paris, 19 déc. 1996, *Époux Denord c./Cne de Bougival*, p. 1135).

Le recours en tierce opposition est soumis à l'obligation, ou non, du ministère d'avocat selon que la matière en cause était soumise ou non à cette exigence.

Le recours en tierce opposition contre une décision juridictionnelle, à la différence de la solution adoptée en matière de recours en rectification d'erreur matérielle, peut être soumis à la formation de jugement ou au juge qui a rendu cette décision (10 déc. 2004, *Résotim*, p. 853). Cette solution est normale.

• L'auteur du recours en tierce opposition

422 Seul un véritable « tiers » peut former tierce opposition, c'est-à-dire une personne qui n'a été ni partie, ni mise en cause, ni représentée, ni intervenante à l'instance (9 janv. 1981, J. *Rullmann, AJDA* 1981, p. 264; 9 déc. 1998, *Assoc. foncière urbaine autorisée du Caudric*, p. 1139). En bref, peut former tierce opposition celui qui aurait eu qualité pour interjeter appel et inversement (5 déc. 2007, *Winling*).

Une partie ne peut en aucun cas former tierce opposition, même si elle a fait défaut: en ce cas seule est ouverte la voie de l'opposition, ou celle de l'appel quand cette défaillance s'est produite devant un tribunal administratif. Cependant, la partie de première instance qui n'a pas été avisée qu'un appel a été interjeté contre le jugement peut former tierce opposition à l'arrêt d'appel (2 avr. 1993, *Ville de Bastia et MM. Bourdon*, p. 94). En revanche, la partie de première instance qui n'a pas relevé appel d'un premier jugement n'a pas qualité pour interjeter appel du jugement rejetant la tierce opposition contre le premier jugement (10 janv. 1996, *Cne de Vernon*, p. 1134).

De la même façon, une personne représentée ne peut pas davantage faire tierce opposition (8 févr. 1999, *Sagne et autres*, p. 992: les propriétaires, ayant consenti à une société une promesse de vente sur le fondement de laquelle a été obtenu un permis de construire, sont représentés par cette dernière dans l'instance dirigée contre l'annulation de ce permis; dans le même sens: 14 mai 2003, *Beogradska Bank Ad Beograd*, p. 211). Il n'en va autrement que si le représentant a agi frauduleusement à l'égard du représenté. En ce cas, il n'y a pas eu véritablement représentation et la tierce opposition est possible, car le « représenté » est, en réalité, demeuré tiers à l'instance. On relèvera que si les cas de représentation « juridique » ne soulèvent d'ordinaire pas trop de difficultés, il en va autrement des situations de représentation « de fait » où le juge doit apprécier si les intérêts sont suffisamment communs entre deux personnes pour que l'une d'elles puisse être considérée comme ayant été valablement représentée par l'autre.

Celui qui a été dûment avisé, par lettre recommandée, de l'existence d'une instance et d'avoir à y produire, ne peut former tierce opposition au jugement subséquent sous prétexte qu'il a été absent de la procédure (15 févr. 1980, *SCI du 73 avenue du Commandant Barré à Viry-Chatillon*).

Une personne qui n'avait pas à être appelée dans l'instance, par exemple parce qu'elle n'est intervenue qu'à titre consultatif au cours de la procédure non contentieuse (16 juin 1976, *Guérin*: cas d'un maire à l'égard de l'ouverture d'un terrain de camping sur le

territoire communal; 28 sept. 1984, *Cne de Limay*: cas d'un conseil municipal en matière de rejet d'une demande d'ouverture de carrière), ne peut y former tierce opposition (22 févr. 1984, *SA «Cie des eaux de Royan»*, p. 82; Lyon, 7 juil. 1995, *Sté d'aménagement de Morzine-Avoriaz*, p. 1009).
En revanche, une commune peut former tierce opposition, par exemple:
- contre l'annulation partielle de l'arrêté préfectoral rendant public le POS d'une commune (29 juin 1983, *Cne de Beaulieu-sur-Mer*, p. 283) ;
- contre le jugement annulant l'arrêté autorisant la création d'un syndicat de communes (12 janv. 1977, *Cne de Langeais*, p. 13) ;
- contre l'annulation, à la fois, de l'arrêté déclarant d'utilité publique la réalisation d'une base de plein air et de loisirs, et de l'autorisation donnée à une société privée d'exploiter une carrière, cette dernière autorisation conditionnant la réalisation de la base de loisirs (7 déc. 1983, *Cne de Lauterbourg*, p. 491).

• L'intérêt à former un recours en tierce opposition

423 La tierce opposition ne peut être dirigée que contre une décision qui préjudicie aux intérêts du tiers opposant, même si cette décision émane du Conseil d'État (22 févr. 2002, *Sté Albion développement et SCI des Hautes Roches*, p. 62). C'est pourquoi elle ne peut ni être dirigée contre les seuls motifs d'un jugement (sauf s'ils sont le soutien nécessaire du dispositif) ni être dirigée contre un jugement qui rejette la demande du requérant. Il s'ensuit que n'importe quel tiers ne tire pas de cette seule qualité de tiers intérêt à former tierce opposition (1er févr. 1993, *Lepaulard*, p. 23). Ainsi, celui qui n'est ni utilisateur obligé ni riverain d'une parcelle déclarée, par jugement administratif rendu sur renvoi préjudiciel du juge judiciaire, comme ne faisant pas partie du domaine public n'est pas recevable à former tierce opposition audit jugement (Sect., 16 déc. 2005, *Kostiuk et autres*, p. 1072).
Cet intérêt doit s'analyser en la violation véritable d'un droit. Le code parle d'une décision «*qui préjudicie à ses droits*». Ce n'est qu'à ce prix qu'il peut être accepté de remettre en cause un jugement revêtu de l'autorité de chose jugée. Cet intérêt se caractérise aussi par l'atteinte que le jugement porte à la situation juridique antérieure du tiers opposant. Ainsi, l'entreprise à laquelle est attribué un contrat dont la passation a été, ensuite, suspendue dans le cadre d'un référé précontractuel peut former tierce opposition à ce référé (15 juin 2001, *SIAEP de Saint-Martin-de-Ré et autres*, p. 1163). Au contraire, le tiers dont la situation n'a pas été affectée ou aggravée par le jugement auquel il n'a été pourtant ni partie ni représenté ne peut pas former tierce opposition (Bordeaux, 30 déc. 1997, *Fortuna*, *AJDA* 1998, p. 275; 15 juin 2001, *Sté Alcatel câble*, p. 1163; Lyon, 11 mai 2004, *Min. de la Jeun., de l'Éd. nat. et de la Recherche c./Glikman*, p. 854).

3. Les effets de la tierce opposition

424 La formation d'un recours en tierce opposition n'a pas d'effet suspensif à l'égard de la décision frappée de tierce opposition; cette dernière continue de produire tous ses effets. Si elle n'a pas fait l'objet d'un recours par voie ordinaire, elle revêt un caractère définitif et l'autorité de chose jugée qui s'y attache empêche l'élévation du conflit contre cette décision (TC, 25 mars 1996, *Préfet de l'Aude c./CA de Montpellier et époux Lassus de Saint-Genies*, p. 539).
Lorsqu'elle est formée en dehors de toute instance, car elle est l'unique objet du procès, la tierce opposition, qui est une voie de rétractation, est portée devant la juridiction qui a rendu la décision critiquée, même dans le cas où cette décision aurait été confirmée en appel (10 déc. 1975, *Union des commerçants de St-Nazaire et autres*, p. 640). En

revanche, lorsque la tierce opposition est formée au cours d'une instance ultérieure qui n'a pas pour objet principal le litige de tierce opposition (en quelque sorte par voie d'exception), elle est de la compétence de la juridiction saisie du litige principal. Il s'ensuit que, si cette dernière est d'un rang inférieur ou égal à celui de la juridiction dont le jugement fait l'objet de la tierce opposition, la tierce opposition est bien, encore, une voie de rétractation ; au contraire, si cette juridiction est d'un rang supérieur, la tierce opposition est plus proche d'une voie de réformation.

Le jugement de première instance ou l'arrêt rendus sur tierce opposition sont, respectivement, susceptibles d'appel ou de cassation. Le juge d'appel statuant sur un jugement en tierce opposition se trouve saisi de l'ensemble des moyens que le demandeur de première instance avait présentés initialement (7 déc. 1960, *Min. des Travaux publ. et autres*, p. 677 ; 9 janv. 1981, *Rullmann et autres*, p. 11). La demande en appel tendant à l'annulation d'un jugement de première instance rejetant une tierce opposition fait l'objet d'un non-lieu lorsque entre ce jugement et la demande d'annulation de celui-ci est intervenu un arrêt d'appel confirmant la décision des premiers juges ; il appartient, en ce cas, au requérant de former tierce opposition à l'arrêt d'appel (23 nov. 1983, *Min. délégué à l'Écon. et aux Fin. c./Assoc. pour la sauvegarde des pays fouesnantais*).

Le juge saisi d'un recours en tierce opposition peut décider que celui-ci n'est pas fondé et le jugement contesté continuera de produire son plein effet, y compris à l'égard du tiers opposant. Si le recours est admis et la tierce opposition reconnue fondée, le juge saisi se rétracte (ou rétracte la décision de l'autre juge), annule la précédente décision sur le point qui fait grief au requérant opposant et la remplace par une autre. Le principe est très net : le jugement, ou la partie de jugement, annulé(e) ne l'est que pour ce qui regarde le tiers opposant (Sect., 18 oct. 1957, *Floch*, p. 542). Ce n'est pas un appel et il n'y a donc pas application de la règle du double degré de juridiction avec rejugement de l'entier litige. Le plus souvent, cependant, les situations du tiers opposant et des parties se trouvent si étroitement imbriquées qu'il sera difficile de les dissocier. Il appartient alors au juge de revoir l'entière situation juridique, par exemple en annulant le jugement primitif ou en le déclarant inexistant tant à l'égard des parties que du tiers opposant.

L'amende pour recours abusif est applicable à un recours en tierce opposition intempestif.

Le jugement ou l'arrêt rendu en tierce opposition est susceptible de faire l'objet de toutes les voies de recours ouvertes ordinairement contre les jugements et arrêts.

C. Le recours en rectification d'erreur matérielle

425 Ce recours a connu une évolution inverse de celle subie par le recours en révision (*cf.* D. ci-après) : tandis que ce dernier a vu ses conditions de recevabilité se rigidifier, celles du recours en rectification d'erreur matérielle sont allées constamment en s'élargissant. C'est d'ailleurs l'ouverture particulièrement étroite du recours en révision qui explique le rôle compensateur que la jurisprudence fait jouer au recours en rectification d'erreur matérielle.

Il est ouvert aux justiciables contre les juridictions dont les décisions comportent « *une erreur matérielle susceptible d'avoir exercé une influence sur le jugement de l'affaire* » (R. 833-1). Ne saurait donc constituer un tel recours, le fait pour un requérant de critiquer devant une cour administrative d'appel un tribunal administratif en ce qu'il aurait omis de statuer sur une partie des conclusions dont il l'avait saisi (6 mars 2002, *SA monégasque RMC,*

p. 74; mais voir, en sens contraire, 2 mars 2007, *Jean-Claude A.*, req. 297966) ou de reprocher au Conseil d'État de n'avoir pas correctement interprété une requête (2 mars 2007, *Isabelle X.*, req. 288112).
On notera – ce qui est une sollution plus expédiente que satisfaisante – que le visa, dans une décision rendue par un organisme administratif non juridictionnel habilité à infliger des sanctions, du caractère public de l'audience alors que celle-ci s'est tenue à huis clos doit être tenu pour une erreur de plume sans conséquences sur la régularité de la procédure suivie devant cet organisme (Sect., 17 nov. 2006, *Sté C.N.P. assurances*).

1. Les conditions de recevabilité du recours en rectification d'erreur matérielle

C'est sur ce point que se manifeste pleinement le libéralisme du Conseil d'État.

426 Tout d'abord, ce recours est ouvert devant toutes les juridictions administratives, même sans texte, car il s'agit d'un principe général de procédure (Ass., 4 mars 1955, *Sticotti*, p. 131), à condition qu'elles statuent en dernier ressort (Ass., 7 avr. 1933, *Caby*, Sir. 1934.III.113), et sauf si un texte en dispose autrement. Cette solution est logique dans la mesure où il s'agit d'une voie de droit assez exceptionnelle. Elle est donc ouverte aux arrêts des cours administratives d'appel et du Conseil d'État. Devant les tribunaux administratifs, il existe deux possibilités : soit l'appel, soit l'utilisation de la possibilité ouverte par l'art. R. 741-11 qui permet au président du tribunal administratif d'opérer toutes les « *corrections que la raison commande* » en cas d'« *erreur ou omission matérielle* » entachant la minute d'un jugement ou d'une ordonnance. Le recours en rectification d'erreur matérielle est possible à l'égard des décisions du Tribunal des conflits (TC, 7 juin 1999, *Bergas*, p. 456, abandonnant : TC, 20 février 1952, *Min. des Anc. Combattants*, p. 618).

427 Ensuite, ce recours est largement ouvert dans la mesure où le juge a une interprétation très extensive de la notion d'*erreur matérielle* (pour un ex. de recours en rectification très proche, en fait, d'un recours en révision : 27 juin 2008, *Boudinar*, AJDA 2009 p. 210, note N. Chifflot). À l'origine, cette expression ne recouvrait que les « erreurs de plume » : chiffres inexacts, erreurs dans l'emploi d'un mot, mauvaise transcription d'un nom propre, erreurs de date, etc. À partir de 1930 (21 nov. 1930, *Benoît*), le Conseil d'État a inclus dans cette notion l'erreur sur la matérialité des faits et non plus seulement l'erreur dans la matérialité du jugement. L'erreur matérielle pouvait désormais être celle faussant ou dénaturant le dispositif d'un jugement (13 févr. 2008, *Ahmed X. et SCP Thouin-Palat*, req. 308550 : attribution par erreur d'une somme à un requérant et non à son avocat). Finalement, l'ordonnance du 31 juillet 1945, relative au Conseil d'État, entérinant ce qui était alors le dernier état de la jurisprudence administrative, évoque, pour définir l'erreur matérielle, une « *erreur... susceptible d'avoir exercé une influence sur le jugement de l'affaire* », ce qui est une définition très large de l'erreur matérielle. Cette définition est aujourd'hui, on l'a vu, celle du Code de justice administrative. Après une brève hésitation, le Conseil d'État a fini par considérer que cette erreur pouvait être invoquée – et rectifiée – aussi bien quand elle porte sur le dispositif que quand elle porte sur ceux des motifs qui en sont le soutien nécessaire (6 juil. 1956, *X.*, AJ 1956.II.318, concl. M. Poussière ; défaut de réponse à des conclusions : 26 oct. 1951, *Duchosal*, p. 504 ; Lyon, 7 mars 1995, *Tamagna et Chave*, *Pet. Aff.* 1995, n° 86, p. 4 ; Sect. 29 mars 2000, *GIE du groupe Victoire*, *AJDA* 2000, p. 467, où le Conseil d'État reconnaît avoir omis de statuer sur un moyen).

Le recours en rectification d'erreur matérielle ne peut pas être dirigé contre la décision du Conseil d'État qui donne acte d'un désistement d'office pour non-production dans les délais, d'un mémoire annoncé, ce donné acte résultant d'une appréciation d'ordre juridique, ce que ne peut remettre en cause un tel recours contentieux (7 mars 2008, *Assoc. de défense de la qualité de la vie et de l'environnement à Baillargues*, req. 310650).

428 Il résulte également de ce qui précède que la voie du recours en rectification d'erreur matérielle ne peut être utilisée que lorsque le recours en cassation ne peut pas être formé ou tout au moins ne fait pas double emploi avec lui, c'est-à-dire que le recours en rectification d'erreur matérielle doit permettre d'obtenir quelque chose impossible à obtenir par la voie du recours en cassation; dans ce dernier cas le concours d'un recours en cassation devant le Conseil d'État et d'un recours en rectification d'erreur matérielle devant la juridiction qui a rendu la décision contestée en cassation est possible tant que le juge de cassation n'a pas statué (27 oct. 2006, *Cne de St Paul-en-Pareds*).

L'action en rectification d'erreur matérielle est possible à l'égard d'un arrêt qui omet de prendre en compte le délai de distance dont bénéficie un requérant résidant à l'étranger (3 mai 2004, *Dogan*, p. 854) ou qui déclare tardive une demande d'aide juridictionnelle par suite d'une erreur de lecture du cachet de la poste (23 févr. 2001, *De Bragelongne*, p. 1164).

Au contraire, ce recours est irrecevable quand il est présenté par une personne non partie à l'instance qui a donné lieu au jugement dont la rectification est demandée (3 juin 2005, *Couroy*, p. 1073) ou lorsqu'il est intenté par un demandeur auquel l'erreur invoquée est imputable (2 avr. 1971, *Min. des Finances*, p. 279). Il n'est pas davantage possible lorsqu'il ne tend qu'à contester la décision juridictionnelle de ne pas rouvrir l'instruction au vu du moyen nouveau contenu dans une note en délibéré (10 août 2005, *Nogues*, p. 1073).

Le principe d'impartialité s'oppose à ce qu'un juge participe à un jugement en rectification d'erreur matérielle d'une décision à la prise de laquelle il a concouru (22 juin 2005, *Hespel*, p. 248).

Pour être recevable, ce recours doit être intenté dans le délai de deux mois – éventuellement augmenté des délais de distance (R. 833-2) – qui suit la notification de la décision dont rectification est demandée.

Ce recours ne peut être introduit que par le ministère d'un avocat même lorsqu'il est dirigé contre une décision qui était dispensée du ministère d'avocat.

2. Les effets du recours en rectification d'erreur matérielle

429 Ces effets n'ont cessé de s'étendre au fur et à mesure que s'étendait la notion d'erreur matérielle.

Quand l'erreur est purement et vraiment matérielle, le juge répare l'erreur. Il ne refait pas nécessairement le jugement et évite le plus souvent d'avoir à le faire.

Si l'erreur prétendue matérielle n'est pas matérielle que dans la forme et constitue en réalité une erreur d'ordre intellectuel, le juge statue sur ce point et rectifie par voie de conséquence le jugement. Ainsi, en cas de défaut de réponse à des conclusions ou à des moyens, le juge peut ne statuer que sur les seuls éléments omis (11 juil. 1952, *Sté des vins A. Hauser*, p. 372; 2 juil. 2001, *Portelli et autres*, p. 1164). Il peut aussi, dans certains cas, être conduit à supprimer le jugement primitif et à le remplacer par un autre (14 février 1990, *Gloviak et autres*, *AJDA* 1990, p. 479, concl. B. Stirn).

Constatant que l'erreur contenue dans l'article de notification d'un jugement a été sans incidence, le juge déclare irrecevable le recours en rectification (23 février 2001, *Sté Pan européenne*, p. 1164).
La rectification de l'erreur matérielle que contient un jugement de première instance ne rouvre le délai d'appel qu'à l'égard de l'élément rectifié du moins lorsque celui-ci est divisible des autres dispositions du jugement (27 sept. 2006, *SCP Gros, Chapellier, Lecourt*).

D. Le recours en révision

430 Le recours en révision est une procédure exceptionnelle que le juge cantonne au strict minimum, car il se refuse à instaurer en procédure administrative l'équivalent de ce qu'était la défunte « requête civile » connue autrefois en procédure civile. Étendre trop largement le champ d'application du recours en révision serait, selon le Conseil d'État, ressusciter, au moins partiellement, la requête civile qui faisait, sur certains points, double emploi avec le recours en cassation.
Le caractère exceptionnel de cette voie de recours se marque aussi par l'application stricte faite par le Conseil d'État des termes réglementaires qui déterminent ses cas d'ouverture (R. 834-1). De là aussi cette conséquence que le recours en révision ne constitue pas un principe général de procédure applicable sans texte (Ass., 4 mars 1955, *Sticotti*, p. 131). Seule une disposition expresse permet d'user d'un tel recours (20 oct. 1954, *Bougeard*, p. 544). Il n'existe donc, parmi les juridictions de droit commun, que devant le seul Conseil d'État (impossibilité d'un recours en révision devant une cour administrative d'appel : Nancy, 20 nov. 1997, *Decrock c./Ville de Reims*, p. 1045 ; devant l'OFPRA : Sect., 12 déc. 1986, *Tshibangu*, p. 279 ; devant la Commission de recours des réfugiés : Sect., 5 déc. 1997, *Ovet*, p. 459). Des textes particuliers régissent cette procédure devant la Cour des comptes (Sect., 5 nov. 1982, *Min. délégué auprès du Min. de l'Écon. c./Roussel*, p. 373), la Cour de discipline budgétaire et financière ou les chambres régionales des comptes. Seul sera étudié ici le recours en révision porté devant le Conseil d'État.

1. Les conditions de recevabilité du recours en révision

431 Le recours en révision ne peut être formé que par ministère d'un avocat au Conseil d'État et à la Cour de cassation, même si la décision dont il est demandé révision était dispensée d'un tel ministère (R. 834-3 et 3 juin 1910, *Caubel*, p. 440 ; Sect., 27 oct. 1933, *Bouteiller*, p. 973 ; 3 déc. 1980, *Él. cantonales d'Angoulême* ; 29 oct. 2008, *Daniel X.*, req. n° 293345).
Il n'en va autrement que si le recours en révision est présenté par un ministre au nom de l'État (Sect., 12 mars 1976, *Min. de l'Écon. c./Bersoulle*, p. 156).
Il ne peut être formé deux recours successifs en révision même si le second est fondé sur la « *rétention de pièces décisives* » (17 janv. 1834, *Latrube*, Rec. t. V p. 450 ; 26 mai 1965, *Angignard*, p. 303).
Ce recours n'est ouvert qu'aux seules personnes à l'égard desquelles le jugement contesté a les caractères d'un jugement contradictoire.
Il doit être intenté dans les deux mois de la notification ou de la signification de l'ordonnance ou de l'arrêt litigieux (par ex. contre une ordonnance de référé rendue par le président de la section du contentieux du Conseil d'État : 7 mars 1990, *Robert*, p. 61).
Il ne peut être joint à une instance en révision des conclusions ayant un autre objet (26 mai 1989, *Poulet*, p. 884).

Le recours en révision dirigé contre un arrêt par un intervenant de première instance qui s'est abstenu d'interjeter appel et s'est borné à y intervenir au soutien de l'appelant est irrecevable (5 janv. 2005, *Soubiran*, p. 1073).

2. Les cas d'ouverture du recours en révision

432 Ils sont très restreints et limitativement énumérés (R. 834-1). Le recours en révision contre une décision contradictoire du Conseil d'État n'est ouvert que dans trois cas (14 mars 2008, *Alexandre X.*, req. 299999) : 1) lorsque la décision a été rendue sur pièces fausses; 2) lorsque que la partie condamnée par l'arrêt critiqué l'a été faute d'avoir produit une pièce décisive qui était retenue par son adversaire; 3) si la décision critiquée est intervenue sans qu'aient été observées les dispositions du Code de justice administrative relatives à la composition de la formation de jugement, à la tenue des audiences ainsi qu'à la forme et au prononcé de la décision.

Faute d'entrer dans l'un de ces trois cas, la demande de révision est irrecevable (29 janv. 1988, *Vincent*, *AJDA* 1988, p. 409, obs. X. Prétot). Chacune de ces conditions est appréciée strictement par la jurisprudence, ce qui accentue le caractère exceptionnel du recours en révision (16 févr. 2007, *Assoc. En toute franchise*, req. 292114) auquel, par ailleurs, ne peut être jointe aucune conclusion ayant un autre objet (20 juin 2008, *Michel X.*).

433 *La décision rendue sur pièces fausses.*

Lorsque l'arrêt a été rendu sur le vu de pièces « fausses », la révision peut en être demandée, à la condition toutefois que la solution contenue dans cet arrêt ne puisse pas être justifiée par d'autres considérations. Il importe donc de rapporter deux preuves : celle du caractère de « pièce fausse » d'un document et celle du rôle décisif joué dans la solution contestée par l'élément « faux » de cette pièce. Le juge de révision appréciera souverainement la pertinence des preuves rapportées et de leur degré d'influence sur les juges. Le plus souvent, sera exigé un caractère « faux » au sens de ce terme en droit pénal (Sect., 23 juil. 1937, *Roque*, p. 777). Le simple fait d'une mention inexacte que comporte une pièce ne suffit pas à en faire une pièce « fausse » au sens du code (11 janv. 1961, *David*, p. 30).

434 *La décision condamnant une partie pour défaut de présentation d'une pièce décisive détenue par l'autre partie.*

Il faut, tout d'abord, que la pièce ait joué un rôle décisif et c'est sur le sens de ce mot que la jurisprudence se montre assez restrictive (12 mars 1982, *Ibazizène* : absence de caractère décisif; Sect. 5 déc. 1975, *Murawa*, p. 634 : caractère décisif). N'importe quelle pièce détenue par un adversaire n'ouvre pas forcément droit à une révision; il faut encore établir qu'elle a eu une influence certaine et importante sur le sort du litige. Cette preuve n'est pas aisée à rapporter.

Ensuite, doit être établie la « rétention ». Celle-ci réside dans le simple fait matériel qu'elle est détenue entre les mains de l'adversaire. il n'est donc pas nécessaire qu'il y ait une véritable « rétention », ce qui impliquerait la volonté de retenir. Il n'y a donc pas lieu, non plus, de prouver qu'une intention malveillante ou dolosive est à l'origine de cette rétention. Le droit à révision est ouvert dès qu'est rapportée la preuve de la rétention. Ainsi, la circonstance qu'une administration ne retrouve pas une pièce suffit à établir la « rétention » (Sect., 5 avr. 1996, *Treiber*, p. 122). Cela est normal, car le plus souvent le détenteur de la pièce sera l'administration et il serait très difficile de prouver sa mauvaise foi. Naturellement, le fait de rétention ne sera retenu qu'à l'égard des seules pièces dont la communication est possible et dont la réclamation antérieure à sa communication s'est révélée vaine ou, de celles dont l'existence était alors inconnue. En revanche, la connaissance antérieure de l'existence de ces pièces sans réclamation par le demandeur actuel en révision ou la demande adressée à un autre que le détenteur des pièces font obstacle à ce que soit déclenchée ultérieurement une procédure de révision. Ainsi, ne saurait être considérée comme une rétention la non-communication au défendeur du mémoire du demandeur dans le cadre d'un rejet sans instruction de l'admission d'un pourvoi en cassation (*cf.* § 379; 1er déc. 1997, *Me Guillemonat et Farrell*, p. 1045).

Enfin, il convient de démontrer que c'est la rétention qui a été la cause de la succombance du demandeur en révision. Il doit donc exister entre la rétention et la condamnation une relation de cause à effet. Si, en particulier, le requérant disposait d'un autre moyen pour obtenir satisfaction, il ne saurait demander la révision.

435 *La décision entachée d'un vice substantiel de procédure.*

Le code prend soin d'énumérer ce que peuvent être ces vices, ils concernent:

– la composition de la formation de jugement (12 mai 1911, *Thiébaud*, p. 561 ; 7 janv. 2000, *Sté Lady Jane*, p. 1203) ;

– la tenue des audiences (13 oct. 1967, *Grandin*, p. 907: impossibilité pour les avocats de présenter des observations orales à l'audience; 31 oct. 1990, *Ville du Touquet-Paris-Plage*, p. 307: avocat de l'une des parties non avisé de la date de l'audience; 7 juil. 2004, *Assoc. de défense des intérêts du sport*, p. 324: omission d'aviser le requérant que son affaire était inscrite à un rôle de jugement) ;

– la forme de la décision ou de son prononcé (10 mai 1995, *Paris*, p. 1010: défaut de mention du caractère public de la lecture d'un arrêt du Conseil d'État).

En revanche, ne donne pas ouverture à révision l'erreur qu'aurait comporté une question posée à un avocat dans le cadre d'une instance devant le Conseil d'État (17 juin 1988, *Départ Var c./Martinez*, p. 983).

Dans tous ces cas, il n'y aura ouverture à révision que s'il est démontré que ce vice a eu un effet sur le sort du litige.

3. Les effets du recours en révision

436 Lorsque le recours en révision est rejeté, le juge peut infliger une amende pour recours abusif (3 juil. 1957, *Maillot*, p. 443). L'adversaire du demandeur en révision peut, par voie de demande reconventionnelle, réclamer des dommages-intérêts en réparation du préjudice causé par une action au caractère dilatoire évident (Sect., 22 déc. 1950, *Barbier*, p. 640).

Lorsque le recours en révision est admis, l'arrêt frappé de révision sera déclaré nul et non avenu (25 nov. 1994, *Sté « La Cinq »*, p. 511). Un nouvel examen du litige sera effectué, à l'issue duquel un second arrêt sera substitué au premier (Sect. 16 janv. 1931, *Lanoë*, p. 72).

E. Le recours dans l'intérêt de la loi

437 Le recours dans l'intérêt de la loi est une voie de droit tout à fait extraordinaire, ouverte aux seuls ministres (1.) pour leur permettre de purger l'ordre juridique de décisions de justice entachées d'erreur de droit (2.).

1. Les conditions de recevabilité du recours dans l'intérêt de la loi

438 Le recours dans l'intérêt de la loi est recevable même sans texte l'organisant, car il constitue un principe général de procédure auquel les ministres peuvent recourir dans le seul intérêt de la prééminence du droit. Cependant, un tel recours est impossible contre les ordonnances de référé car elles n'ont pas autorité de chose jugée (14 sept. 2007, *min. Jeunesse et Vie associative*).

Ce recours ne peut donc être formé que par un ministre dans la compétence matérielle duquel entre l'objet du litige en question ou par une personne ayant reçu délégation de signature à cet effet (9 juil. 2007, *Nicole X.*, req. 258552). Il ne peut être fondé que sur des moyens de pur droit parce qu'il s'agit de faire l'emporter le principe de juridicité (Sect., 7 mars 1969, *Min. d'État chargé des DOM-TOM c./Barnabé*, p. 143; 19 mai 1976, *Min. de la Santé c./Ameil et autres*, p. 266).

Le recours n'est pas soumis au ministère d'avocat et son exercice n'est enfermé dans aucun délai. Il est recevable sans que le ministre demandeur ait à faire la preuve d'un intérêt à agir: le ministre n'agit que dans l'intérêt de la loi, lequel n'est pas, naturellement, un intérêt personnel. C'est pourquoi, le ministre qui s'est désisté d'un recours en appel peut former un recours dans l'intérêt de la loi soulevant le même problème juridique qu'en appel (21 janv. 2002, *Min. de l'Aménagement c./Sté Schweppes France*, p. 13). Pareillement, ce recours peut être dirigé aussi bien contre les seuls motifs (Sect. 12 juin 1959, *Min. des Aff. économ. c./Filaire*, p. 365), que contre le seul dispositif de la décision déférée, ou contre l'ensemble de celle-ci.

Ce recours ne peut être introduit que devant le Conseil d'État (1er oct. 1997, *Min. de la Défense*, p. 324; une autre juridiction administrative souveraine a existé jusqu'à sa suppression le 1er avril 2002: la Commission spéciale de cassation des pensions, compétente pour recevoir les recours dans l'intérêt de la loi) et contre toute décision d'une juridiction administrative en relevant (ainsi, dans le cas d'un jugement de TA rayant des registres du greffe un renvoi d'une chambre sociale de cour d'appel: 24 avr. 1981, *Min. du Trav. c./Margueron*, p. 185), d'où l'exclusion d'un tel recours contre un arrêt du Conseil d'État ayant définitivement statué au contentieux (31 janv. 1996, *Min. de l'Équip., Transp. et Tourisme*, p. 26). Il doit être dirigé contre une décision définitive c'est-à-dire à l'égard de laquelle les délais de recours ou les voies de recours sont épuisés (26 juil. 1978, *Min. de l'Écon. et des Fin. et Min. de la Défense c./Pons*; 3 déc. 1980, *Min. du Travail c./Defaux*, *RDP* 1981, p. 850).

Le Conseil d'État, saisi d'un tel recours, peut soulever d'office le moyen de l'incompétence de la juridiction dont la décision lui est déférée (10 déc. 1997, *Min. de l'Intérieur*, p. 487).

2. Les effets du recours dans l'intérêt de la loi

439 Le recours dans l'intérêt de la loi n'a qu'un effet doctrinal: il n'aboutit pas à la correction du jugement contesté et ne peut ni créer ni ôter des droits ou des obligations nés de cette décision. Au cas où l'annulation est prononcée (1er oct. 1997, *Min. de la Défense*, p. 324: ici pour motif de droit erroné), elle n'a aucune efficacité pratique, en particulier aucun renvoi n'est possible devant la juridiction compétente à cet effet (pour une exception, dans le cas de certains litiges relevant de la compétence des commissions régionales de la tarification sanitaire et sociale: 29 déc. 1997, *Min. de la Solidarité, de la Santé et de la Protection soc.*, p. 1045, renvoi à la juridiction).

Cependant, pour le futur, les arrêts, d'admission comme de rejet, rendus sur recours dans l'intérêt de la loi, sont précieux pour la connaissance de ce qu'aurait du être, en l'espèce, la bonne solution en droit. Ainsi, lorsqu'il est affirmé que seul le juge administratif est compétent pour connaître de l'action récursoire intentée par l'État contre un enseignant dont le comportement a entraîné la condamnation de l'État aux lieu et place de cet enseignant (13 juil. 2007, *Min. Éduc. nat., Ens. sup. et Recherche*, req. 297390).

Conseils bibliographiques

OUVRAGES ET ARTICLES DE RÉFÉRENCE

P. Dubouchet, « La tierce opposition en droit administratif. Contribution à une théorie normative de l'institution », *RDP* 1990, p. 711.

G. Feuer, « Contribution à la théorie de l'appel dans la procédure contentieuse administrative », *RDP* 1958, p. 19.

D. Giltard, « Réflexions sur le rôle et les méthodes du juge d'appel », *AJDA* 2003, p. 1801.

C. Lasry, *Concl. sur CE Sect., 12 oct. 1956*, Desseaux, *RDP* 1957, p. 115 : sur le recours en opposition.

J. Massot, O. Fouquet, J.-H. Stahl et M. Guyomar, *Le Conseil d'État juge de cassation*, 5e éd., Berger-Levrault, 2001.

M. Pès, *Le pourvoi dans l'intérêt de la loi*, Thèse, Paris II, 1974.

D. Pouyaud, « Le recours en rectification d'erreur matérielle devant les juridictions administratives », *RFDA* 1993, p. 721.

H. Tourard, « Quelques observations sur le Conseil d'État juge de cassation », *RDP* 2000, p. 487.

A.-P. Vincent, « Le recours en révision contre les arrêts du Conseil d'État », *RDP* 1938, p. 423.

POUR ALLER PLUS LOIN

J. Benetti, « La définition de l'office du juge d'appel par le Conseil d'État », *AJDA* 2008, p. 2206.

A. Bourrel, *Le Conseil d'État juge de cassation face au pouvoir d'appréciation des juges du fond*, Thèse, Pau, 1999.

F. Colin, « Le contrôle de la dénaturation dans le contentieux administratif », *RDP* 2000, p. 779.

M. Hauriou, *note sous CE 8 déc. 1899*, Ville d'Avignon, Sir. 1900.III.73 : à propos de la tierce opposition en excès de pouvoir.

A. Jacomet, *Concl. sur CE Ass., 4 mars 1955*, Dame Vve Sticotti, *RDP* 1955, p. 733 : à propos du champ d'application du recours en révision.

B. Pacteau, « Paradoxes et périls du principe de l'effet non suspensif de l'appel en contentieux administratif », Mél. R. Chapus, 1992, p. 493.

Index

(Les chiffres renvoient aux paragraphes.)

D

E

F

H

I

J

P

Q

R

S

T

U

V

Table des matières

Imprimé en Belgique par SNEL
Dépôt légal : juin 2009 - Collection n° 03 - Edition n° 01
14/6078/1